俄羅斯科學院東方文獻研究所
中國社會科學院民族學與人類學研究所
上 海 古 籍 出 版 社　編

俄羅斯科學院東方文獻
研究所藏黑水城文獻

㉚

西夏文

佛教部分

上 海 古 籍 出 版 社
二〇二一年·上海

圖書在版編目(CIP)數據

俄藏黑水城文獻.30,西夏文佛教部分/俄羅斯科學院
東方文獻研究所,中國社會科學院民族學與人類學研究所,
上海古籍出版社編.—上海：上海古籍出版社,2021.4(2023.8重印)
ISBN 978-7-5325-9902-8

Ⅰ.①俄…　Ⅱ.①俄…　②中…　③上…　Ⅲ.①出土文
物-文獻-額濟納旗-西夏-圖錄②佛教-文獻-額濟納
旗-西夏-圖錄　Ⅳ.①K877.92

中國版本圖書館 CIP 數據核字(2021)第 046911 號

國家古籍整理出版專項經費資助項目
俄藏黑水城文獻自第十五册起受中國社會科學院出版基金資助

俄藏黑水城文獻 ㉚

編者　俄羅斯科學院東方文獻研究所
　　　中國社會科學院民族學與人類學研究所
　　　上海古籍出版社

主編　史金波(中)
　　　魏同賢(中)
　　　Е.И.克恰諾夫(俄)

出版　上海古籍出版社
　　　中國上海閔行區號景路 159 弄 A 座 5F 郵政編碼 201101

印製　上海麗佳製版印刷有限公司

ⓒ俄羅斯科學院東方文獻研究所
　中國社會科學院民族學與人類學研究所
　上海古籍出版社

開本 787×1092 mm　1/8　印張 45　插頁 24
二〇二一年四月第一版　二〇二三年八月第二次印刷
ISBN 978-7-5325-9902-8/ K・2972
定價：二二二〇〇圓

Памятники письменности
из Хара-Хото хранящиеся
в Институте восточных рукописей РАН

Коллекции буддийской части тангутского языка

Институт восточных рукописей
Российской академии наук
Институт национальностей и антропологии
Академии общественных наук Китая
Шанхайское издательство "Древняя книга"

Шанхайское издательство
"Древняя книга"
Шанхай 2021

Памятники письменности
нз Хара-Хото хранящиеся в России ㉚

Составнтели
Институт восточных рукописей РАН
Институт национальности и антропологии
АОН Китая
Шанхайское издательство
"Древняя книга"

Главные редакторы
Е. И. Кычанов (Россия)
Ши Цзинь-бо (Китай)
Вэй Тун-сянь (Китай)

Издатель
Шанхайское нздательство
"Древняя книга"
Китай, Шанхай, Район. Миньхан, Ул. Хаоцзинь, Алл. 159, Зд. А/525
Почтовый индекс 201101

Печать
Шанхайская гравировальная и полиграфическая компания
"Ли Цзя" с ограниченной ответственностью

© Институт восточных рукописей РАН
Институт национальности и антропологии
Академии общественных наук Китая
Шанхайское нздательство "Древняя книга"

Формат 787×1092 mm 1/8
Печатный лист 45
Вкладка 24
Первое издание Ⅳ.2021г.
Пере издание Ⅳ.2023г.

Перепечатка воспрещается
ISBN 978-7-5325-9902-8/K·2972
Цена：¥2200.00

Heishuicheng Manuscripts
Collected in
the Institute of Oriental Manuscripts of
the Russian Academy of Sciences

Tangut Buddhist Manuscripts

The Institute of Oriental Manuscripts of
the Russian Academy of Sciences
Institute of Ethnology and Anthropology of
the Chinese Academy of Social Sciences
Shanghai Chinese Classics Publishing House

Shanghai Chinese Classics Publishing House
Shanghai, 2021

Heishuicheng Manuscripts
Collected in Russia
Volume ㉚

Participating Institutions
The Institute of Oriental Manuscripts of
the Russian Academy of Sciences
Institute of Ethnology and Anthropology of
the Chinese Academy of Social Sciences
Shanghai Chinese Classics Publishing House

Editors-in-Chief
Shi Jinbo (on Chinese part)
Wei Tongxian (on Chinese part)
E. I. Kychanov (on Russian part)

Publisher
Shanghai Chinese Classics Publishing House
(Block A, Lane 159, Haojing Road, Minhang District, Shanghai, 201101, China)

Printer
Shanghai Pica Plate Making & Printing Co., Ltd

8 mo 787×1092mm 45 printed sheets 24 insets
First Edition: April 2021 Second Printing: August 2023
ISBN 978 - 7 - 5325 - 9902 - 8/K · 2972
Price: ￥2200.00

俄藏黑水城文獻

主　編

史金波（中）

魏同賢（中）

Е.И.克恰諾夫（俄）

編輯委員會（按姓氏筆畫爲序）

中方

史金波

白　濱

李國章

李偉國

聶鴻音

魏同賢

俄方

Е.И.克恰諾夫

孟列夫

К.Б.克平

執行編輯

蔣維崧

Памятники письменности
из Хара-Хото хранящиеся в России

Главные редакторы
Е. И. Кычанов
Ши Цзинь-бо
Вэй Тун-сянь

Редколлегия (Фамилии по алфавиту)
Е. И. Кычанов
К. Б. Кепинг
Л. Н. Меньшиков
Бай Бинь
Вэй Тун-сянь
Ли Вэй-го
Ли Го-чжан
Не Хун-инь
Ши Цзинь-бо
Исполнительный редактор
Цзян Вэй-сун

Heishuicheng Manuscripts
Collected in Russia

Editors-in-Chief
Shi Jinbo (on Chinese part)
Wei Tongxian (on Chinese part)
E. I. Kychanov (on Russian part)

Heishuicheng Manuscripts Project Committee
(in alphabetical order)

In China
Bai Bin
Li Guozhang
Li Weiguo
Nie Hongyin
Shi Jinbo
Wei Tongxian

In Russia
E. I. Kychanov
K. B. Kepping
L. N. Menshikov

Executive Editor
Jiang Weisong

俄藏黑水城文獻 ㉚

本卷主編　　史金波
　　　　　　Е.И.克恰諾夫

本卷副主編　聶鴻音　蘇航　魏文

責任編輯　　蔣維崧

裝幀設計　　嚴克勤

攝　　影　　嚴克勤

技術編輯　　耿瑩褘

Памятники письменности
из Хара-Хото хранящиеся в России ㉚

Главный редактор этого тома
Е. И. Кычанов
Ши Цзинь-бо

Заместитель главного редактора этого тома
Не Хун-инь
Су Хан
Вэй Вэнь

Ответственный редактор
Цзян Вэй-сун

Художественный и технический редактор
Янь Кэ-цинь

Фотограф
Янь Кэ-цинь

Технический редактор
Гэн Ин-и

Heishuicheng Manuscripts

Collected in Russia

Volume ㉚

Editor-in-Chief for this Volume
Shi Jinbo
E. L. Kychanov

Deputy Editor-in-Chief for this Volume
Nie Hongyin
Su Hang
Wei Wen

Editor-in-Charge
Jiang Weisong

Cover Designer
Yan Keqin

Photographer
Yan Keqin

Technical Editor
Geng Yingyi

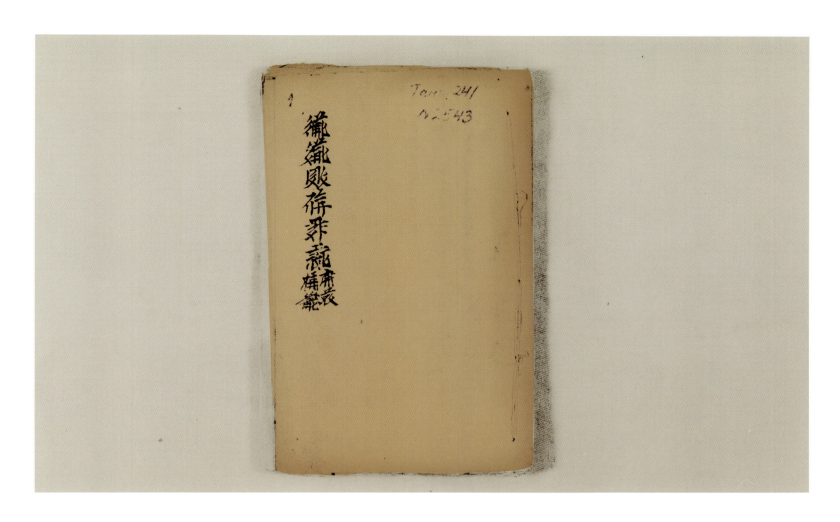

一　Инв.No.2543　甘露光海生金剛文二部封面

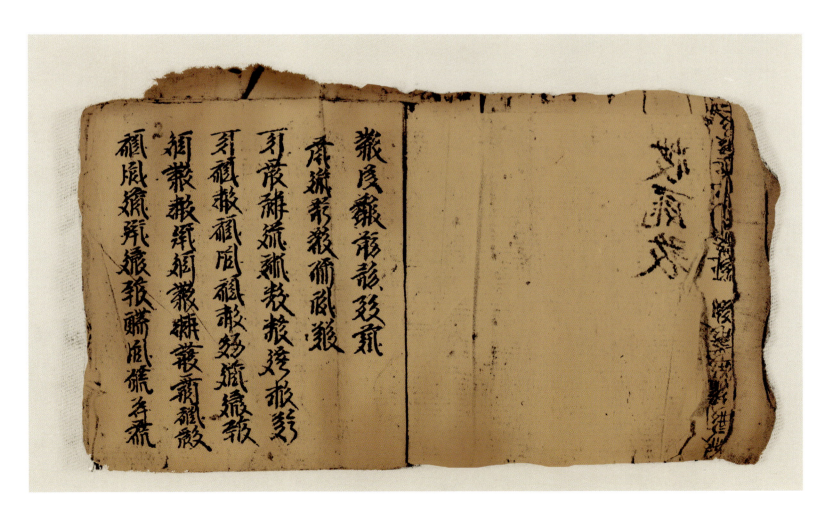

二　Инв.No.2530　大手印頓入要門卷首

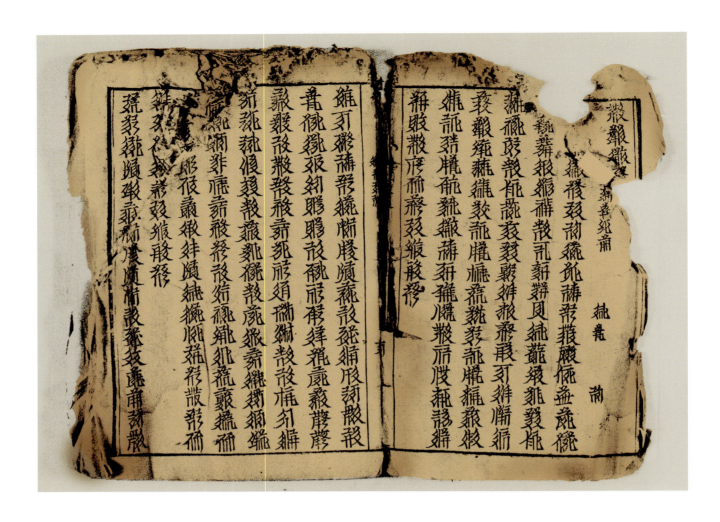

三 Инв.No.2526 大印究竟要集卷首

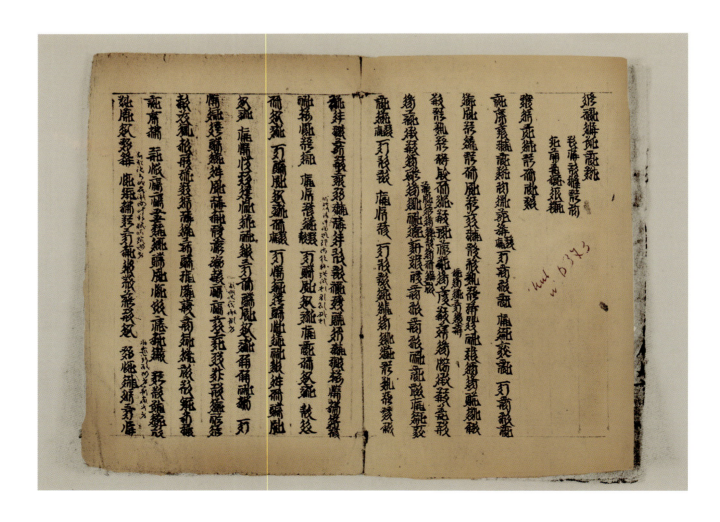

四 Инв.No.6373 六法圓混道次卷首

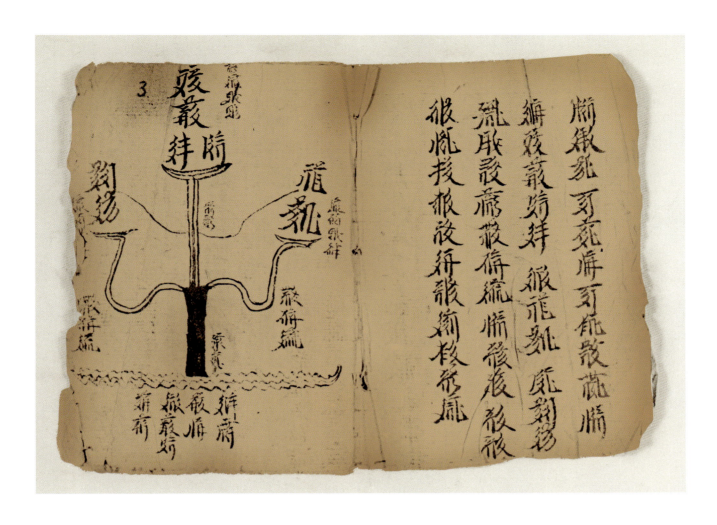

五　**Инв**.No.8121　　滅時要門

六　**Инв**.No.818　　大鳳凰空明注

七　**Инв**.No.5116　令欲樂圓混要門卷首

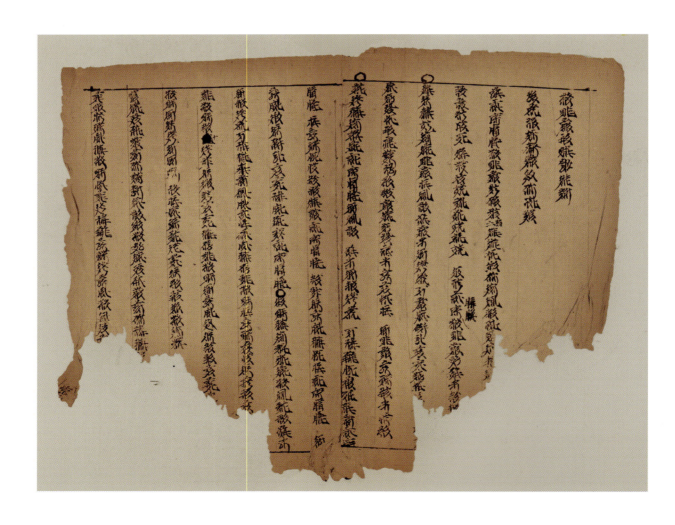

八　**Инв**.No.7170　見大虛空遮顯疏上卷卷首

俄藏黑水城文獻第三十册目錄

5

7

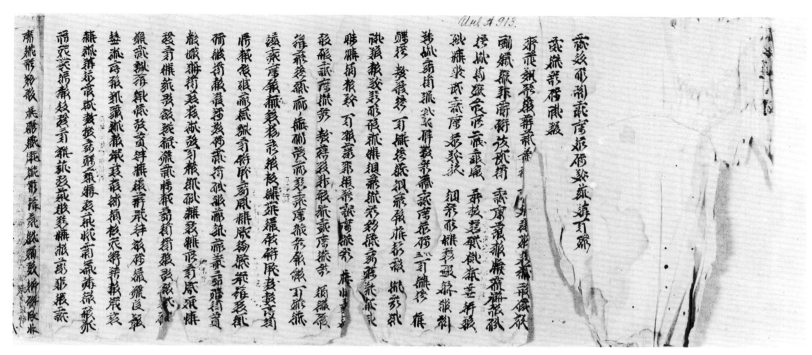

俄 Инв.No.913 　解釋道果語錄金剛句記第一 　　　(21-1)

俄 Инв.No.913 　解釋道果語錄金剛句記第一 　　　(21-2)

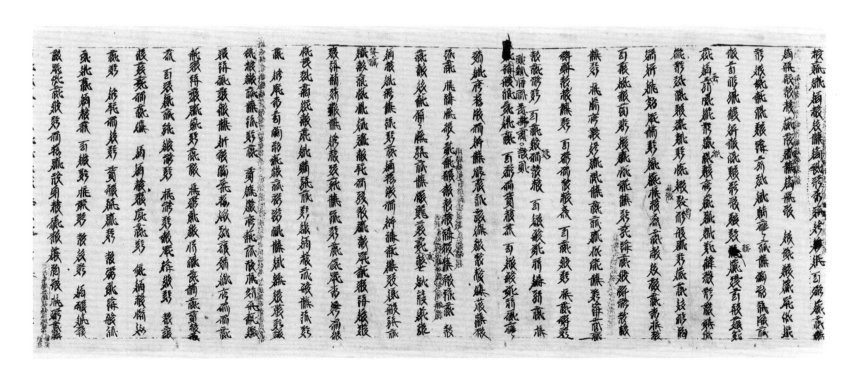

俄 Инв.No.913 　解釋道果語錄金剛句記第一 　　　(21-3)

1

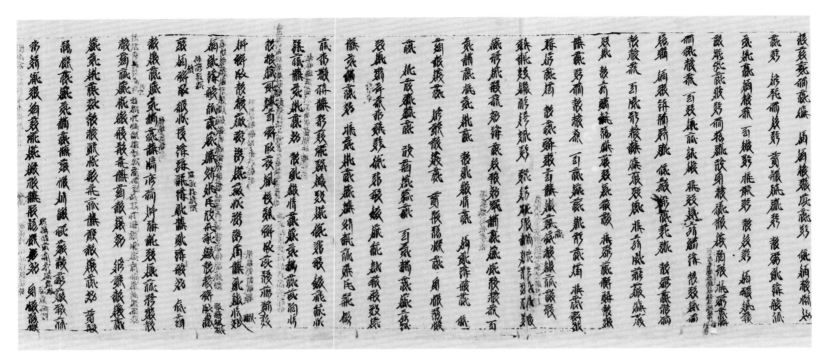

俄Инв.No.913　解釋道果語錄金剛句記第一　　　(21-4)

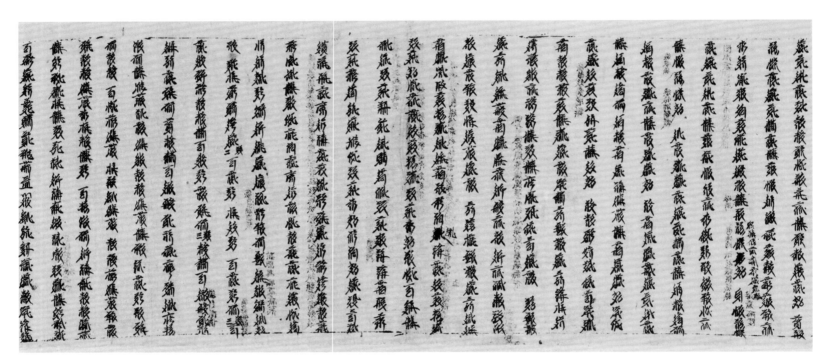

俄Инв.No.913　解釋道果語錄金剛句記第一　　　(21-5)

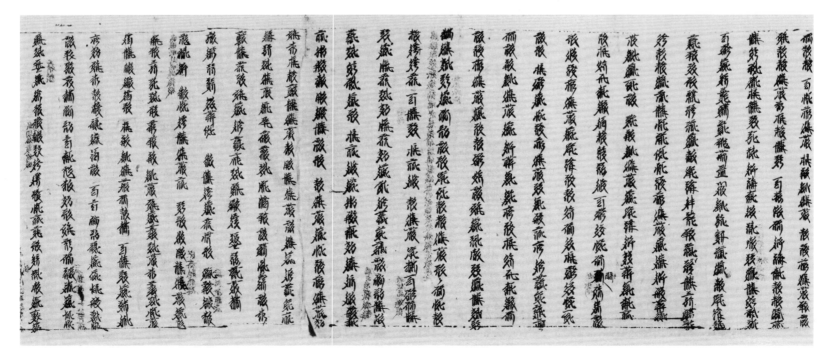

俄Инв.No.913　解釋道果語錄金剛句記第一　　　(21-6)

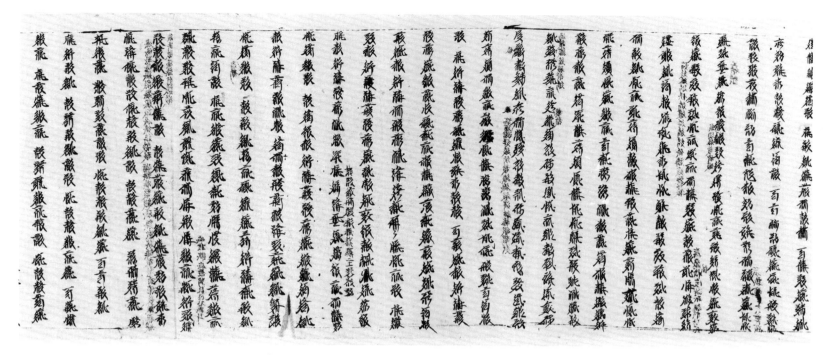

俄 Инв.No.913　解釋道果語録金剛句記第一　　　(21-7)

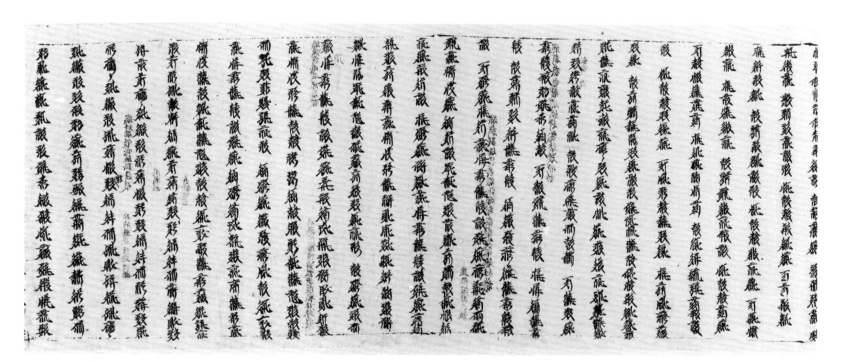

俄 Инв.No.913　解釋道果語録金剛句記第一　　　(21-8)

俄 Инв.No.913　解釋道果語録金剛句記第一　　　(21-9)

3

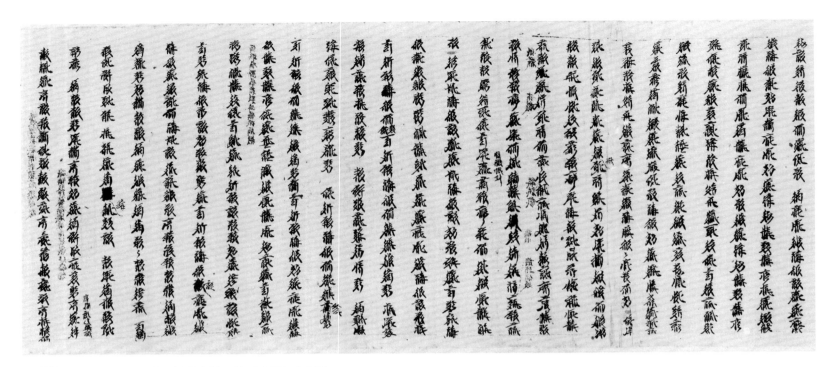

俄 Инв.No.913　解釋道果語錄金剛句記第一　　　(21-10)

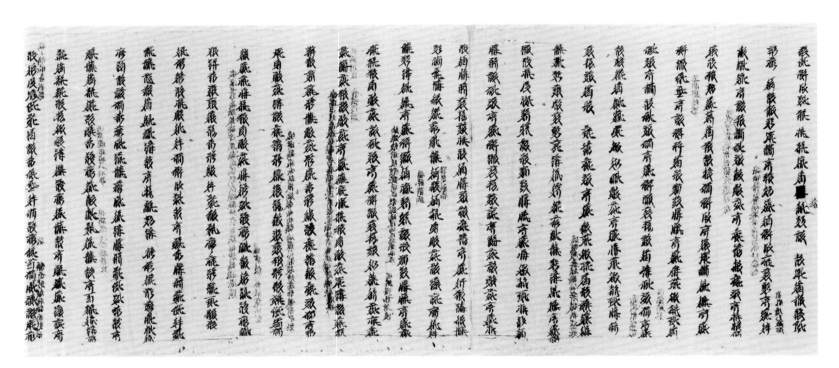

俄 Инв.No.913　解釋道果語錄金剛句記第一　　　(21-11)

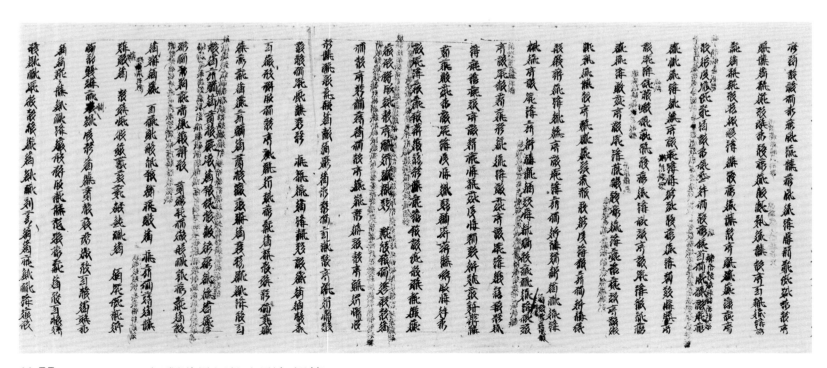

俄 Инв.No.913　解釋道果語錄金剛句記第一　　　(21-12)

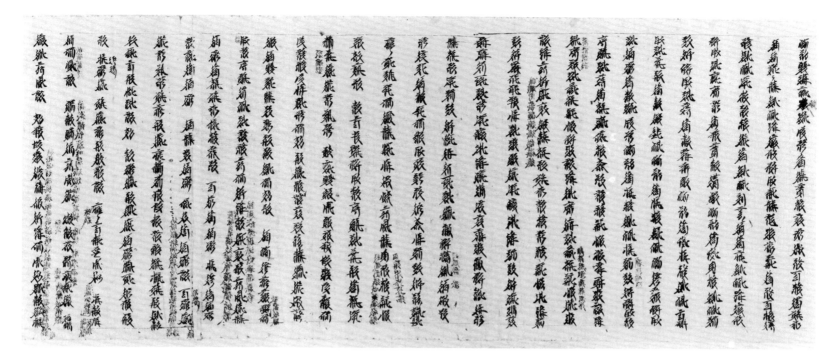

俄 **Инв.**No.913 　解釋道果語録金剛句記第一 　　　(21-13)

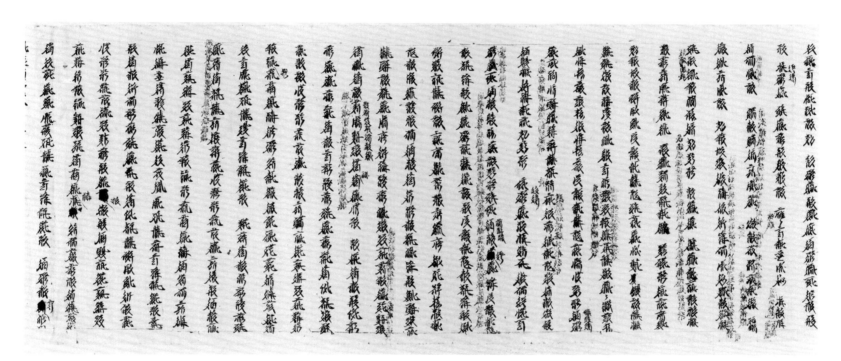

俄 **Инв.**No.913 　解釋道果語録金剛句記第一 　　　(21-14)

俄 **Инв.**No.913 　解釋道果語録金剛句記第一 　　　(21-15)

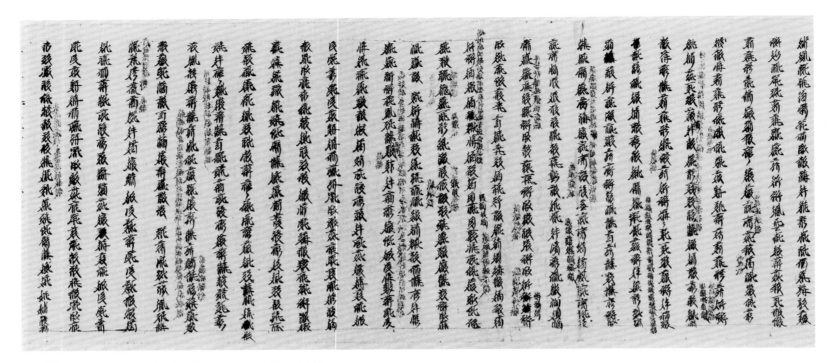

俄 Инв.No.913　解釋道果語錄金剛句記第一　　　(21-16)

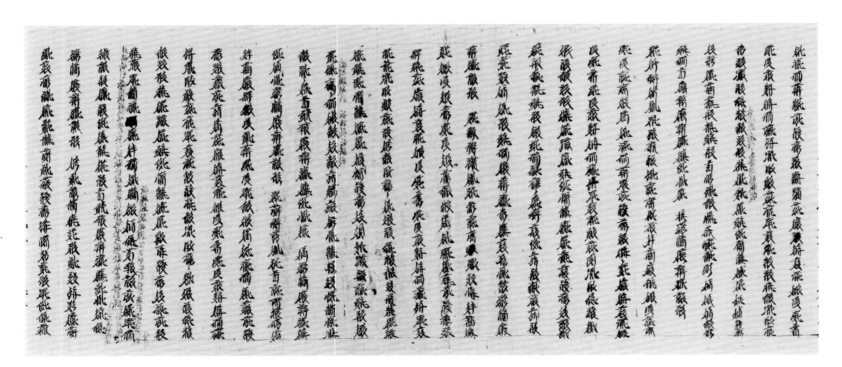

俄 Инв.No.913　解釋道果語錄金剛句記第一　　　(21-17)

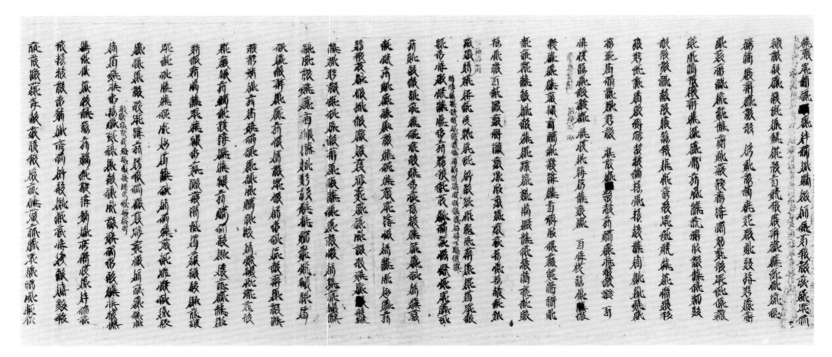

俄 Инв.No.913　解釋道果語錄金剛句記第一　　　(21-18)

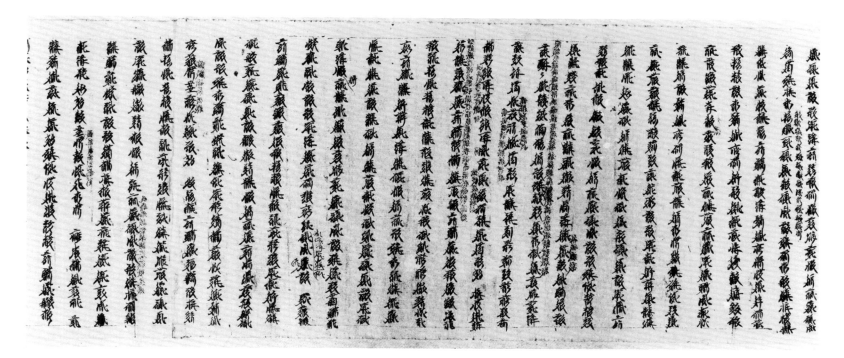

俄 **И**нв.No.913　　解釋道果語錄金剛句記第一　　　　　(21-19)

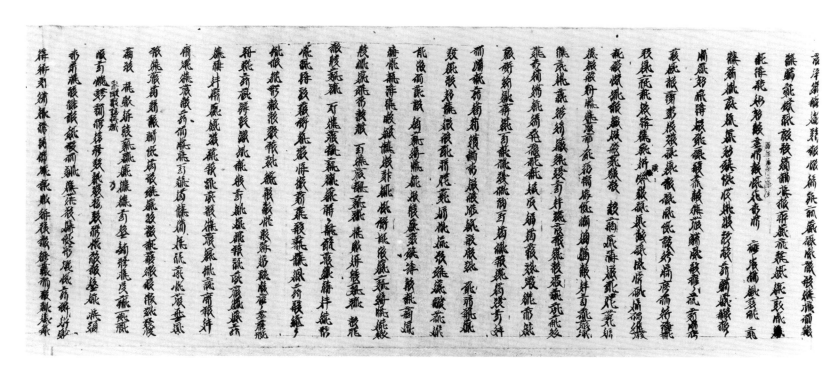

俄 **И**нв.No.913　　解釋道果語錄金剛句記第一　　　　　(21-20)

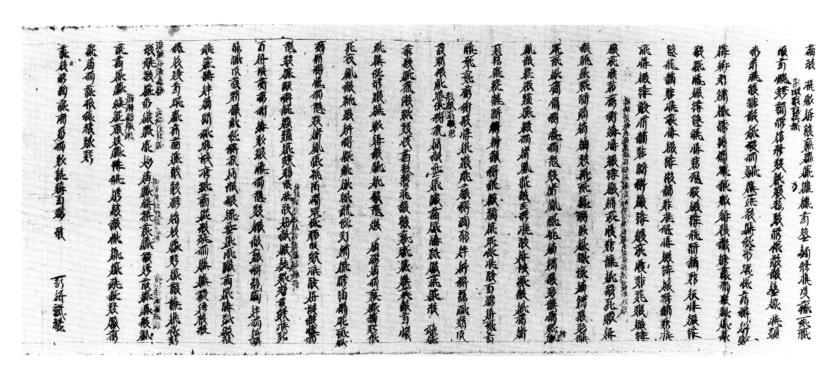

俄 **И**нв.No.913　　解釋道果語錄金剛句記第一　　　　　(21-21)

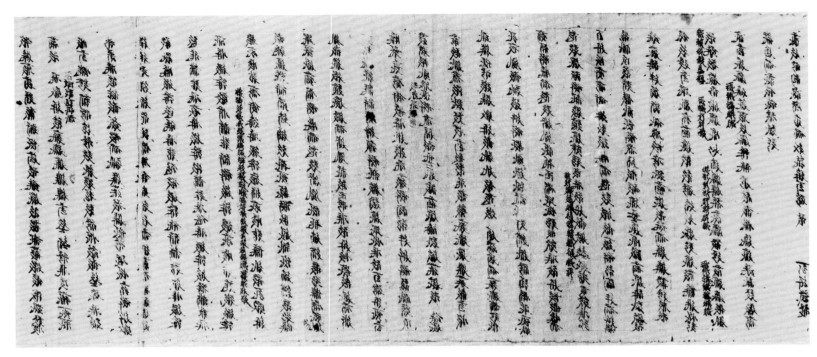

俄 Инв.No.913V　解釋道果語錄金剛句記第一背隱　　(19-1)

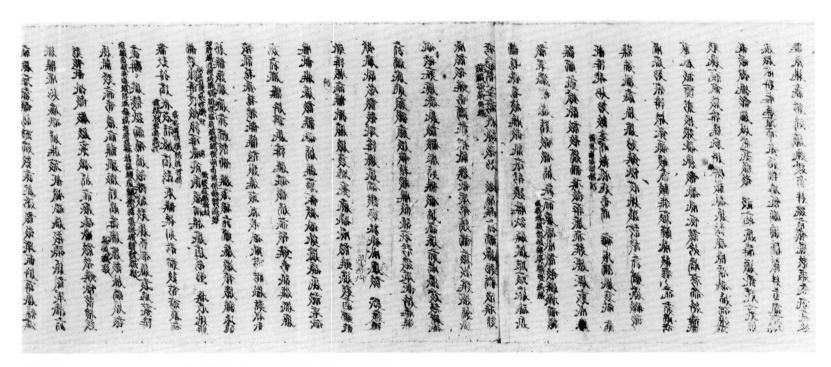

俄 Инв.No.913V　解釋道果語錄金剛句記第一背隱　　(19-2)

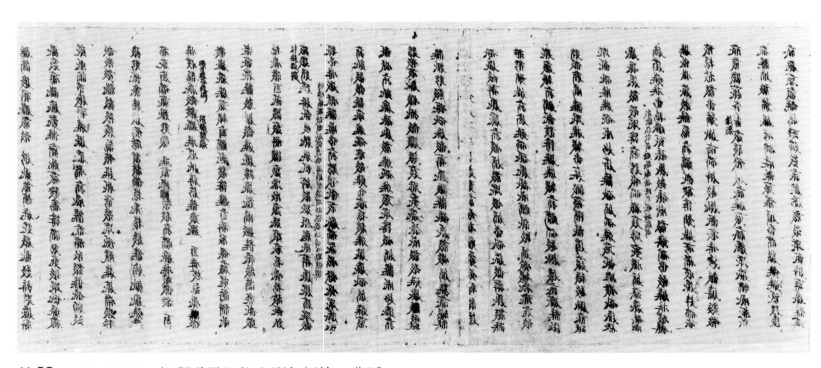

俄 Инв.No.913V　解釋道果語錄金剛句記第一背隱　　(19-3)

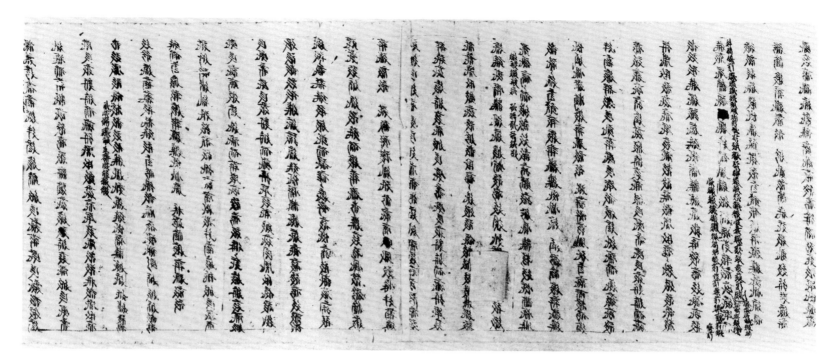

俄 ИНВ.No.913V　　解釋道果語錄金剛句記第一背隱　　　　(19-4)

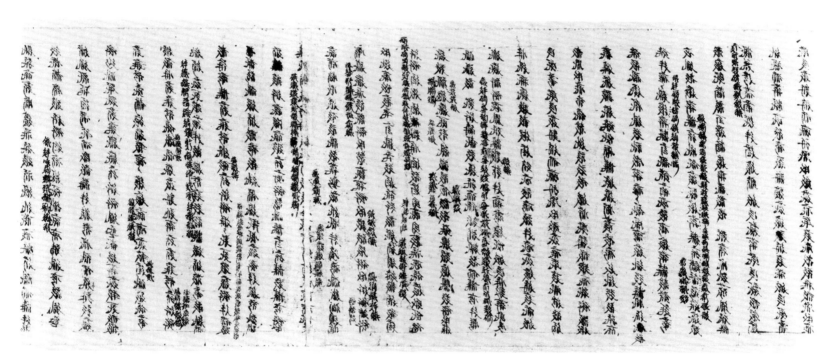

俄 ИНВ.No.913V　　解釋道果語錄金剛句記第一背隱　　　　(19-5)

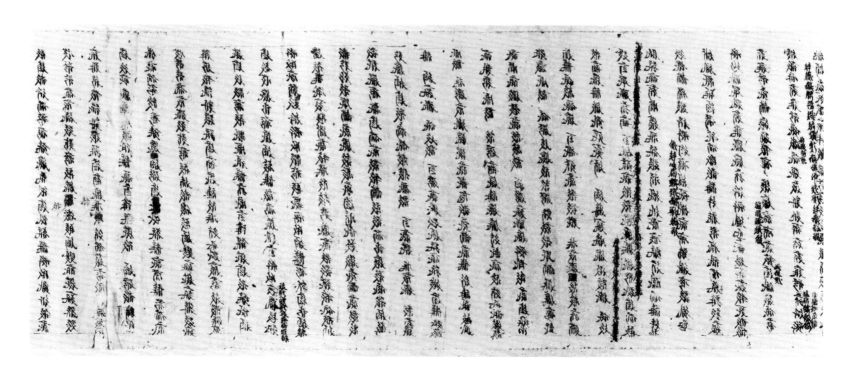

俄 ИНВ.No.913V　　解釋道果語錄金剛句記第一背隱　　　　(19-6)

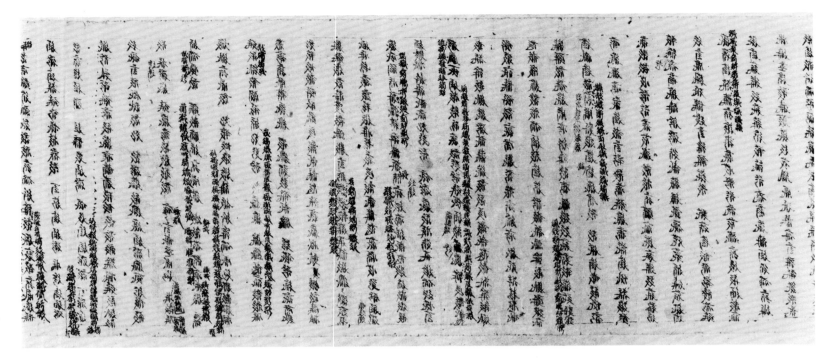

俄 Инв.No.913V　解釋道果語錄金剛句記第一背隱　　　(19-7)

俄 Инв.No.913V　解釋道果語錄金剛句記第一背隱　　　(19-8)

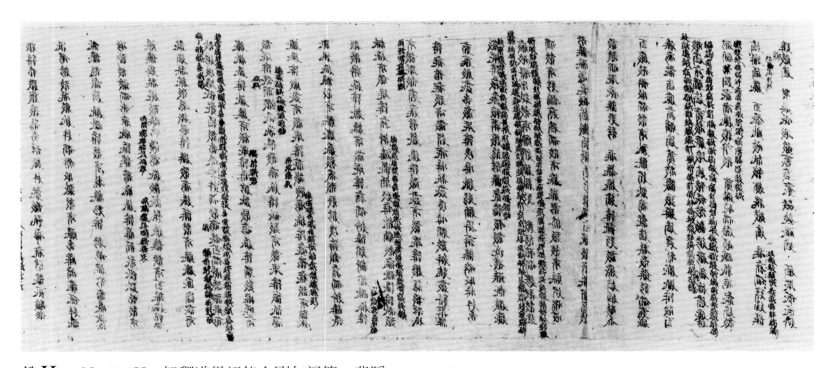

俄 Инв.No.913V　解釋道果語錄金剛句記第一背隱　　　(19-9)

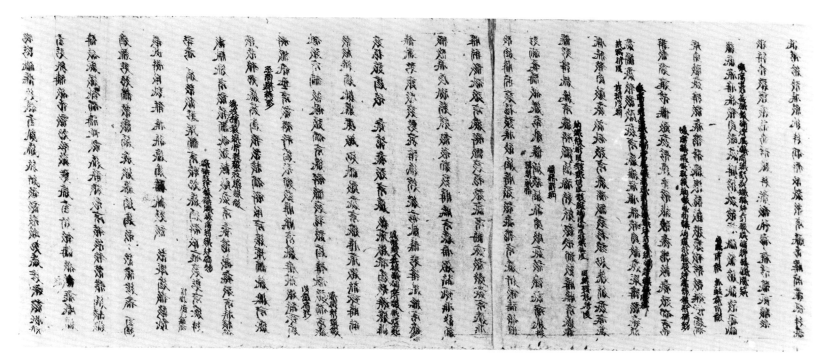

俄 Инв.No.913V　　解釋道果語錄金剛句記第一背隱　　　(19-10)

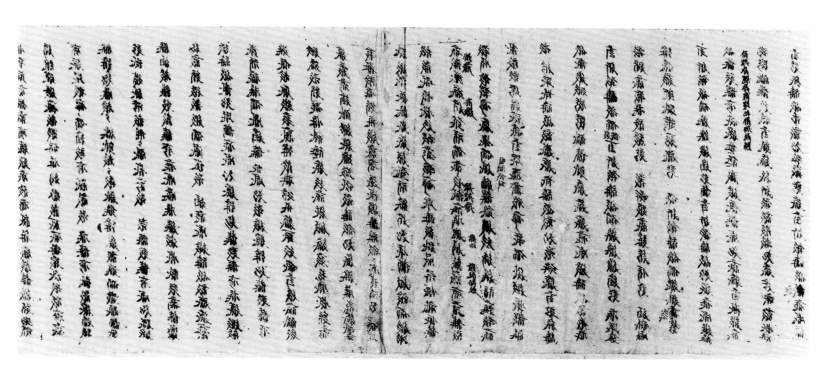

俄 Инв.No.913V　　解釋道果語錄金剛句記第一背隱　　　(19-11)

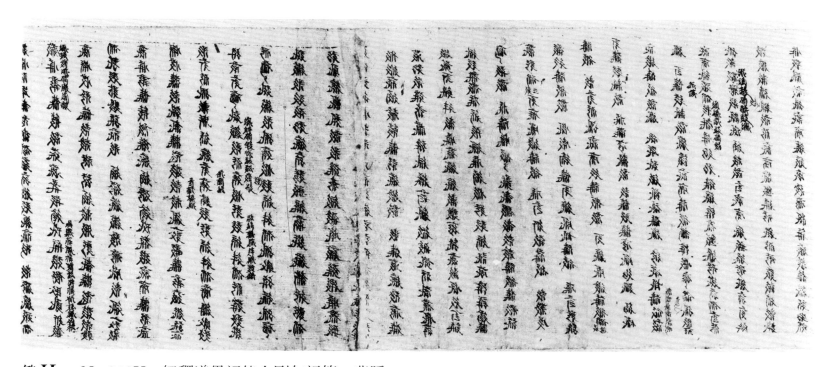

俄 Инв.No.913V　　解釋道果語錄金剛句記第一背隱　　　(19-12)

俄 Инв.No.913V 解釋道果語錄金剛句記第一背隱 (19-13)

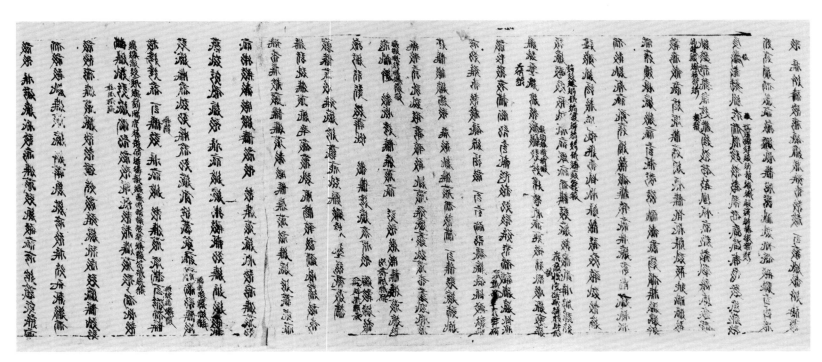

俄 Инв.No.913V 解釋道果語錄金剛句記第一背隱 (19-14)

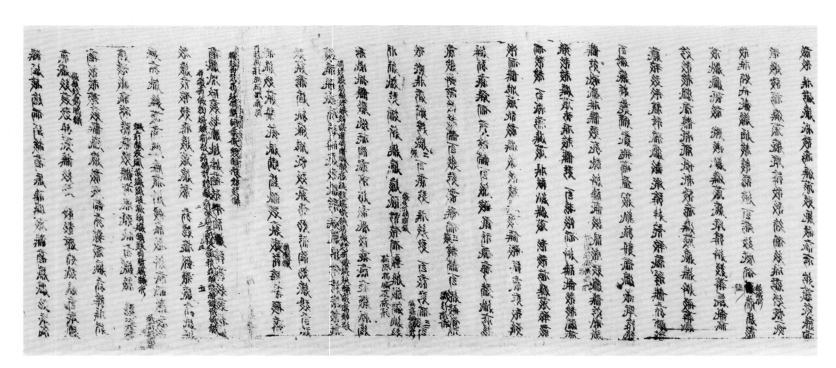

俄 Инв.No.913V 解釋道果語錄金剛句記第一背隱 (19-15)

俄 ИНВ.No.913V　解釋道果語錄金剛句記第一背隱　　　(19-16)

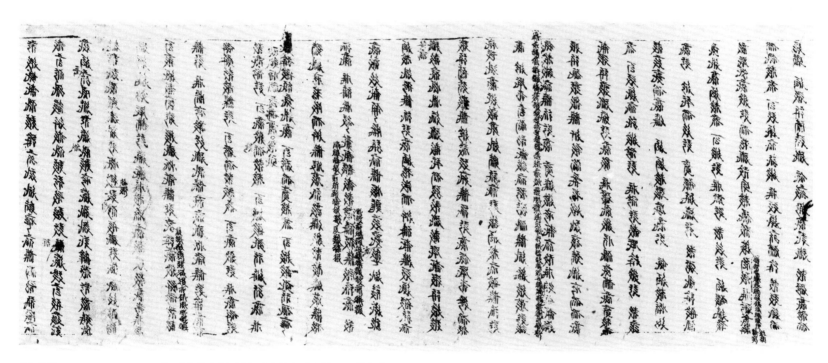

俄 ИНВ.No.913V　解釋道果語錄金剛句記第一背隱　　　(19-17)

俄 ИНВ.No.913V　解釋道果語錄金剛句記第一背隱　　　(19-18)

俄 Инв.No.913V　解釋道果語錄金剛句記第一背隱　　　(19-19)

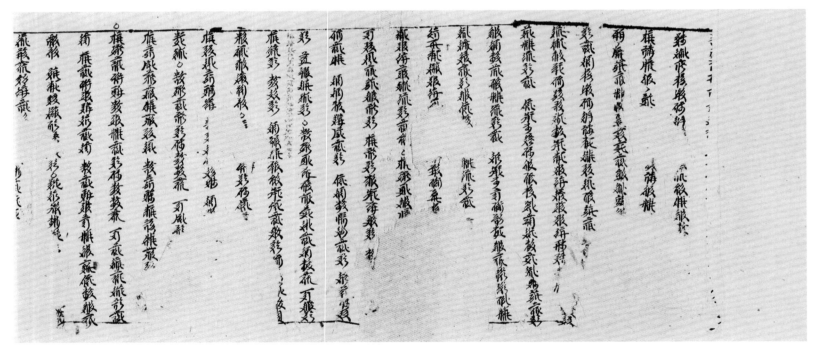

俄 Инв.No.4528　解釋道果語錄金剛句記第一　　　(21-1)

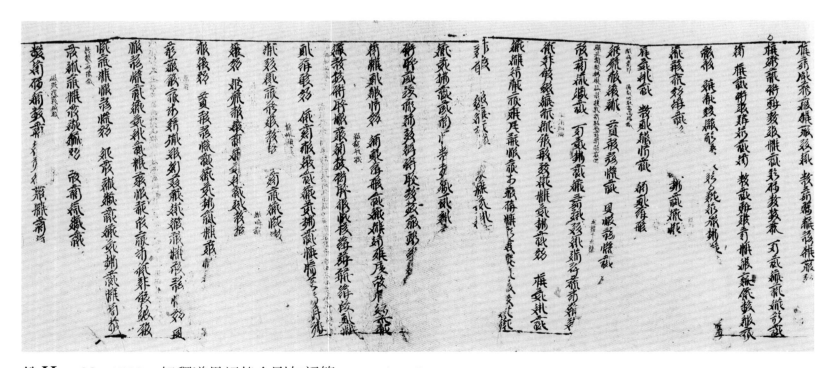

俄 Инв.No.4528　解釋道果語錄金剛句記第一　　　(21-2)

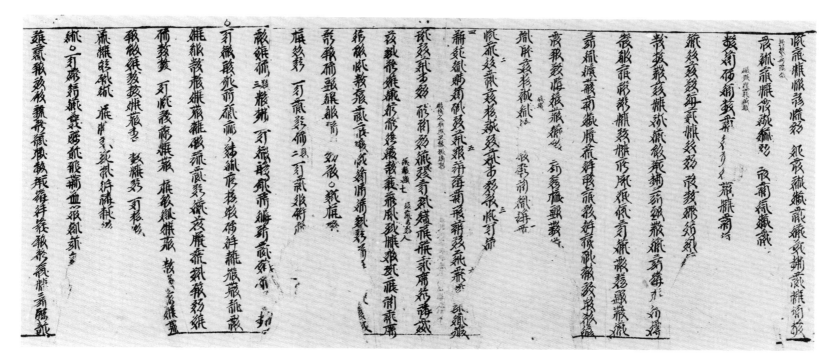

俄 Инв.No.4528　解釋道果語録金剛句記第一　　　(21-3)

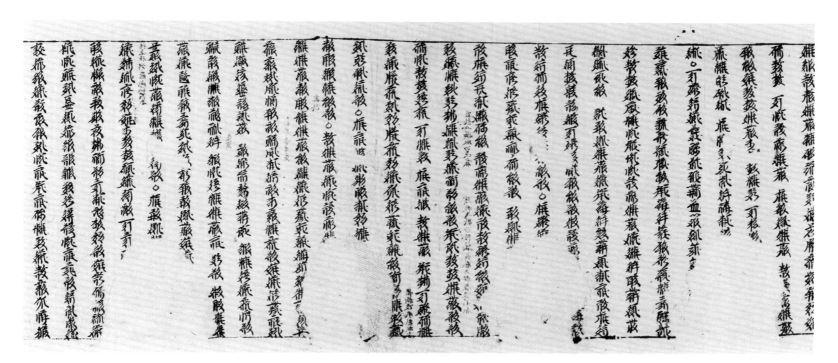

俄 Инв.No.4528　解釋道果語録金剛句記第一　　　(21-4)

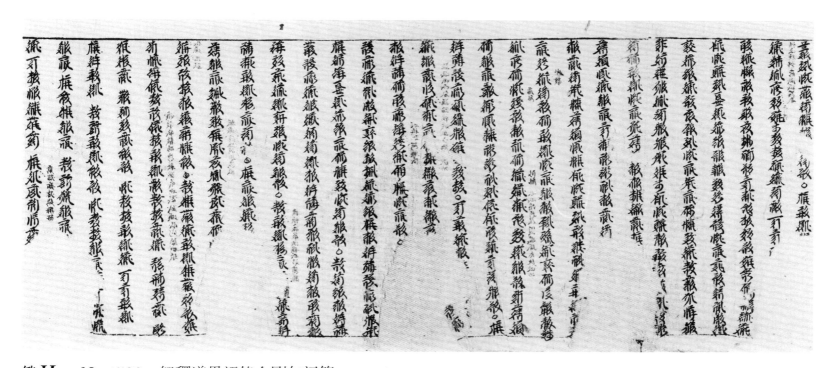

俄 Инв.No.4528　解釋道果語録金剛句記第一　　　(21-5)

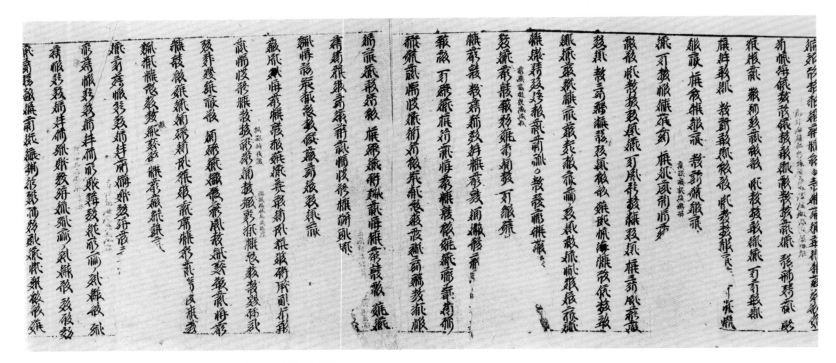

俄 Инв.No.4528　解釋道果語錄金剛句記第一　　　(21-6)

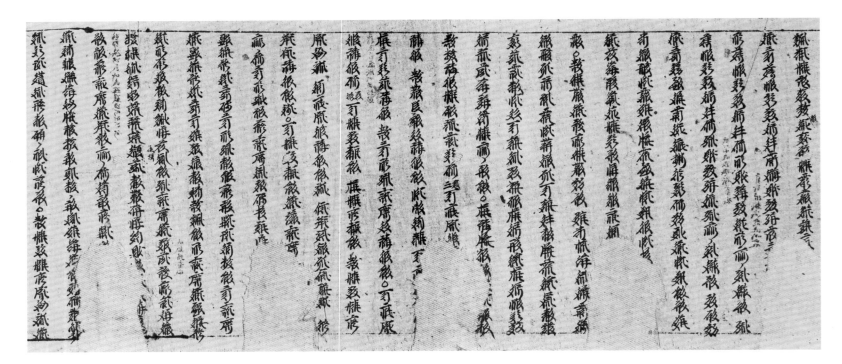

俄 Инв.No.4528　解釋道果語錄金剛句記第一　　　(21-7)

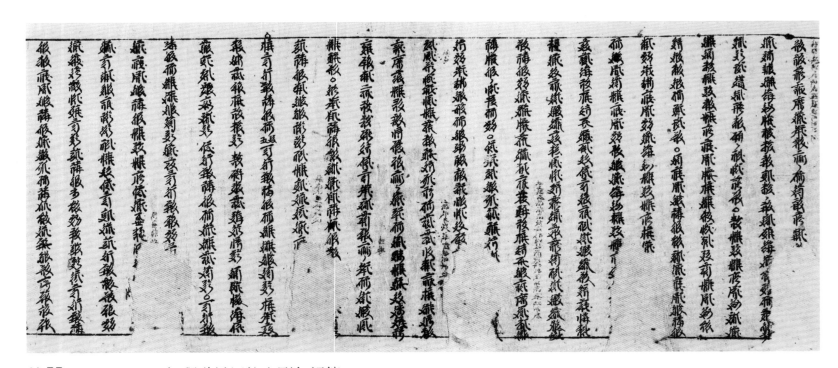

俄 Инв.No.4528　解釋道果語錄金剛句記第一　　　(21-8)

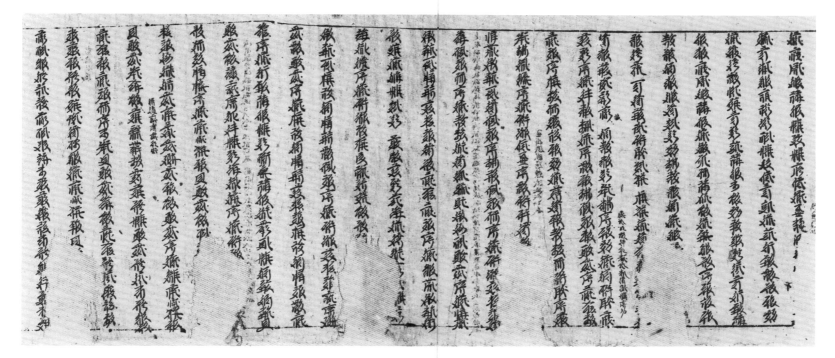

俄 Инв.No.4528　解釋道果語錄金剛句記第一　　　(21-9)

俄 Инв.No.4528　解釋道果語錄金剛句記第一　　　(21-10)

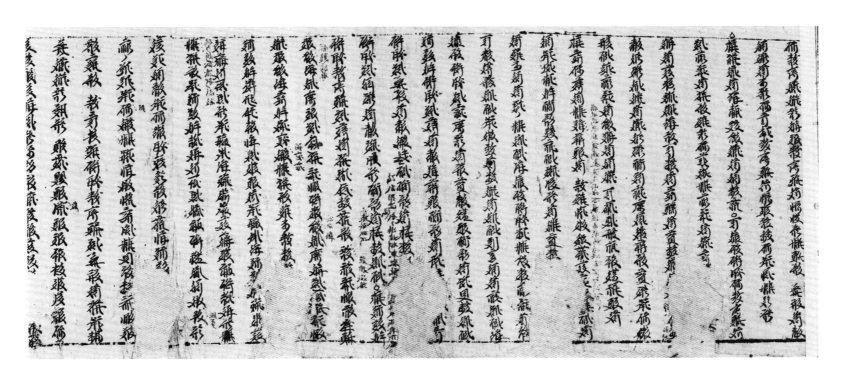

俄 Инв.No.4528　解釋道果語錄金剛句記第一　　　(21-11)

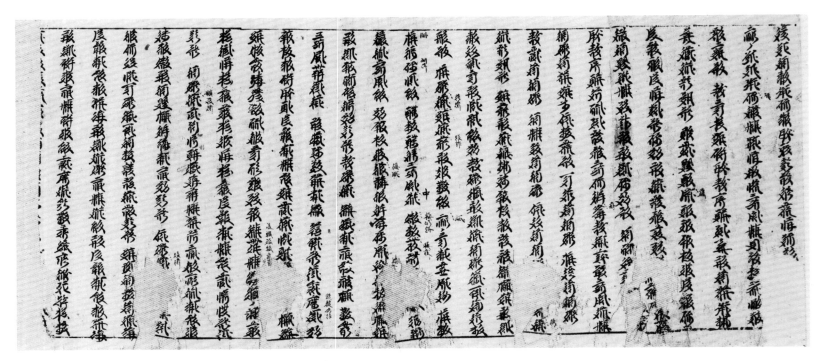

俄 Инв.No.4528　解釋道果語録金剛句記第一　　　(21-12)

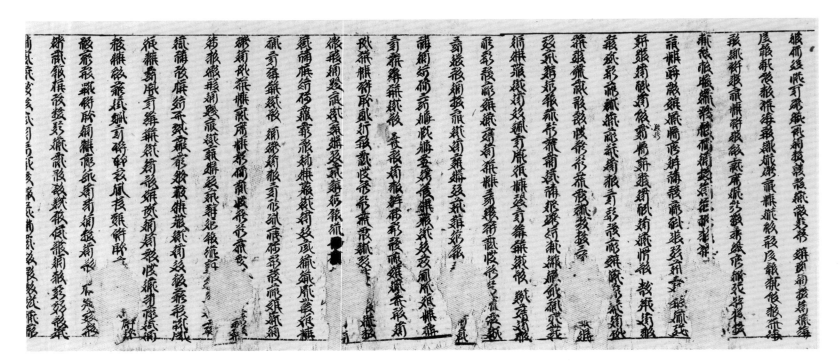

俄 Инв.No.4528　解釋道果語録金剛句記第一　　　(21-13)

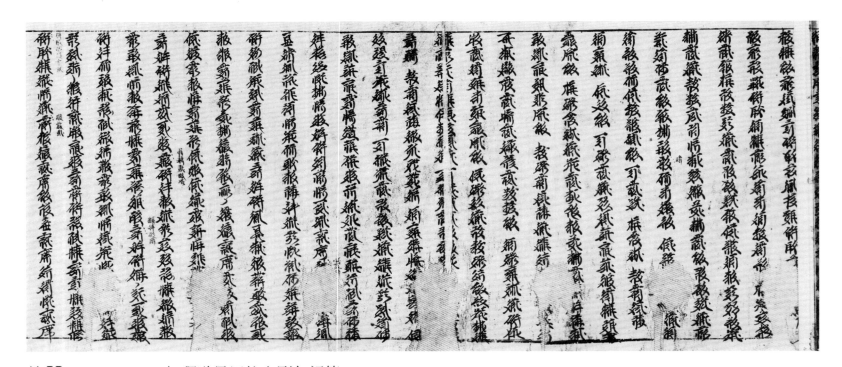

俄 Инв.No.4528　解釋道果語録金剛句記第一　　　(21-14)

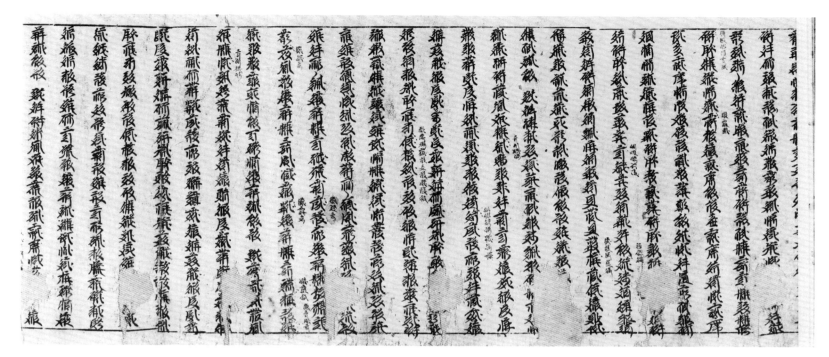

俄Инв.No.4528　解釋道果語錄金剛句記第一　　　(21-15)

俄Инв.No.4528　解釋道果語錄金剛句記第一　　　(21-16)

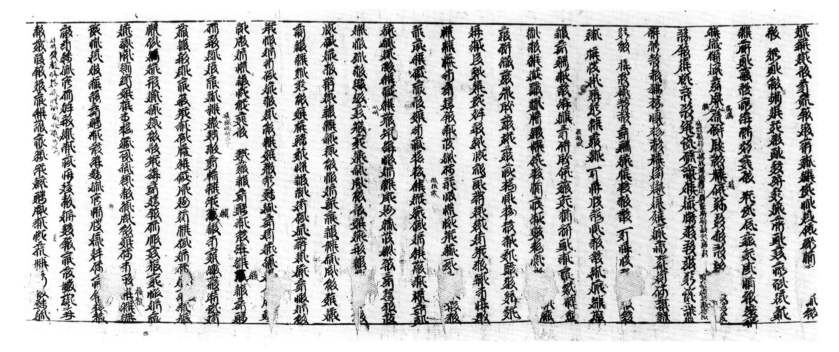

俄Инв.No.4528　解釋道果語錄金剛句記第一　　　(21-17)

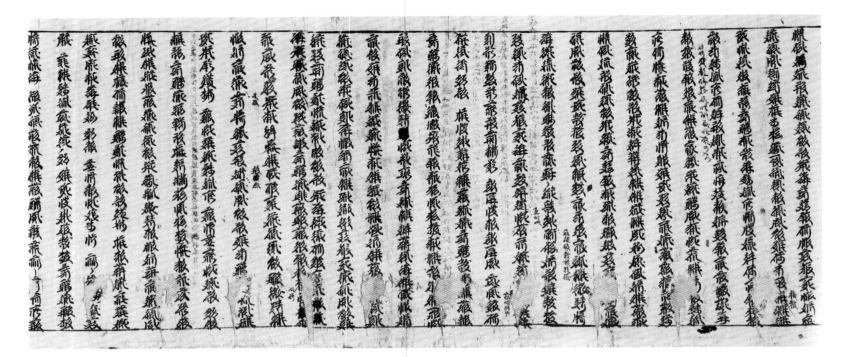

俄 Инв.No.4528　解釋道果語錄金剛句記第一　　(21-18)

俄 Инв.No.4528　解釋道果語錄金剛句記第一　　(21-19)

俄 Инв.No.4528　解釋道果語錄金剛句記第一　　(21-20)

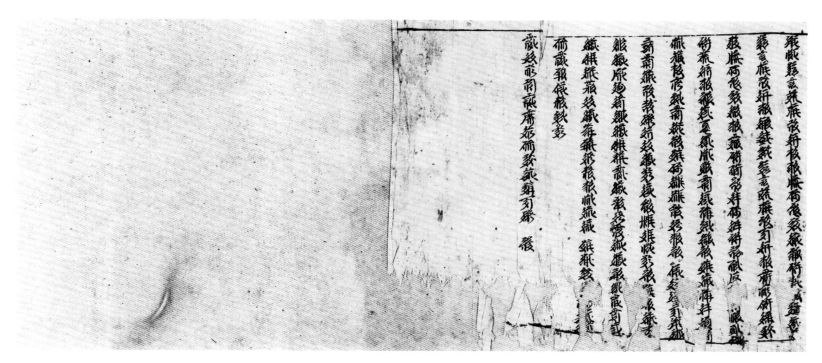

俄 Инв.No.4528　解釋道果語錄金剛句記第一　　　(21-21)

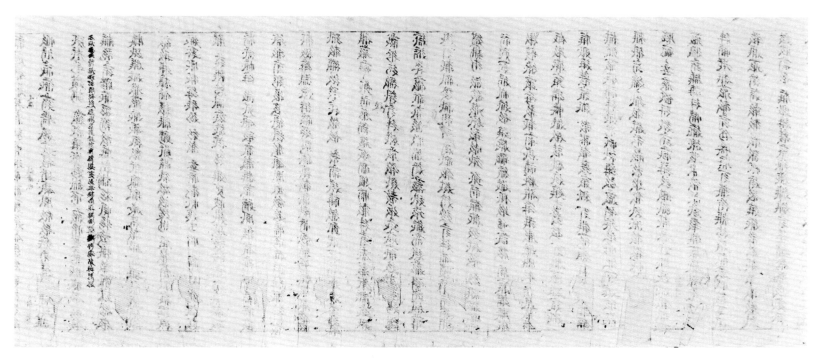

俄 Инв.No.4528V　解釋道果語錄金剛句記第一背隱　　(12-1)

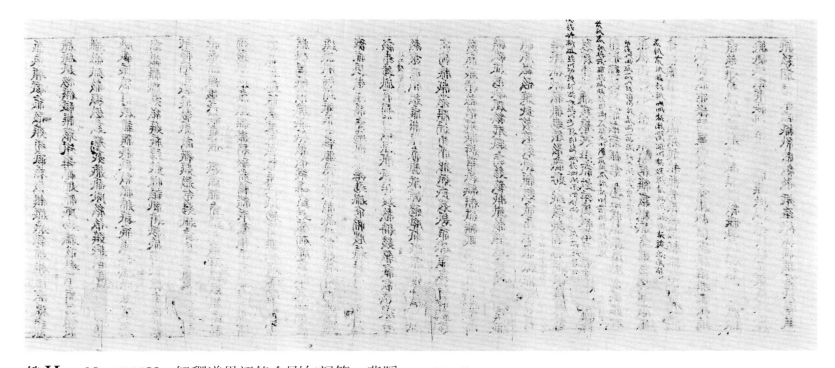

俄 Инв.No.4528V　解釋道果語錄金剛句記第一背隱　　(12-2)

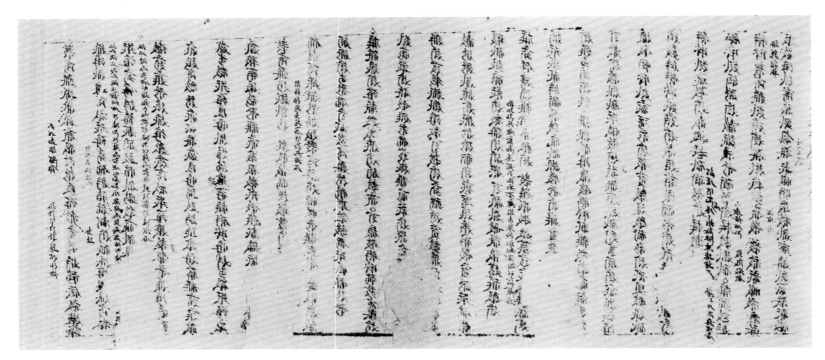

俄 Инв.No.4528V　解釋道果語録金剛句記第一背隱　　(12-3)

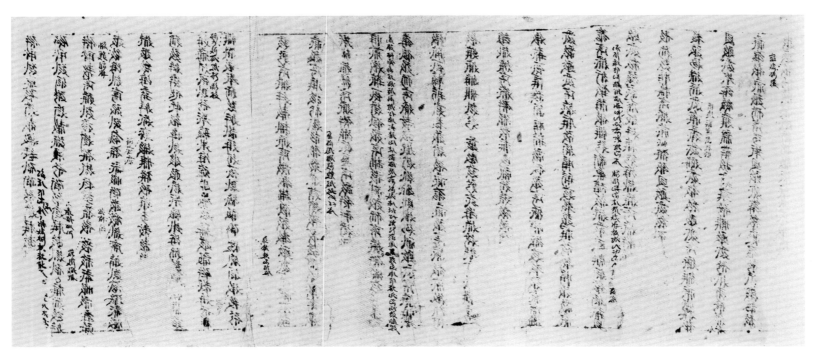

俄 Инв.No.4528V　解釋道果語録金剛句記第一背隱　　(12-4)

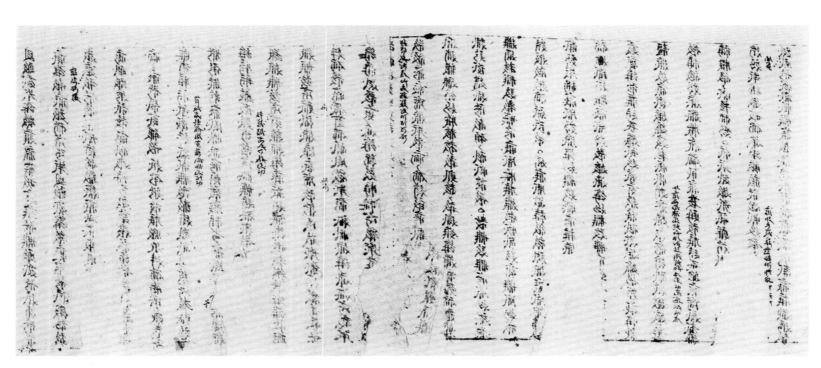

俄 Инв.No.4528V　解釋道果語録金剛句記第一背隱　　(12-5)

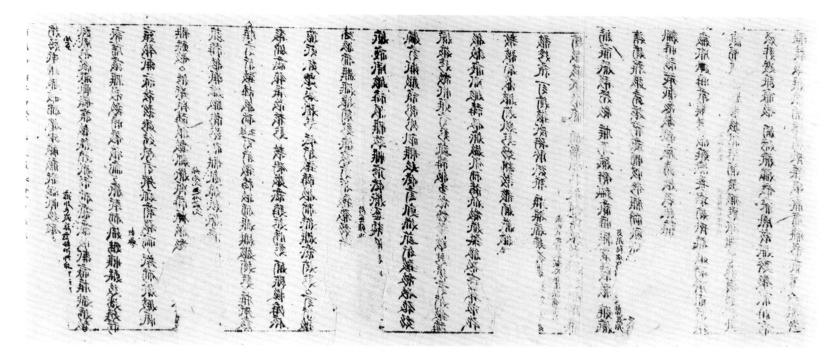

俄 Инв.No.4528V　解釋道果語錄金剛句記第一背隱　　　(12-6)

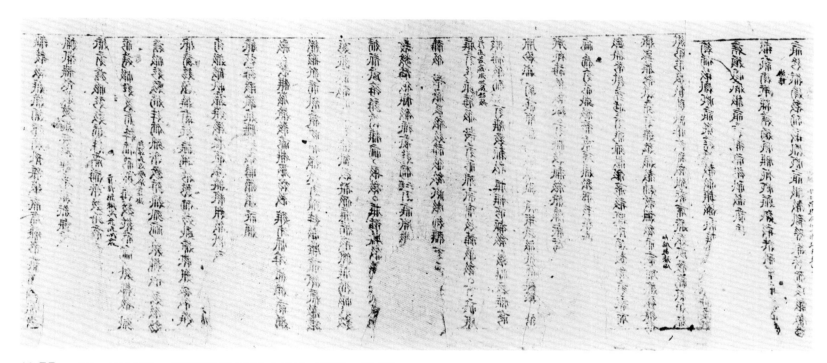

俄 Инв.No.4528V　解釋道果語錄金剛句記第一背隱　　　(12-7)

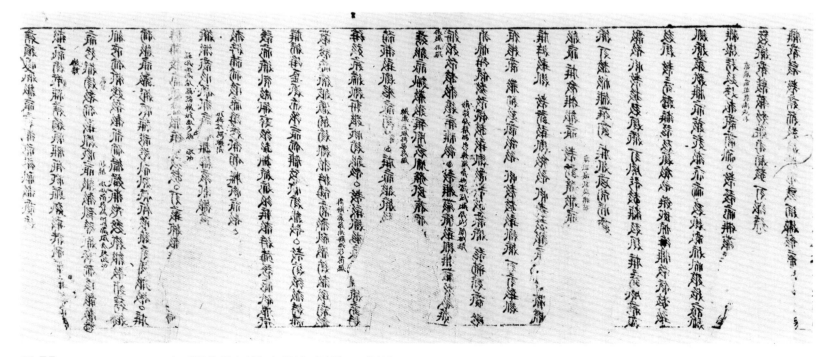

俄 Инв.No.4528V　解釋道果語錄金剛句記第一背隱　　　(12-8)

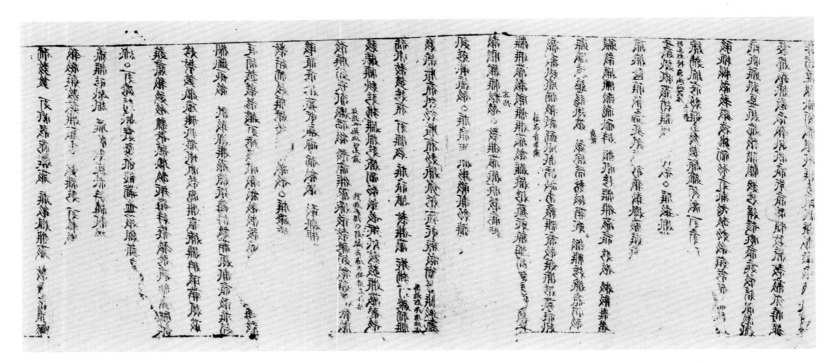

俄 **И**нв.No.4528V　　解釋道果語錄金剛句記第一背隱　　　(12-9)

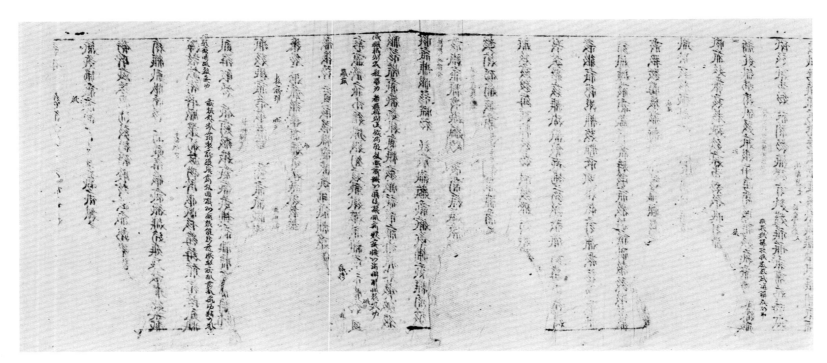

俄 **И**нв.No.4528V　　解釋道果語錄金剛句記第一背隱　　　(12-10)

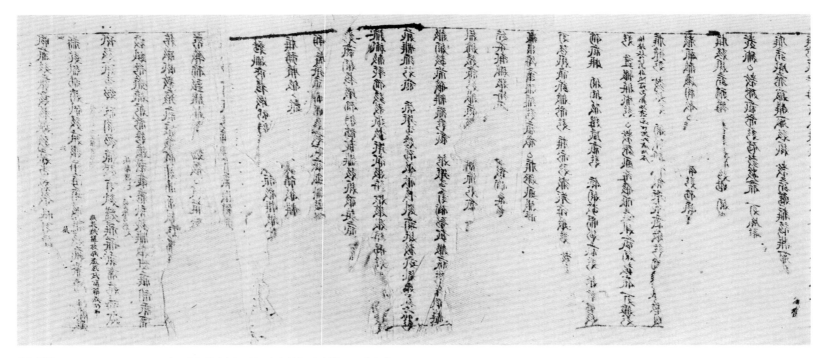

俄 **И**нв.No.4528V　　解釋道果語錄金剛句記第一背隱　　　(12-11)

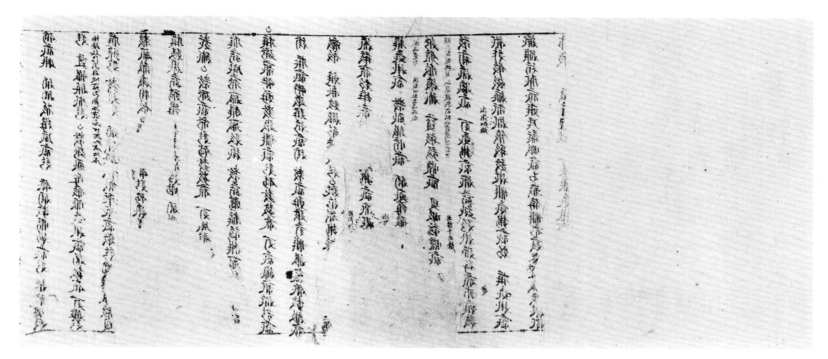

俄 **И**нв.No.4528V 　解釋道果語錄金剛句記第一背隱 　　(12-12)

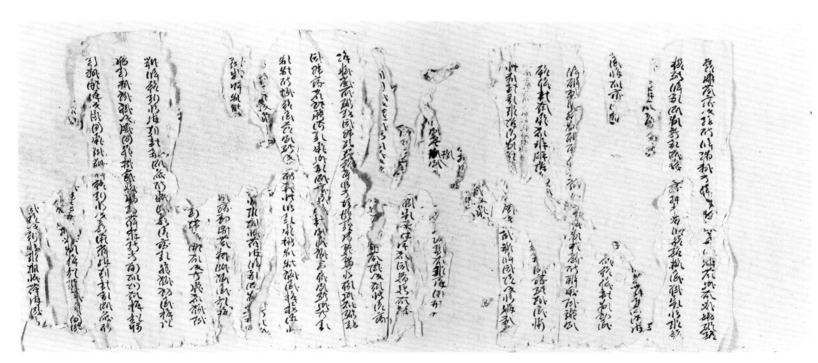

俄 **И**нв.No.914 　解釋道果語錄金剛句記第六 　　(19-1)

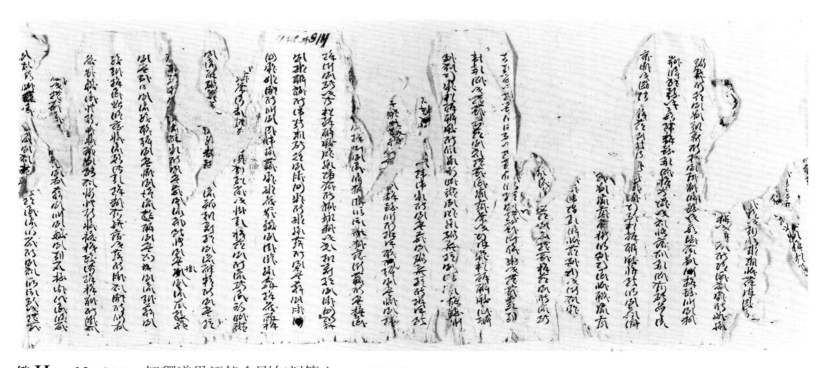

俄 **И**нв.No.914 　解釋道果語錄金剛句記第六 　　(19-2)

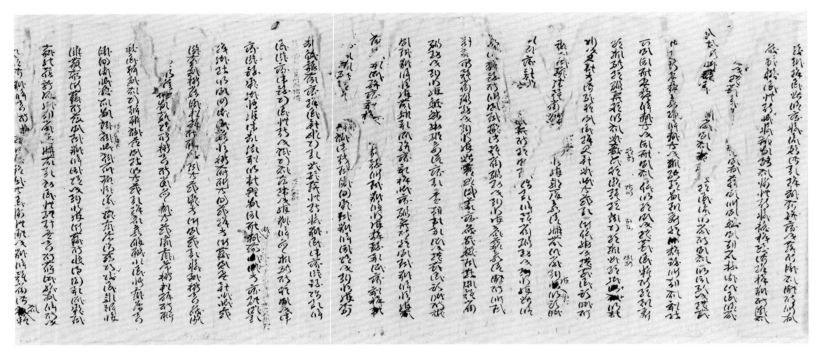

俄 **И**нв.No.914　解釋道果語錄金剛句記第六　　(19-3)

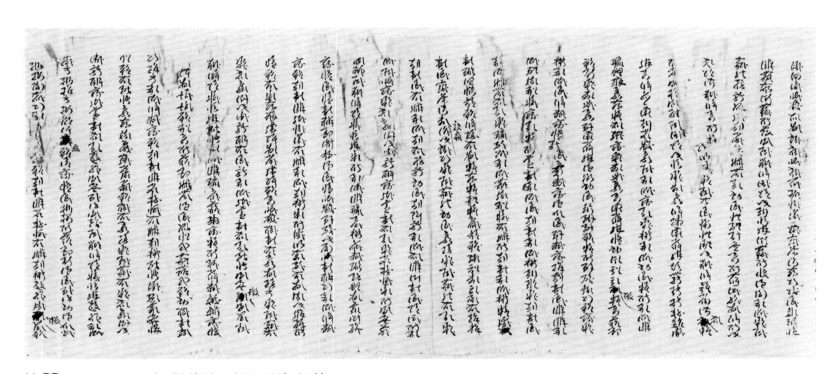

俄 **И**нв.No.914　解釋道果語錄金剛句記第六　　(19-4)

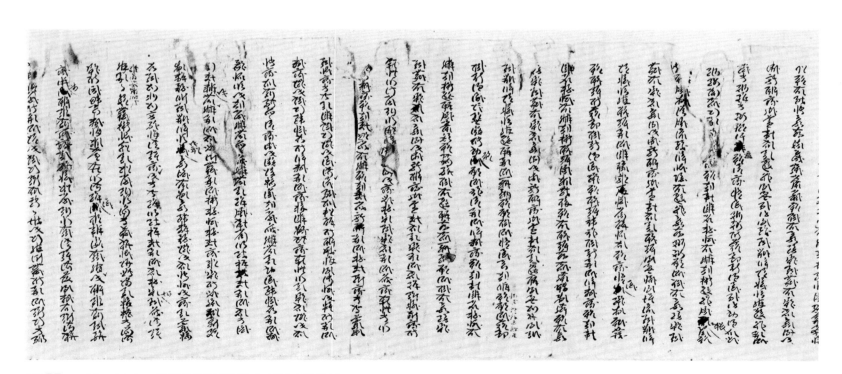

俄 **И**нв.No.914　解釋道果語錄金剛句記第六　　(19-5)

俄 **И**нв.No.914　　解釋道果語錄金剛句記第六　　　　(19-6)

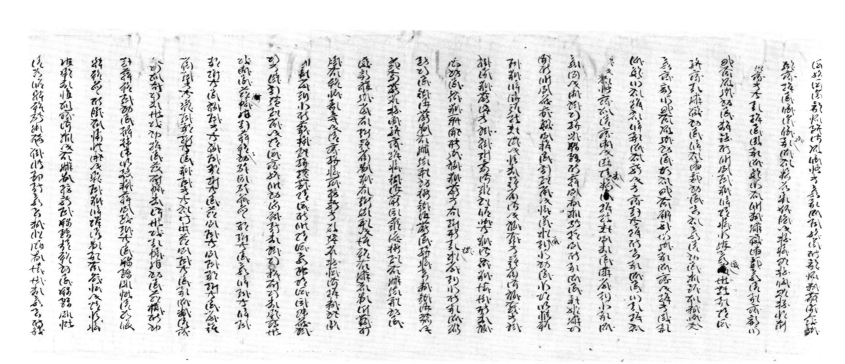

俄 **И**нв.No.914　　解釋道果語錄金剛句記第六　　　　(19-7)

俄 **И**нв.No.914　　解釋道果語錄金剛句記第六　　　　(19-8)

俄 Инв.No.914　　解釋道果語錄金剛句記第六　　（19-9）

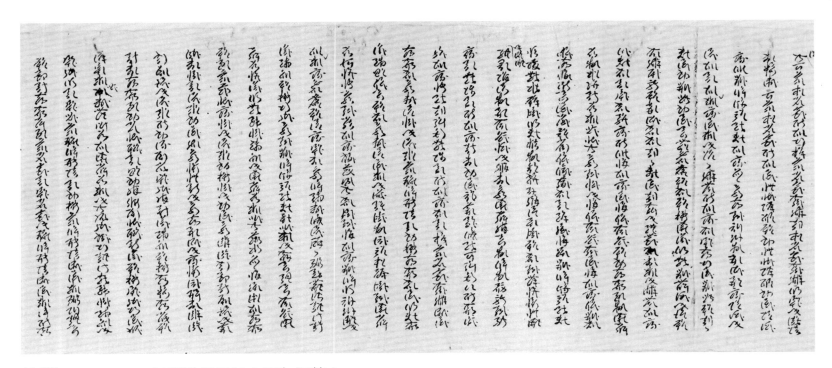

俄 Инв.No.914　　解釋道果語錄金剛句記第六　　（19-10）

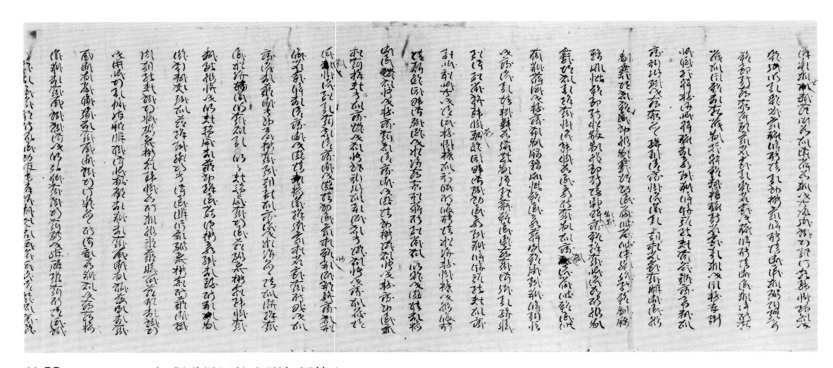

俄 Инв.No.914　　解釋道果語錄金剛句記第六　　（19-11）

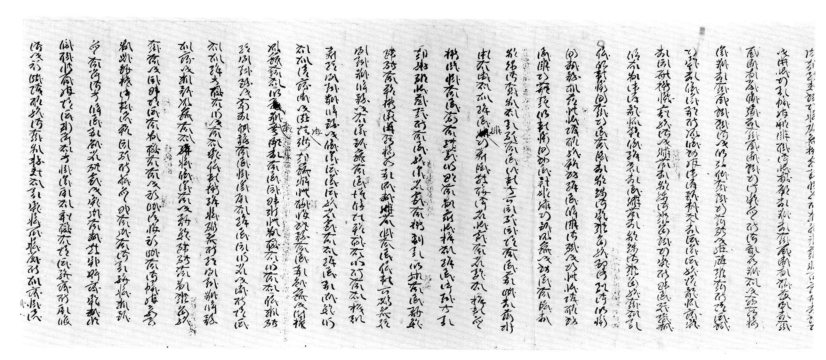

俄 **И**нв.No.914　　解釋道果語錄金剛句記第六　　　　(19-12)

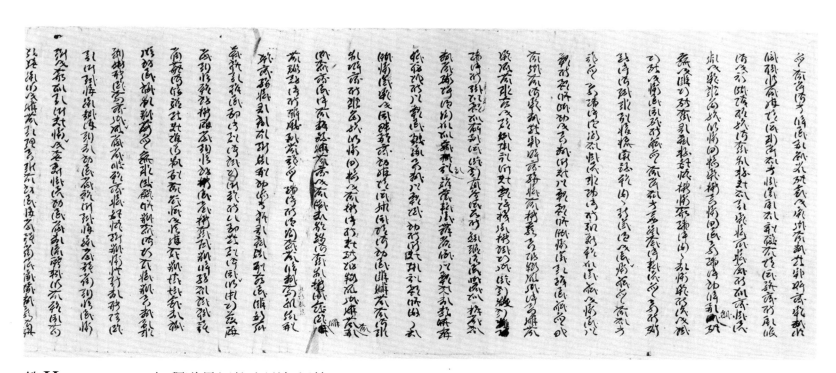

俄 **И**нв.No.914　　解釋道果語錄金剛句記第六　　　　(19-13)

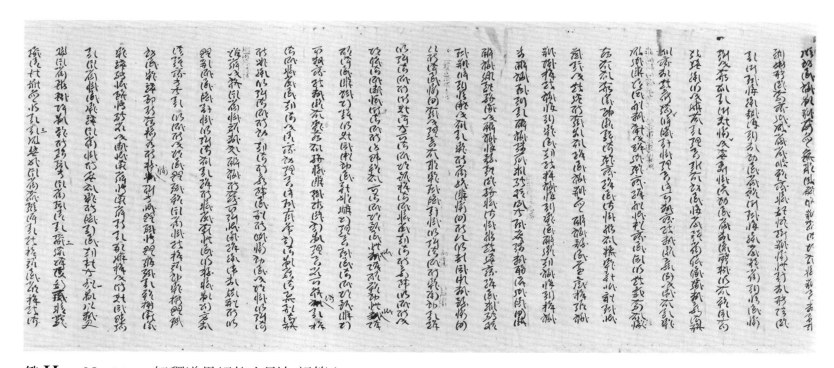

俄 **И**нв.No.914　　解釋道果語錄金剛句記第六　　　　(19-14)

俄 **И**нв.No.914　　解釋道果語錄金剛句記第六　　　　(19-15)

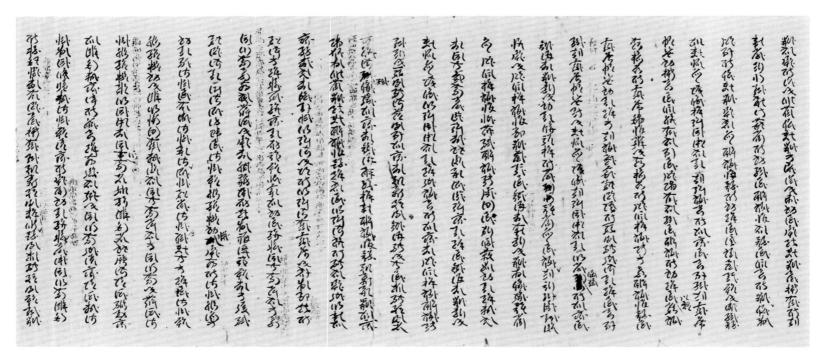

俄 **И**нв.No.914　　解釋道果語錄金剛句記第六　　　　(19-16)

俄 **И**нв.No.914　　解釋道果語錄金剛句記第六　　　　(19-17)

俄 **И**нв.No.914　　解釋道果語錄金剛句記第六　　　　(19-18)

俄 **И**нв.No.914　　解釋道果語錄金剛句記第六　　　　(19-19)

俄 **И**нв.No.914V　　解釋道果語錄金剛句記第六背隱　　　(11-1)

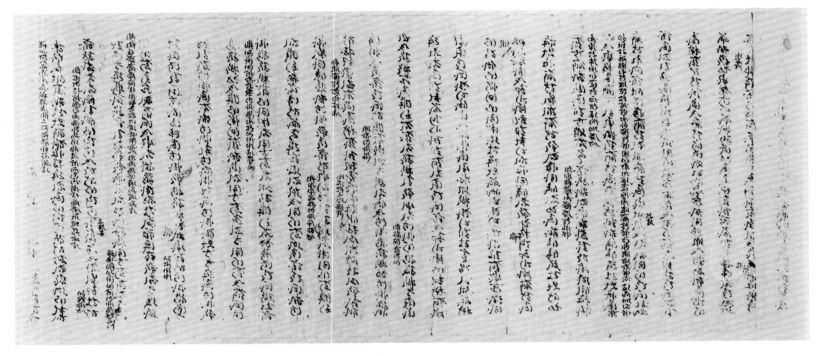

俄 **И**нв.No.914V　解釋道果語錄金剛句記第六背隱　　　(11-2)

俄 **И**нв.No.914V　解釋道果語錄金剛句記第六背隱　　　(11-3)

俄 **И**нв.No.914V　解釋道果語錄金剛句記第六背隱　　　(11-4)

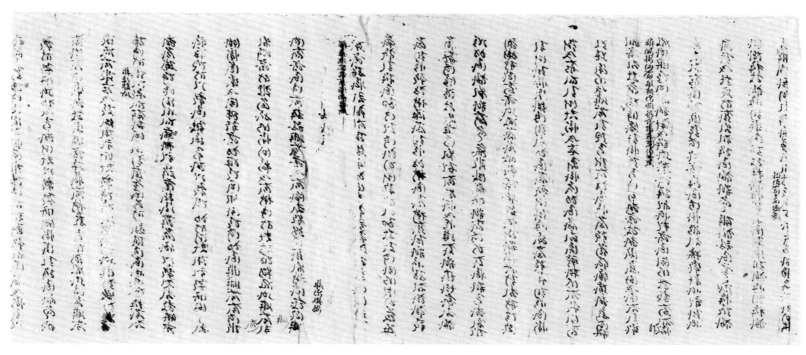

俄ИНВ.No.914V　　解釋道果語錄金剛句記第六背隱　　　　(11-5)

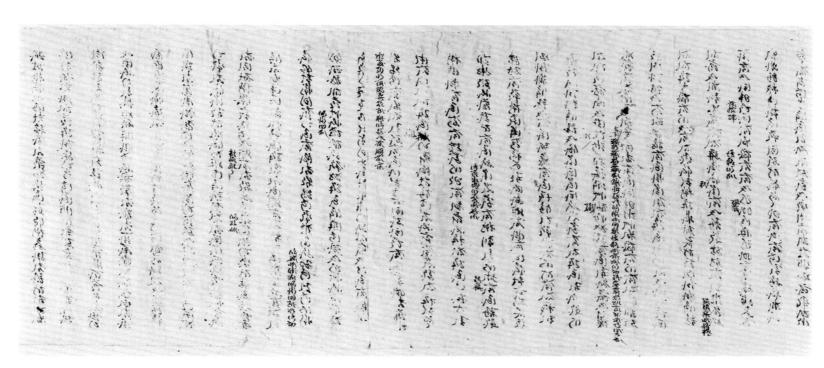

俄ИНВ.No.914V　　解釋道果語錄金剛句記第六背隱　　　　(11-6)

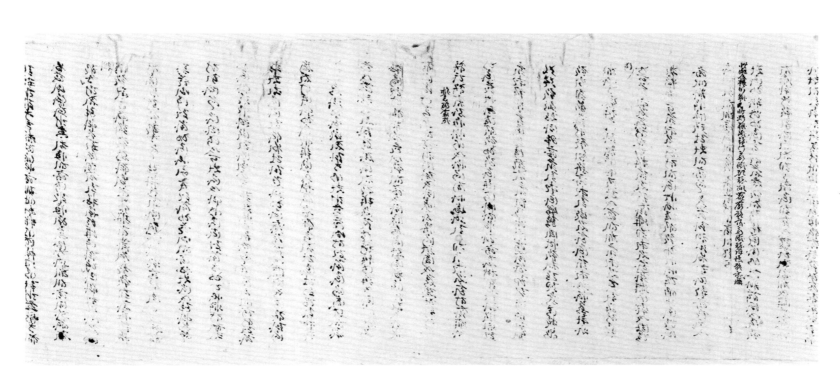

俄ИНВ.No.914V　　解釋道果語錄金剛句記第六背隱　　　　(11-7)

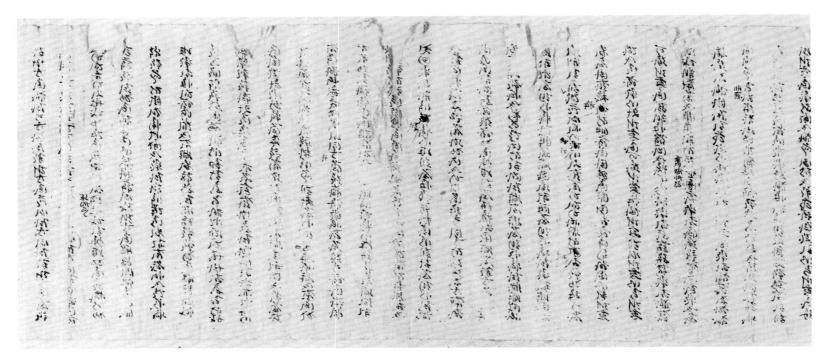

俄 Инв.No.914V　解釋道果語錄金剛句記第六背隱　　(11-8)

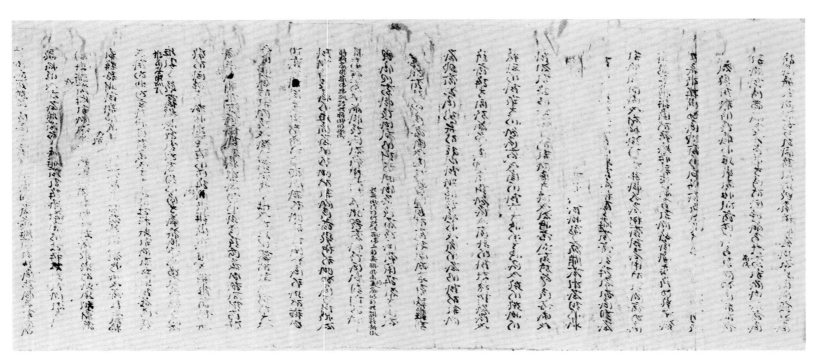

俄 Инв.No.914V　解釋道果語錄金剛句記第六背隱　　(11-9)

俄 Инв.No.914V　解釋道果語錄金剛句記第六背隱　　(11-10)

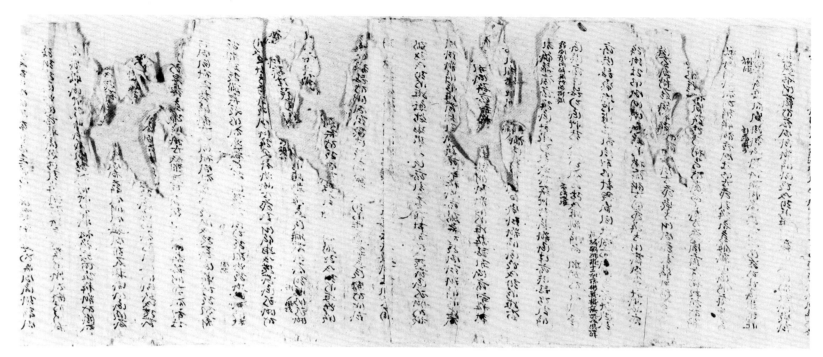

俄 **И**нв.No.914V　　解釋道果語錄金剛句記第六背隱　　　（11-11）

俄 **И**нв.No.2543　　甘露光海生金剛文二部（封面）

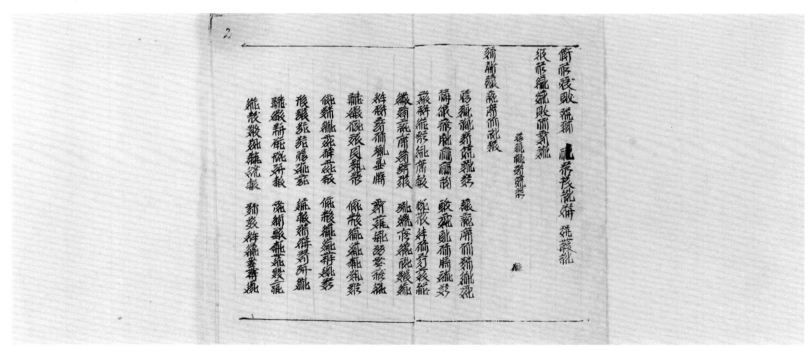

俄 **И**нв.No.2543　　1.甘露光求修　　　（26-1）

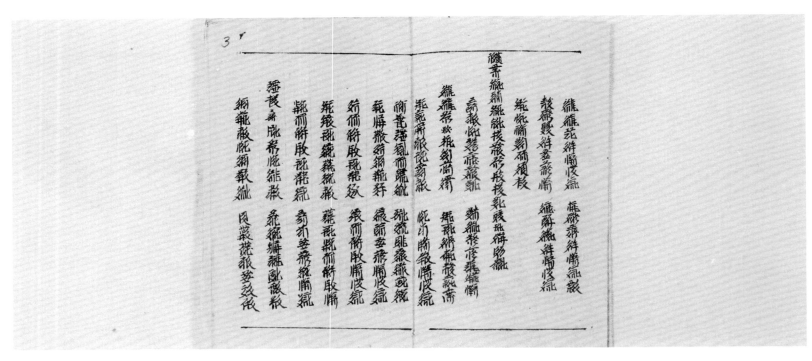

俄Инв.No.2543　　1.甘露光求修　　　(26-2)

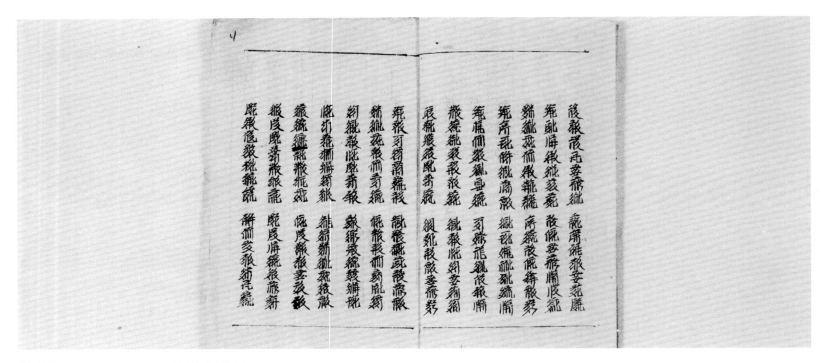

俄Инв.No.2543　　1.甘露光求修　　　(26-3)

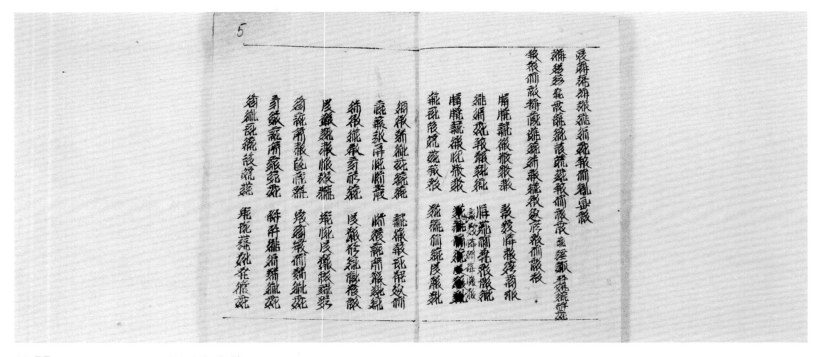

俄Инв.No.2543　　1.甘露光求修　　　(26-4)

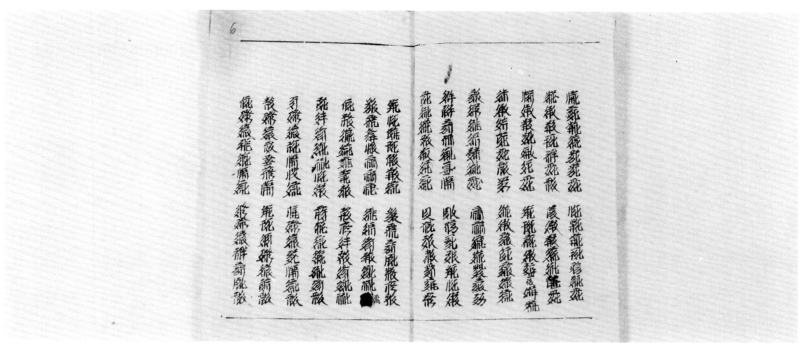

俄 Инв.No.2543　1.甘露光求修　　(26-5)

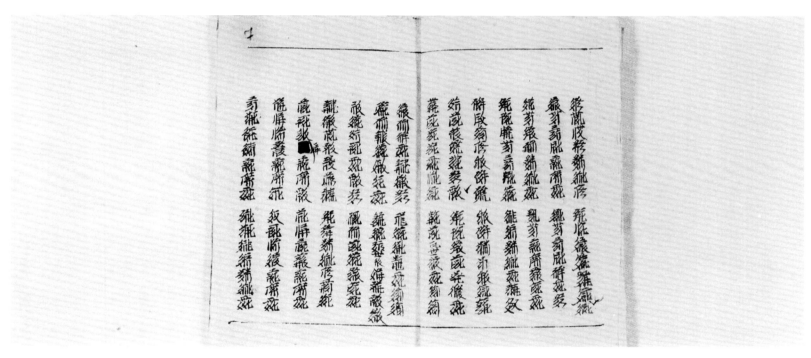

俄 Инв.No.2543　1.甘露光求修　　(26-6)

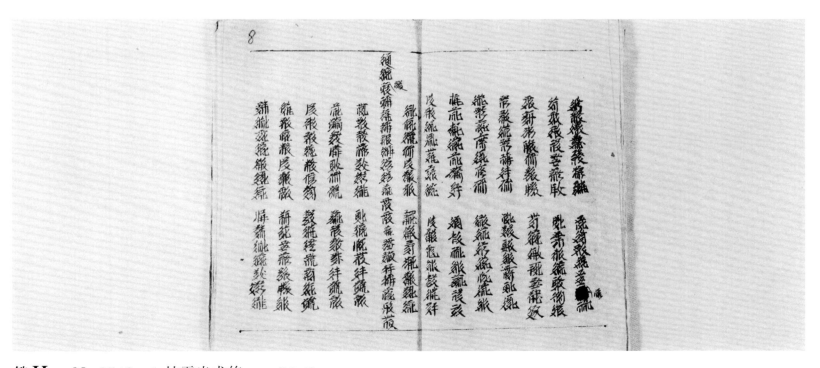

俄 Инв.No.2543　1.甘露光求修　　(26-7)

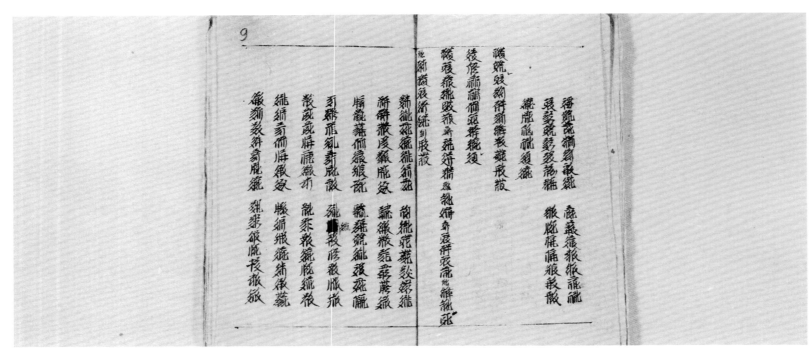

俄Инв.No.2543　1.甘露光求修　　(26-8)

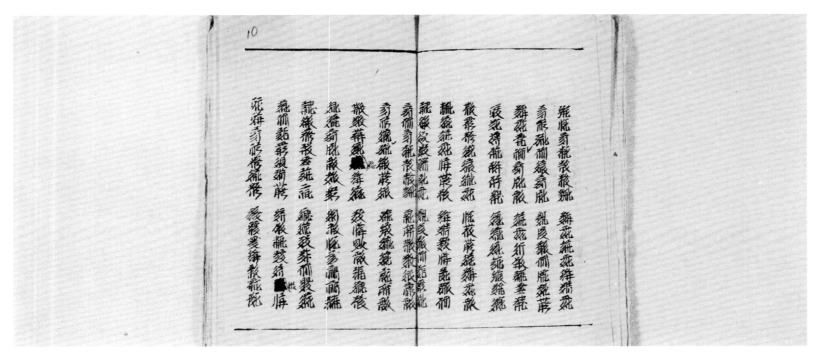

俄Инв.No.2543　1.甘露光求修　　(26-9)

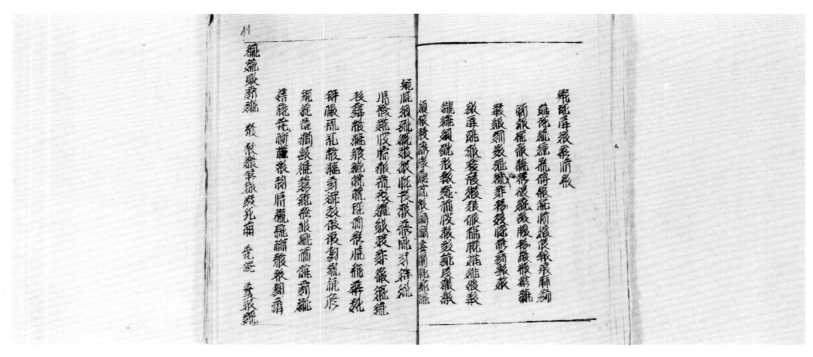

俄Инв.No.2543　1.甘露光求修　　(26-10)

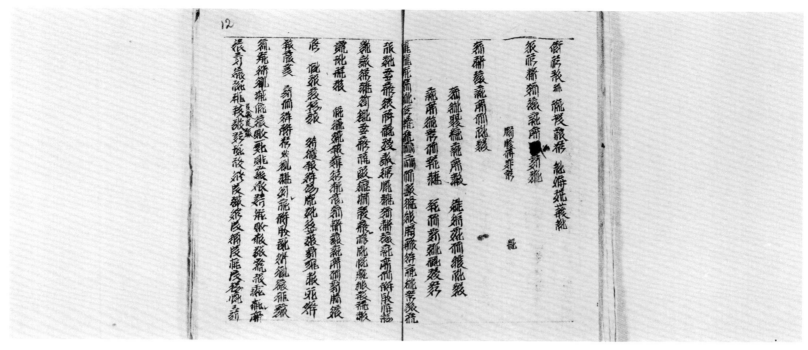

俄 **И**нв.No.2543　2.吉祥喜金剛求修　　(26-11)

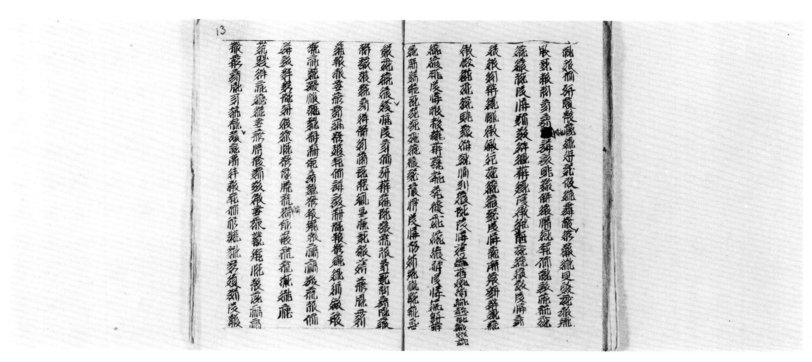

俄 **И**нв.No.2543　2.吉祥喜金剛求修　　(26-12)

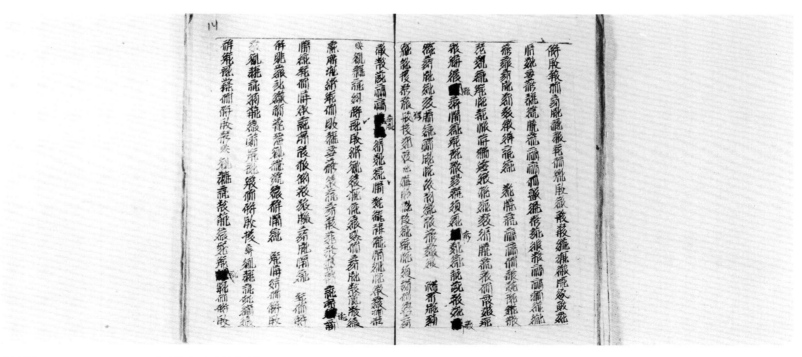

俄 **И**нв.No.2543　2.吉祥喜金剛求修　　(26-13)

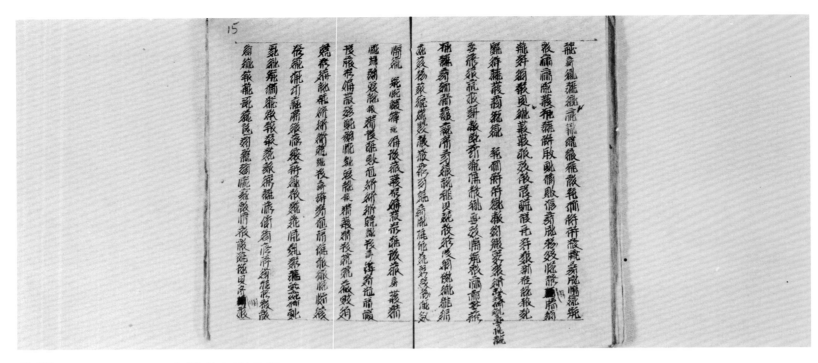

俄 **Инв**.No.2543　2.吉祥喜金剛求修　　　(26-14)

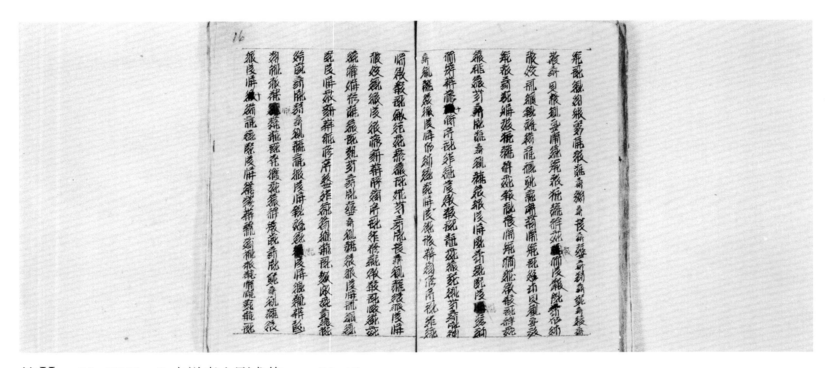

俄 **Инв**.No.2543　2.吉祥喜金剛求修　　　(26-15)

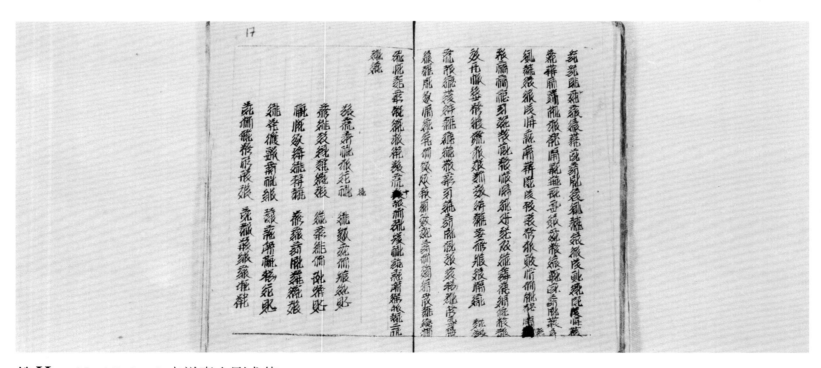

俄 **Инв**.No.2543　2.吉祥喜金剛求修　　　(26-16)

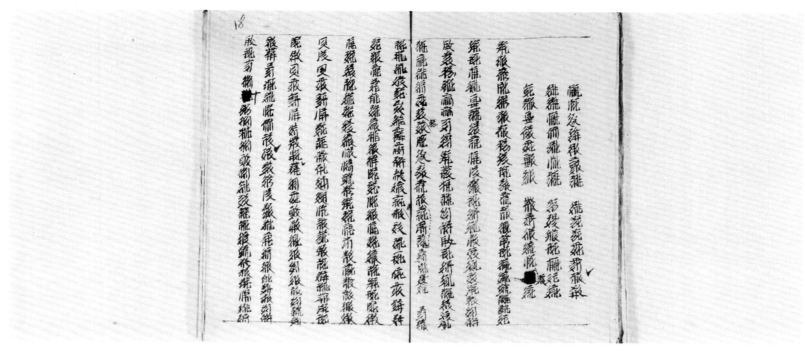

俄 **И**нв.No.2543　2.吉祥喜金剛求修　　　(26-17)

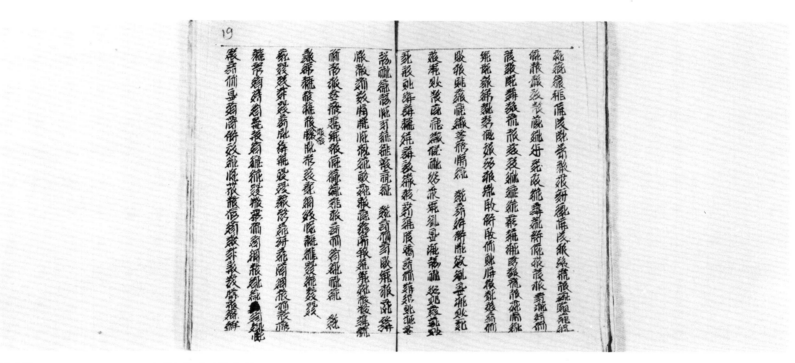

俄 **И**нв.No.2543　2.吉祥喜金剛求修　　　(26-18)

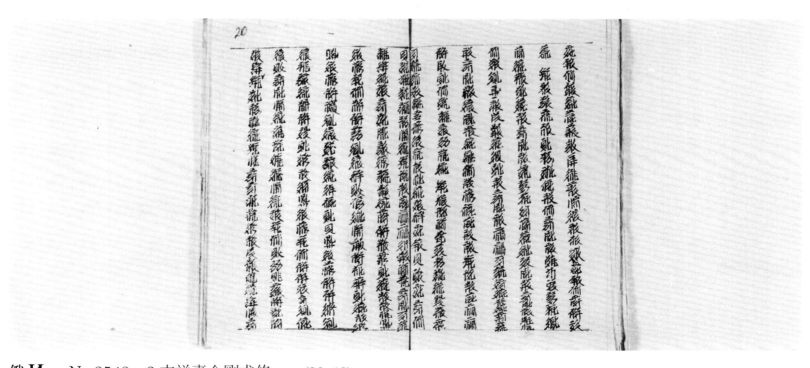

俄 **И**нв.No.2543　2.吉祥喜金剛求修　　　(26-19)

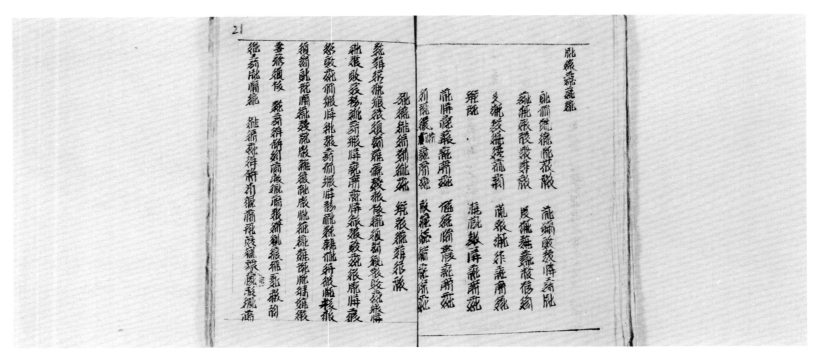

俄 **ИНВ**.No.2543　2.吉祥喜金剛求修　　(26-20)

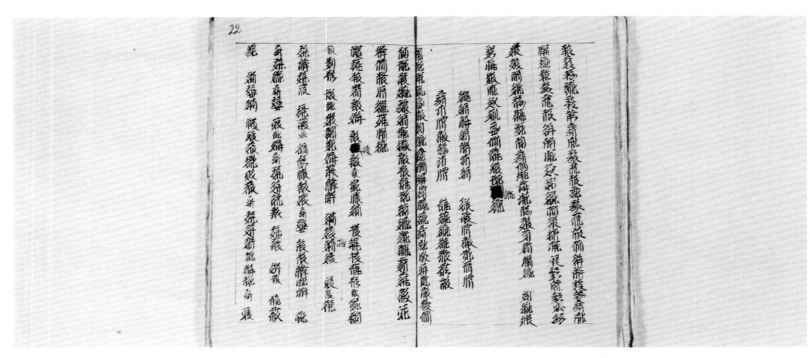

俄 **ИНВ**.No.2543　2.吉祥喜金剛求修　　(26-21)

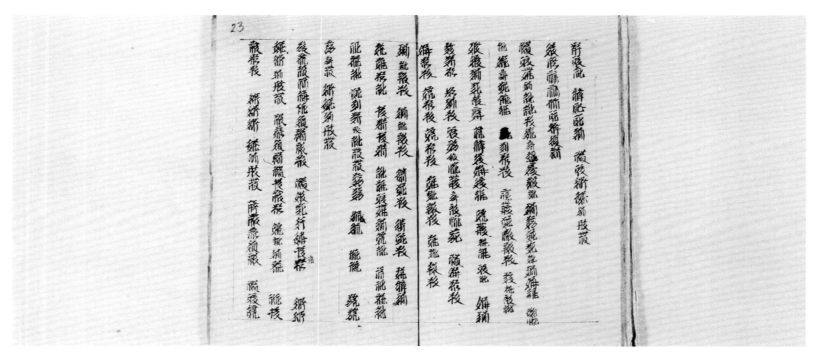

俄 **ИНВ**.No.2543　2.吉祥喜金剛求修　　(26-22)

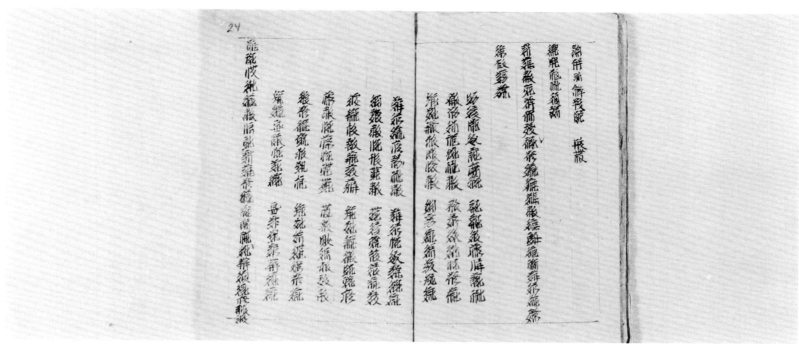

俄 Инв.No.2543　2.吉祥喜金剛求修　　(26-23)

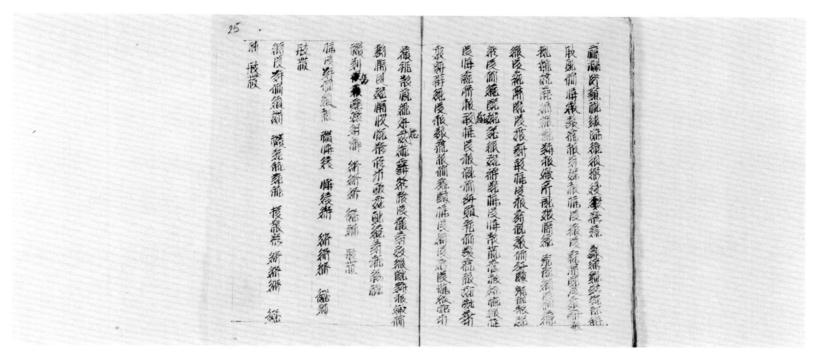

俄 Инв.No.2543　2.吉祥喜金剛求修　　(26-24)

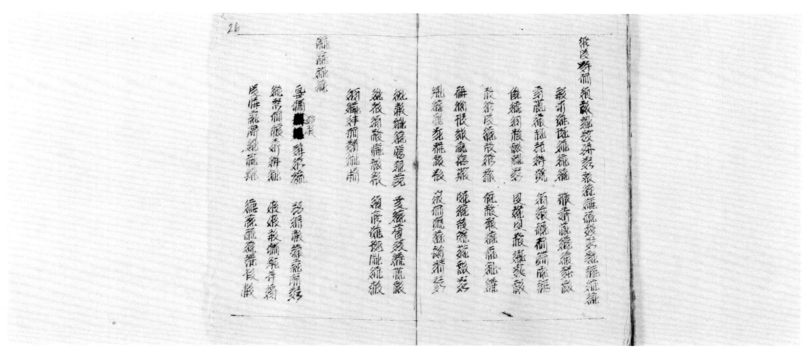

俄 Инв.No.2543　2.吉祥喜金剛求修　　(26-25)

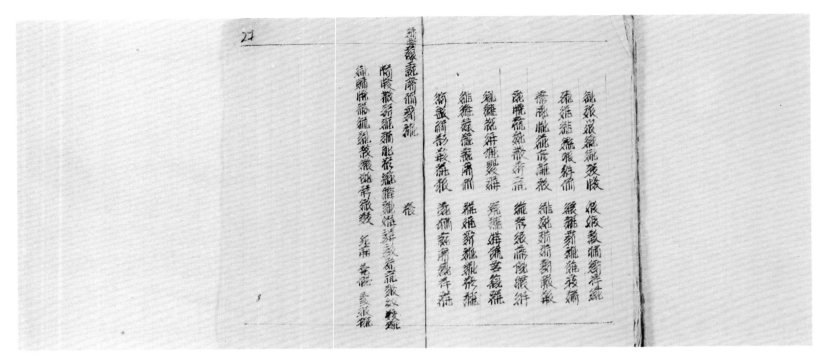

俄 Инв.No.2543　2.吉祥喜金剛求修　　　(26-26)

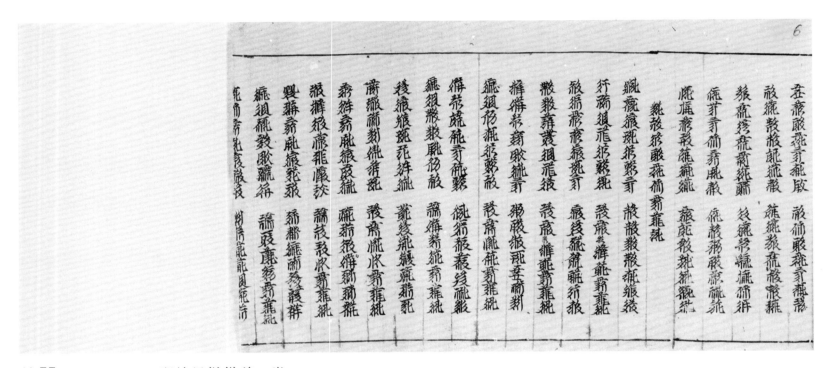

俄 Инв.No.7974　聖幼母做供養一卷　　　(9-1)

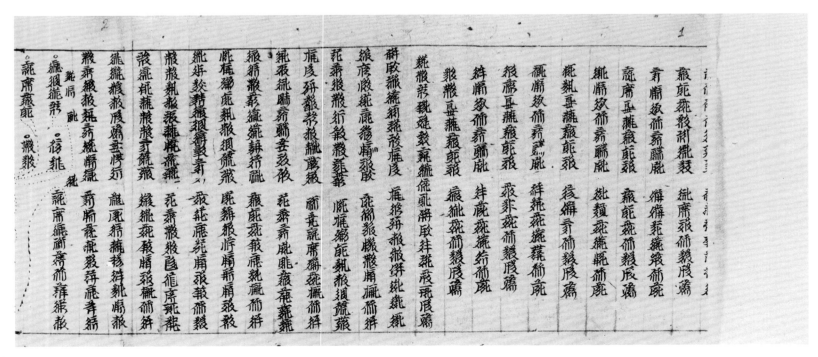

俄 Инв.No.7974　聖幼母做供養一卷　　　(9-2)

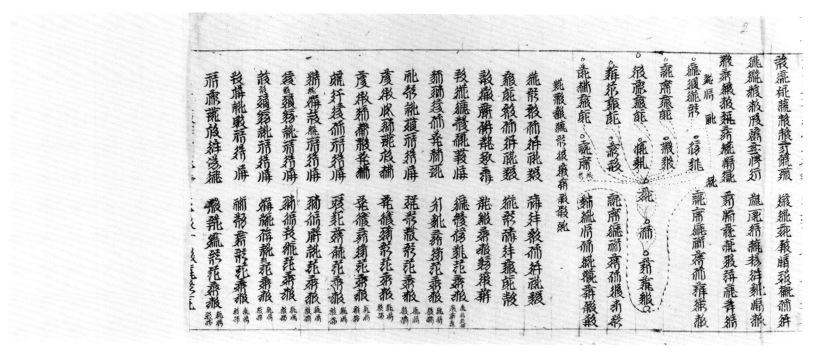

俄 Инв.No.7974　聖幼母做供養一卷　　　　(9-3)

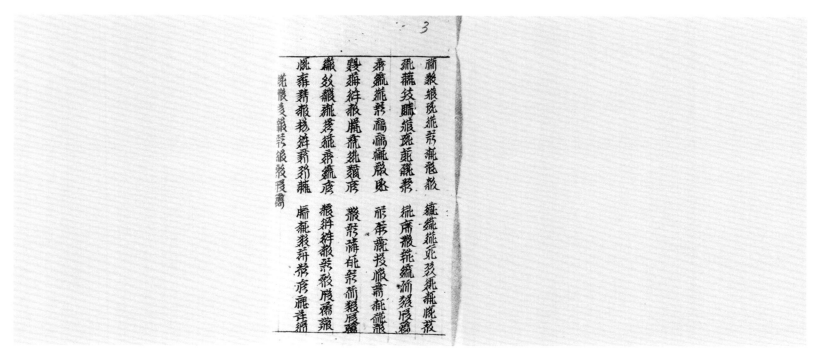

俄 Инв.No.7974　聖幼母做供養一卷　　　　(9-4)

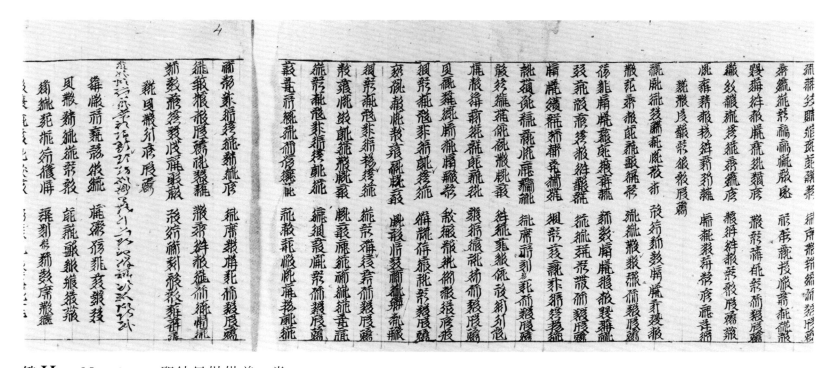

俄 Инв.No.7974　聖幼母做供養一卷　　　　(9-5)

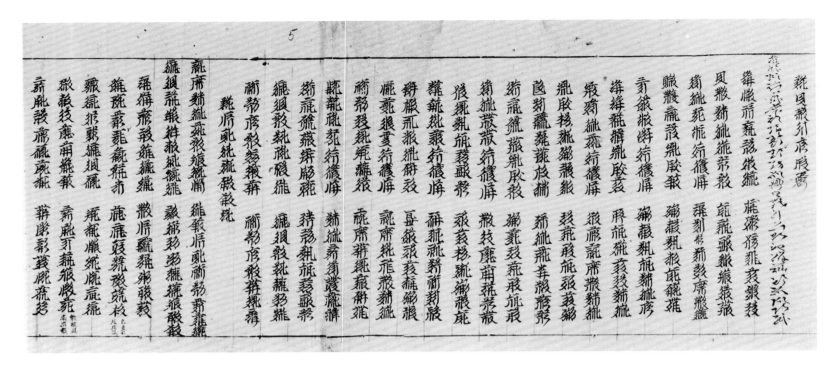

俄Инв.No.7974　聖幼母做供養一卷　　　（9-6）

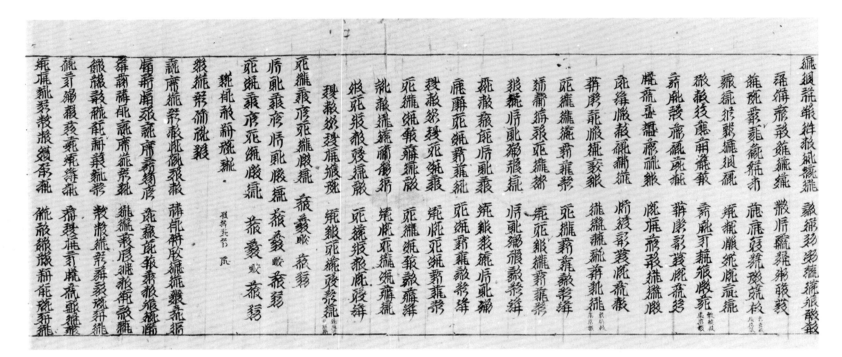

俄Инв.No.7974　聖幼母做供養一卷　　　（9-7）

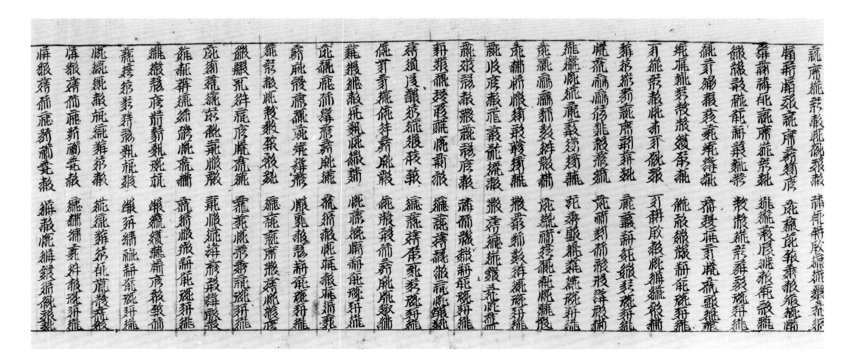

俄Инв.No.7974　聖幼母做供養一卷　　　（9-8）

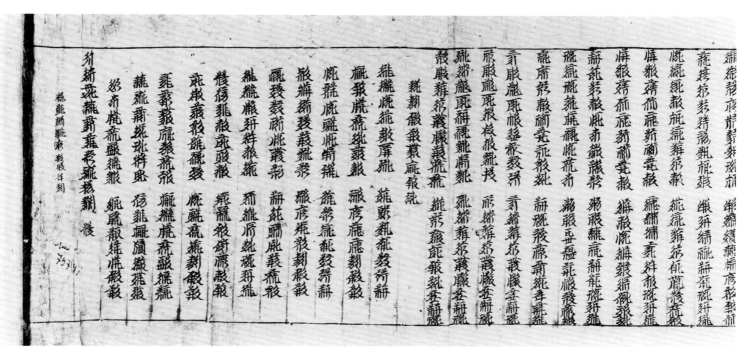

俄ИНВ.No.7974　聖幼母做供養一卷　　　(9-9)

俄ИНВ.No.4911　六幼母供養典一卷　　　(17-1)

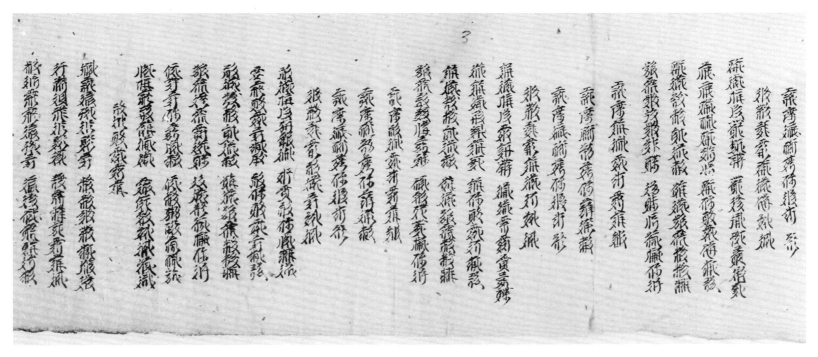

俄ИНВ.No.4911　六幼母供養典一卷　　　(17-2)

俄 **И**нв.No.4911　六幼母供養典一卷　　　(17-3)

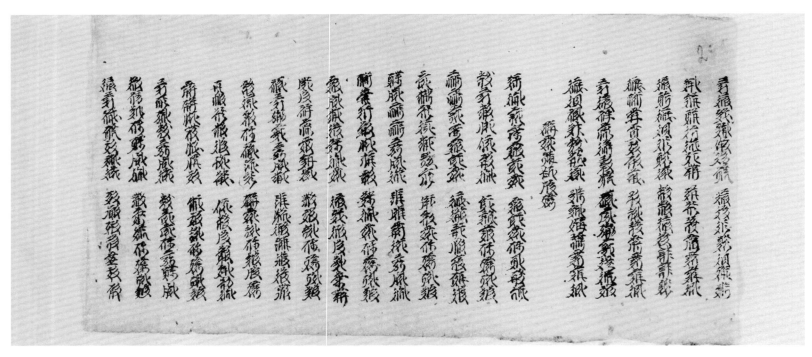

俄 **И**нв.No.4911　六幼母供養典一卷　　　(17-4)

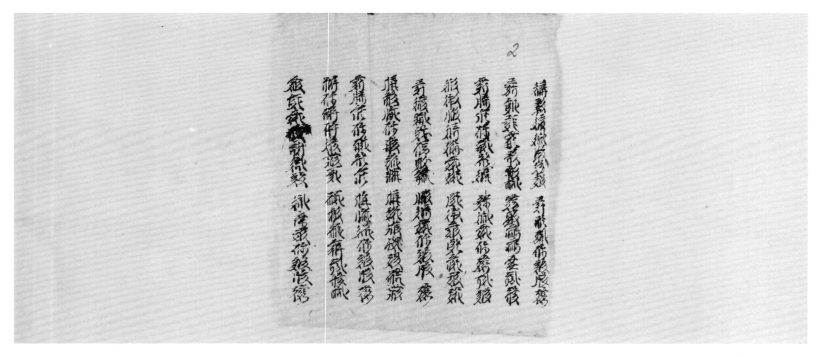

俄 **И**нв.No.4911　六幼母供養典一卷　　　(17-5)

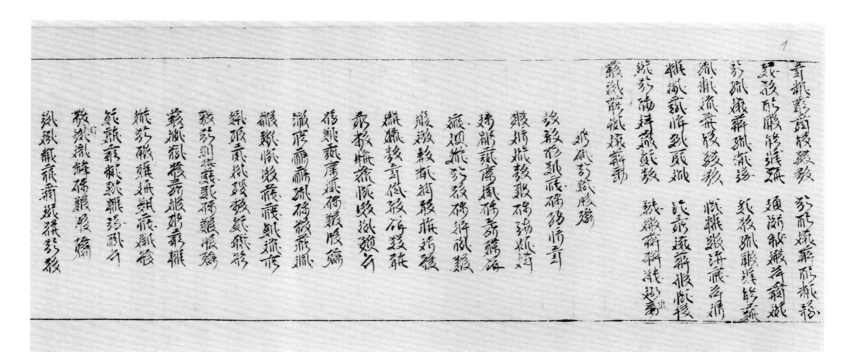

俄 **И**нв.No.4911　　六幼母供養典一卷　　(17-6)

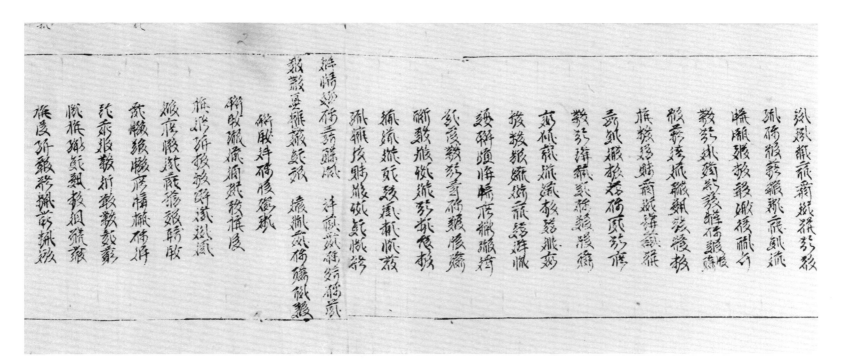

俄 **И**нв.No.4911　　六幼母供養典一卷　　(17-7)

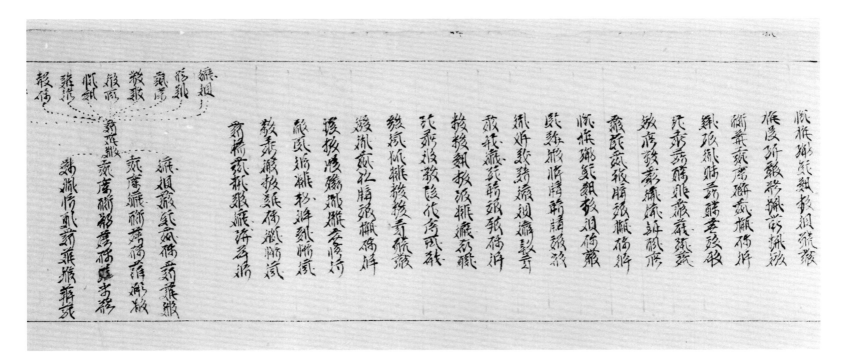

俄 **И**нв.No.4911　　六幼母供養典一卷　　(17-8)

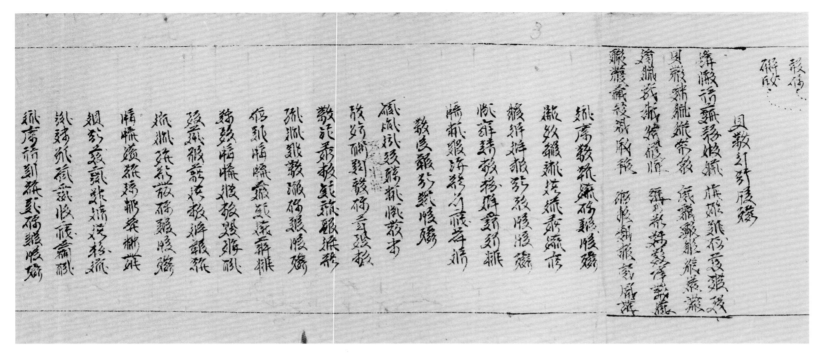

俄ИHB.No.4911　六幼母供養典一卷　　　(17-9)

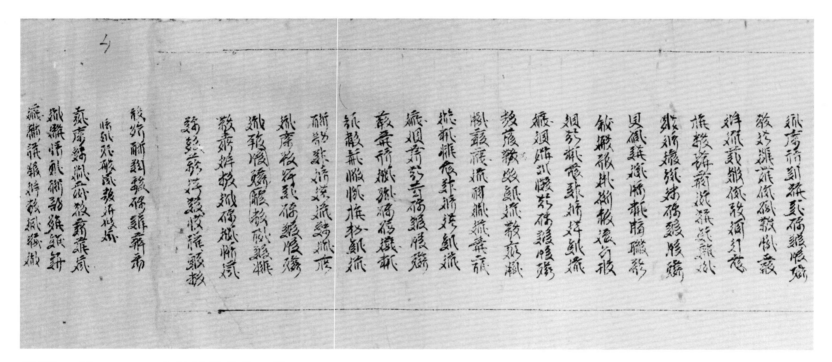

俄ИHB.No.4911　六幼母供養典一卷　　　(17-10)

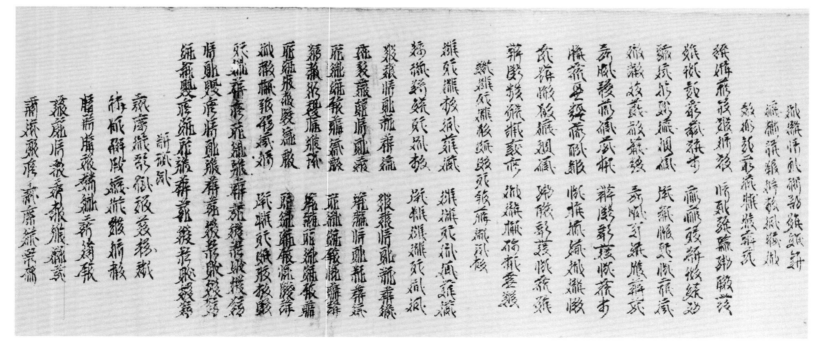

俄ИHB.No.4911　六幼母供養典一卷　　　(17-11)

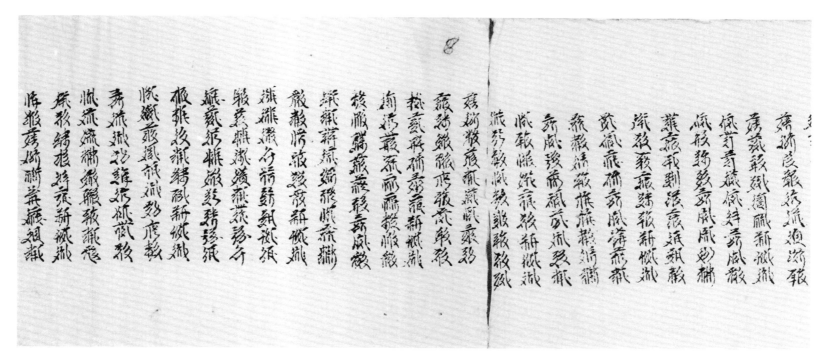

俄Инв.No.4911　六幼母供養典一卷　　(17-12)

俄Инв.No.4911　六幼母供養典一卷　　(17-13)

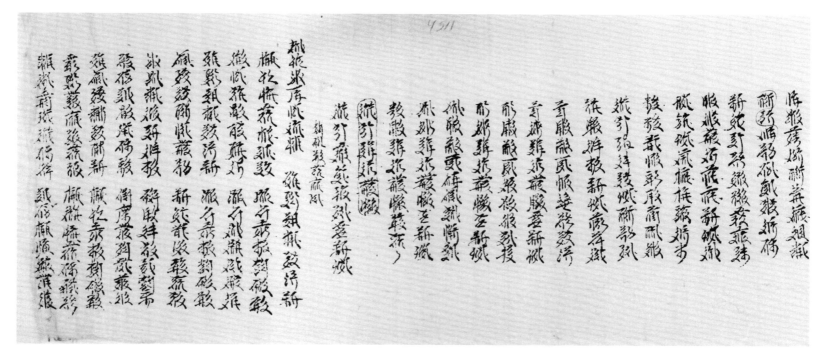

俄Инв.No.4911　六幼母供養典一卷　　(17-14)

俄 **И**нв.No.4911　六幼母供養典一卷　　　(17-15)

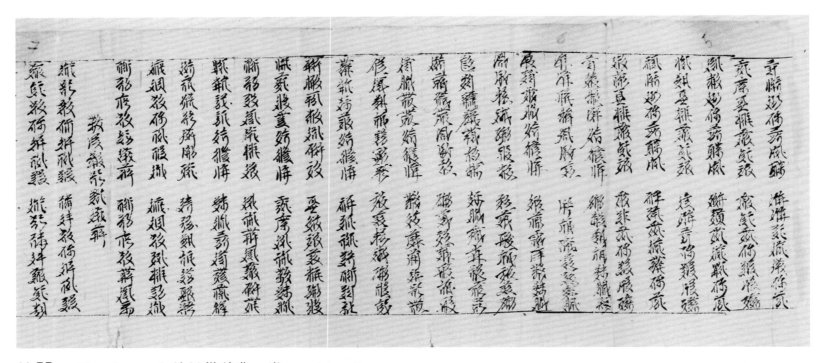

俄 **И**нв.No.4911　六幼母供養典一卷　　　(17-16)

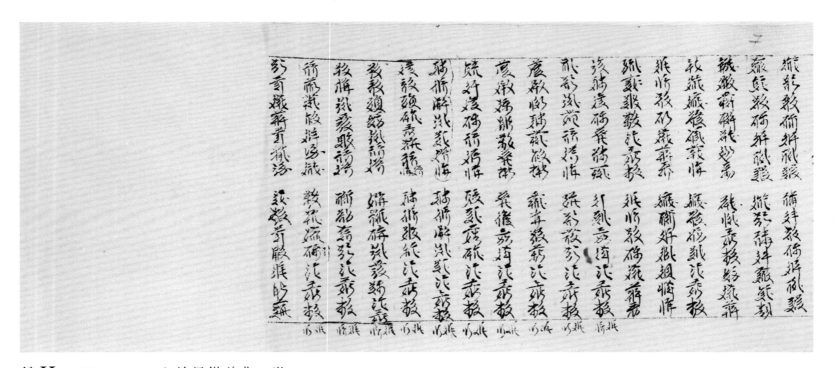

俄 **И**нв.No.4911　六幼母供養典一卷　　　(17-17)

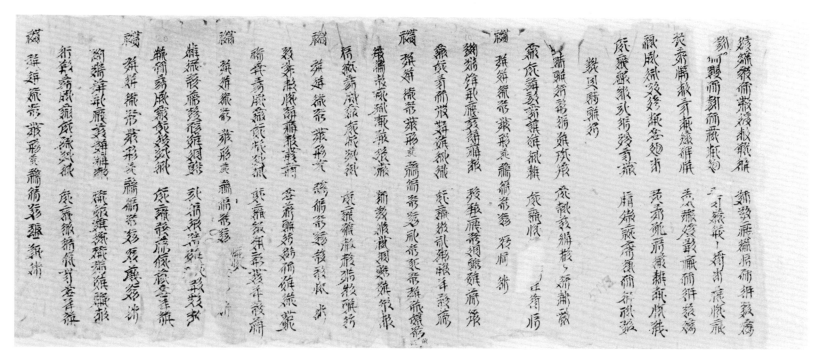

俄Инв.No.5173　六幼母供養典　　　(12-1)

俄Инв.No.5173　六幼母供養典　　　(12-2)

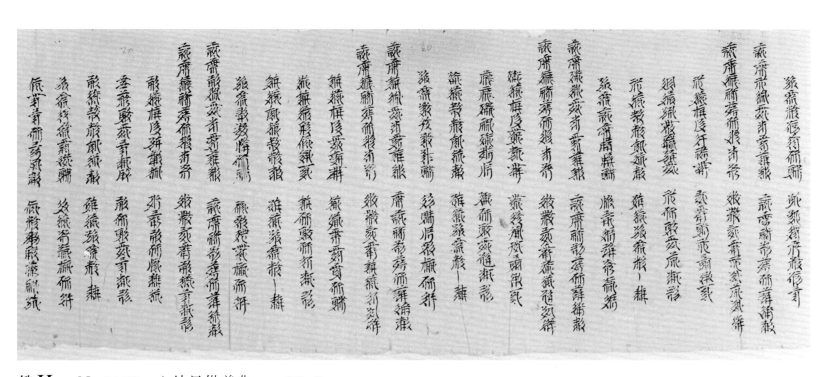

俄Инв.No.5173　六幼母供養典　　　(12-3)

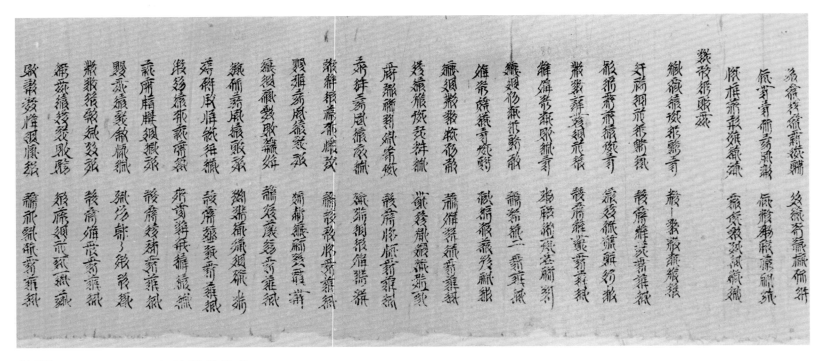

俄 Инв.No.5173　六幼母供養典　　　(12-4)

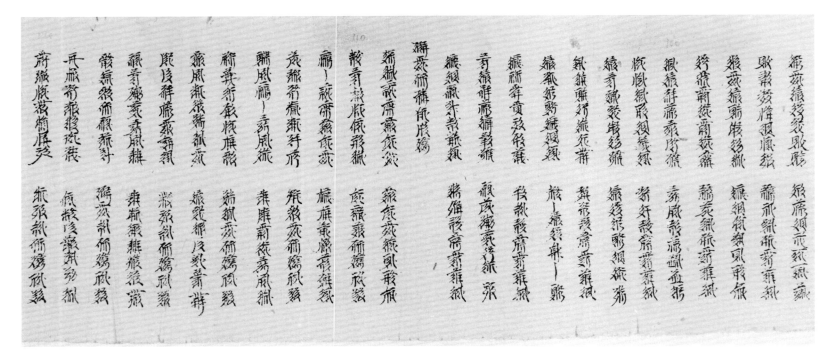

俄 Инв.No.5173　六幼母供養典　　　(12-5)

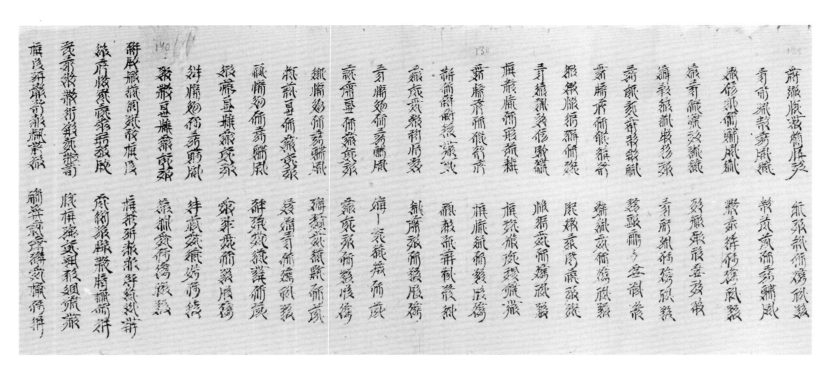

俄 Инв.No.5173　六幼母供養典　　　(12-6)

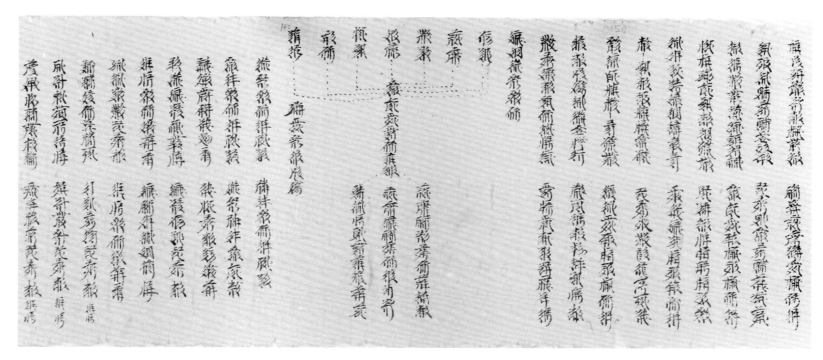

俄Инв.No.5173　六幼母供養典　　　(12-7)

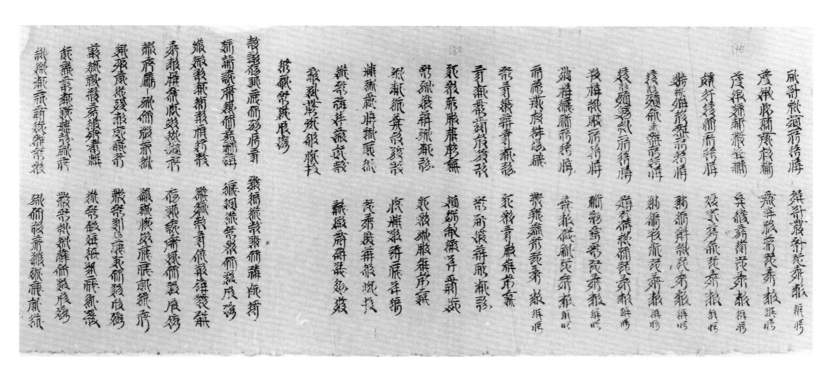

俄Инв.No.5173　六幼母供養典　　　(12-8)

俄Инв.No.5173　六幼母供養典　　　(12-9)

俄 **И**нв.No.5173　六幼母供養典　　　(12-10)

俄 **И**нв.No.5173　六幼母供養典　　　(12-11)

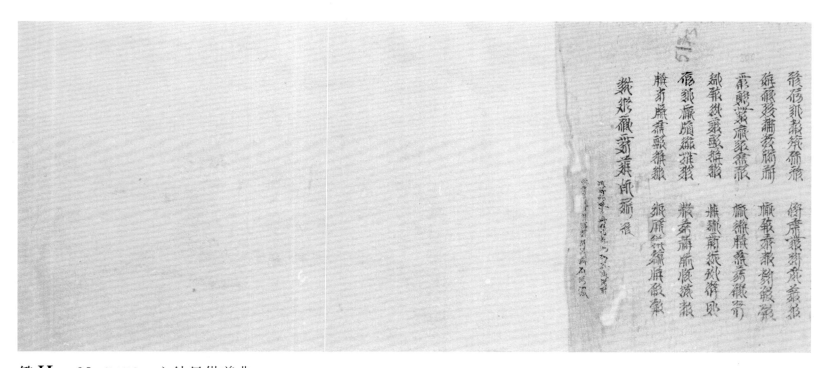

俄 **И**нв.No.5173　六幼母供養典　　　(12-12)

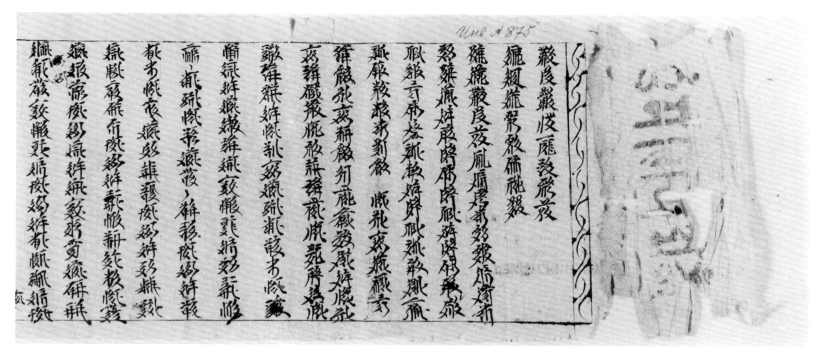

俄ИнВ.No.875　大手印定導引略文　（3-1）

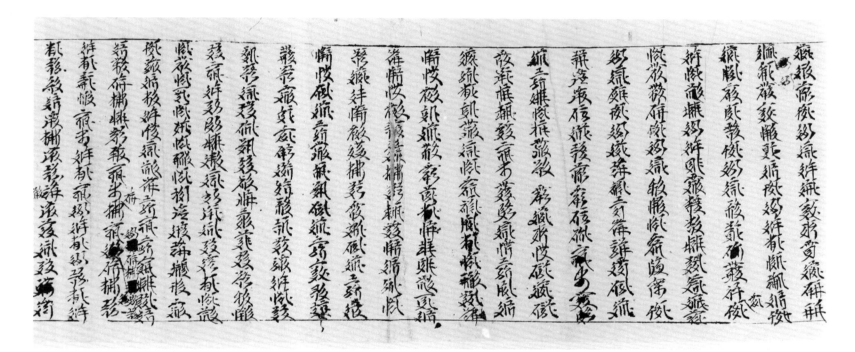

俄ИнВ.No.875　大手印定導引略文　（3-2）

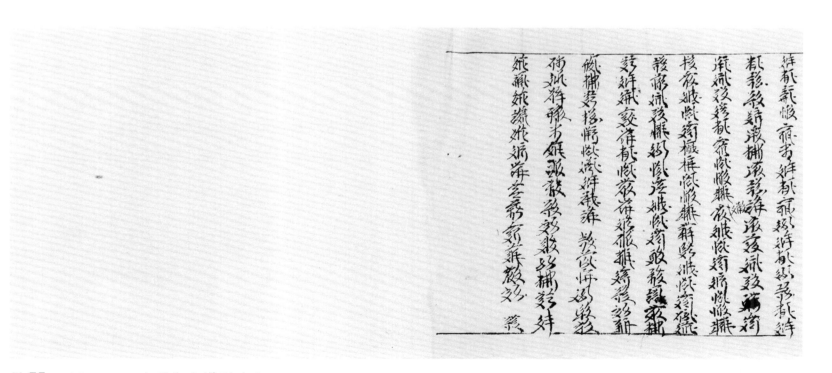

俄ИнВ.No.875　大手印定導引略文　（3-3）

俄 **И**нв.No.2530　定導引（封面）

俄 **И**нв.No.2530　1.大手印頓入要門　　(32-1)

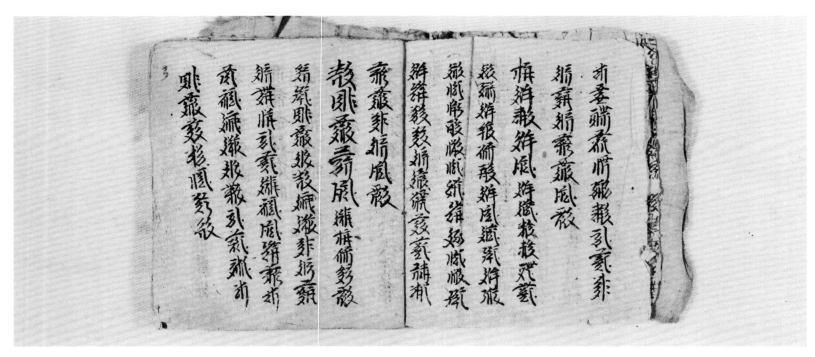

俄 **И**нв.No.2530　1.大手印頓入要門　　(32-2)

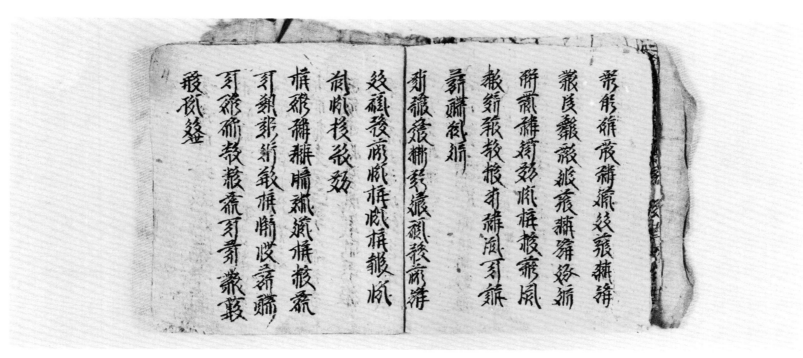

俄 **И**нв.No.2530 　 1.大手印頓入要門 　 　 (32-3)

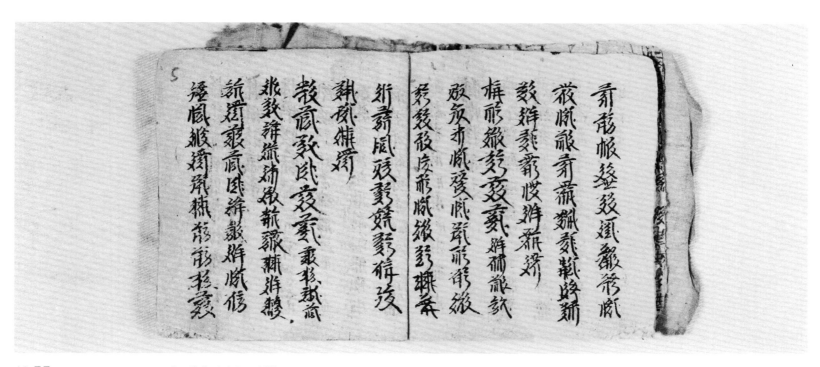

俄 **И**нв.No.2530 　 1.大手印頓入要門 　 　 (32-4)

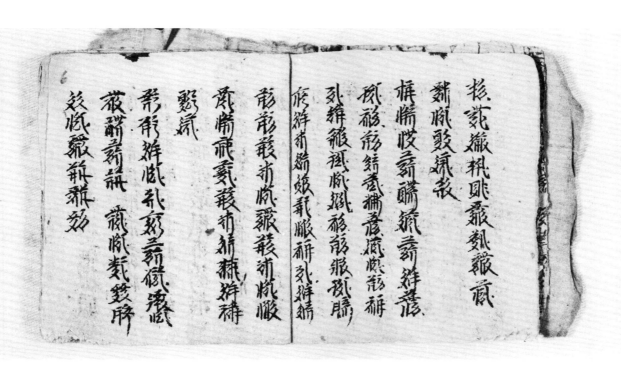

俄 **И**нв.No.2530 　 1.大手印頓入要門 　 　 (32-5)

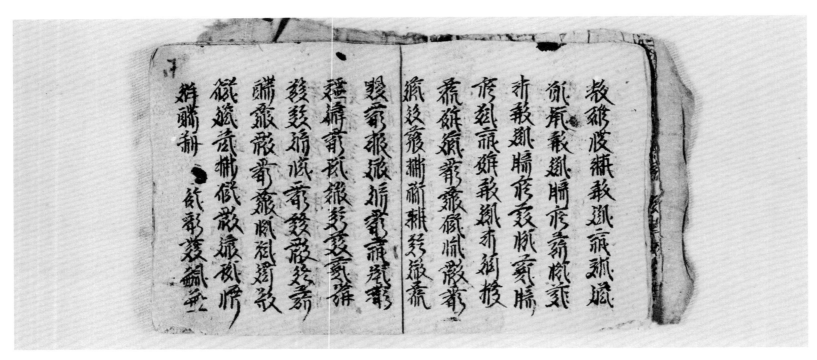

俄 **Инв**.No.2530　　1.大手印頓入要門　　　(32-6)

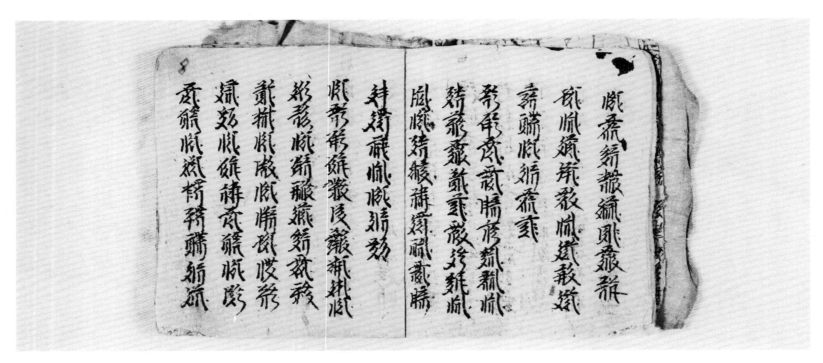

俄 **Инв**.No.2530　　1.大手印頓入要門　　　(32-7)

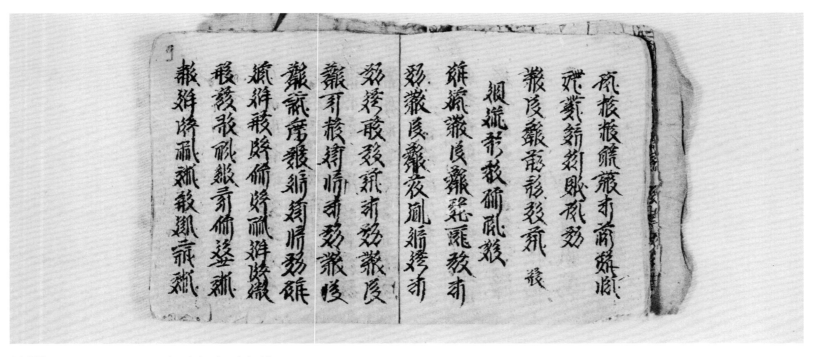

俄 **Инв**.No.2530　　2.大手印赤引定等　　　(32-8)

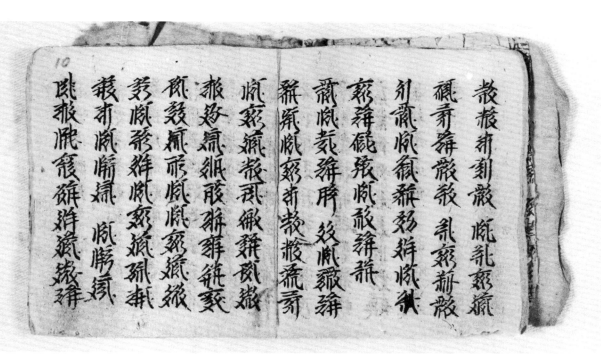

俄Инв.No.2530　2.大手印赤引定等　　(32-9)

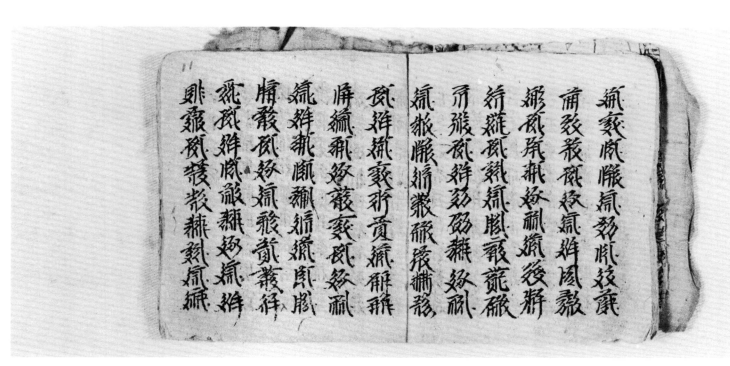

俄Инв.No.2530　2.大手印赤引定等　　(32-10)

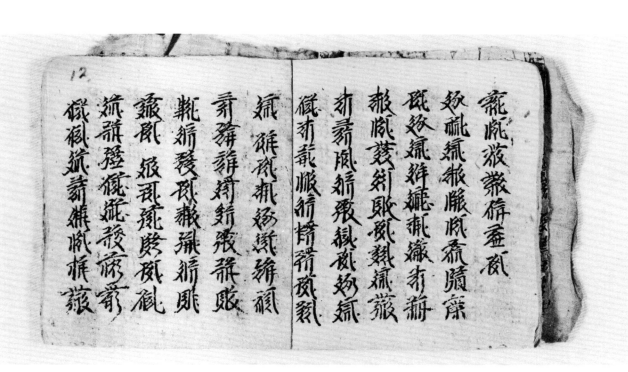

俄Инв.No.2530　2.大手印赤引定等　　(32-11)

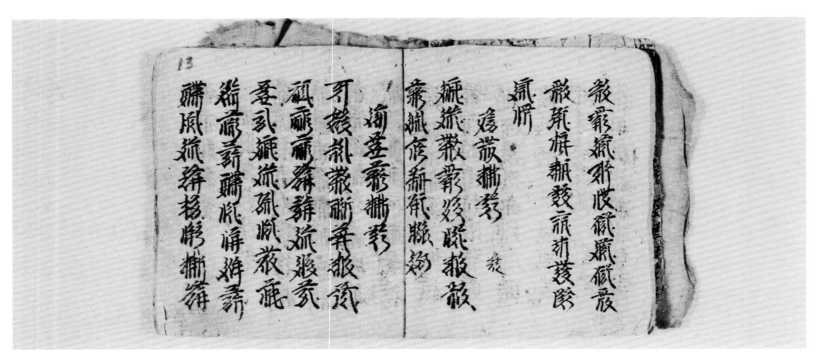

俄Инв.No.2530 2.大手印赤引定等 (32-12)

俄Инв.No.2530 2.大手印赤引定等 (32-13)

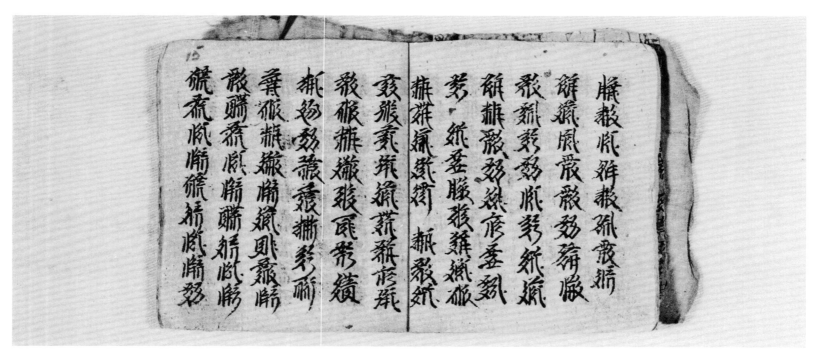

俄Инв.No.2530 2.大手印赤引定等 (32-14)

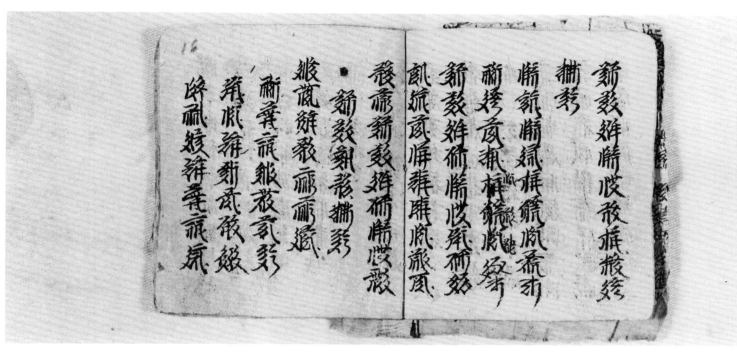

俄Инв.No.2530　　2.大手印赤引定等　　　(32-15)

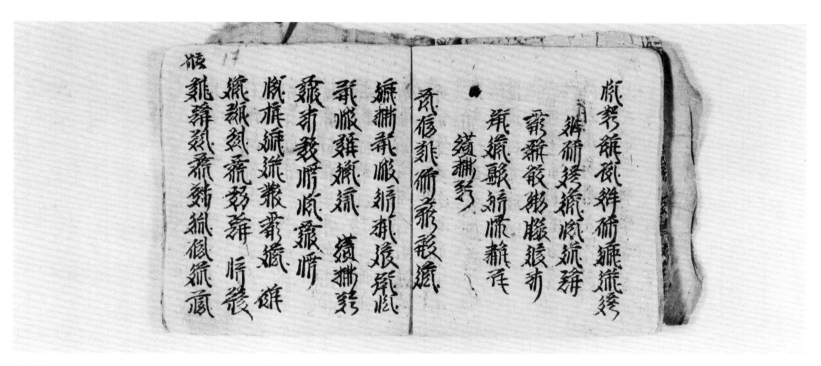

俄Инв.No.2530　　2.大手印赤引定等　　　(32-16)

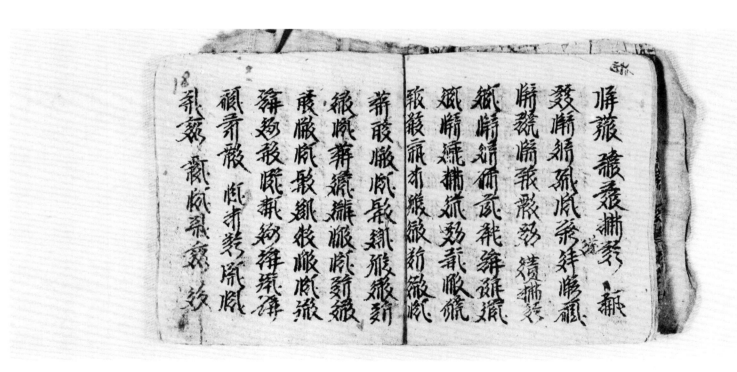

俄Инв.No.2530　　2.大手印赤引定等　　　(32-17)

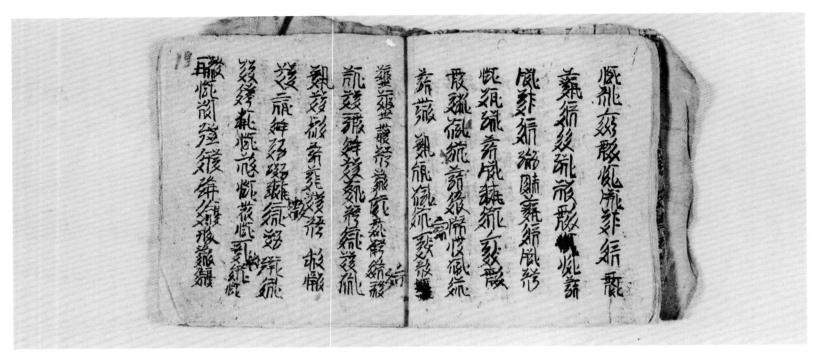

俄 Инв.No.2530　2.大手印赤引定等　　　(32-18)

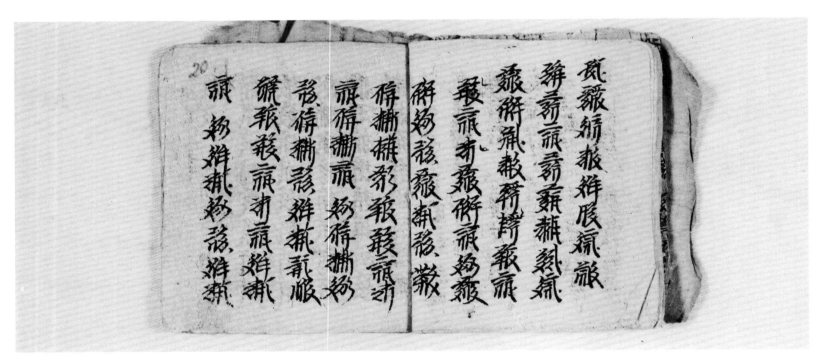

俄 Инв.No.2530　2.大手印赤引定等　　　(32-19)

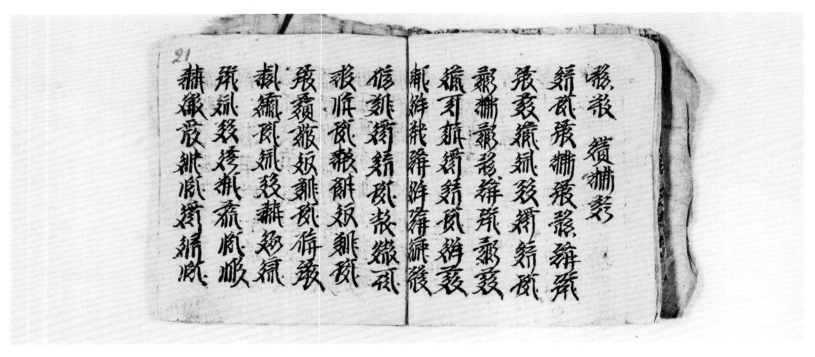

俄 Инв.No.2530　2.大手印赤引定等　　　(32-20)

俄 **И**нв.No.2530　2.大手印赤引定等　　　(32-21)

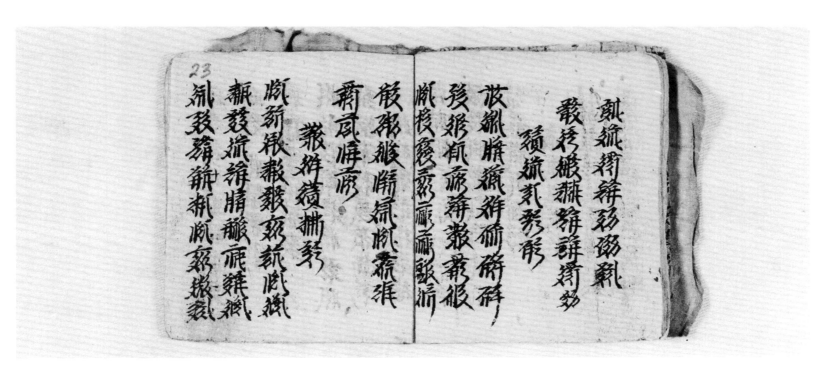

俄 **И**нв.No.2530　2.大手印赤引定等　　　(32-22)

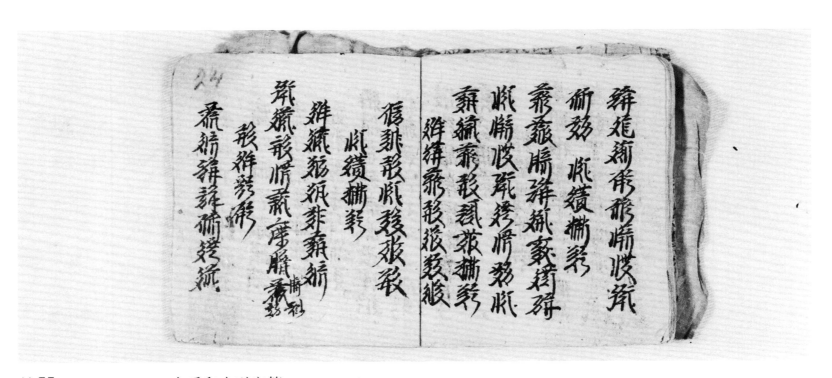

俄 **И**нв.No.2530　2.大手印赤引定等　　　(32-23)

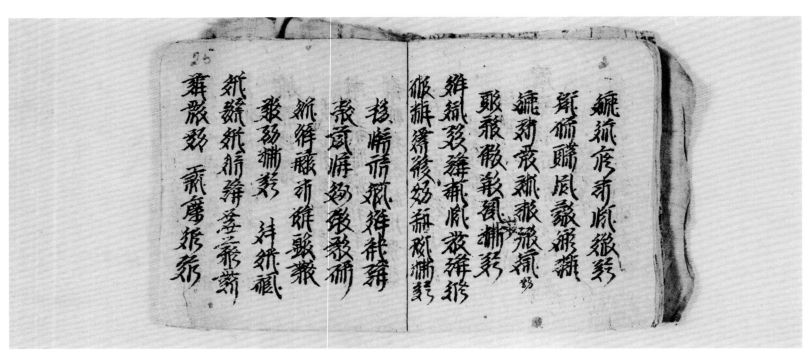

俄 **И**нв.No.2530　2.大手印赤引定等　　(32-24)

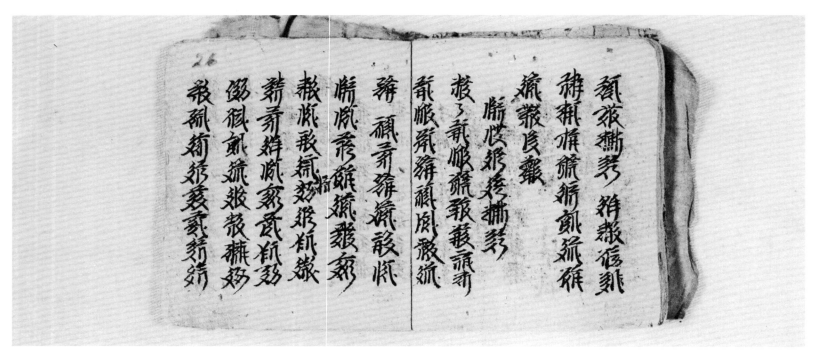

俄 **И**нв.No.2530　2.大手印赤引定等　　(32-25)

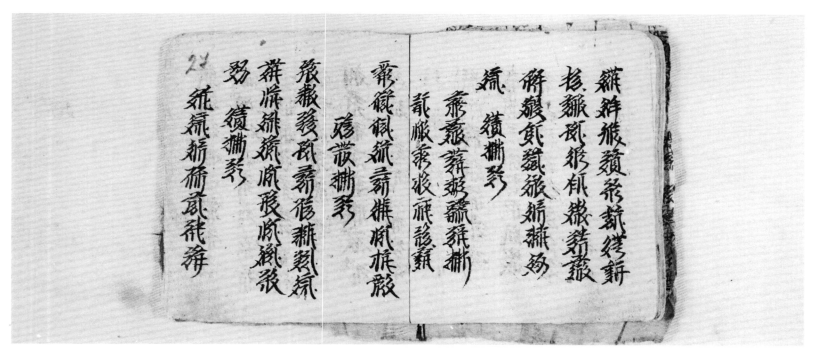

俄 **И**нв.No.2530　2.大手印赤引定等　　(32-26)

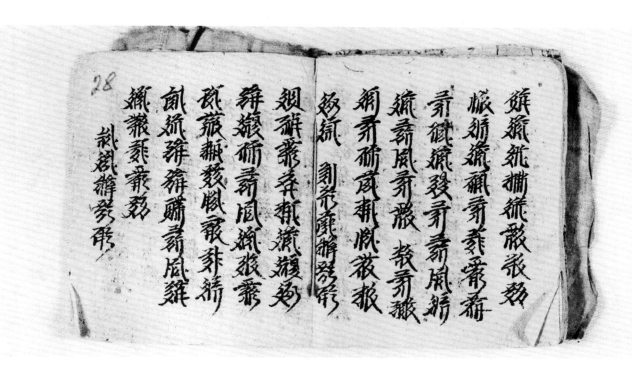

俄Инв.No.2530　2.大手印赤引定等　　　(32-27)

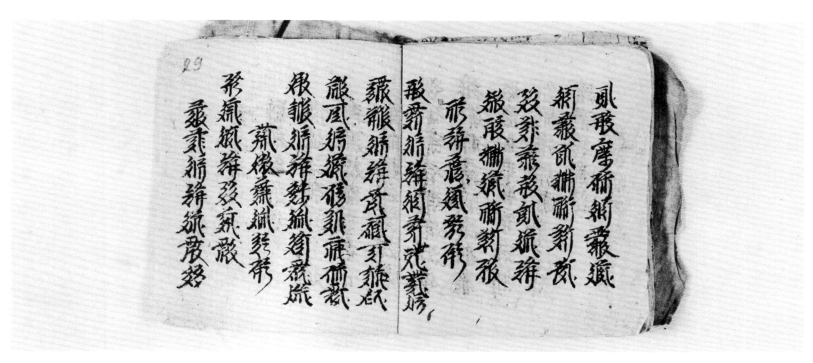

俄Инв.No.2530　2.大手印赤引定等　　　(32-28)

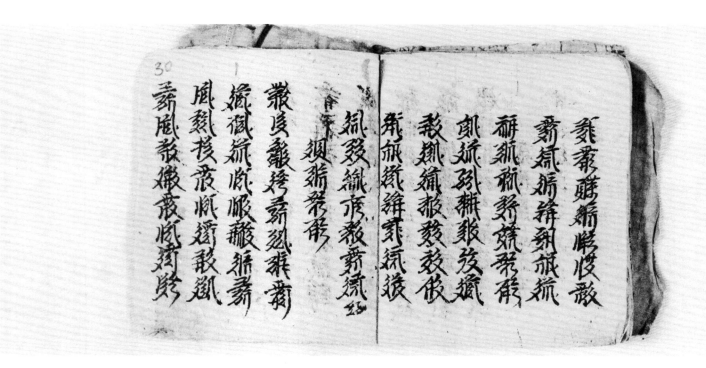

俄Инв.No.2530　2.大手印赤引定等　　　(32-29)

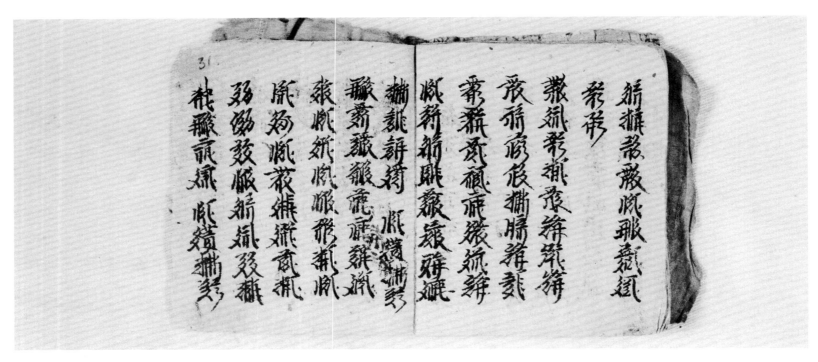

俄 Инв.No.2530　2.大手印赤引定等　　(32-30)

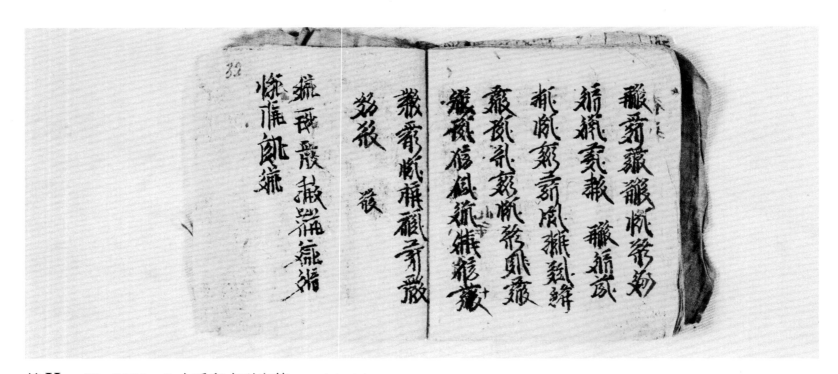

俄 Инв.No.2530　2.大手印赤引定等　　(32-31)

俄 Инв.No.2530　2.大手印赤引定等　　(32-32)

俄Инв.No.4977　1.大手印中除遣增益損減要門　大手印中十二種失道要門　大手印妙定鑑慧覺受要門　　　　(4-1)

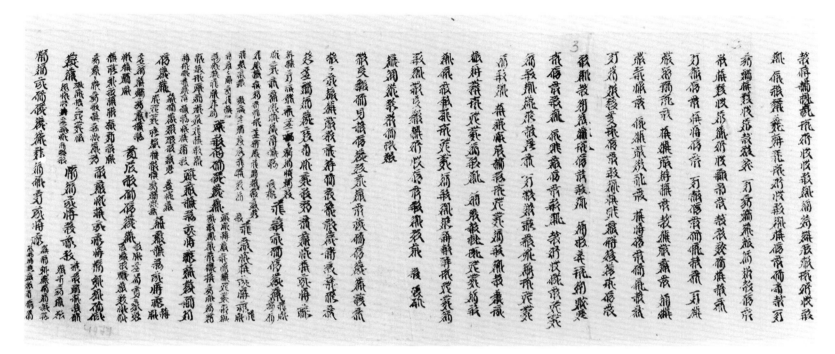

俄Инв.No.4977　2.大手印八種明鏡要門　大手印九種光明要門　　　　(4-2)

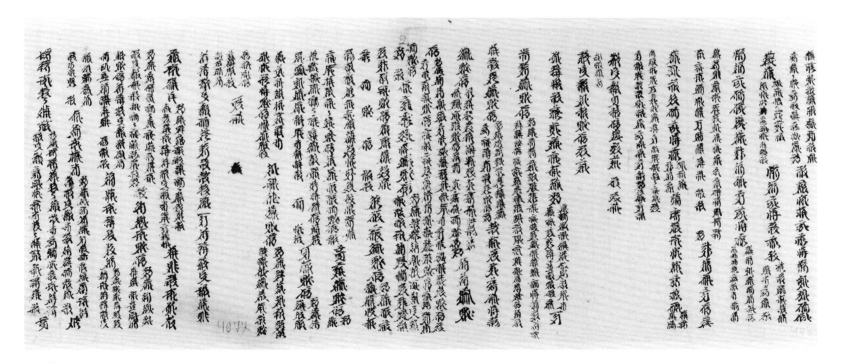

俄Инв.No.4977　2.大手印八種明鏡要門　大手印九種光明要門　　　　(4-3)

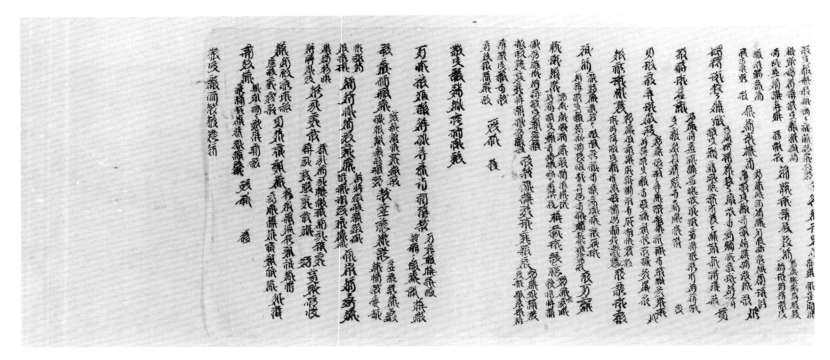

俄 **И**нв.No.4977　　3.大手印修習者之禮贊　大手印之三種義喻　　　(4-4)

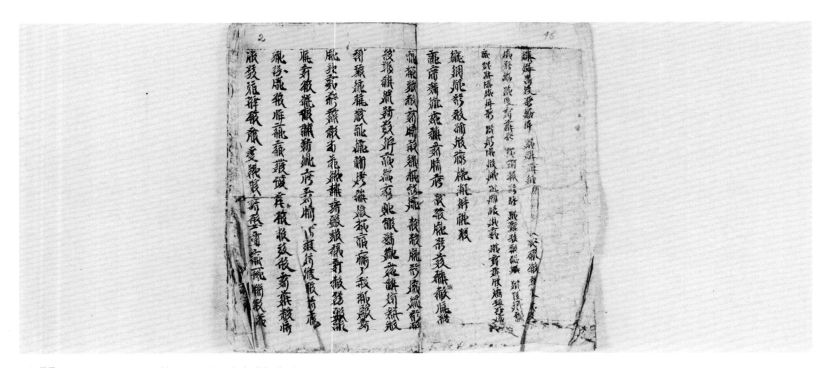

俄 **И**нв.No.2857　　修習母大手印做燒施要門　　　(25-1)

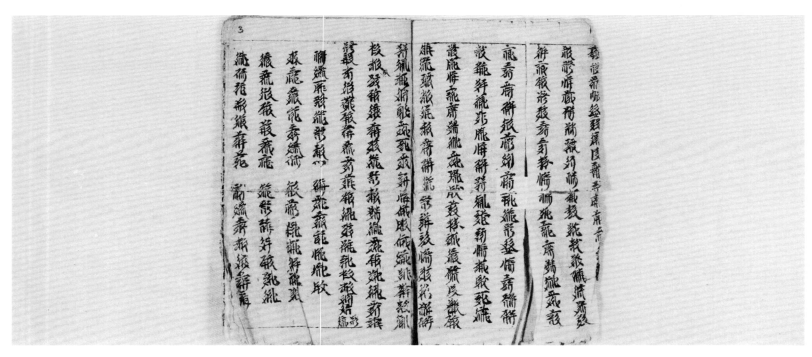

俄 **И**нв.No.2857　　修習母大手印做燒施要門　　　(25-2)

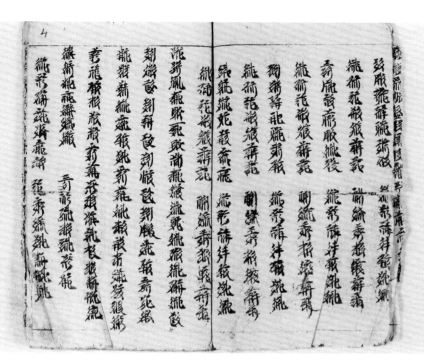

俄 **И**нв.No.2857　修習母大手印做燒施要門　　　(25-3)

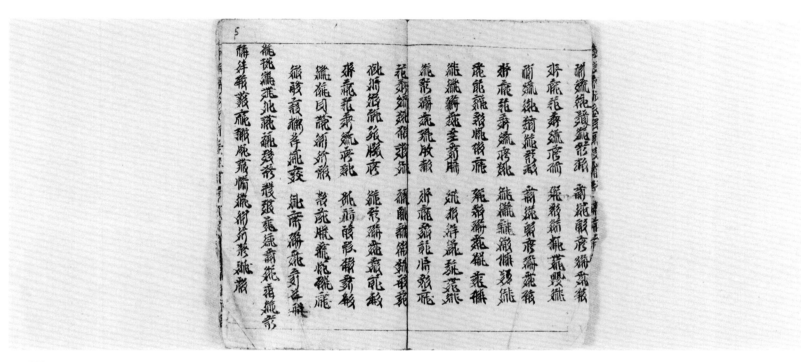

俄 **И**нв.No.2857　修習母大手印做燒施要門　　　(25-4)

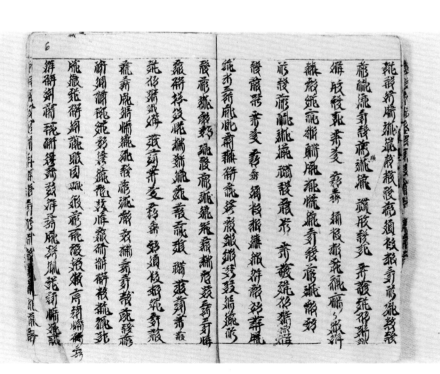

俄 **И**нв.No.2857　修習母大手印做燒施要門　　　(25-5)

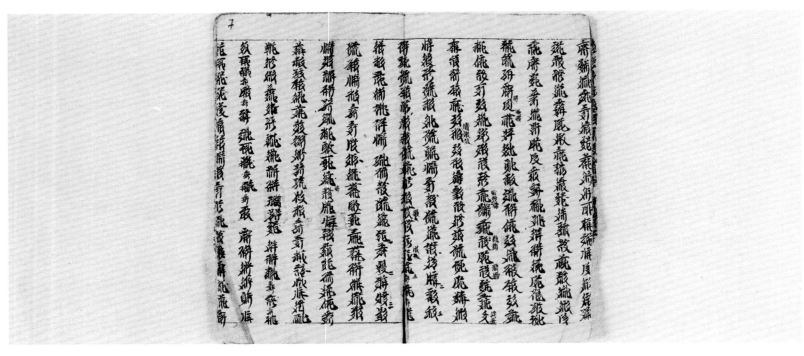

俄 **И**нв.No.2857　修習母大手印做燒施要門　　　(25-6)

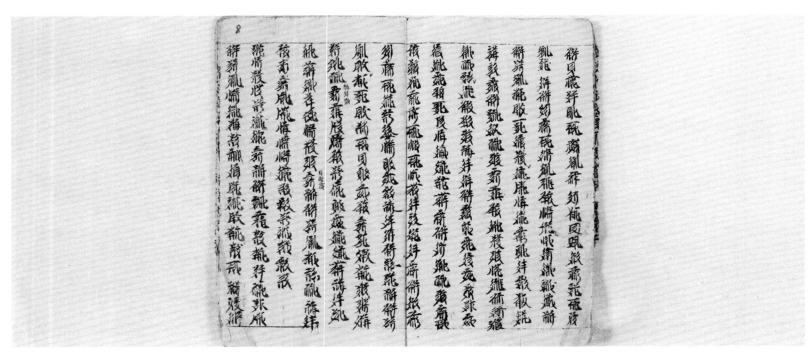

俄 **И**нв.No.2857　修習母大手印做燒施要門　　　(25-7)

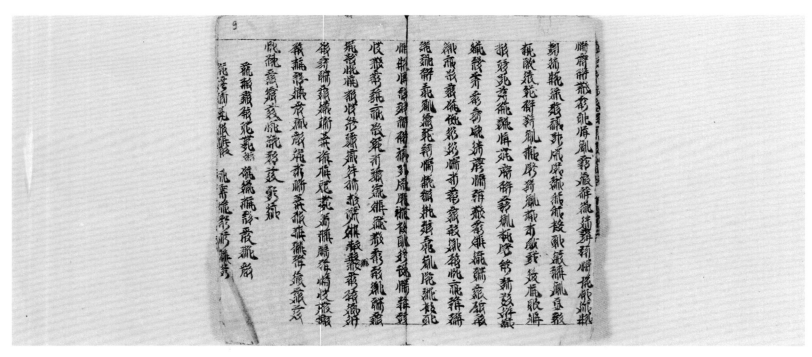

俄 **И**нв.No.2857　修習母大手印做燒施要門　　　(25-8)

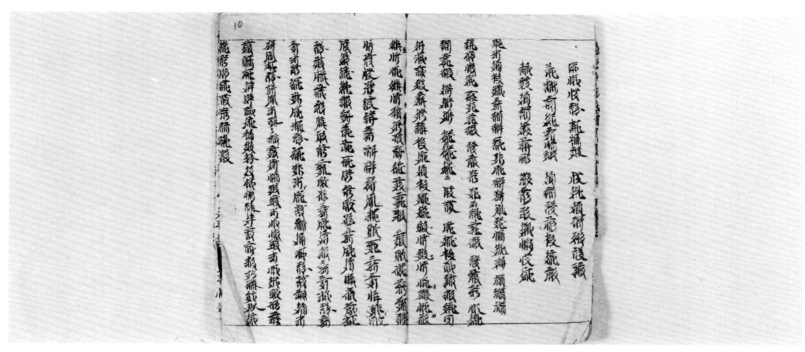

俄 **Инв**.No.2857　　修習母大手印做燒施要門　　　(25-9)

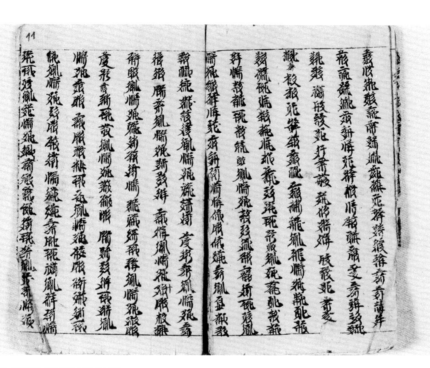

俄 **Инв**.No.2857　　修習母大手印做燒施要門　　　(25-10)

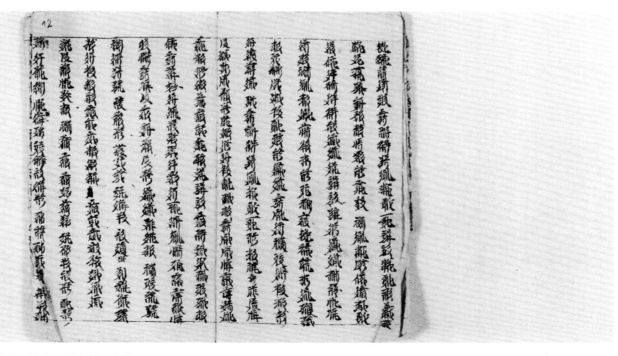

俄 **Инв**.No.2857　　修習母大手印做燒施要門　　　(25-11)

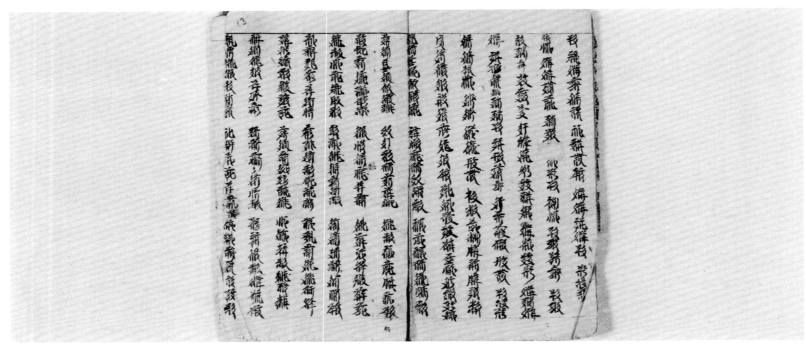

俄 Инв.No.2857　修習母大手印做燒施要門　　　(25-12)

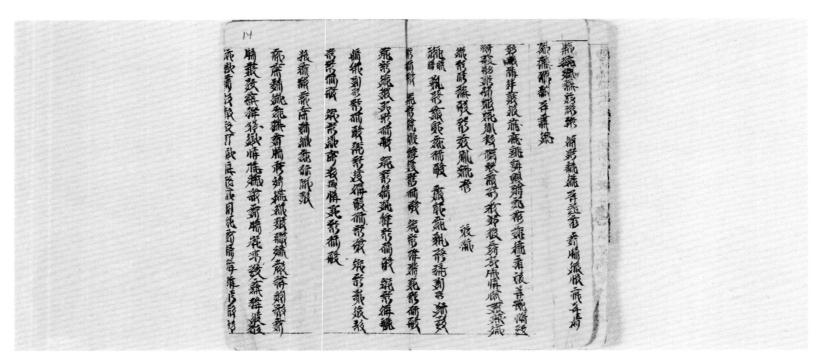

俄 Инв.No.2857　修習母大手印做燒施要門　　　(25-13)

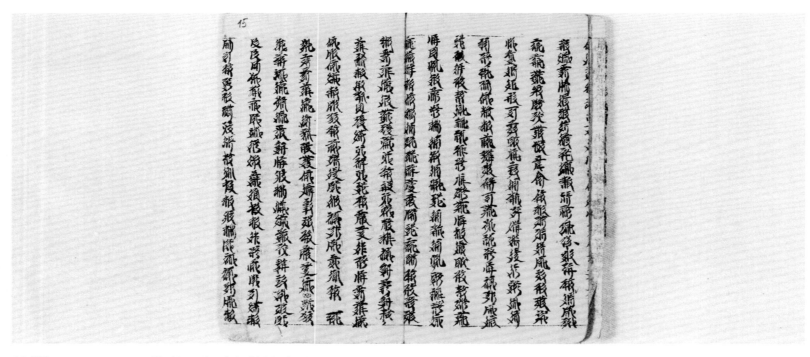

俄 Инв.No.2857　修習母大手印做燒施要門　　　(25-14)

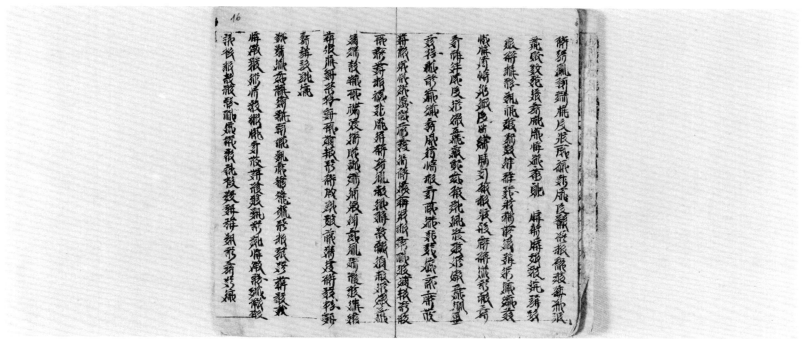

俄 **И**нв.No.2857　修習母大手印做燒施要門　　　(25–15)

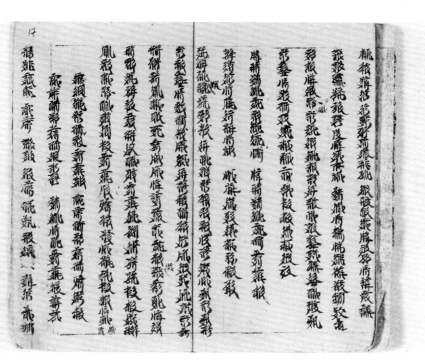

俄 **И**нв.No.2857　修習母大手印做燒施要門　　　(25–16)

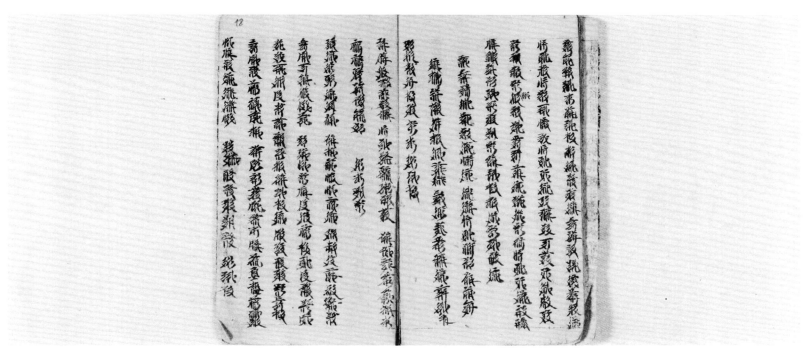

俄 **И**нв.No.2857　修習母大手印做燒施要門　　　(25–17)

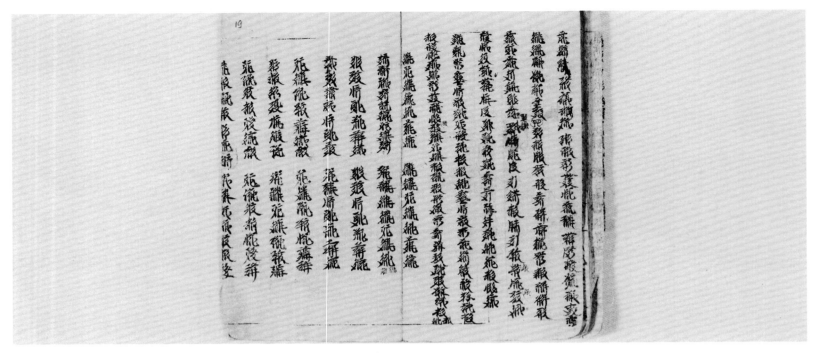

俄 **И**нв.No.2857　修習母大手印做燒施要門　　　(25–18)

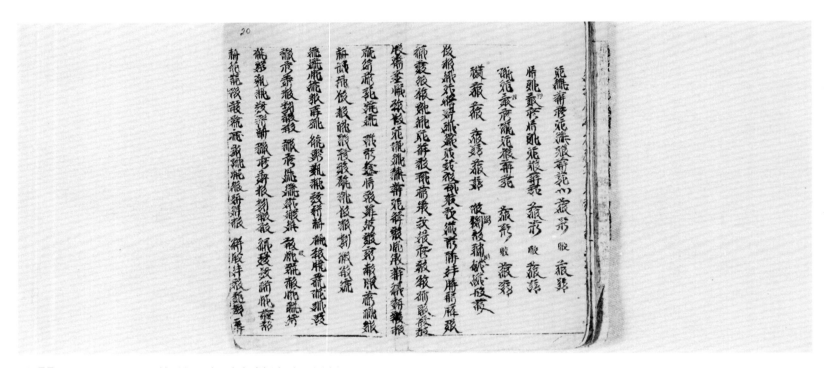

俄 **И**нв.No.2857　修習母大手印做燒施要門　　　(25–19)

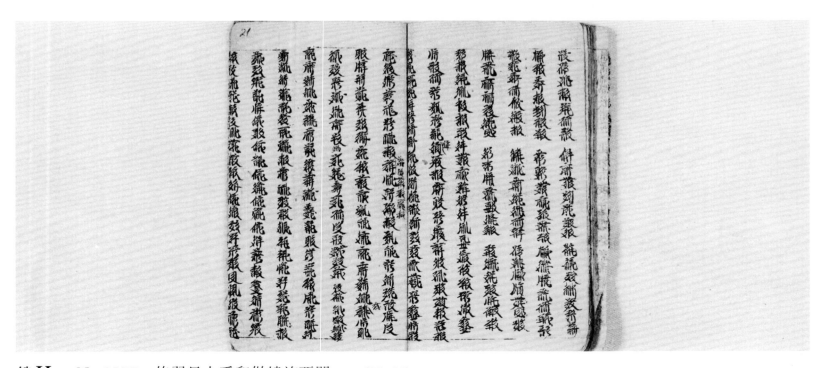

俄 **И**нв.No.2857　修習母大手印做燒施要門　　　(25–20)

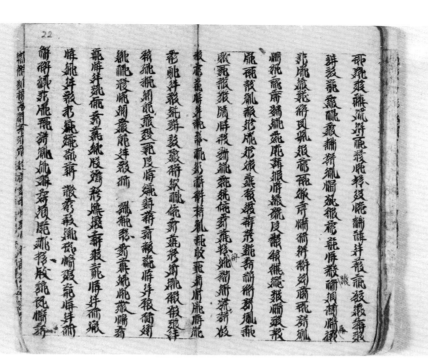

俄 **И**нв.No.2857 　修習母大手印做燒施要門 　　　(25-21)

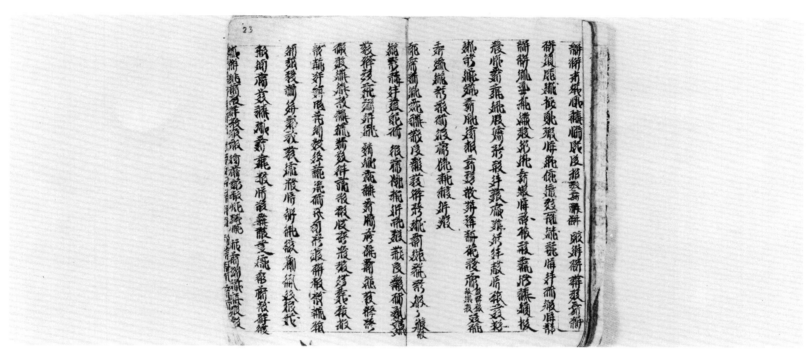

俄 **И**нв.No.2857 　修習母大手印做燒施要門 　　　(25-22)

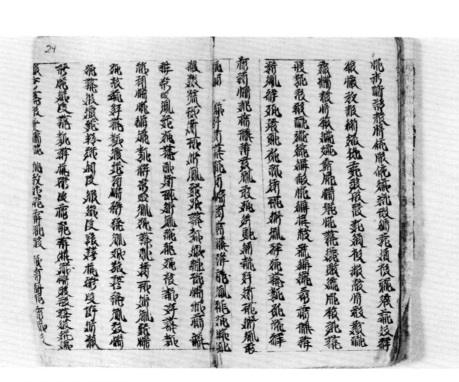

俄 **И**нв.No.2857 　修習母大手印做燒施要門 　　　(25-23)

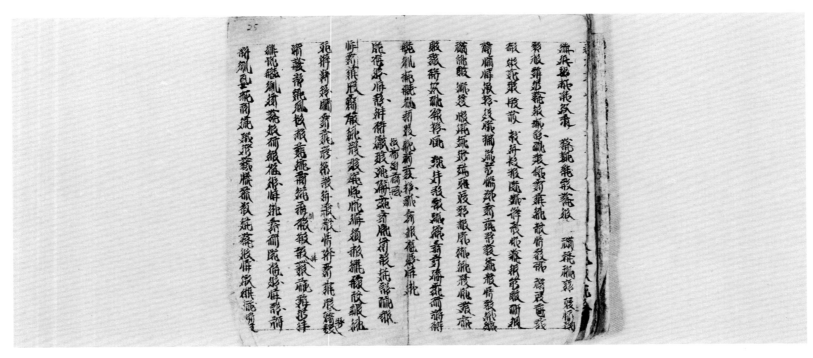

俄 **И**нв.No.2857　修習母大手印做燒施要門　　　(25-24)

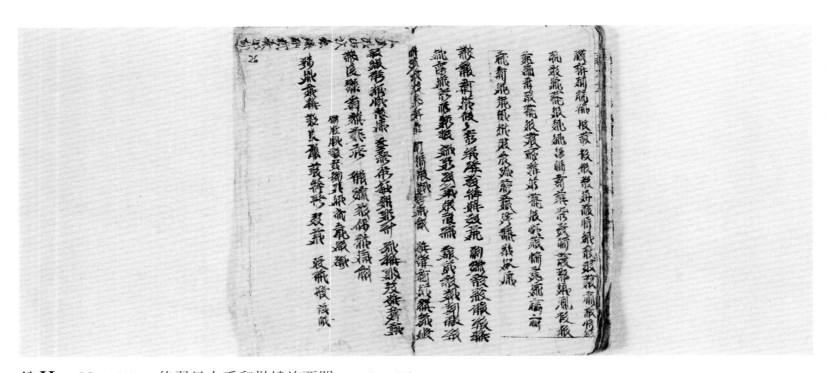

俄 **И**нв.No.2857　修習母大手印做燒施要門　　　(25-25)

俄 **И**нв.No.892　大手印頓入要門

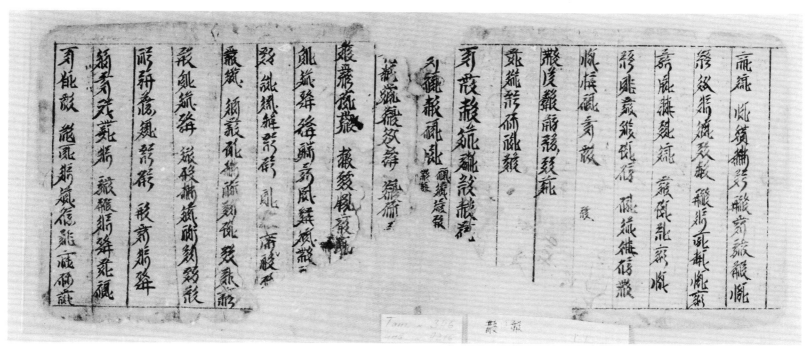

俄Инв.No.7216　大手印頓入要門　入於大手印　大手印引定要門　大手印要門師承等　　　(25-1)

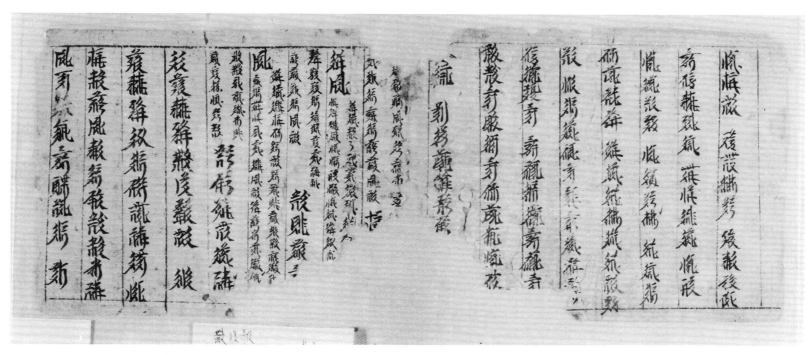

俄Инв.No.7216　大手印頓入要門　入於大手印　大手印引定要門　大手印要門師承等　　　(25-2)

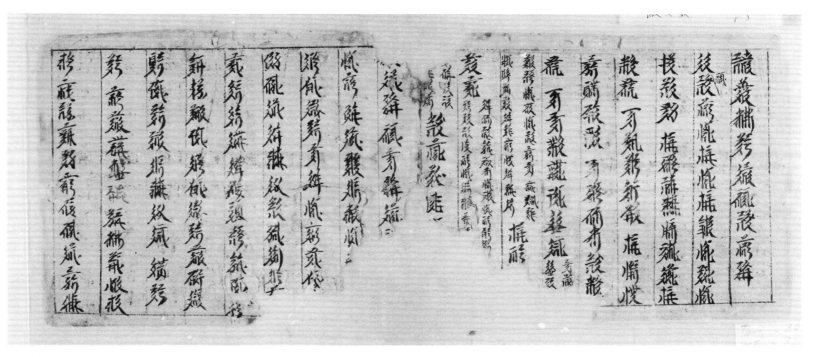

俄Инв.No.7216　大手印頓入要門　入於大手印　大手印引定要門　大手印要門師承等　　　(25-3)

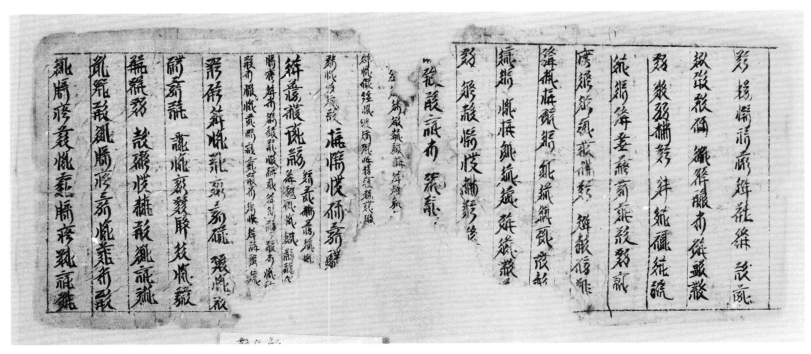

俄 Инв.No.7216　大手印頓入要門　入於大手印　大手印引定要門　大手印要門師承等　　　　　（25-4）

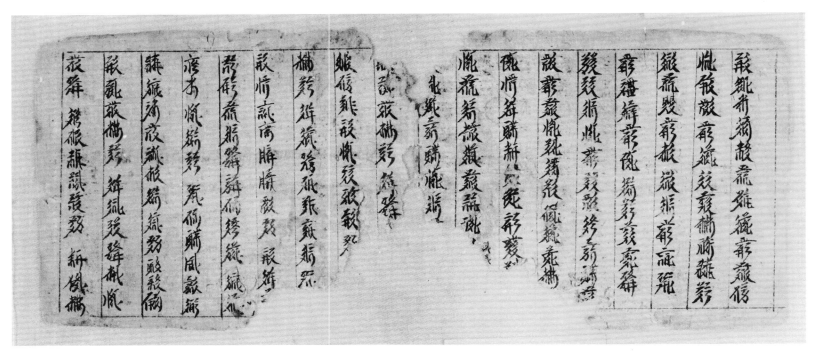

俄 Инв.No.7216　大手印頓入要門　入於大手印　大手印引定要門　大手印要門師承等　　　　　（25-5）

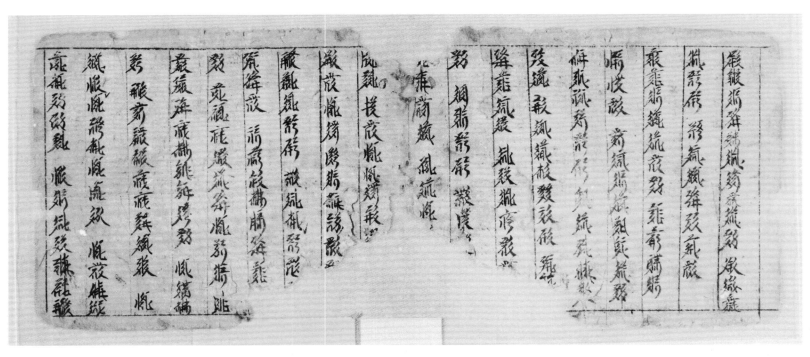

俄 Инв.No.7216　大手印頓入要門　入於大手印　大手印引定要門　大手印要門師承等　　　　　（25-6）

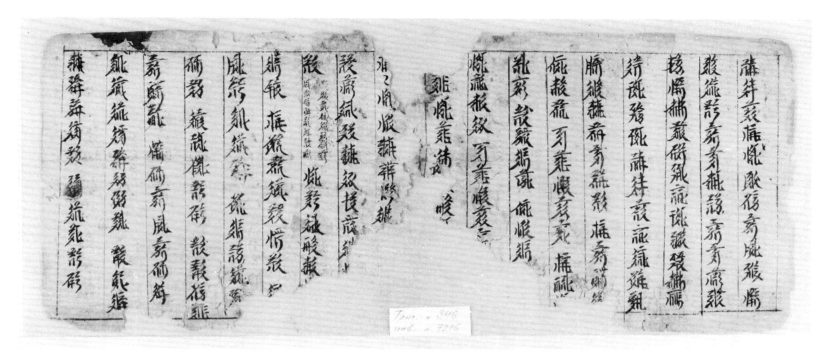

俄 Инв.No.7216　大手印頓入要門　入於大手印　大手印引定要門　大手印要門師承等　　　(25-7)

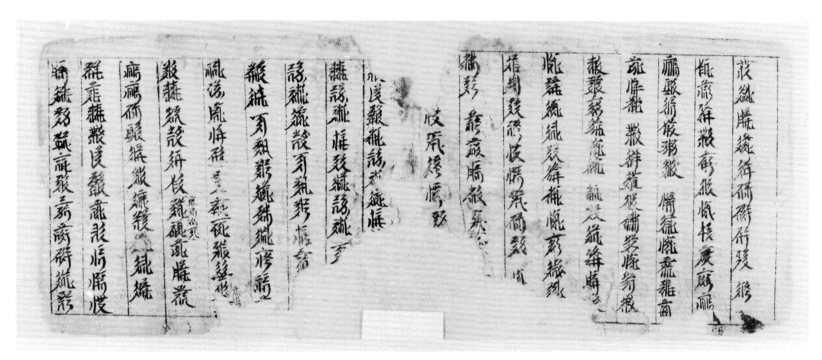

俄 Инв.No.7216　大手印頓入要門　入於大手印　大手印引定要門　大手印要門師承等　　　(25-8)

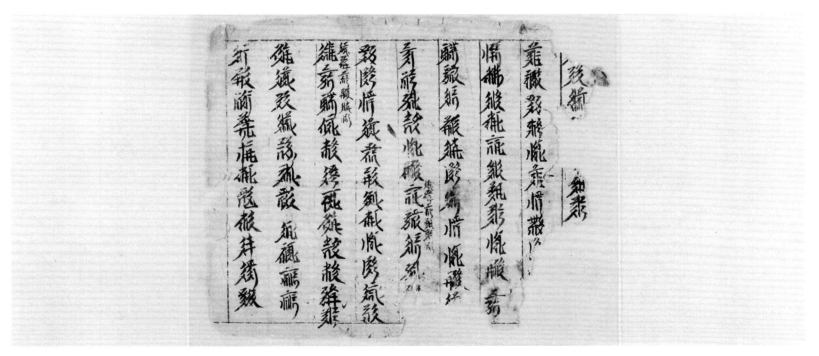

俄 Инв.No.7216　大手印頓入要門　入於大手印　大手印引定要門　大手印要門師承等　　　(25-9)

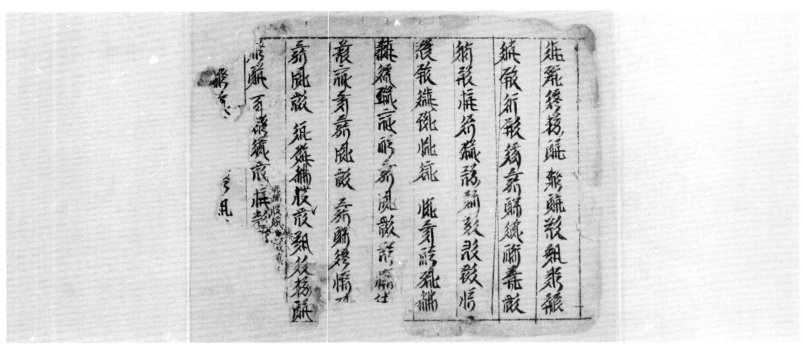

俄 **И**нв.No.7216　　大手印頓入要門　　入於大手印　　大手印引定要門　　大手印要門師承等　　　　　(25-10)

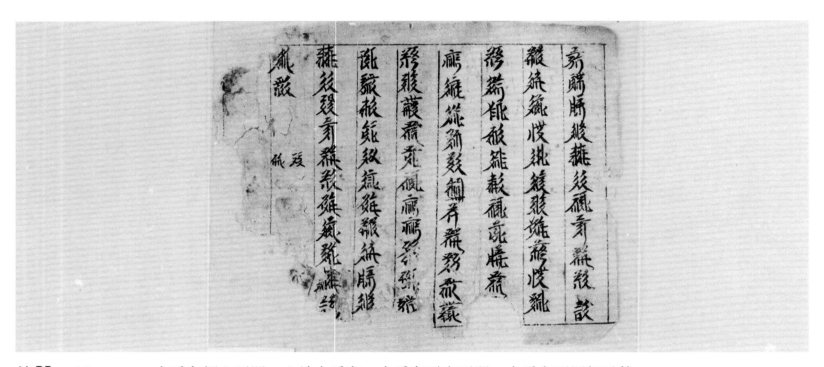

俄 **И**нв.No.7216　　大手印頓入要門　　入於大手印　　大手印引定要門　　大手印要門師承等　　　　　(25-11)

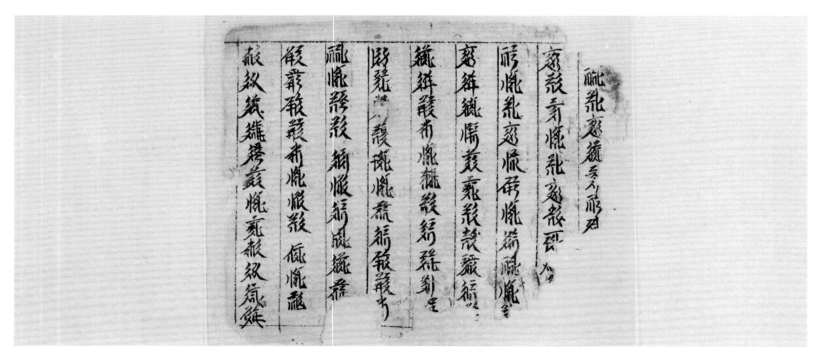

俄 **И**нв.No.7216　　大手印頓入要門　　入於大手印　　大手印引定要門　　大手印要門師承等　　　　　(25-12)

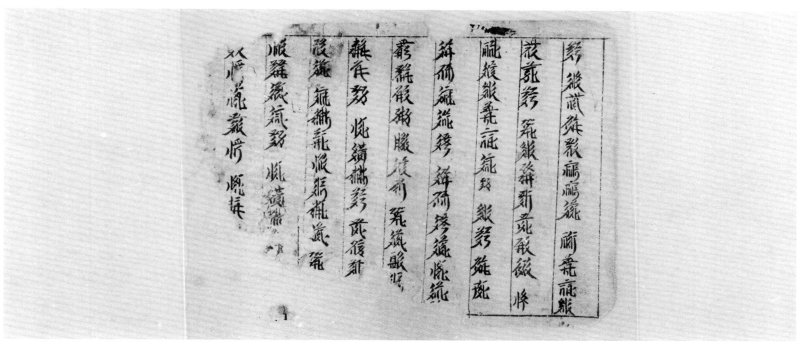

俄Инв.No.7216　　大手印頓入要門　　入於大手印　　大手印引定要門　　大手印要門師承等　　　　(25-13)

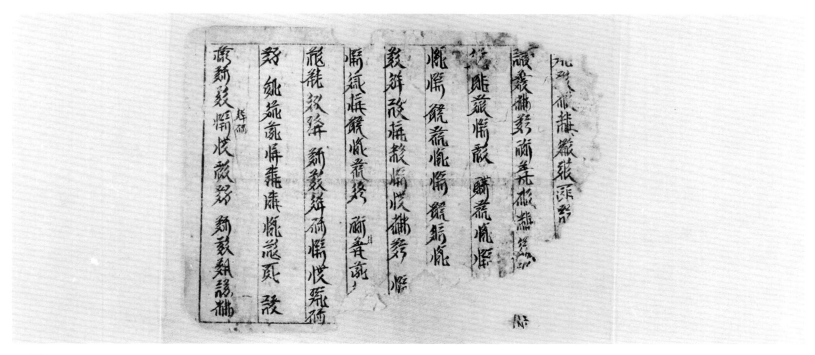

俄Инв.No.7216　　大手印頓入要門　　入於大手印　　大手印引定要門　　大手印要門師承等　　　　(25-14)

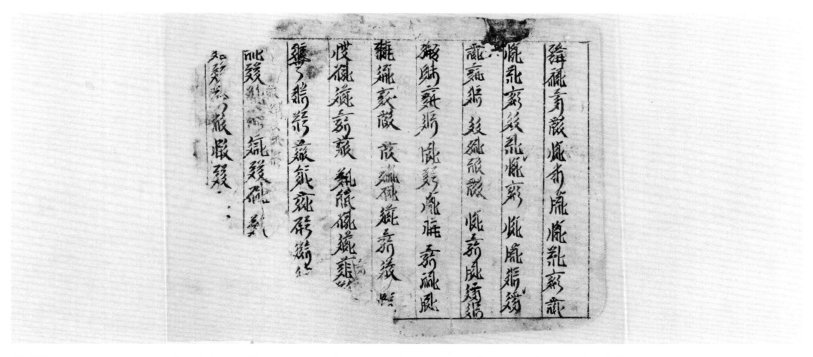

俄Инв.No.7216　　大手印頓入要門　　入於大手印　　大手印引定要門　　大手印要門師承等　　　　(25-15)

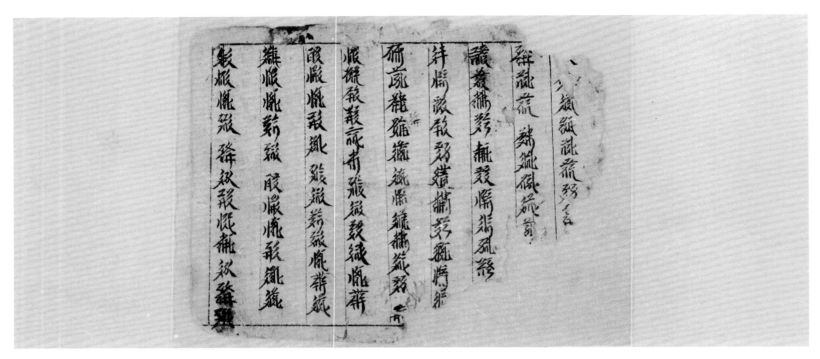

俄 **ИНВ**.No.7216　　大手印頓入要門　　入於大手印　　大手印引定要門　　大手印要門師承等　　　　（25-16）

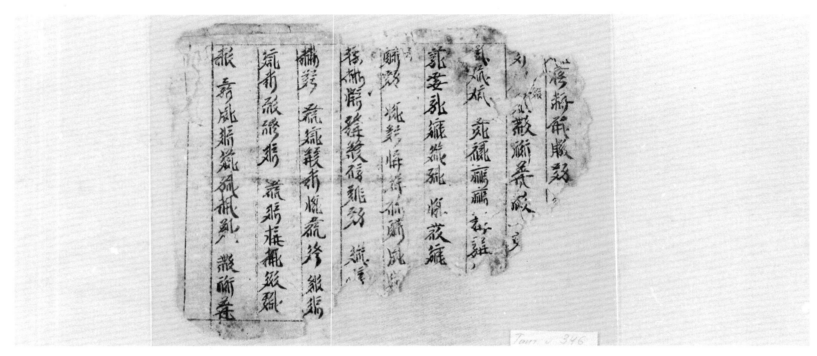

俄 **ИНВ**.No.7216　　大手印頓入要門　　入於大手印　　大手印引定要門　　大手印要門師承等　　　　（25-17）

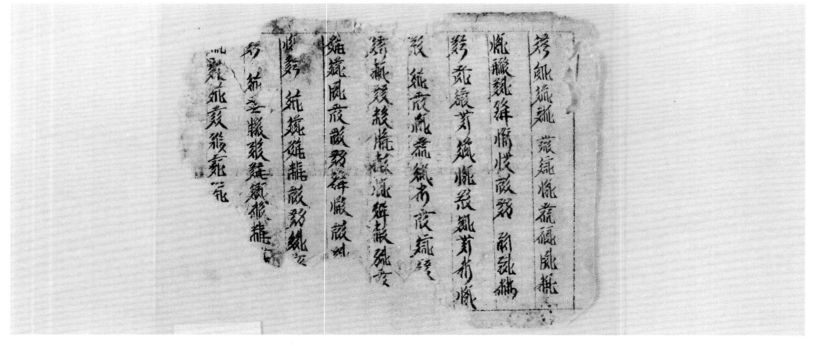

俄 **ИНВ**.No.7216　　大手印頓入要門　　入於大手印　　大手印引定要門　　大手印要門師承等　　　　（25-18）

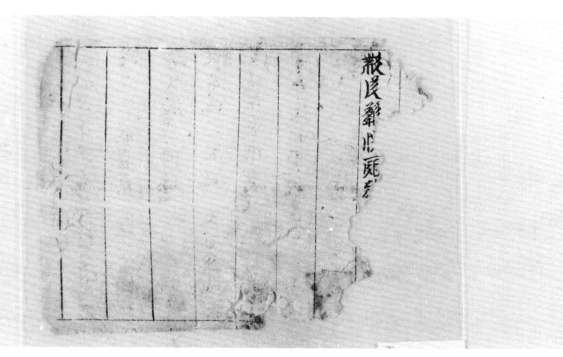

俄Инв.No.7216　　大手印頓入要門　　入於大手印　　大手印定導引要門　　大手印要門師承等　　　　　(25-19)

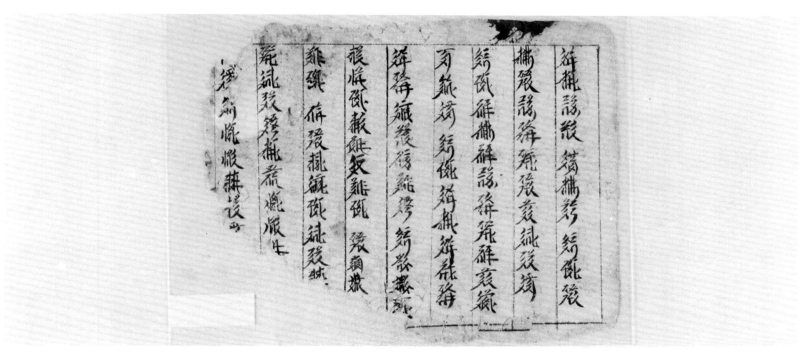

俄Инв.No.7216　　大手印頓入要門　　入於大手印　　大手印引定要門　　大手印要門師承等　　　　　(25-20)

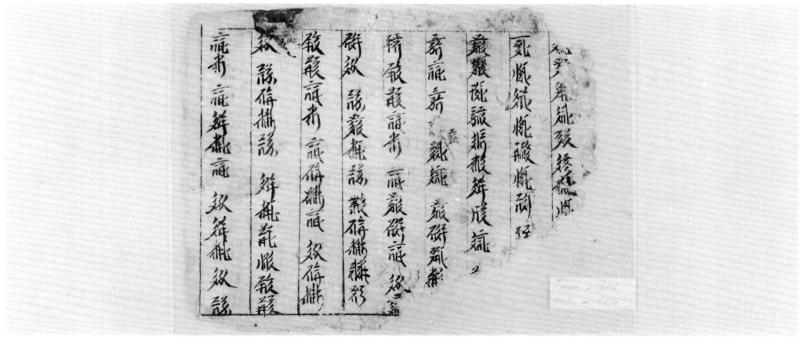

俄Инв.No.7216　　大手印頓入要門　　入於大手印　　大手印引定要門　　大手印要門師承等　　　　　(25-21)

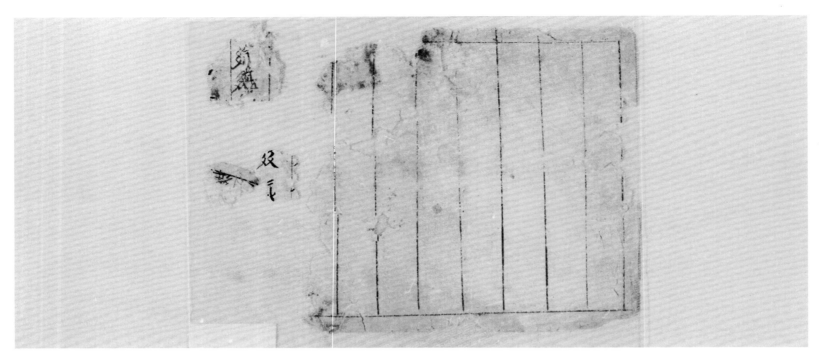

俄 **И**нв.No.7216　大手印頓入要門　入於大手印　大手印引定要門　大手印要門師承等　　　　　(25-22)

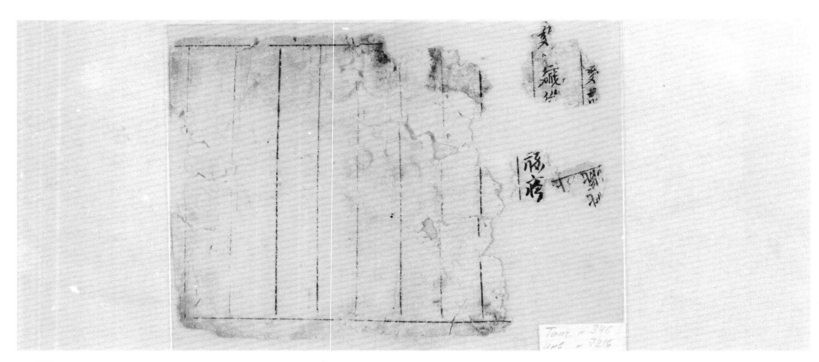

俄 **И**нв.No.7216　大手印頓入要門　入於大手印　大手印引定要門　大手印要門師承等　　　　　(25-23)

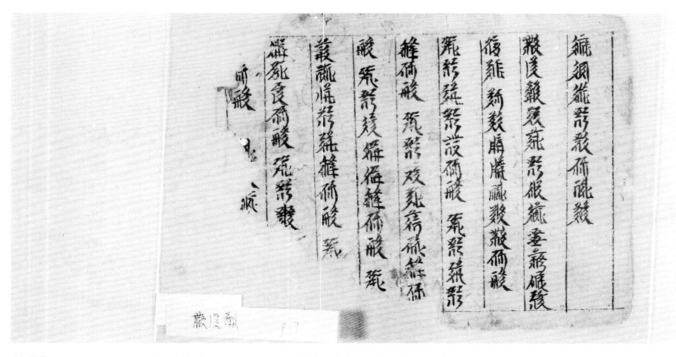

俄 **И**нв.No.7216　大手印頓入要門　入於大手印　大手印引定要門　大手印要門師承等　　　　　(25-24)

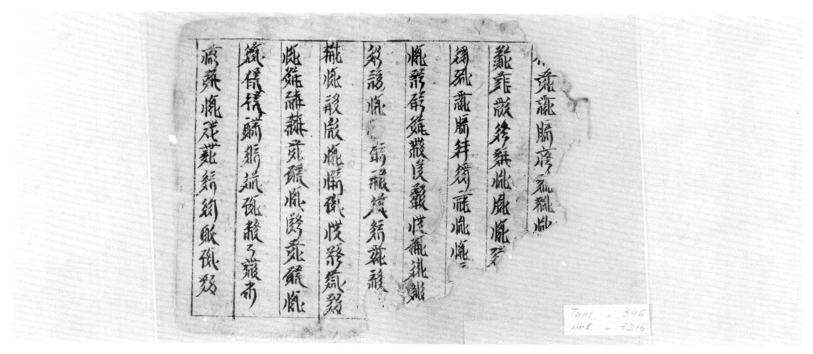

俄ИнB.No.7216　大手印頓入要門　入於大手印　大手印引定要門　大手印要門師承等　　　(25-25)

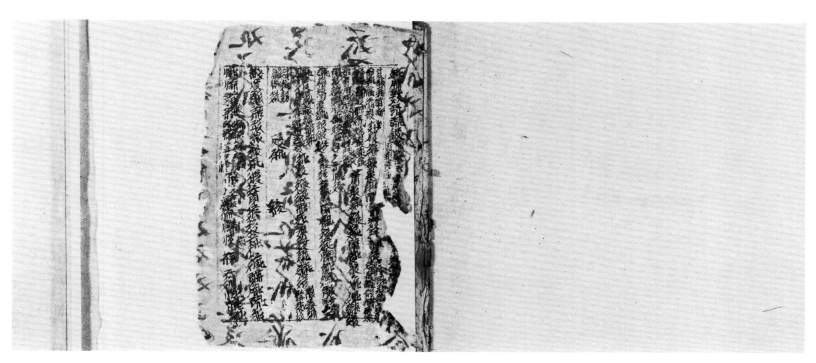

俄ИнB.No.2841　1.惟大手印真智斷謬七句要門　　　(13-1)

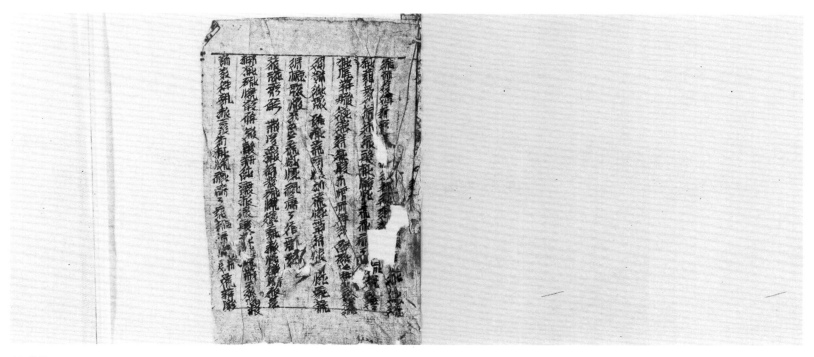

俄ИнB.No.2841　1.惟大手印真智斷謬七句要門　　　(13-2)

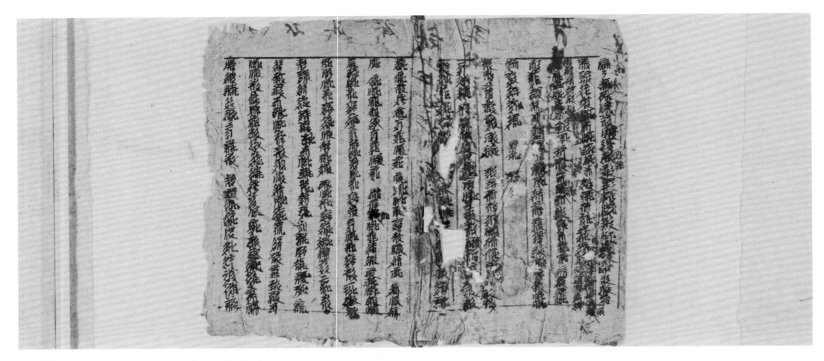

俄 **И**нв.No.2841　2.三十七種惑障　　(13-3)

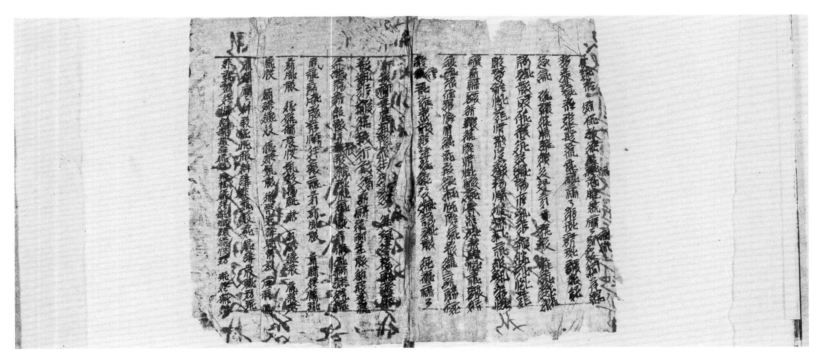

俄 **И**нв.No.2841　2.三十七種惑障　　(13-4)

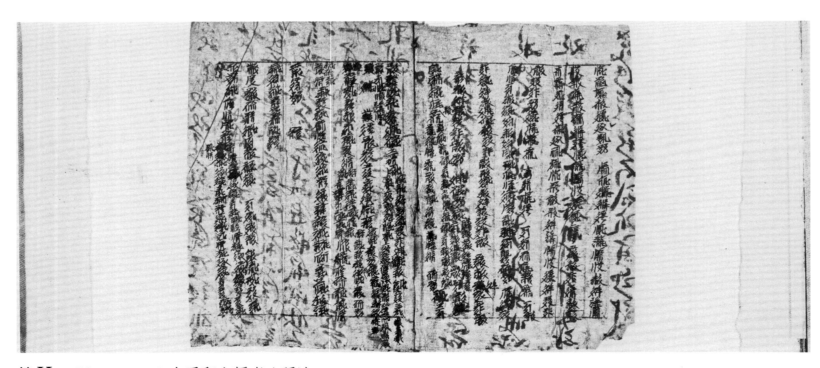

俄 **И**нв.No.2841　3.大手印之靜慮八種法　　(13-5)

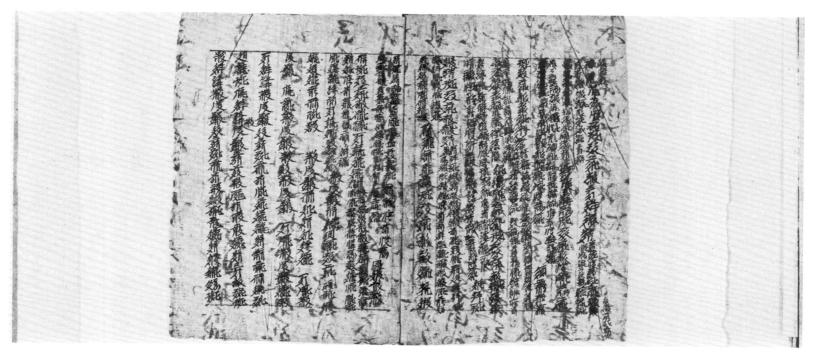

俄 **И**нв.No.2841　　4.大手印之九喻九法　　　(13-6)

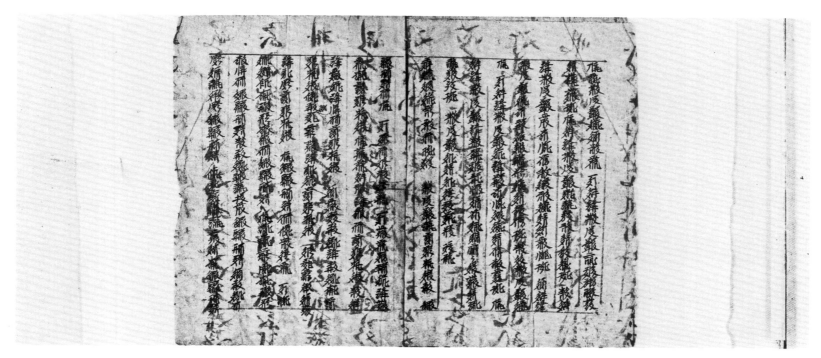

俄 **И**нв.No.2841　　5.大手印除遣增益損減要門　　　(13-7)

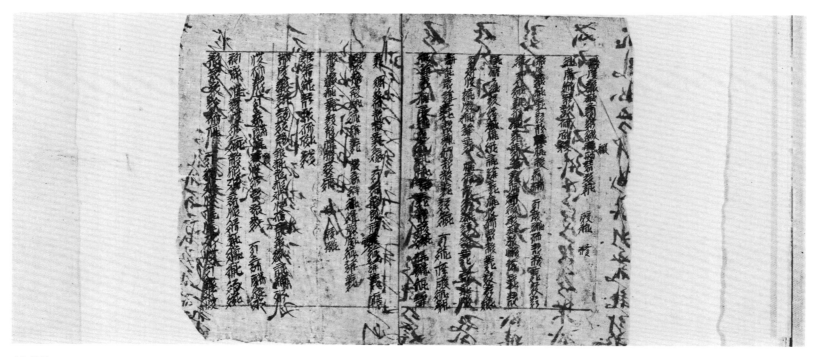

俄 **И**нв.No.2841　　6.大手印失道十二種要門　7.大手印妙定鑑慧覺受要門　　(13-8)

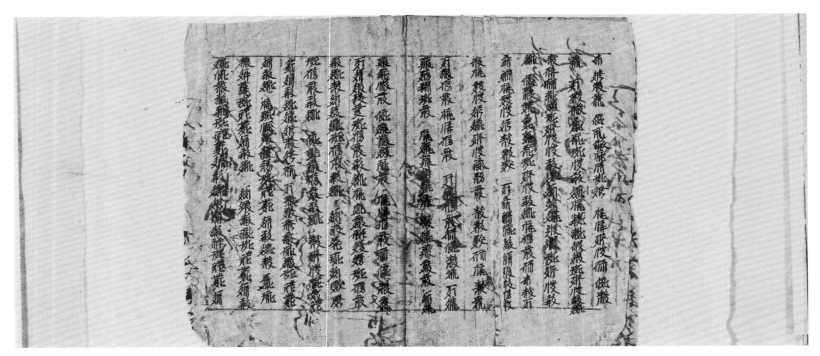

俄 **И**нв.No.2841　7.大手印妙定鑑慧覺受要門　　　(13-9)

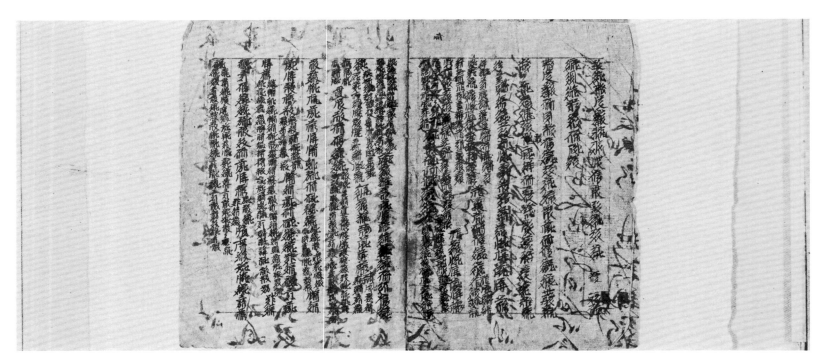

俄 **И**нв.No.2841　8.大手印八種明鏡要門　　　(13-10)

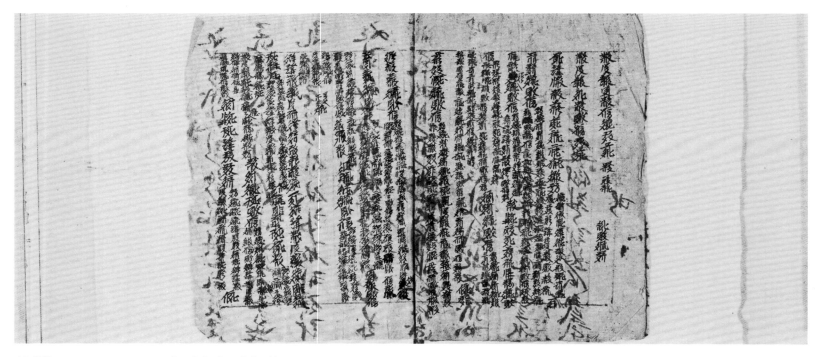

俄 **И**нв.No.2841　9.大手印九種光明要門　　　(13-11)

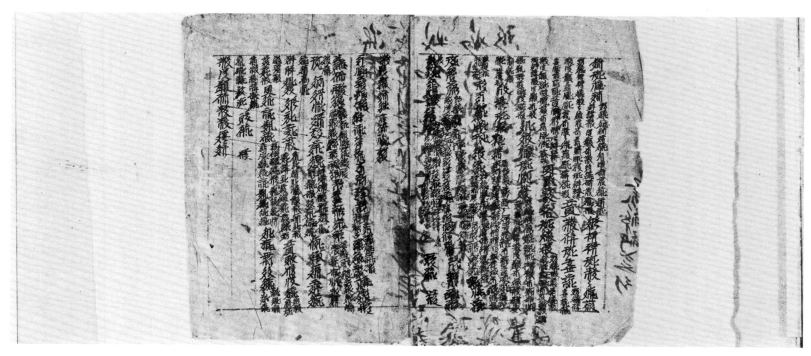

俄 **И**нв.No.2841　10.大手印之三種義喻等　　(13-12)

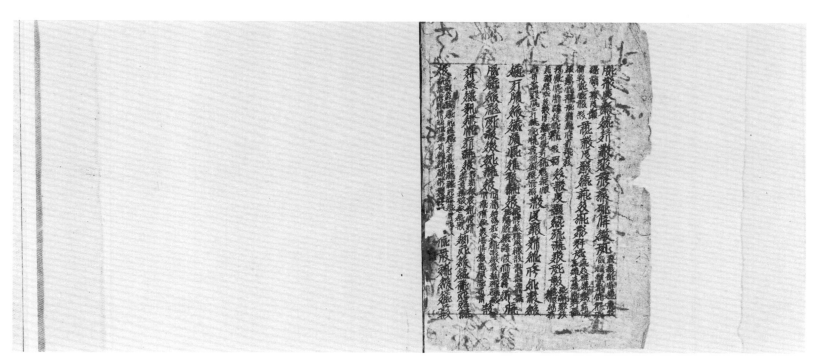

俄 **И**нв.No.2841　10.大手印之三種義喻等　　(13-13)

俄 **И**нв.No.824　大印究竟要集　　(20-1)

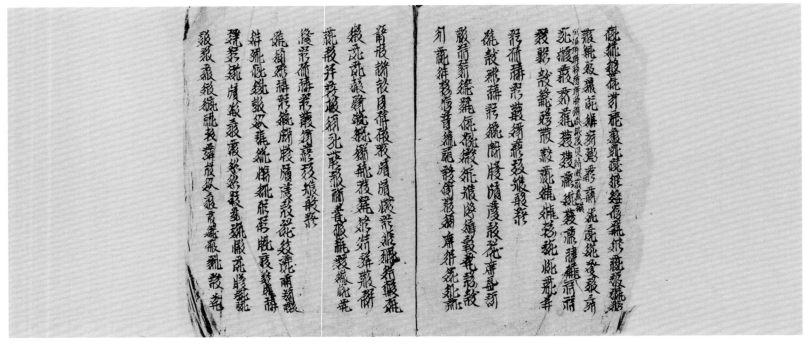

俄 Инв.No.824　大印究竟要集　　　(20-2)

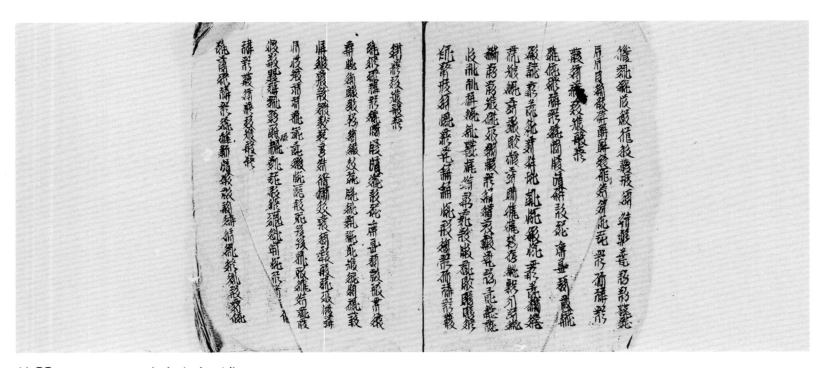

俄 Инв.No.824　大印究竟要集　　　(20-3)

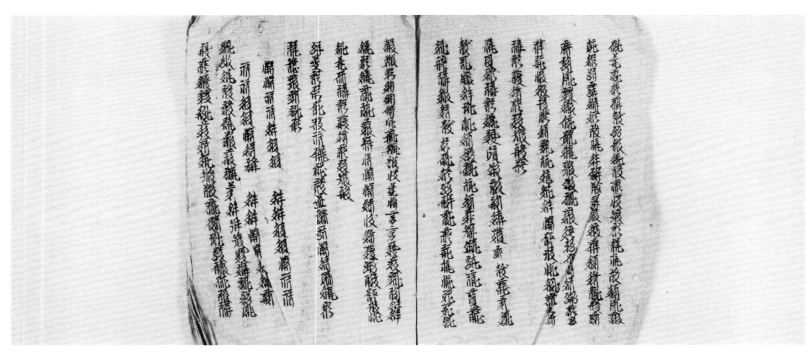

俄 Инв.No.824　大印究竟要集　　　(20-4)

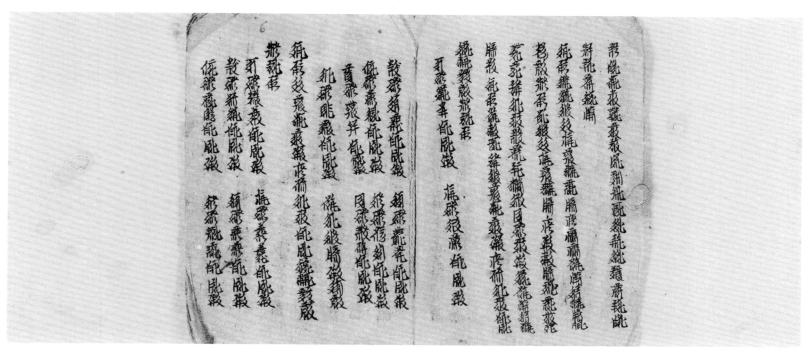

俄ИНВ.No.824　大印究竟要集　　（20-5）

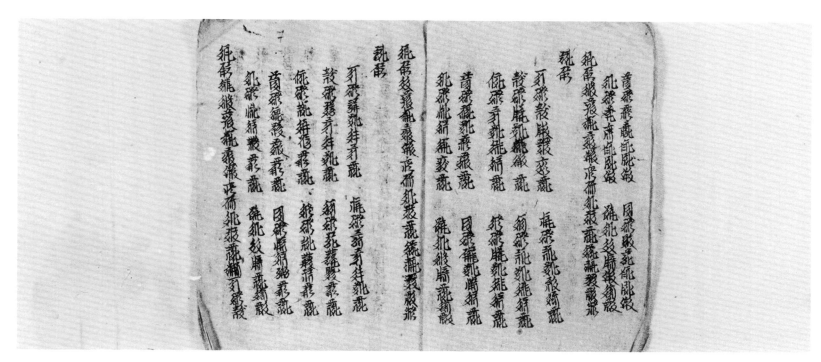

俄ИНВ.No.824　大印究竟要集　　（20-6）

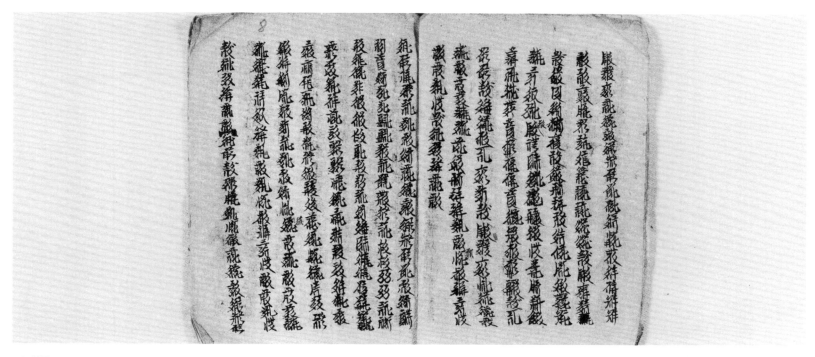

俄ИНВ.No.824　大印究竟要集　　（20-7）

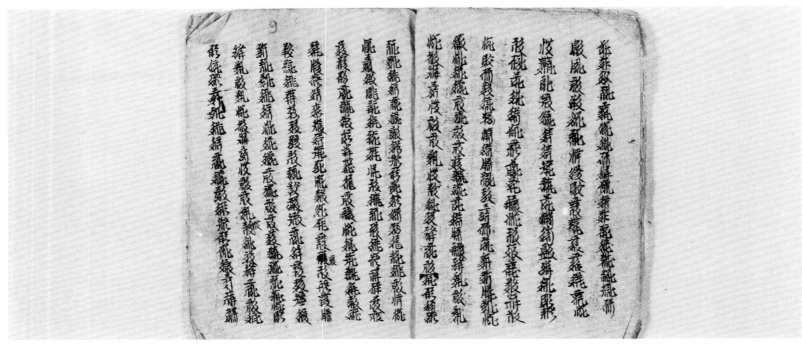

俄 **И**нв.No.824　大印究竟要集　　　(20-8)

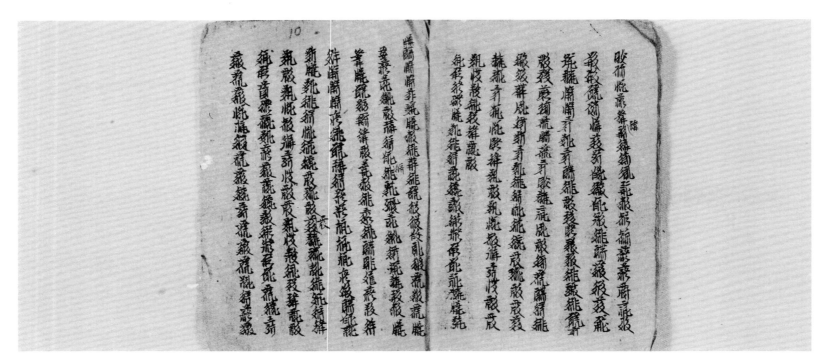

俄 **И**нв.No.824　大印究竟要集　　　(20-9)

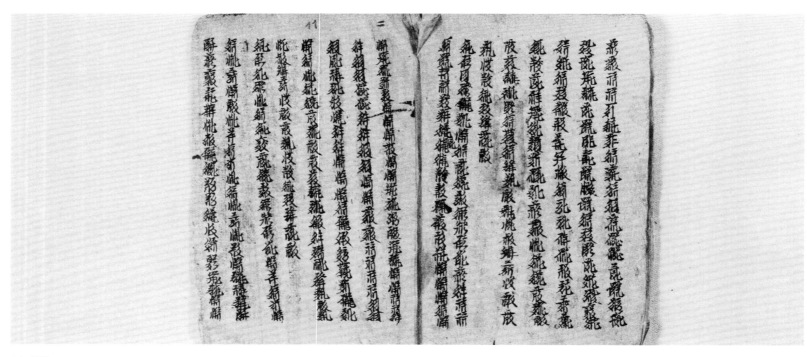

俄 **И**нв.No.824　大印究竟要集　　　(20-10)

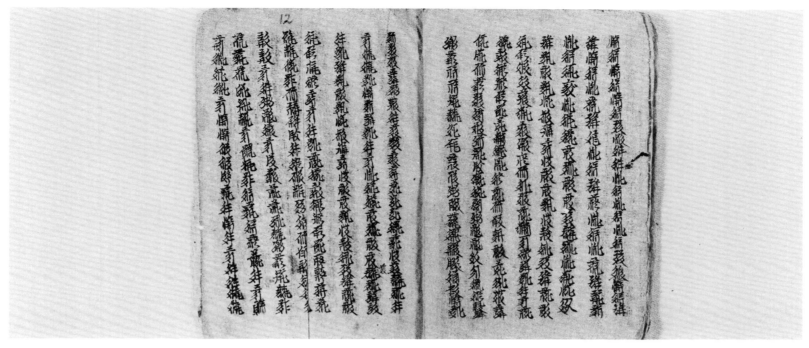

俄 **Инв**.No.824　大印究竟要集　　　(20-11)

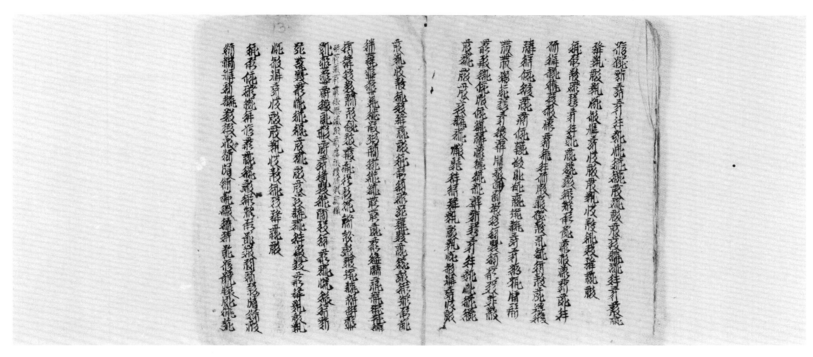

俄 **Инв**.No.824　大印究竟要集　　　(20-12)

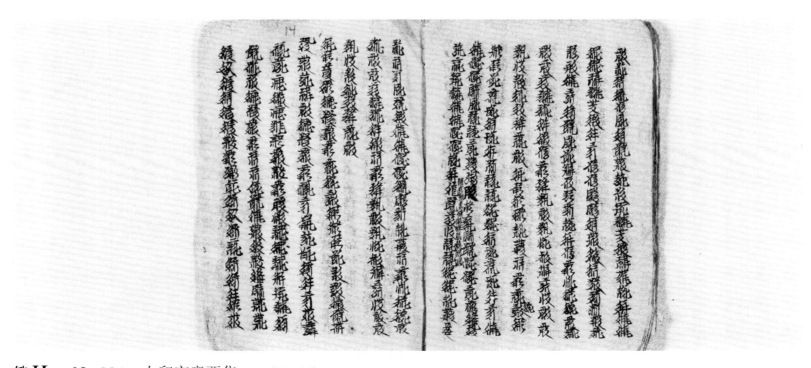

俄 **Инв**.No.824　大印究竟要集　　　(20-13)

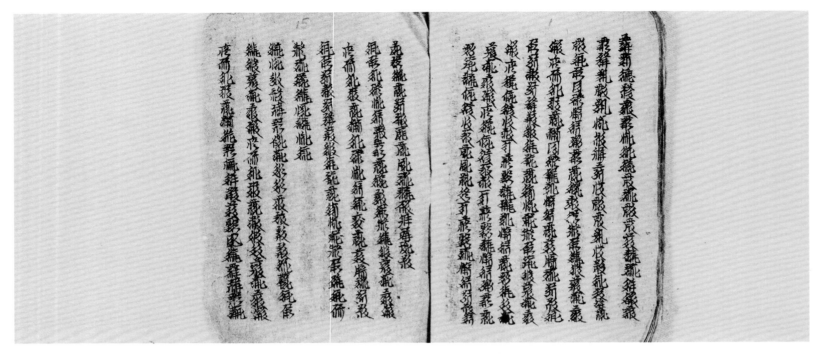

俄Инв.No.824　大印究竟要集　　(20-14)

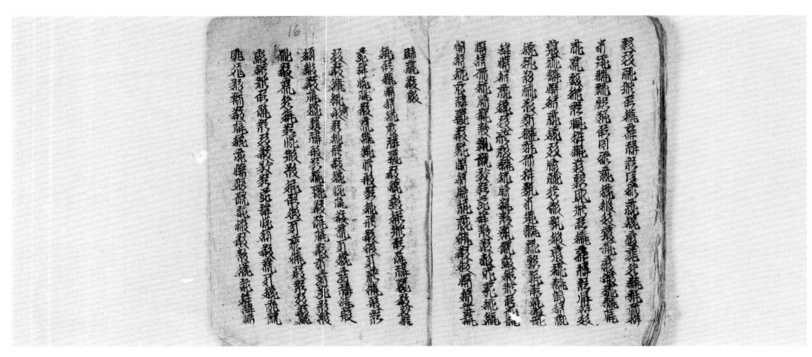

俄Инв.No.824　大印究竟要集　　(20-15)

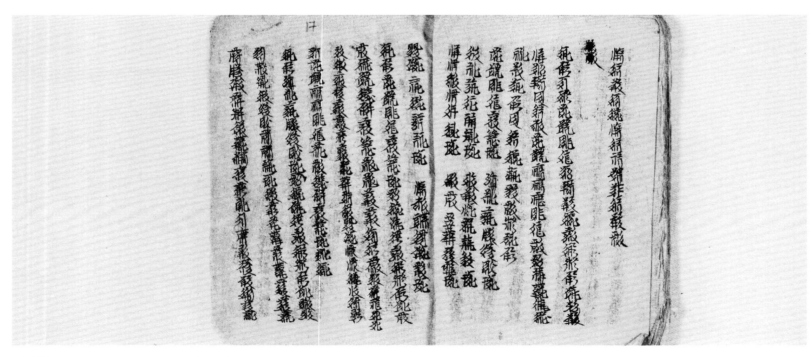

俄Инв.No.824　大印究竟要集　　(20-16)

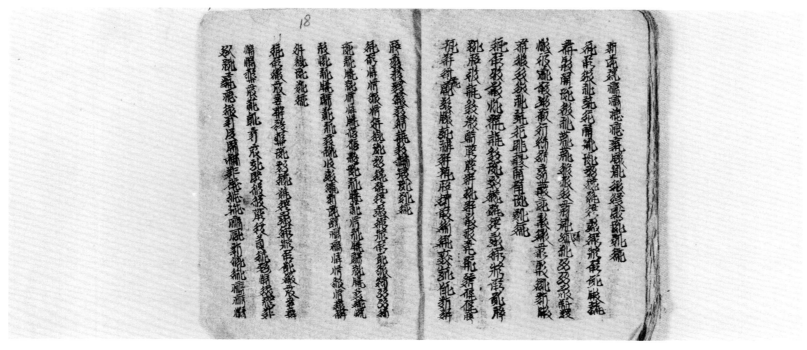

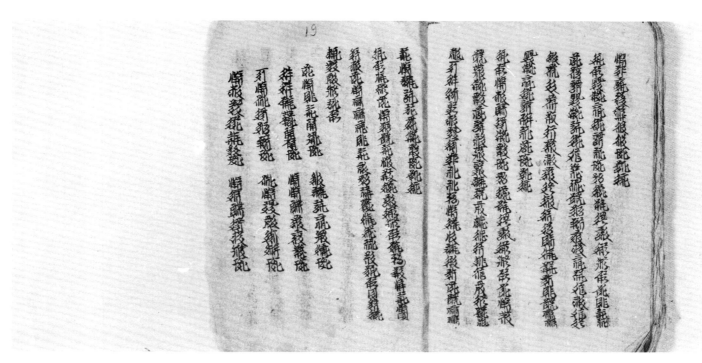

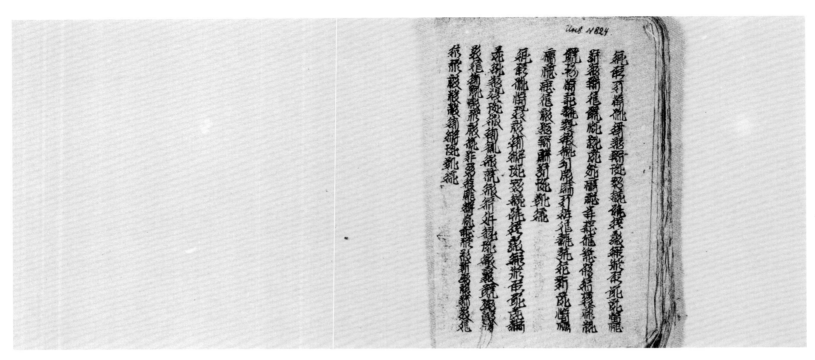

俄 ИНВ.No.824　大印究竟要集　　（20-20）

俄 ИНВ.No.2526　大印究竟要集　　（28-1）

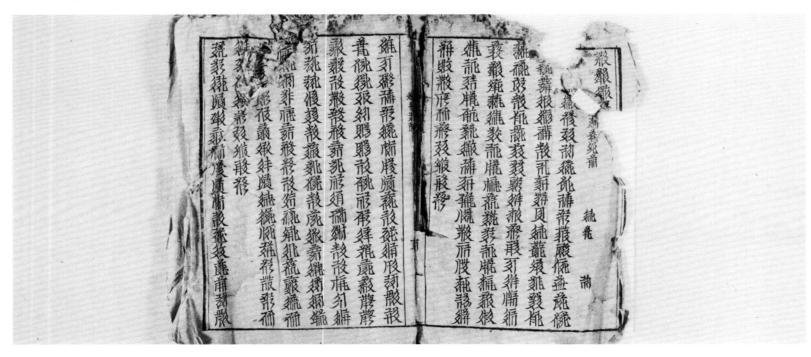

俄 ИНВ.No.2526　大印究竟要集　　（28-2）

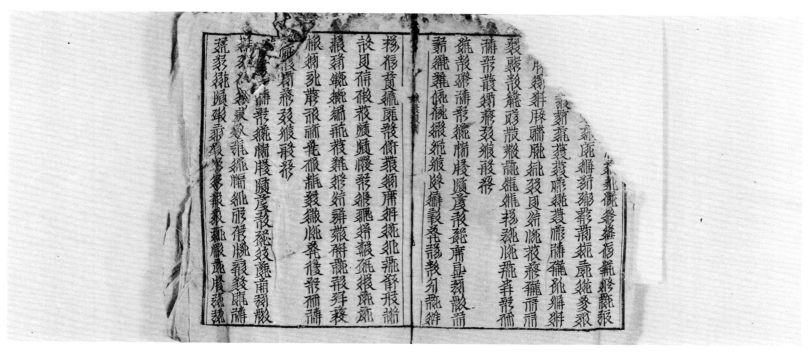

俄 **И**нв.No.2526　大印究竟要集　　　(28-3)

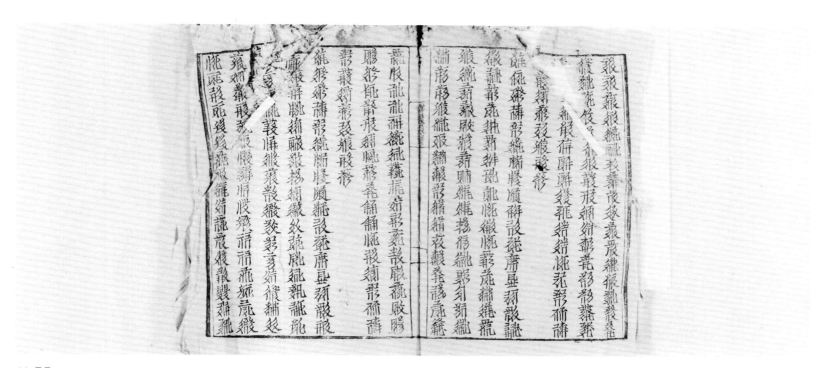

俄 **И**нв.No.2526　大印究竟要集　　　(28-4)

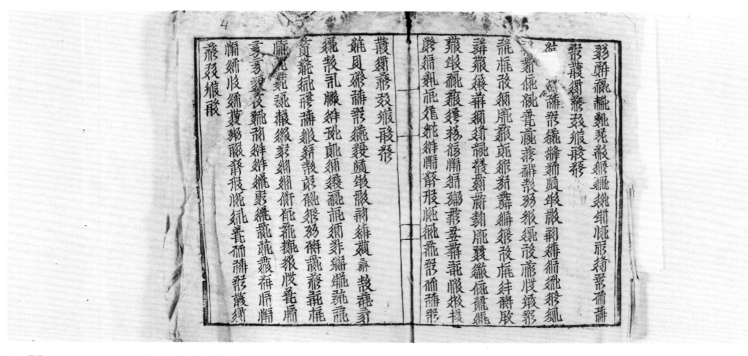

俄 **И**нв.No.2526　大印究竟要集　　　(28-5)

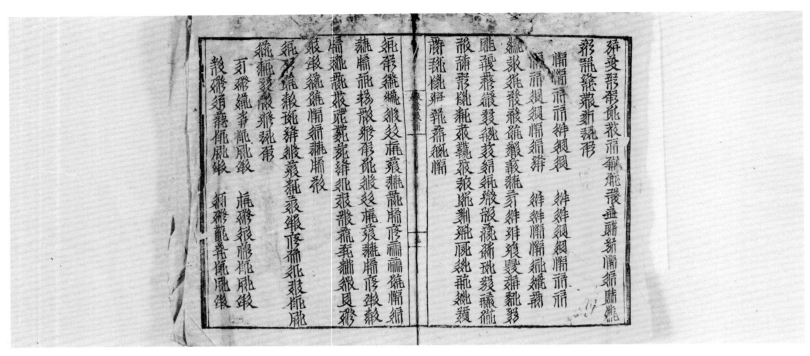

俄 Инв.No.2526　大印究竟要集　　　(28-6)

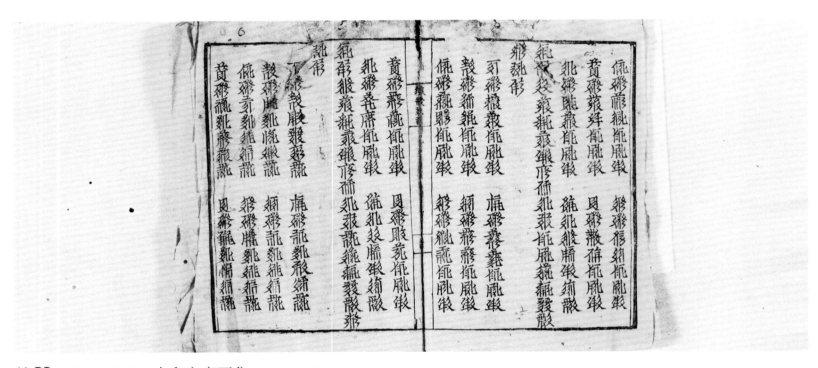

俄 Инв.No.2526　大印究竟要集　　　(28-7)

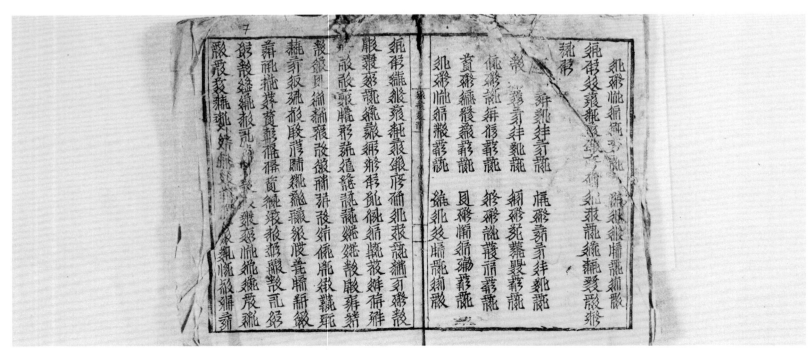

俄 Инв.No.2526　大印究竟要集　　　(28-8)

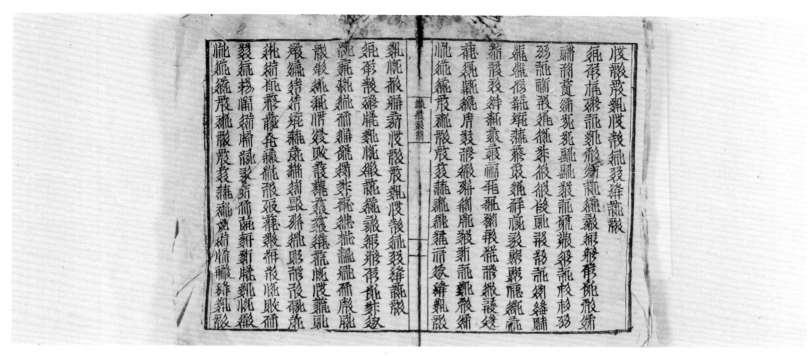

俄Инв.No.2526　大印究竟要集　　　　(28-9)

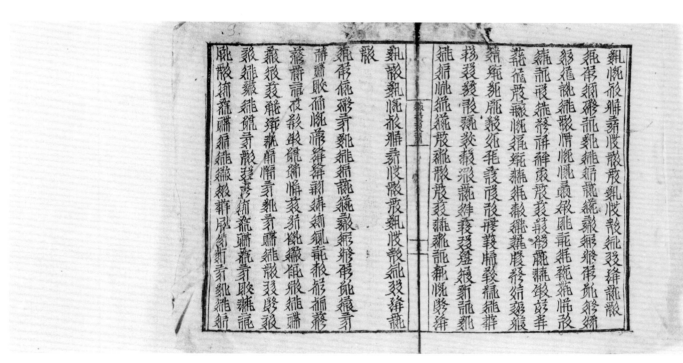

俄Инв.No.2526　大印究竟要集　　　　(28-10)

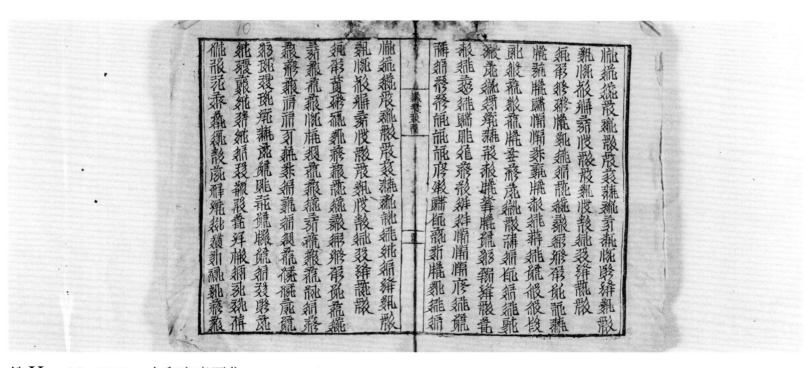

俄Инв.No.2526　大印究竟要集　　　　(28-11)

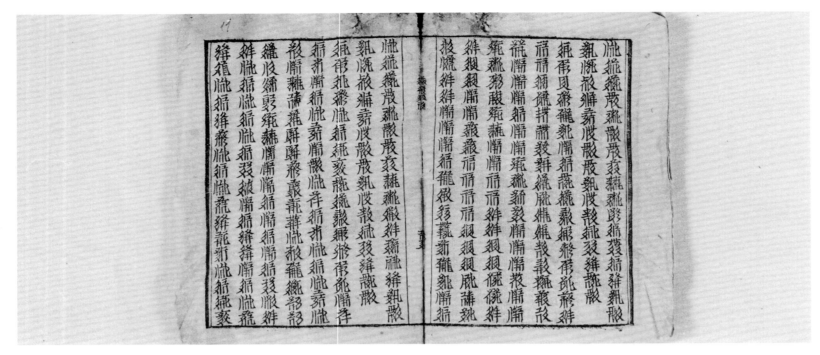

俄 **И**нв.No.2526 大印究竟要集 (28-12)

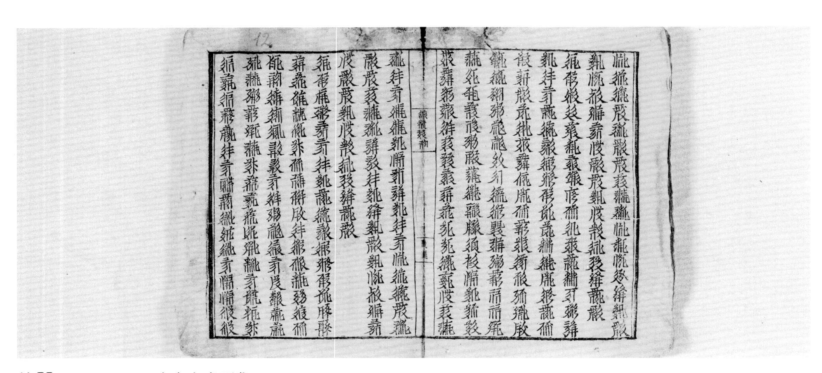

俄 **И**нв.No.2526 大印究竟要集 (28-13)

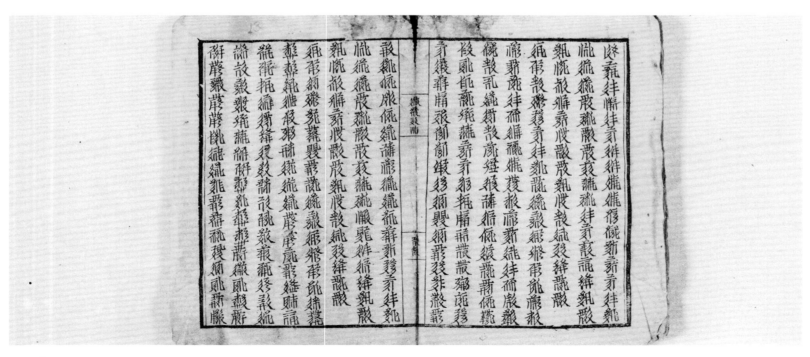

俄 **И**нв.No.2526 大印究竟要集 (28-14)

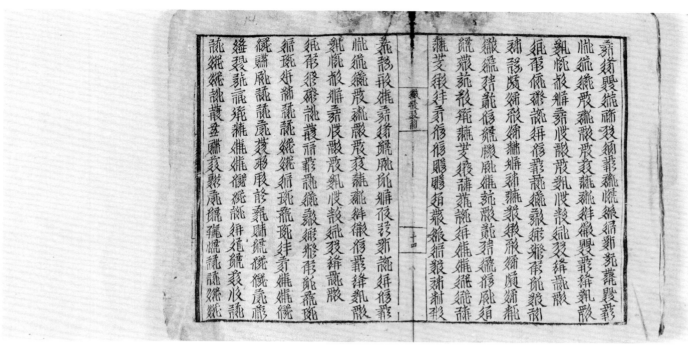

俄 Инв.No.2526　大印究竟要集　　　(28-15)

俄 Инв.No.2526　大印究竟要集　　　(28-16)

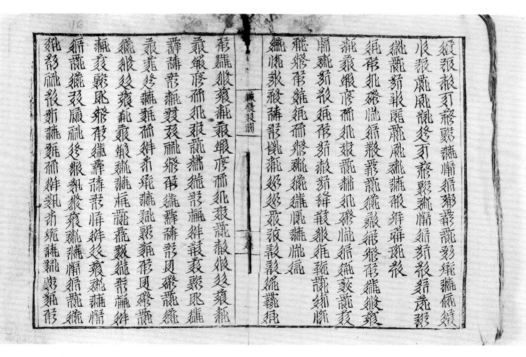

俄 Инв.No.2526　大印究竟要集　　　(28-17)

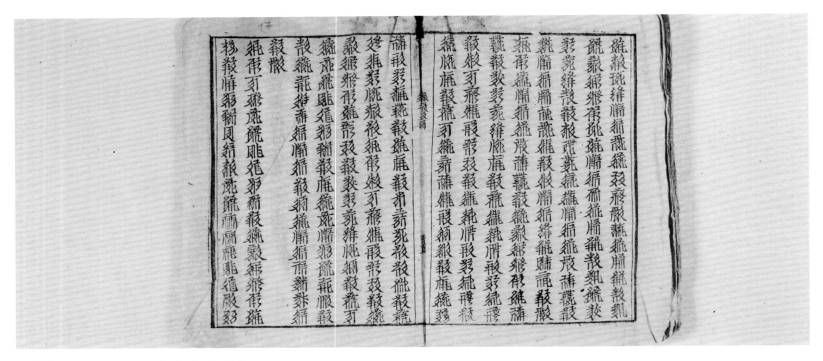

俄 Ихв.No.2526　大印究竟要集　　　(28-18)

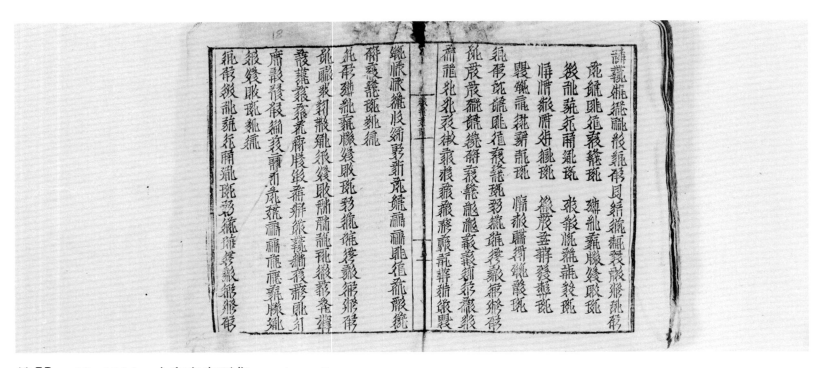

俄 Ихв.No.2526　大印究竟要集　　　(28-19)

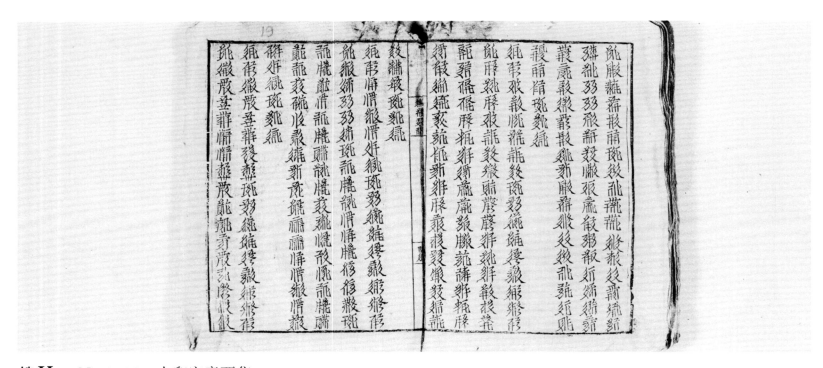

俄 Ихв.No.2526　大印究竟要集　　　(28-20)

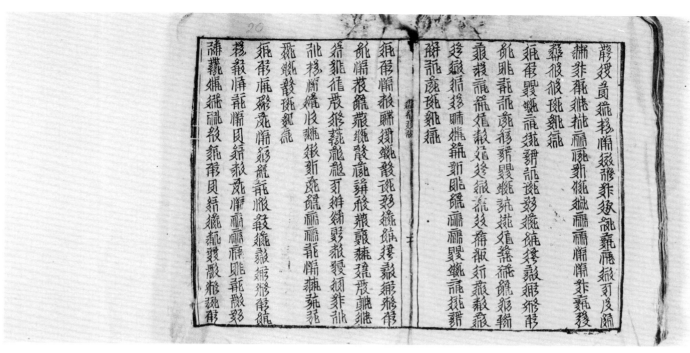

俄 Инв.No.2526　大印究竟要集　　(28–21)

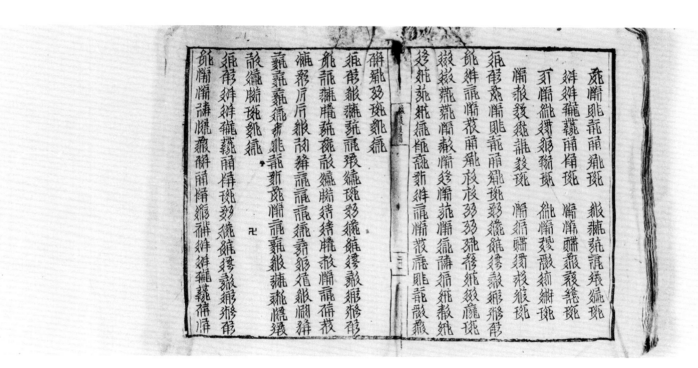

俄 Инв.No.2526　大印究竟要集　　(28–22)

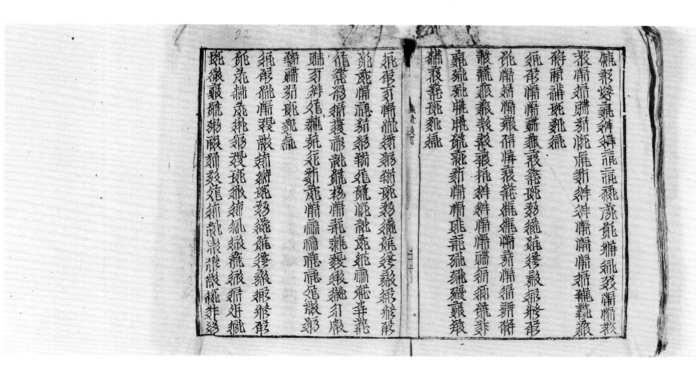

俄 Инв.No.2526　大印究竟要集　　(28–23)

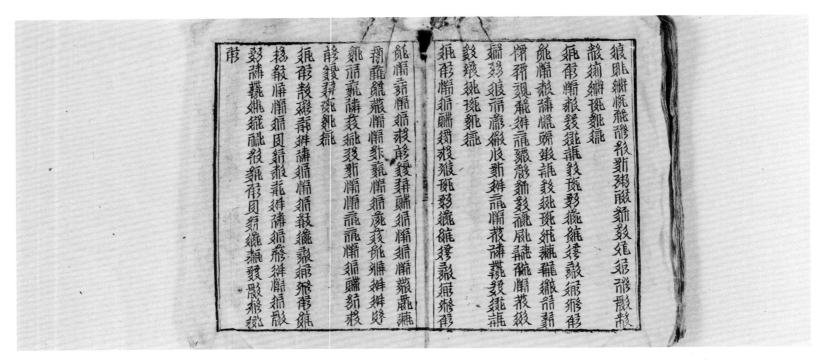

俄 Инв.No.2526　大印究竟要集　　(28-24)

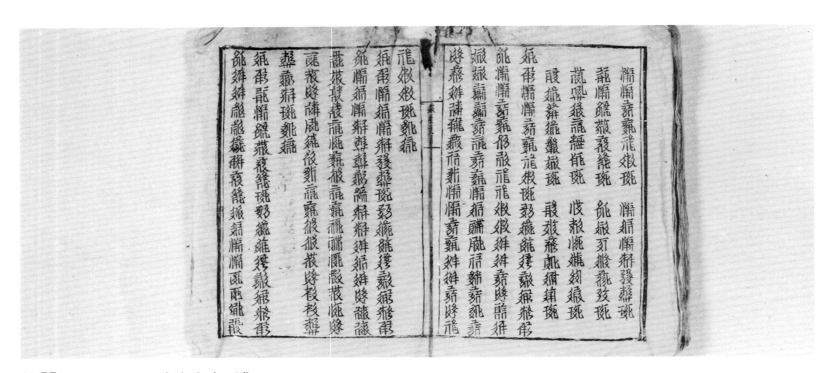

俄 Инв.No.2526　大印究竟要集　　(28-25)

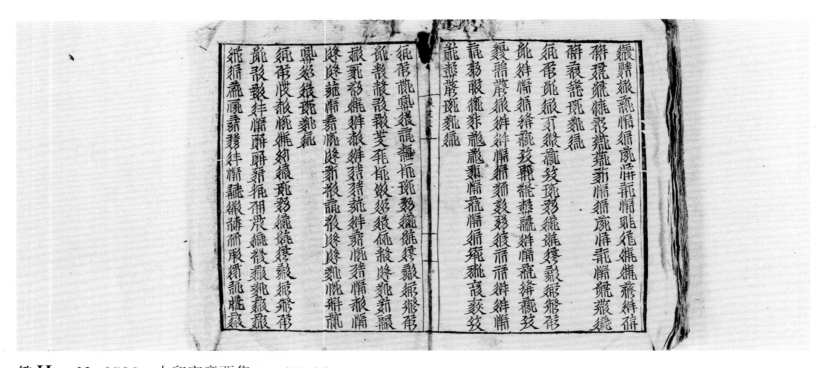

俄 Инв.No.2526　大印究竟要集　　(28-26)

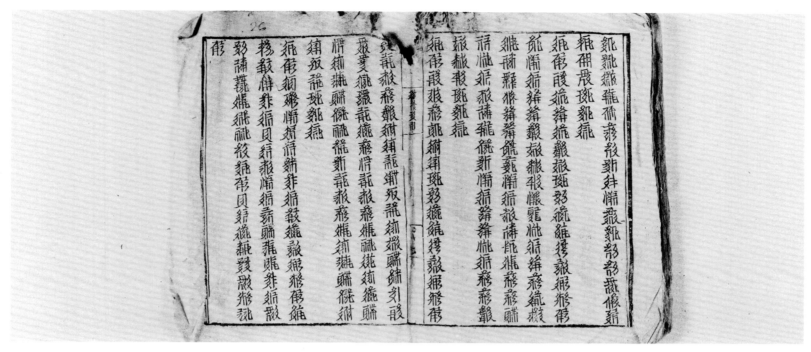

俄 Инв.No.2526　大印究竟要集　　　(28-27)

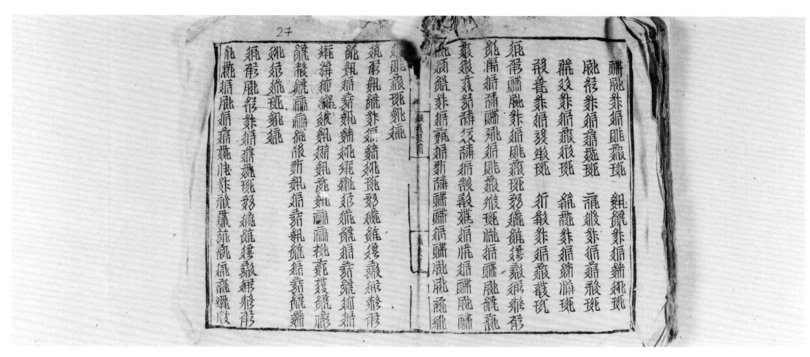

俄 Инв.No.2526　大印究竟要集　　　(28-28)

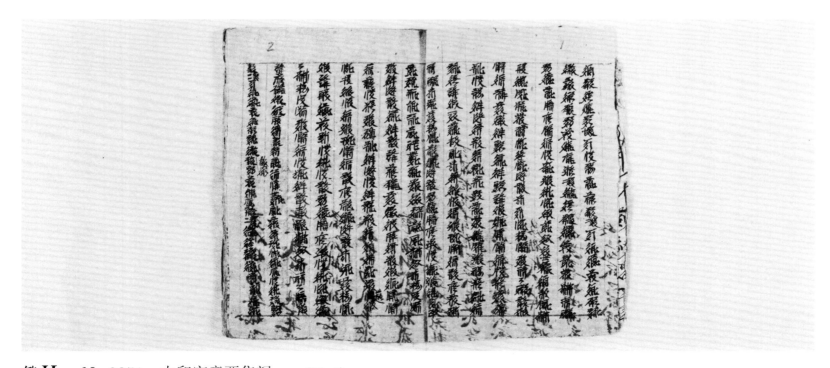

俄 Инв.No.2851　大印究竟要集記　　(26-1)

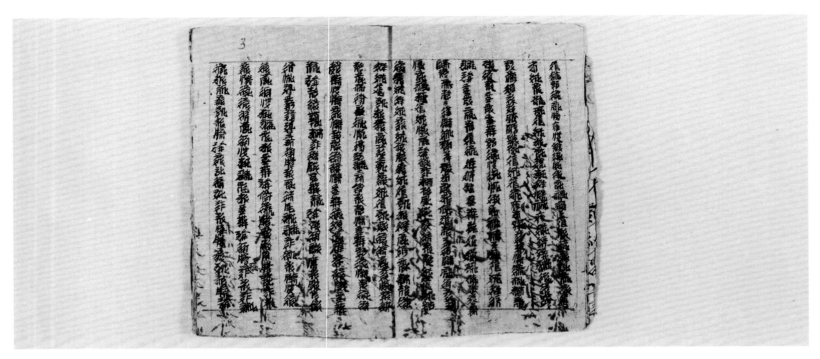

俄 Инв.No.2851　大印究竟要集記　　(26-2)

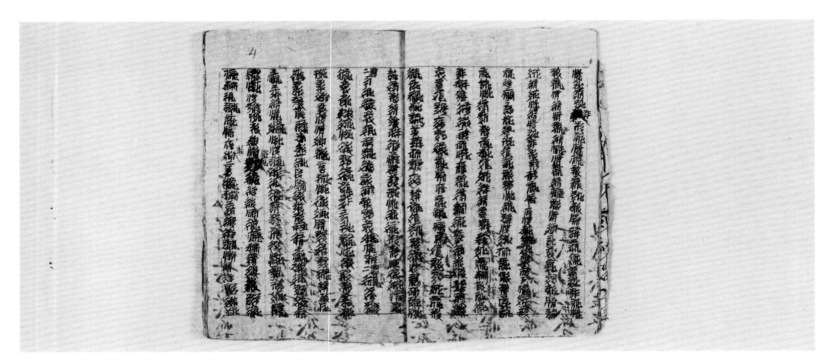

俄 Инв.No.2851　大印究竟要集記　　(26-3)

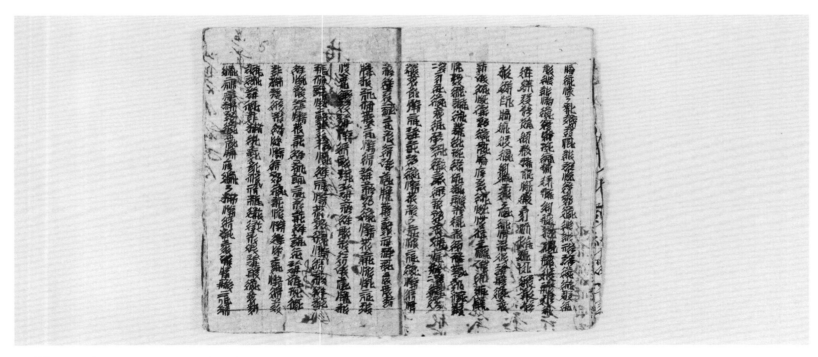

俄 Инв.No.2851　大印究竟要集記　　(26-4)

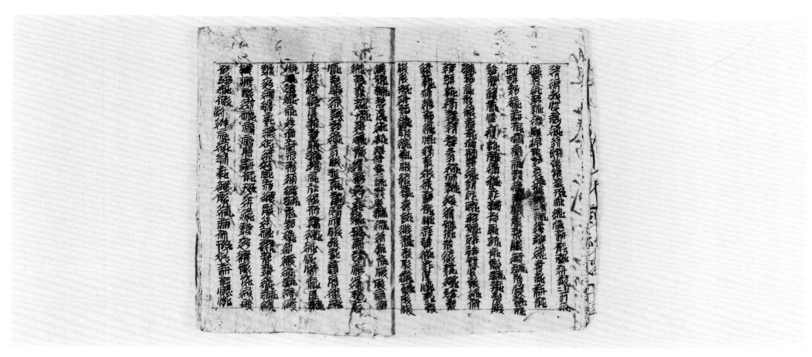

俄 **И**нв.No.2851　大印究竟要集記　　(26-5)

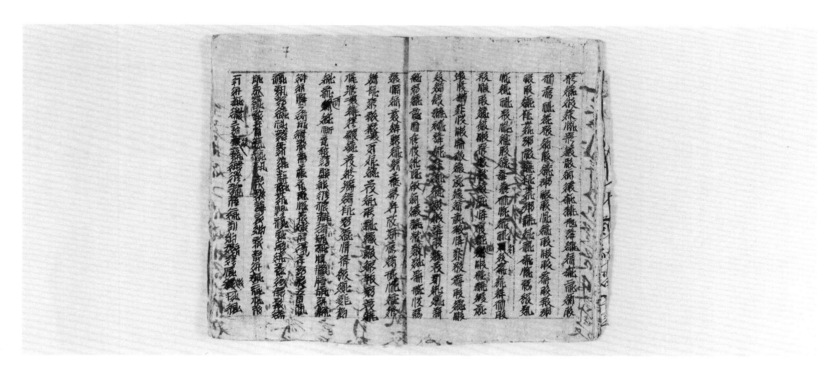

俄 **И**нв.No.2851　大印究竟要集記　　(26-6)

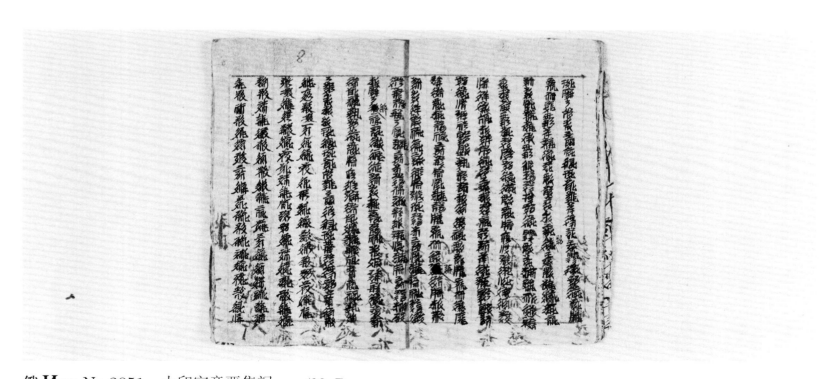

俄 **И**нв.No.2851　大印究竟要集記　　(26-7)

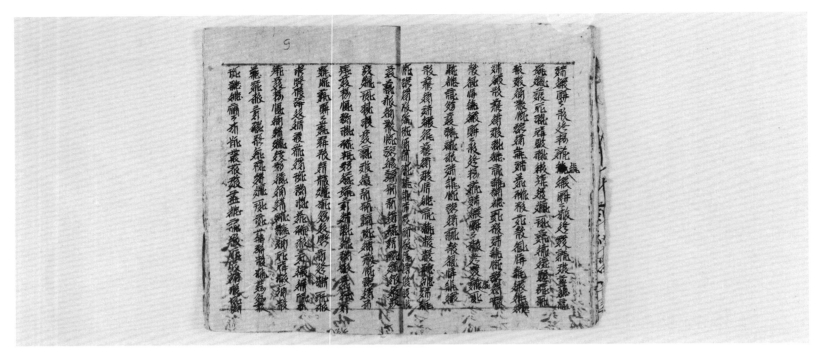

俄 **И**нв.No.2851　　大印究竟要集記　　　(26-8)

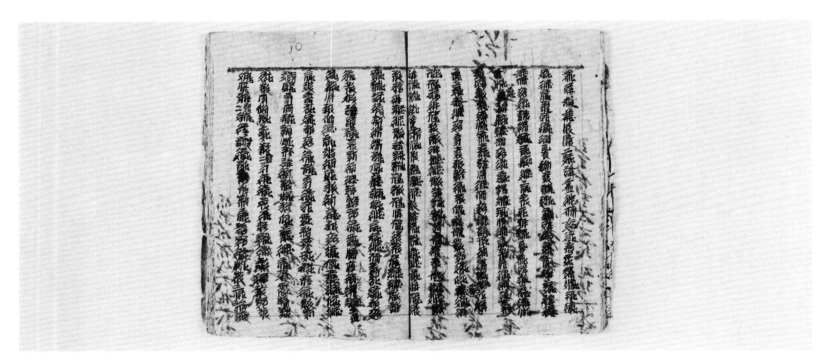

俄 **И**нв.No.2851　　大印究竟要集記　　　(26-9)

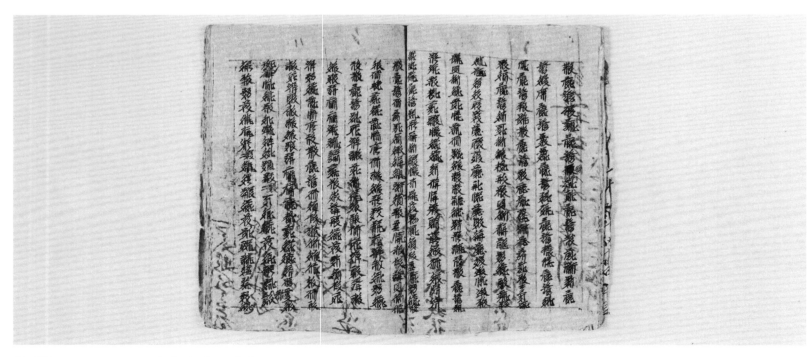

俄 **И**нв.No.2851　　大印究竟要集記　　　(26-10)

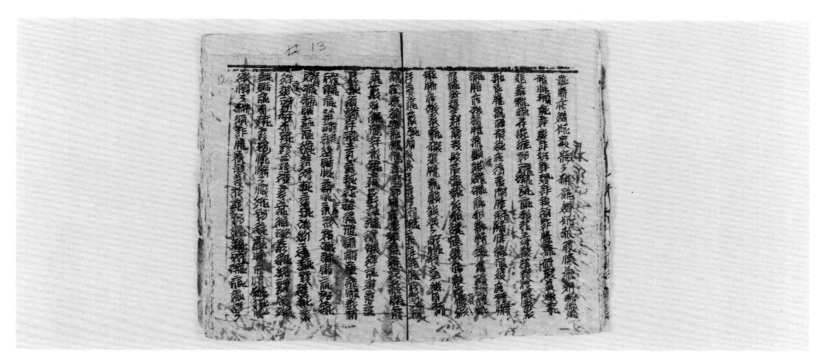

俄 Инв.No.2851　大印究竟要集記　　　(26-11)

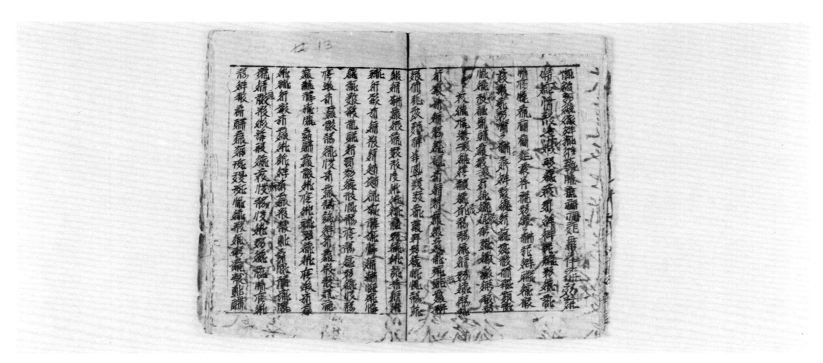

俄 Инв.No.2851　大印究竟要集記　　　(26-12)

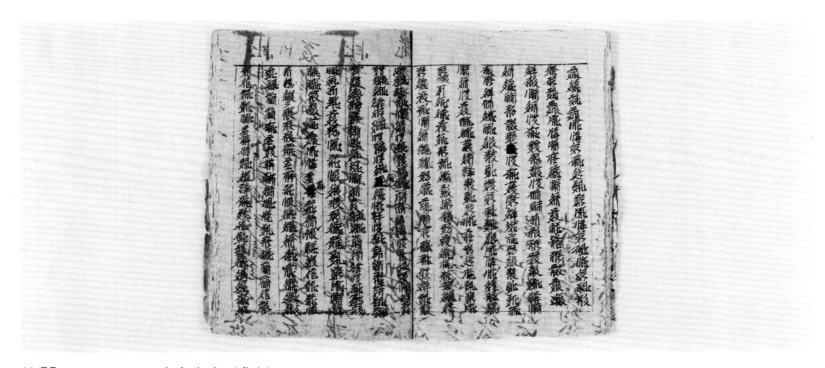

俄 Инв.No.2851　大印究竟要集記　　　(26-13)

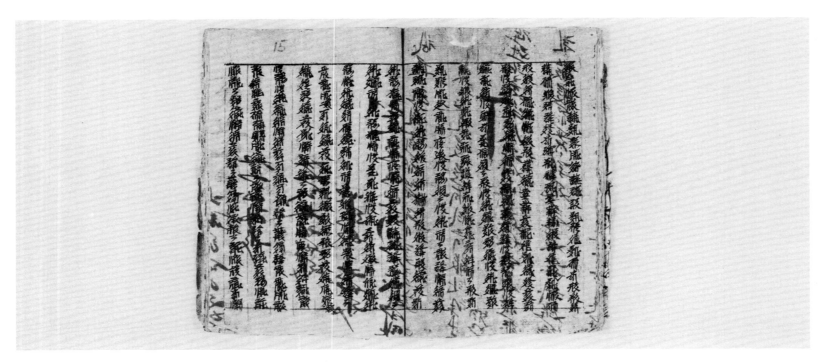

俄 **Инв**.No.2851　大印究竟要集記　　(26-14)

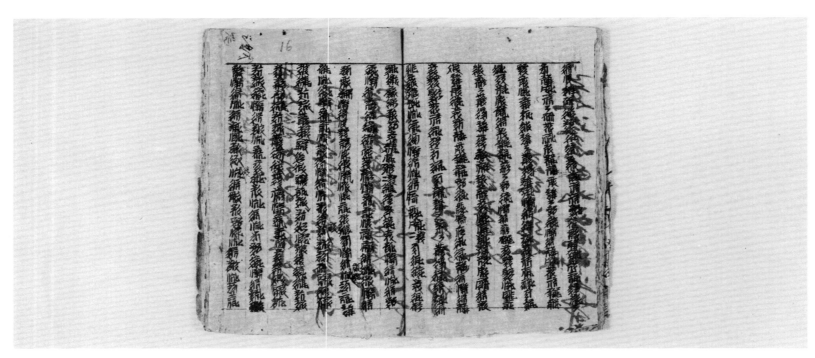

俄 **Инв**.No.2851　大印究竟要集記　　(26-15)

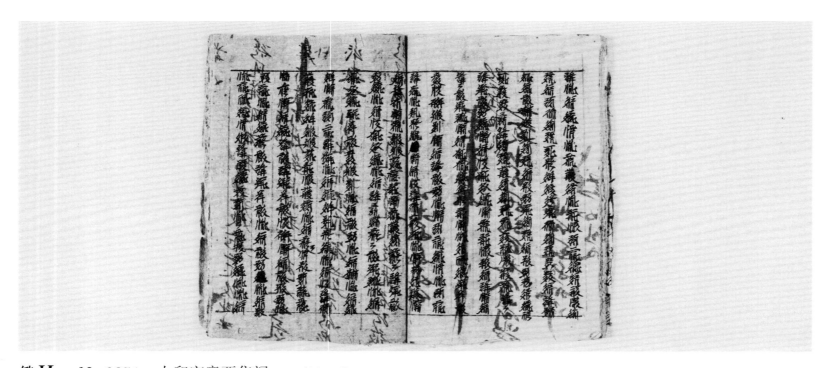

俄 **Инв**.No.2851　大印究竟要集記　　(26-16)

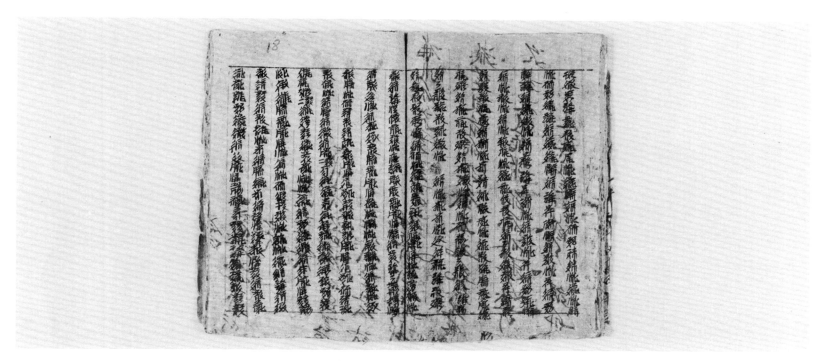

俄Инв.No.2851　大印究竟要集記　　　(26-17)

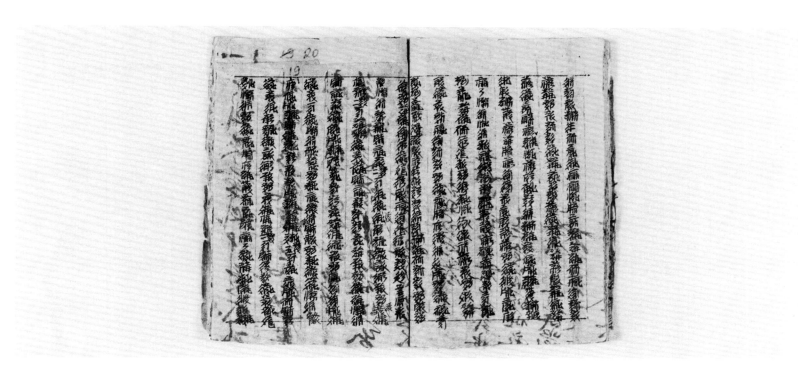

俄Инв.No.2851　大印究竟要集記　　　(26-18)

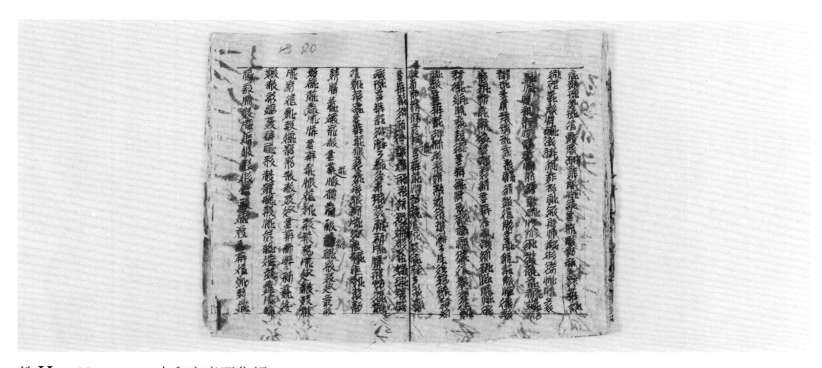

俄Инв.No.2851　大印究竟要集記　　　(26-19)

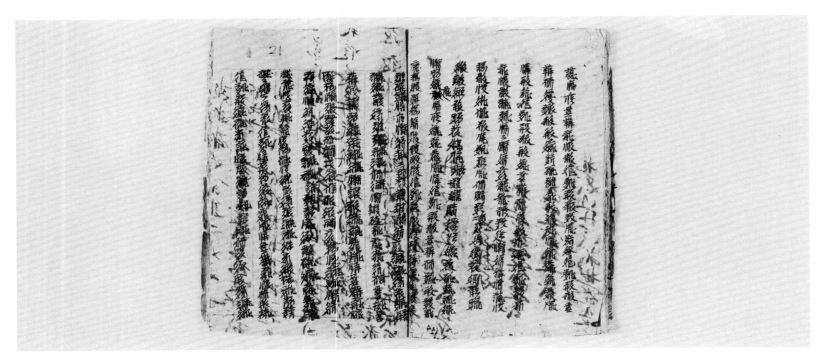

俄 Инв.No.2851　大印究竟要集記　　　(26-20.)

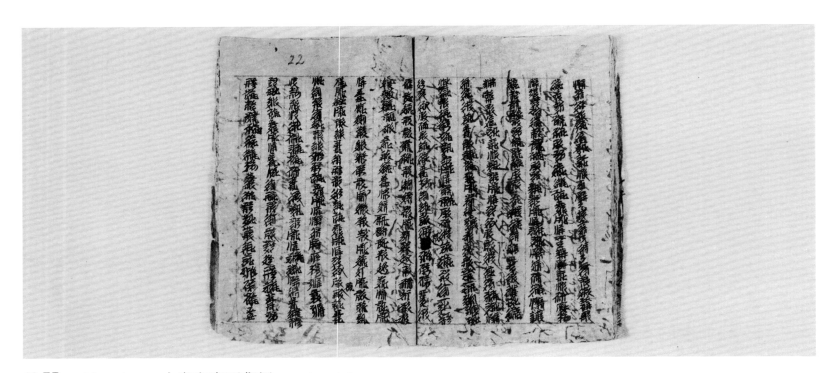

俄 Инв.No.2851　大印究竟要集記　　　(26-21)

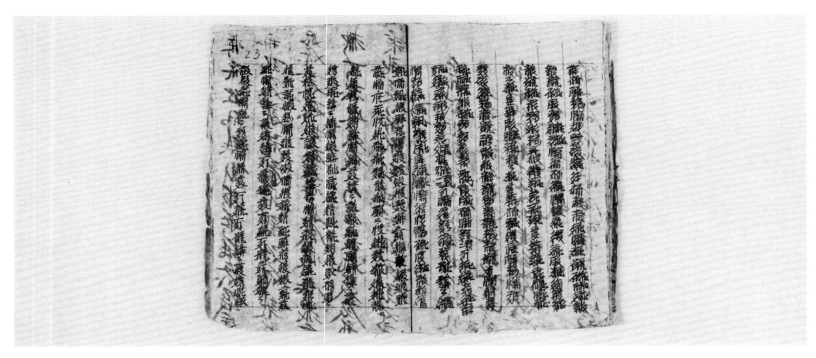

俄 Инв.No.2851　大印究竟要集記　　　(26-22)

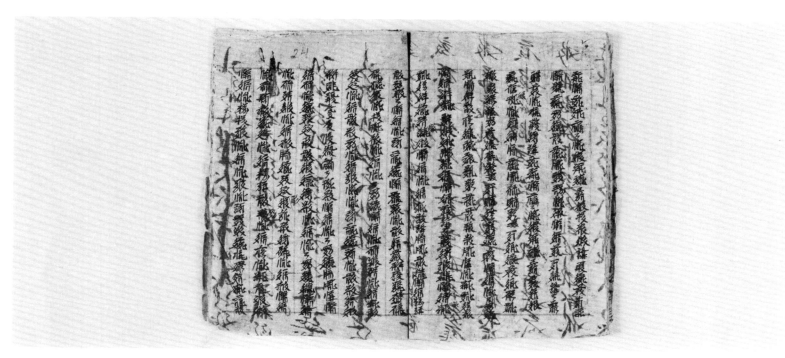

俄 **И**нв.No.2851　　大印究竟要集記　　(26-23)

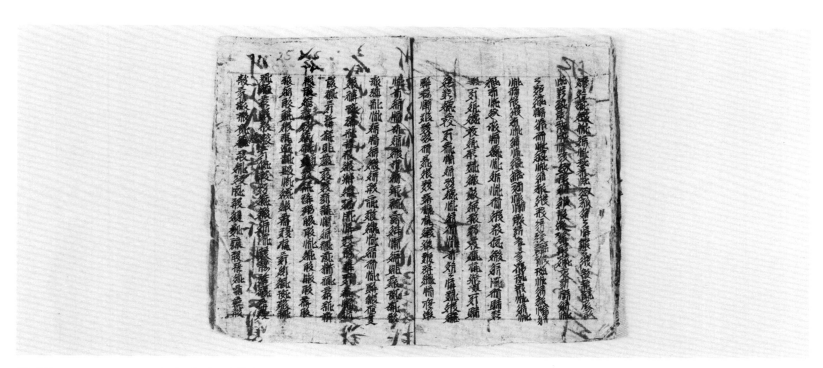

俄 **И**нв.No.2851　　大印究竟要集記　　(26-24)

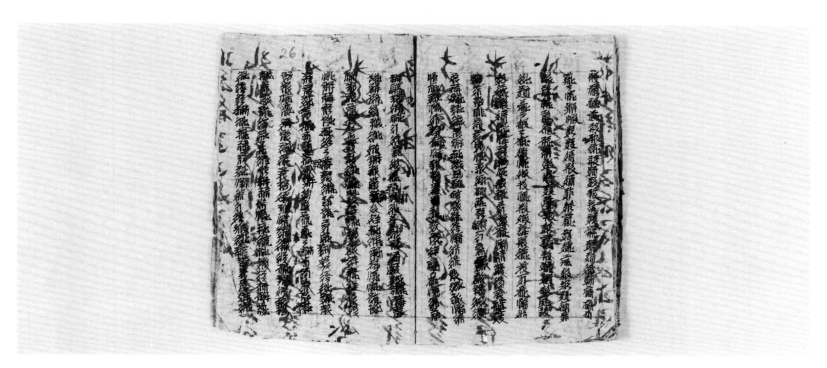

俄 **И**нв.No.2851　　大印究竟要集記　　(26-25)

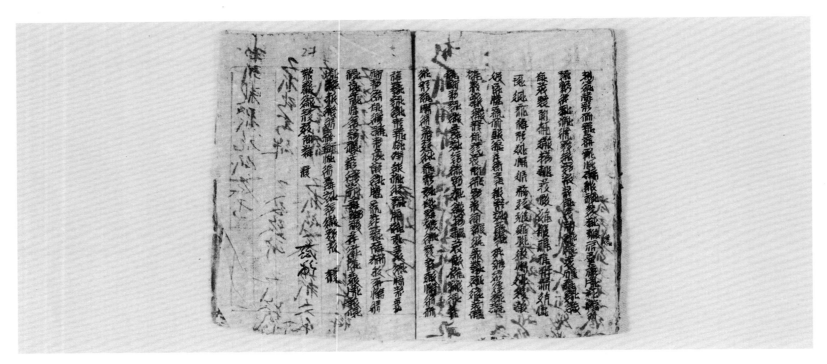

俄 Инв.No.2851　大印究竟要集記　　　(26-26)

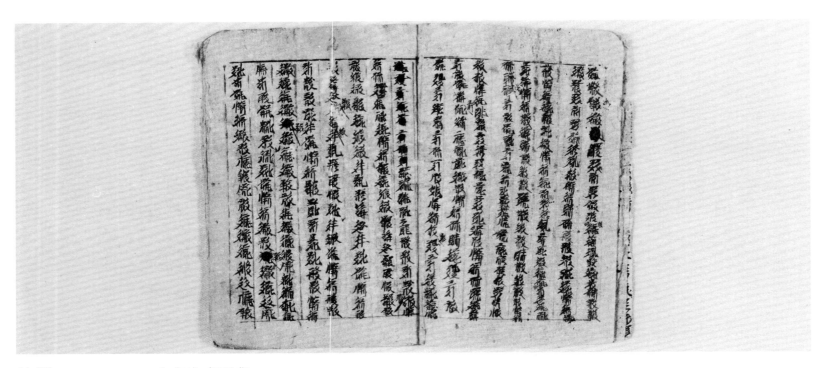

俄 Инв.No.2858　大印究竟要集　　(22-1)

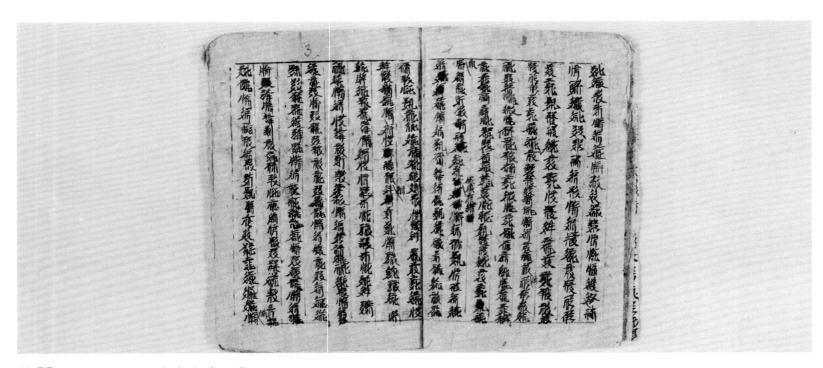

俄 Инв.No.2858　大印究竟要集　　(22-2)

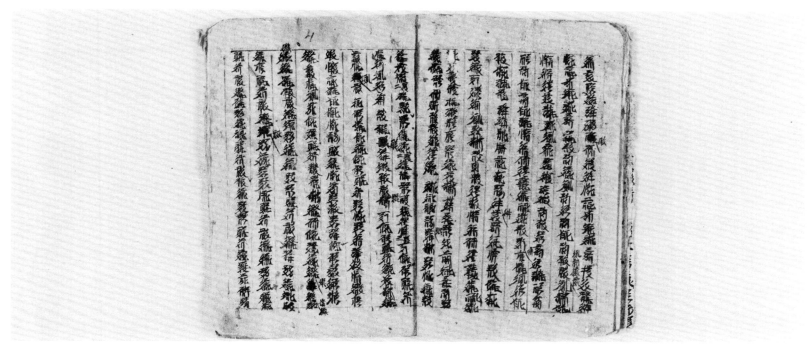

俄 **Инв**.No.2858　大印究竟要集　　(22-3)

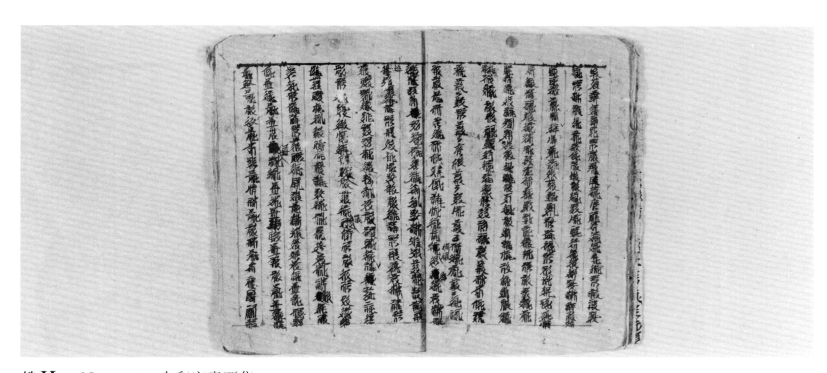

俄 **Инв**.No.2858　大印究竟要集　　(22-4)

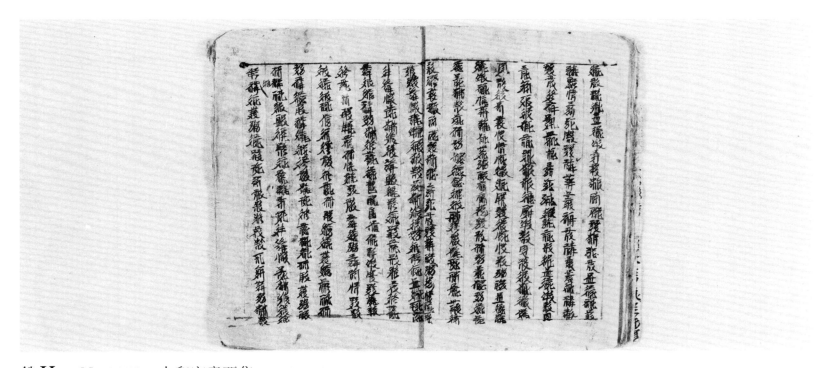

俄 **Инв**.No.2858　大印究竟要集　　(22-5)

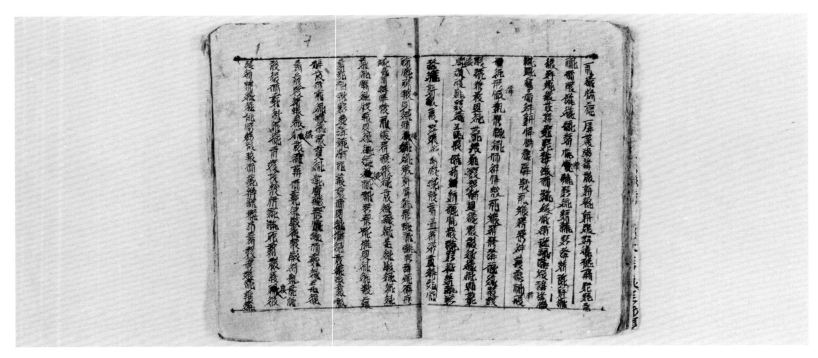

俄ИнВ.No.2858　大印究竟要集　　(22-6)

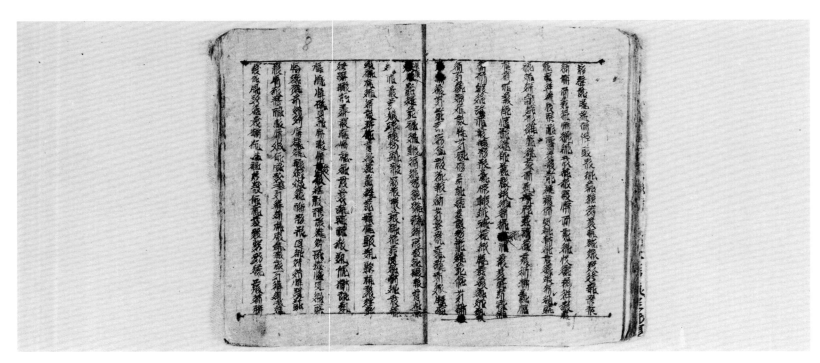

俄ИнВ.No.2858　大印究竟要集　　(22-7)

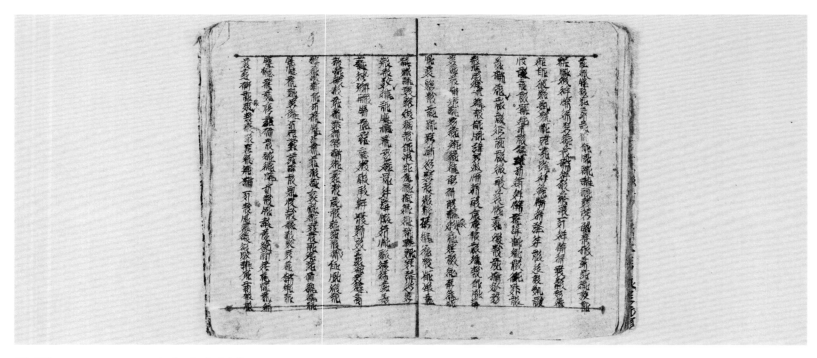

俄ИнВ.No.2858　大印究竟要集　　(22-8)

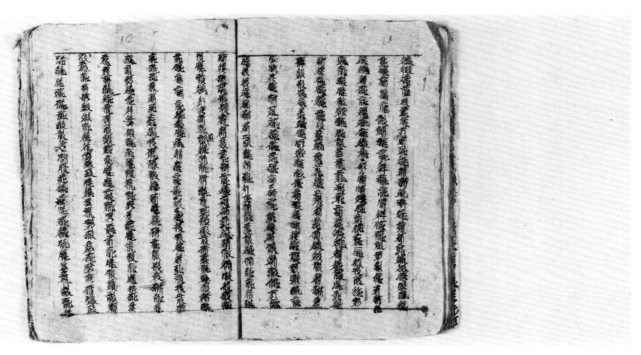

俄 **И**нв.No.2858　大印究竟要集　　　(22-9)

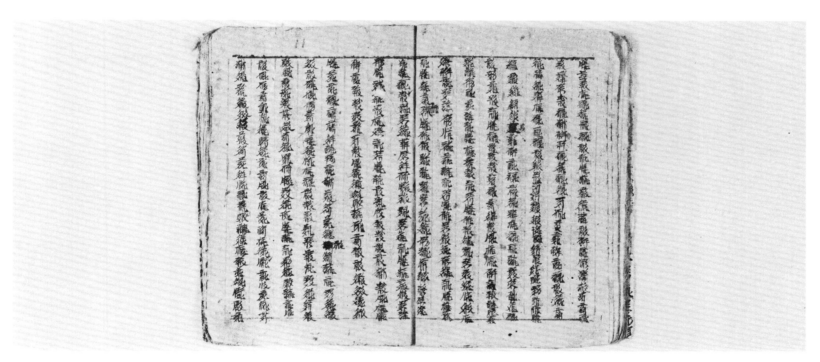

俄 **И**нв.No.2858　大印究竟要集　　　(22-10)

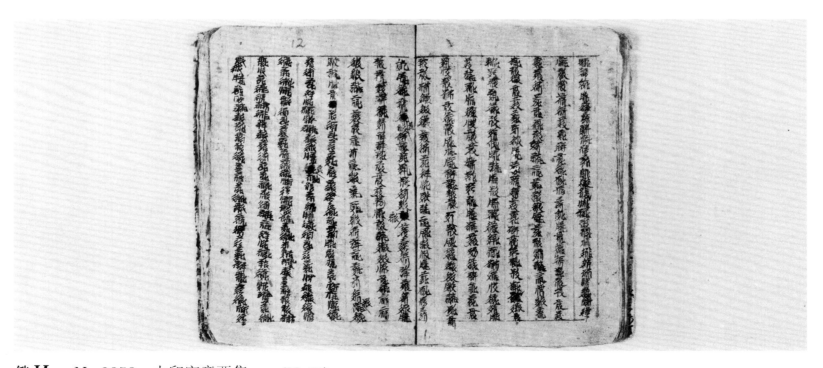

俄 **И**нв.No.2858　大印究竟要集　　　(22-11)

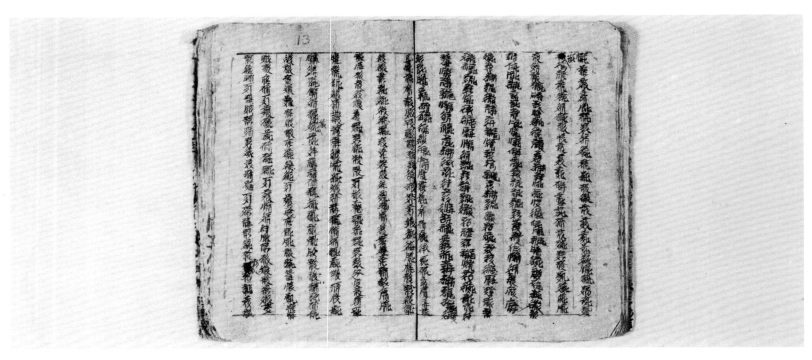

俄 **И**нв.No.2858　大印究竟要集　　　(22-12)

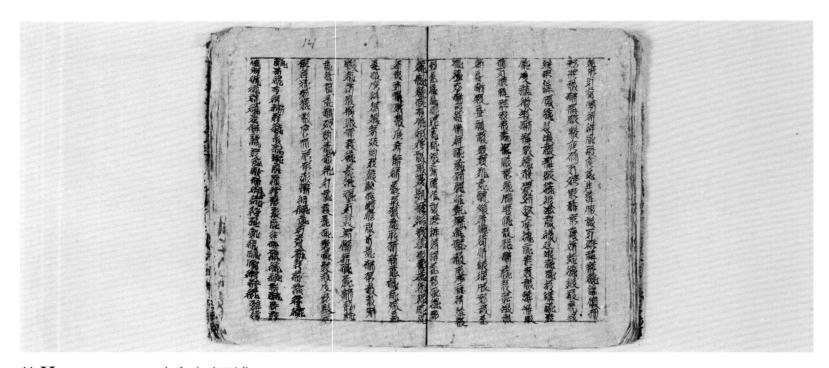

俄 **И**нв.No.2858　大印究竟要集　　　(22-13)

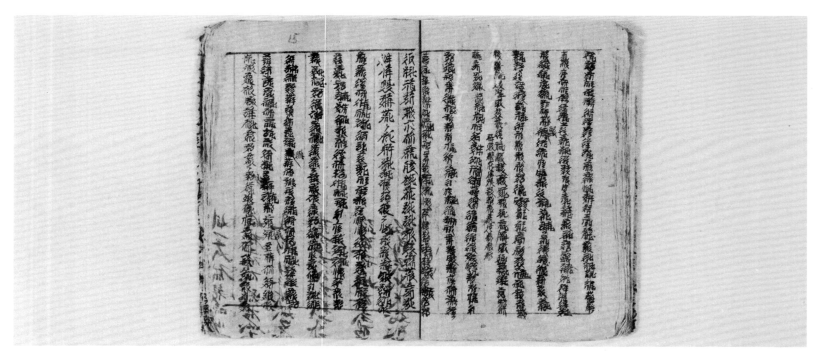

俄 **И**нв.No.2858　大印究竟要集　　　(22-14)

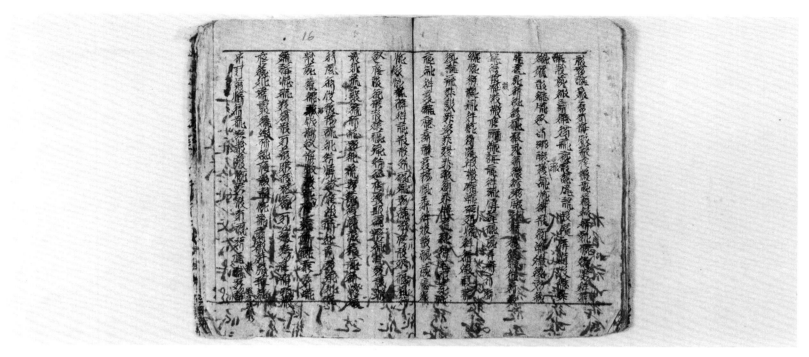

俄 **И**нв.No.2858　大印究竟要集　　(22-15)

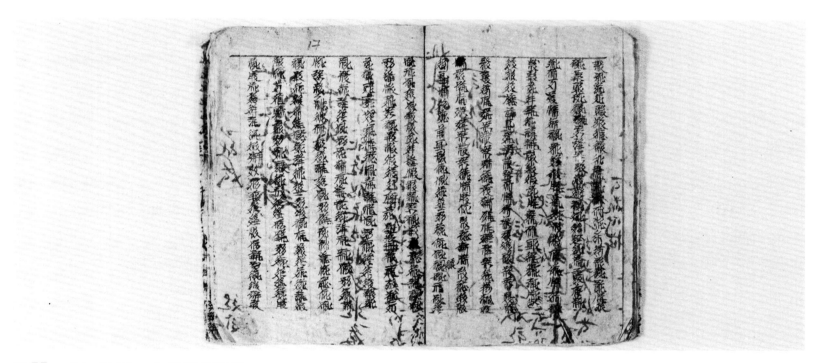

俄 **И**нв.No.2858　大印究竟要集　　(22-16)

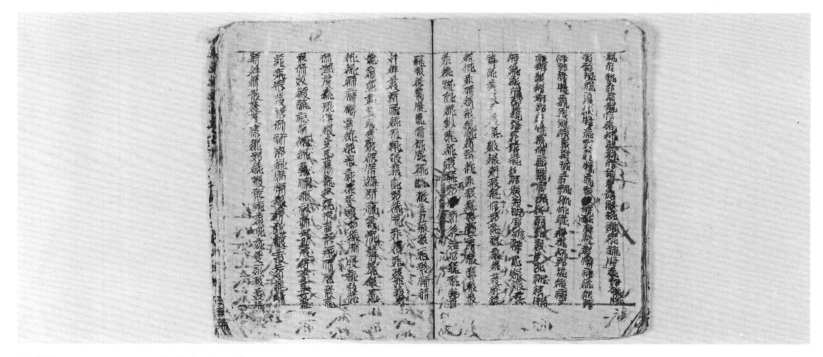

俄 **И**нв.No.2858　大印究竟要集　　(22-17)

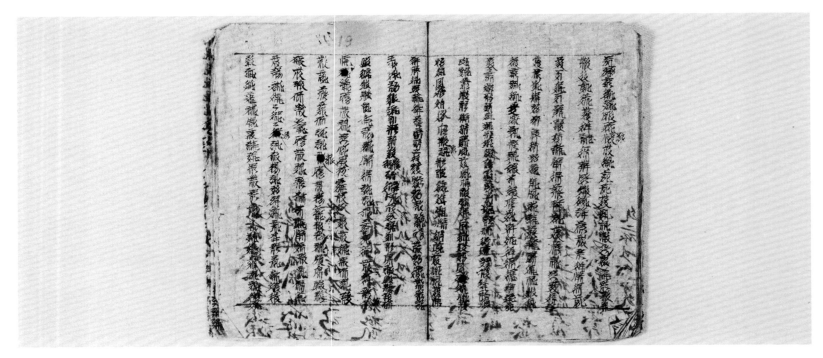

俄 Инв.No.2858　大印究竟要集　　　(22-18)

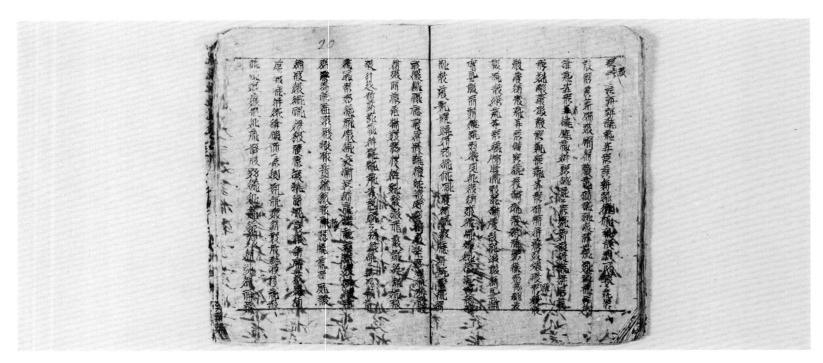

俄 Инв.No.2858　大印究竟要集　　　(22-19)

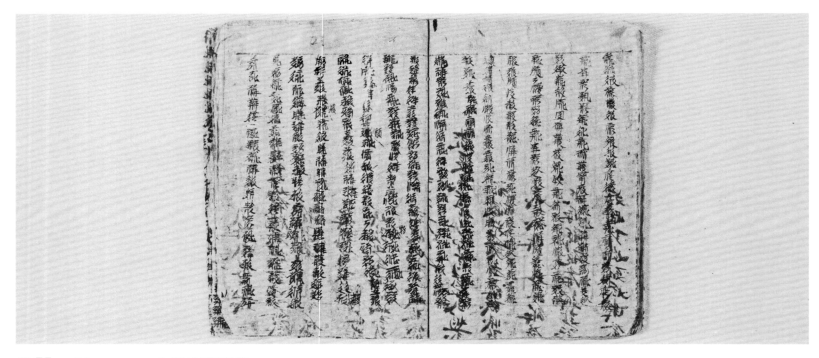

俄 Инв.No.2858　大印究竟要集　　　(22-20)

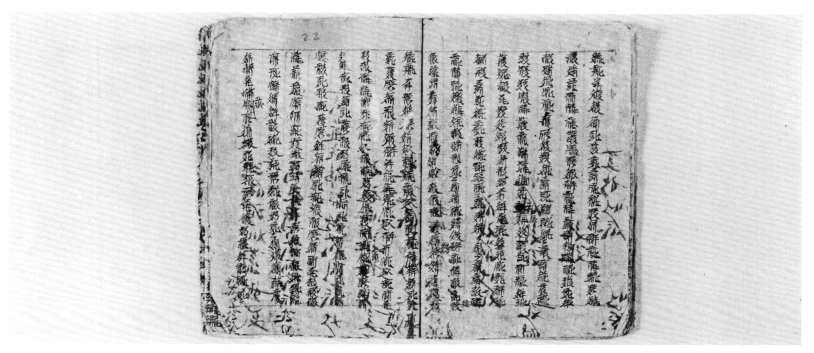

俄 **И**нв.No.2858　大印究竟要集　　　(22-21)

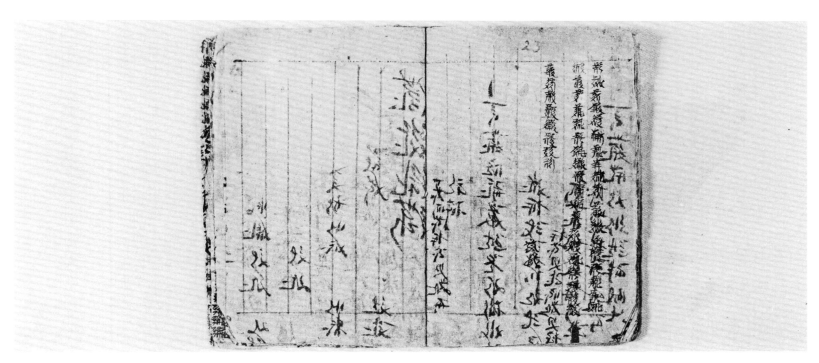

俄 **И**нв.No.2858　大印究竟要集　　　(22-22)

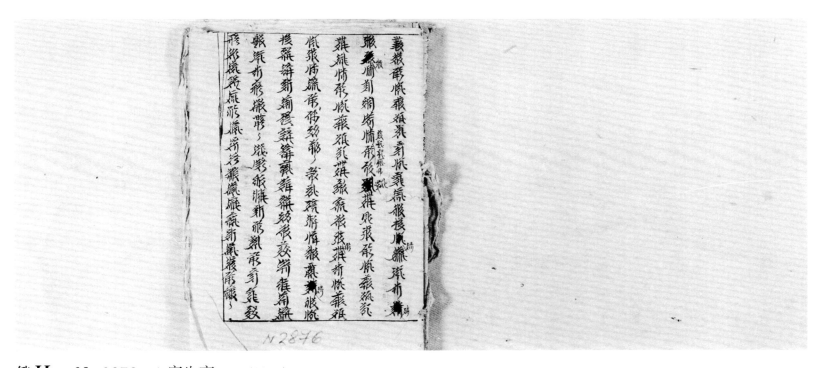

俄 **И**нв.No.2876　1.家生言　　　(48-1)

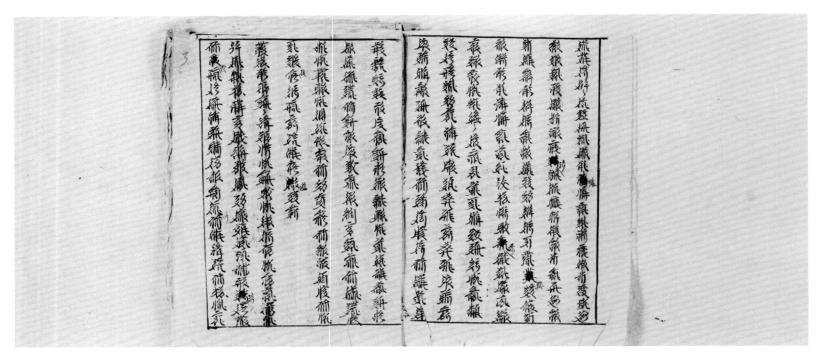

俄 **И**нв.No.2876 1.家生言 (48-2)

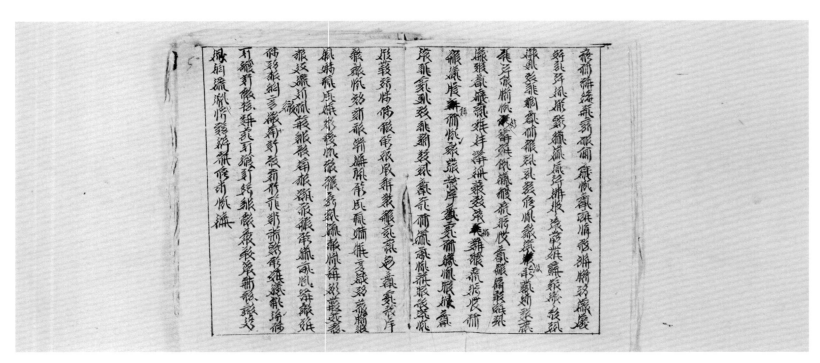

俄 **И**нв.No.2876 1.家生言 (48-3)

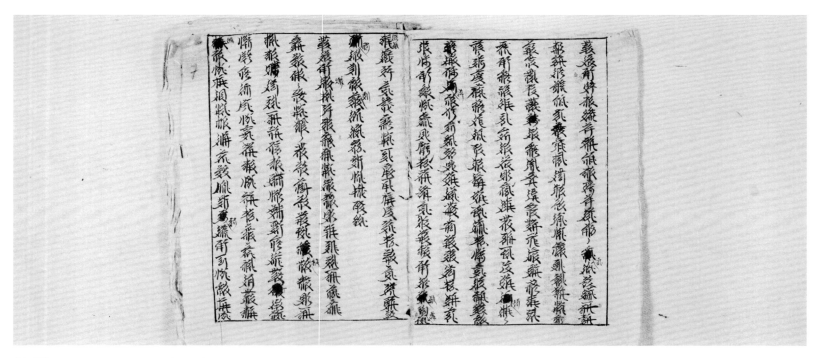

俄 **И**нв.No.2876 1.家生言 (48-4)

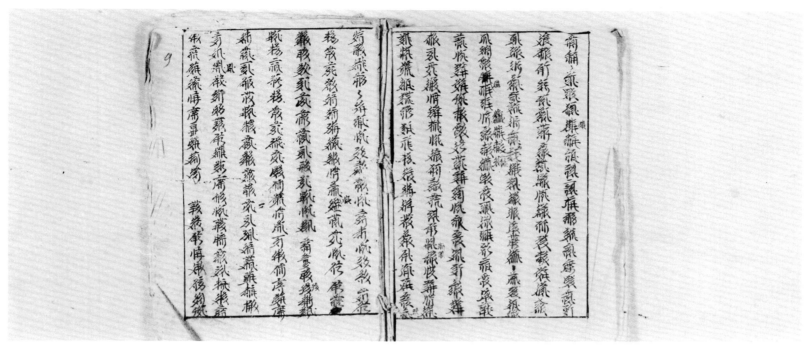

俄 **И**нв.No.2876　1.家生言　　(48-5)

俄 **И**нв.No.2876　1.家生言　　(48-6)

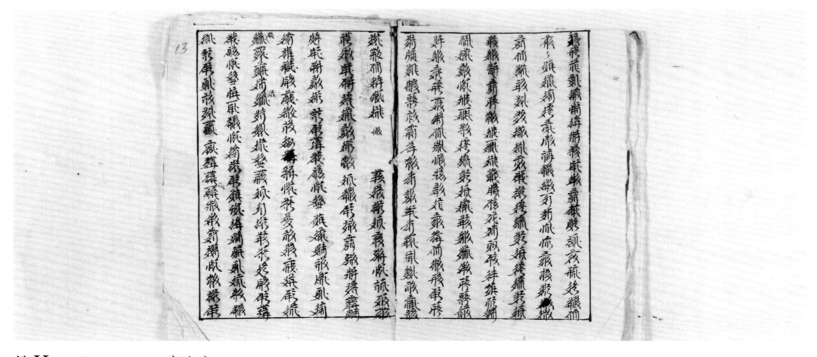

俄 **И**нв.No.2876　1.家生言　　(48-7)

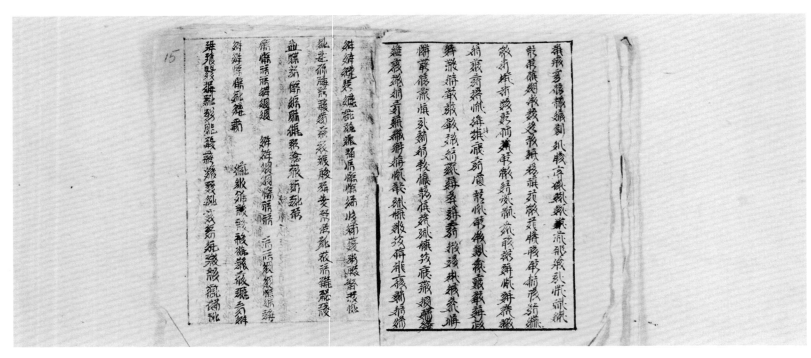

俄 **И**нв.No.2876　1.家生言　　　(48-8)

俄 **И**нв.No.2876　1.家生言　　　(48-9)

俄 **И**нв.No.2876　1.家生言　　　(48-10)

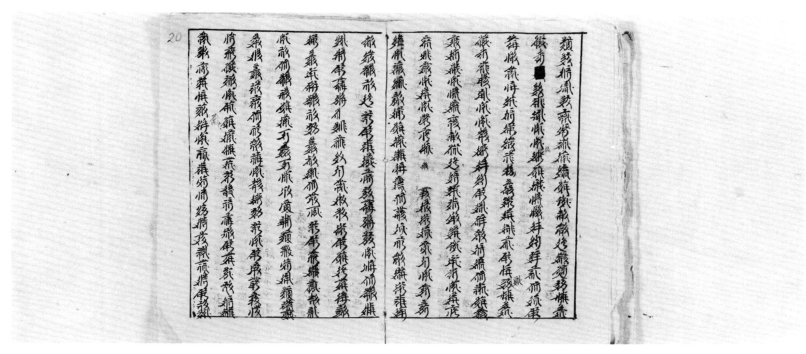

俄 **И**нв.No.2876 1.家生言 (48-11)

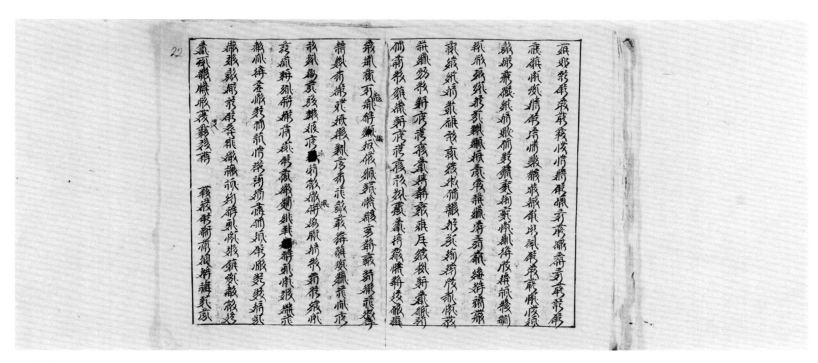

俄 **И**нв.No.2876 1.家生言 (48-12)

俄 **И**нв.No.2876 1.家生言 (48-13)

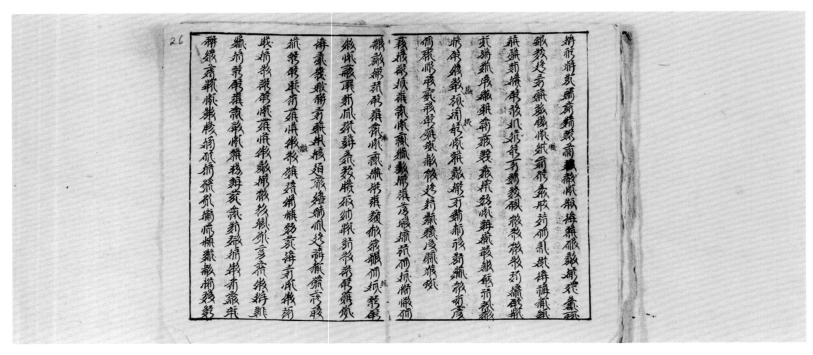

俄 **И**нв.No.2876　　1.家生言　　　(48–14)

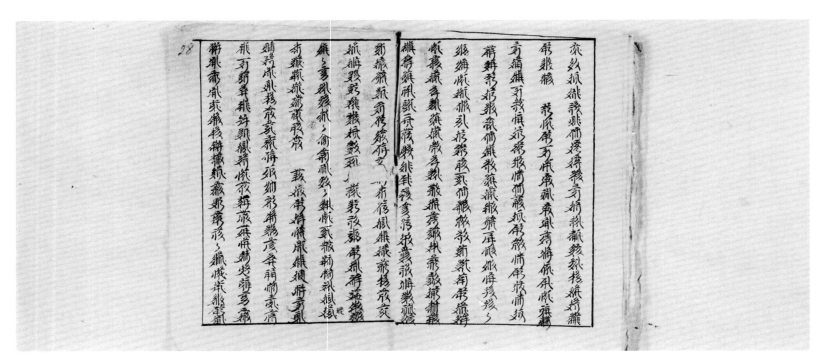

俄 **И**нв.No.2876　　1.家生言　　　(48–15)

俄 **И**нв.No.2876　　1.家生言　　　(48–16)

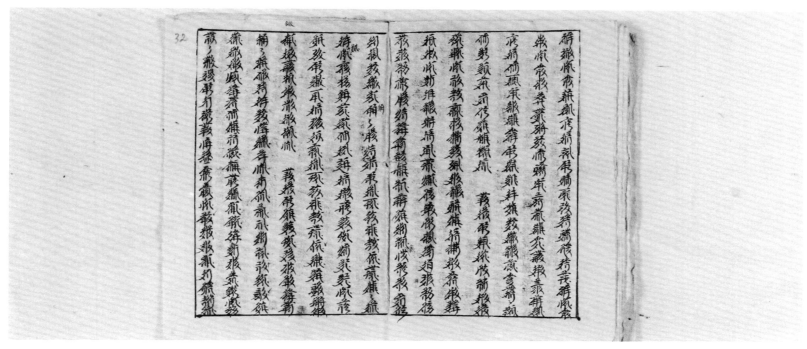

俄 Инв.No.2876　1.家生言　　　(48-17)

俄 Инв.No.2876　1.家生言　　　(48-18)

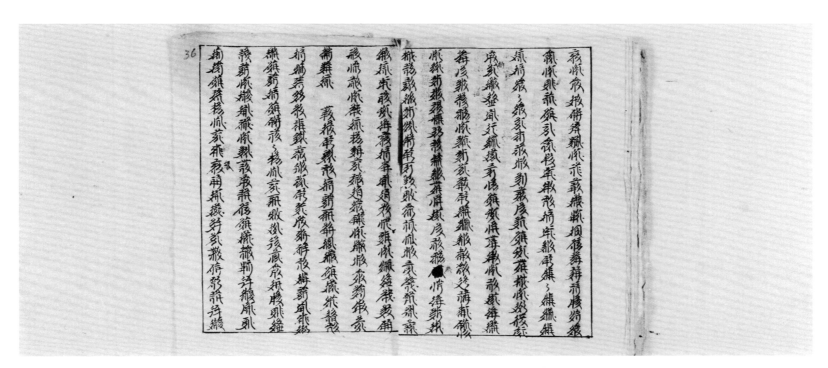

俄 Инв.No.2876　1.家生言　　　(48-19)

俄 Инв.No.2876　1.家生言　　(48-20)

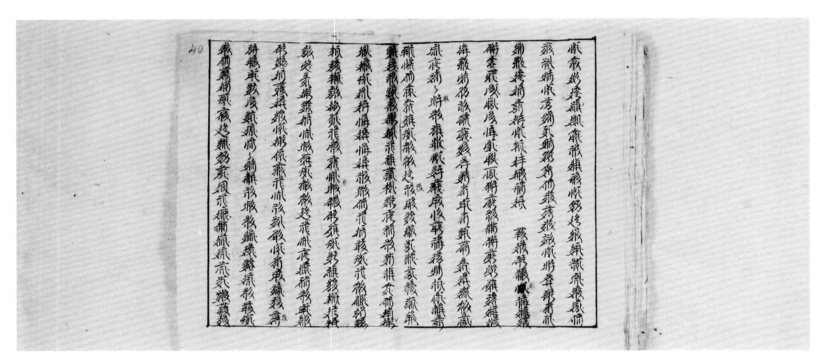

俄 Инв.No.2876　1.家生言　　(48-21)

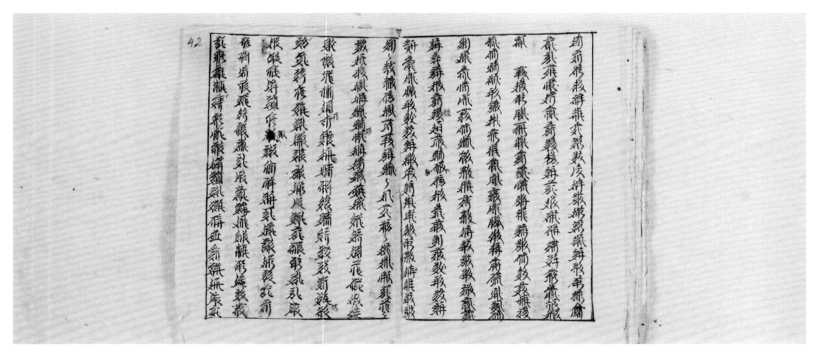

俄 Инв.No.2876　1.家生言　　(48-22)

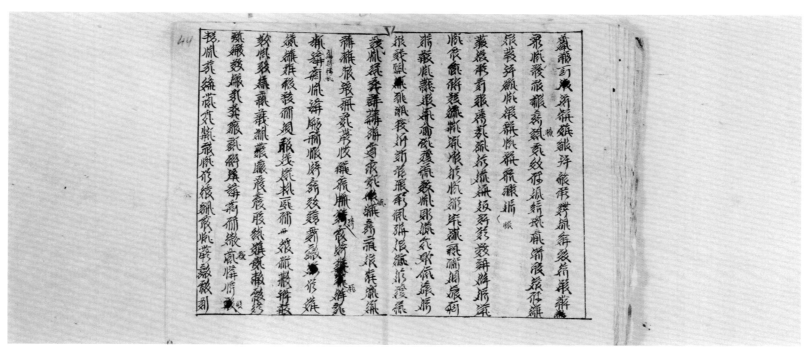

俄Инв.No.2876　1.家生言　　　(48-23)

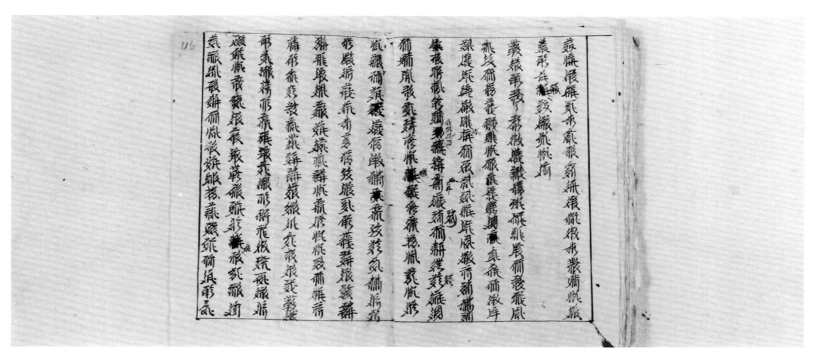

俄Инв.No.2876　1.家生言　　　(48-24)

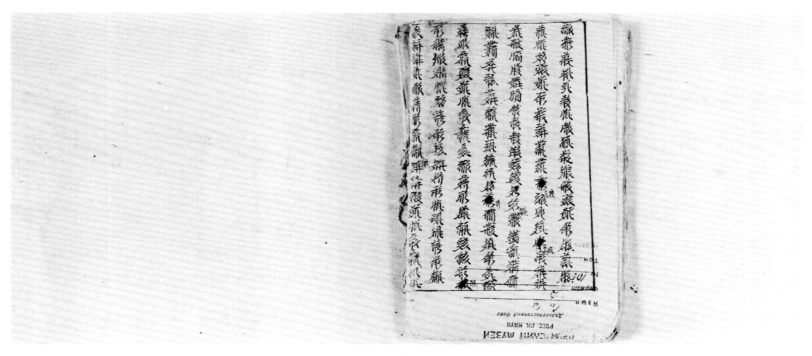

俄Инв.No.2876　1.家生言　　　(48-25)

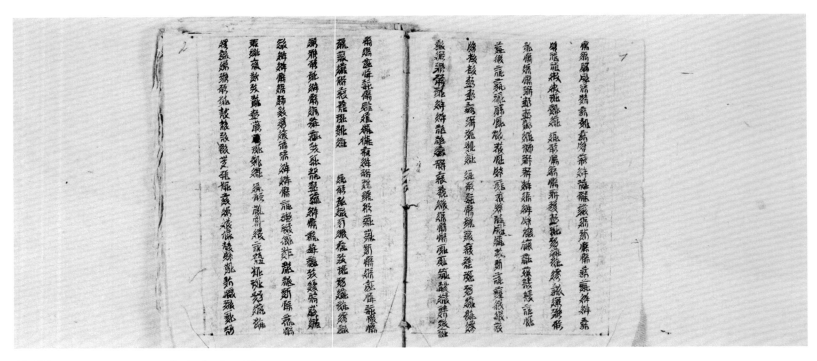

俄 Инв.No.2876　2.大印究竟要集　　　(48-26)

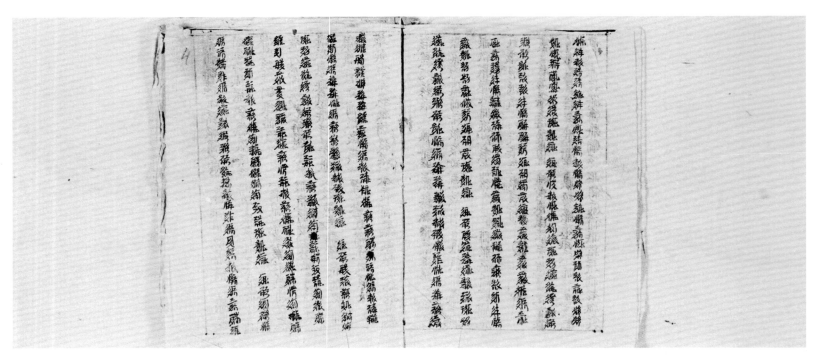

俄 Инв.No.2876　2.大印究竟要集　　　(48-27)

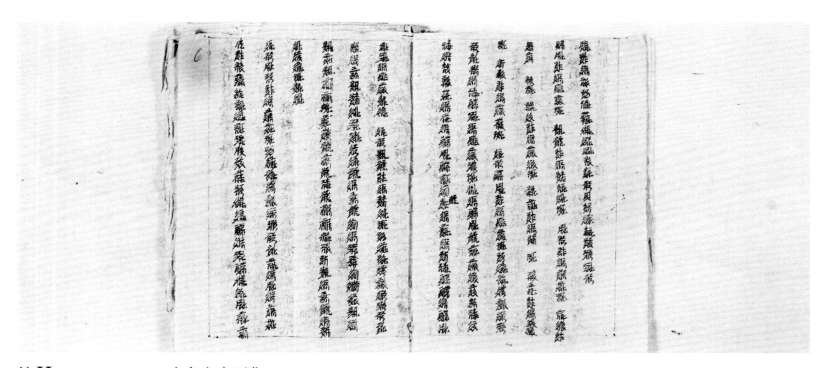

俄 Инв.No.2876　2.大印究竟要集　　　(48-28)

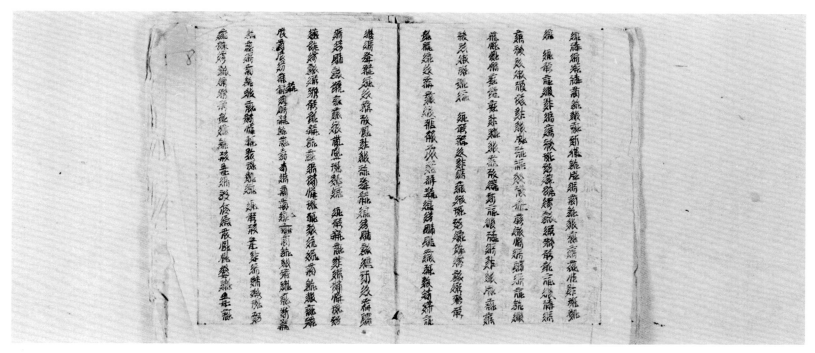

俄 **И**нв.No.2876　2.大印究竟要集　　　(48-29)

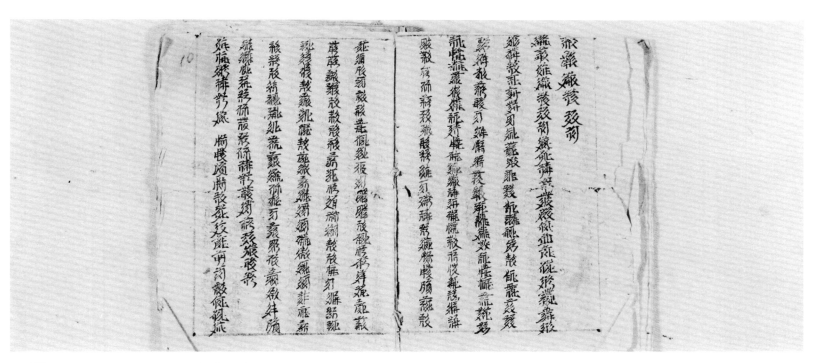

俄 **И**нв.No.2876　2.大印究竟要集　　　(48-30)

俄 **И**нв.No.2876　2.大印究竟要集　　　(48-31)

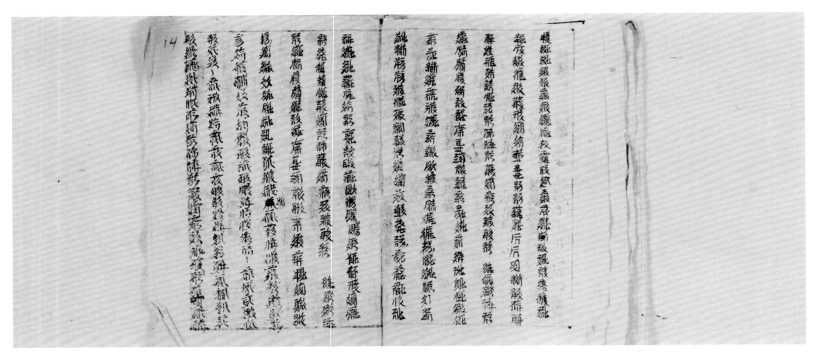

俄 Инв.No.2876　　2.大印究竟要集　　　（48-32）

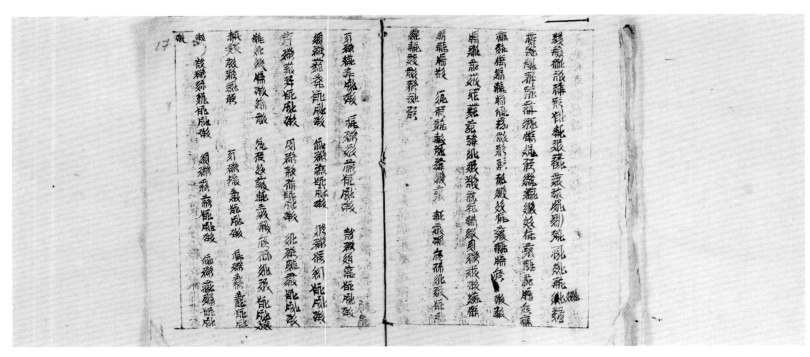

俄 Инв.No.2876　　2.大印究竟要集　　　（48-33）

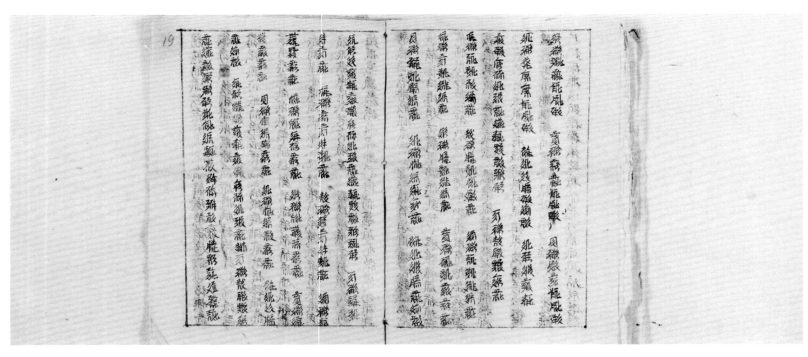

俄 Инв.No.2876　　2.大印究竟要集　　　（48-34）

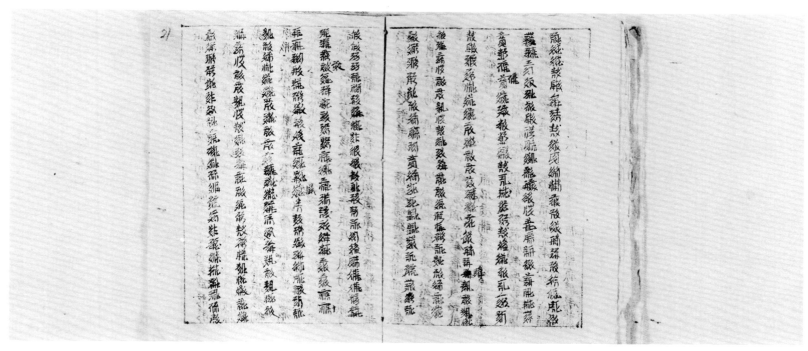

俄 **И**нв.No.2876　2.大印究竟要集　　　(48-35)

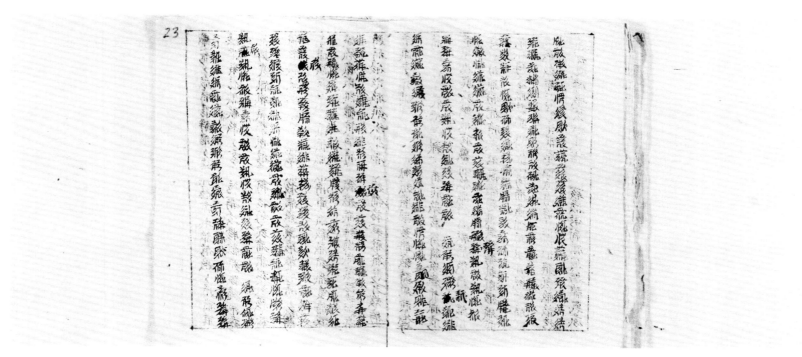

俄 **И**нв.No.2876　2.大印究竟要集　　　(48-36)

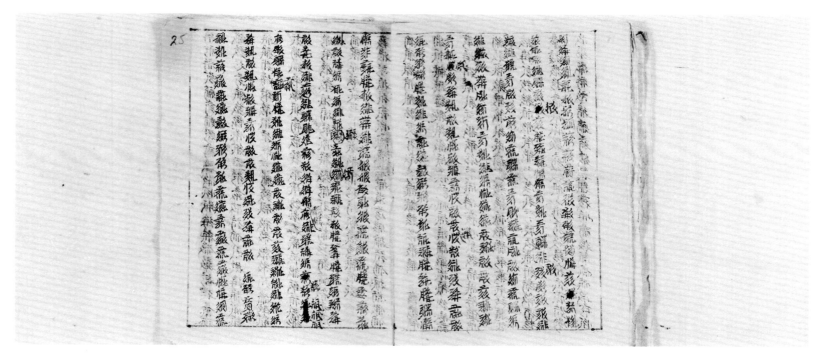

俄 **И**нв.No.2876　2.大印究竟要集　　　(48-37)

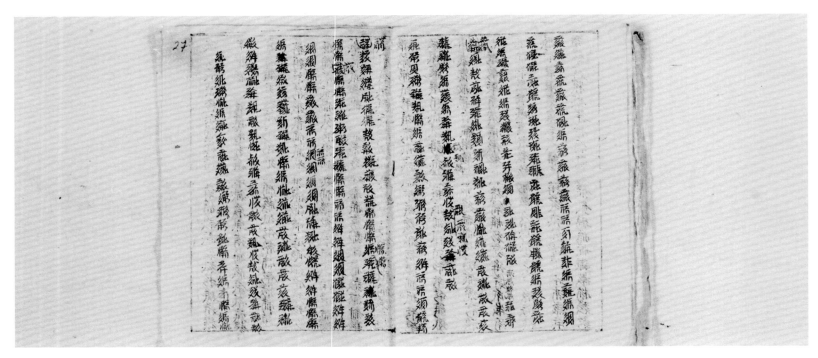

俄 **И**нв.No.2876　2.大印究竟要集　　　(48-38)

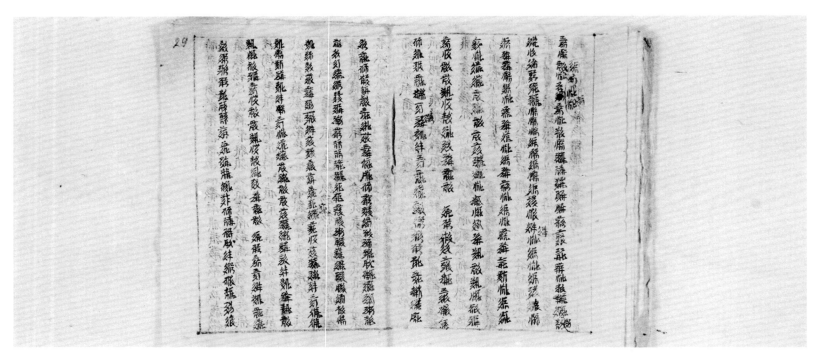

俄 **И**нв.No.2876　2.大印究竟要集　　　(48-39)

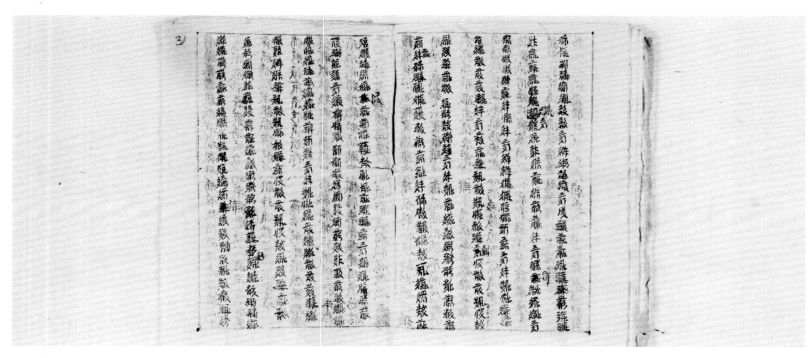

俄 **И**нв.No.2876　2.大印究竟要集　　　(48-40)

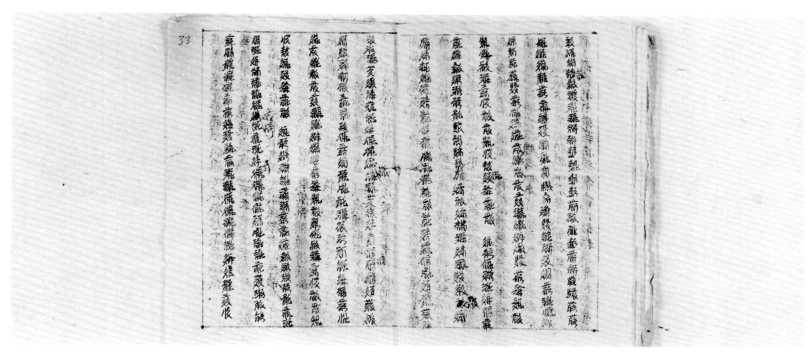

俄 Инв.No.2876　2.大印究竟要集　　(48-41)

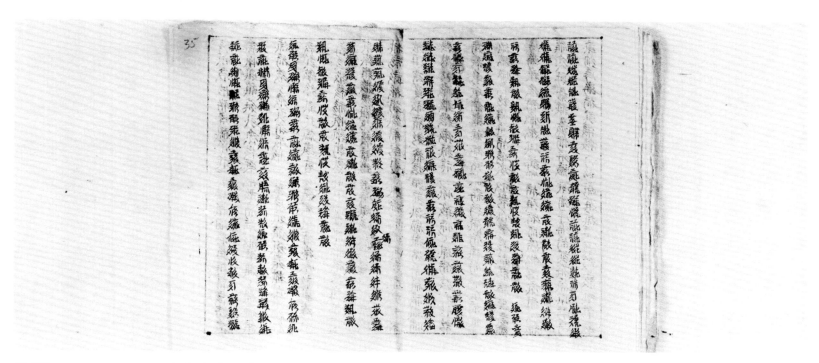

俄 Инв.No.2876　2.大印究竟要集　　(48-42)

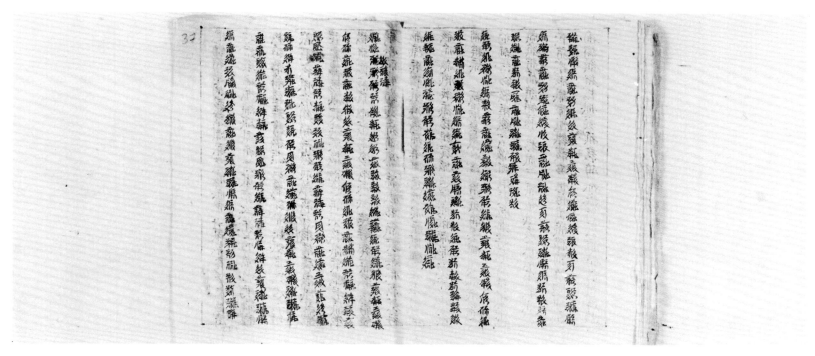

俄 Инв.No.2876　2.大印究竟要集　　(48-43)

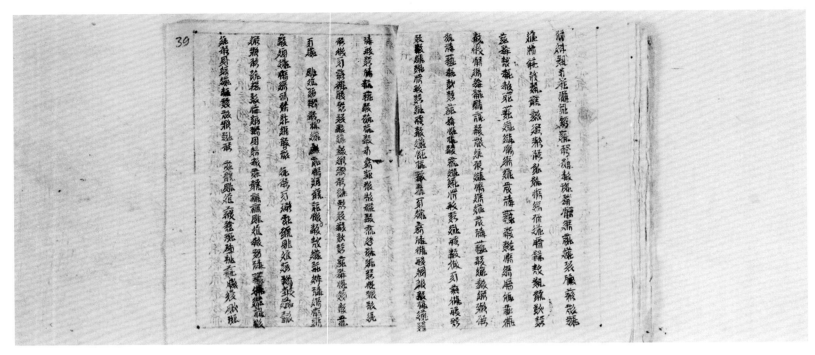

俄 Инв.No.2876　2.大印究竟要集　　（48-44）

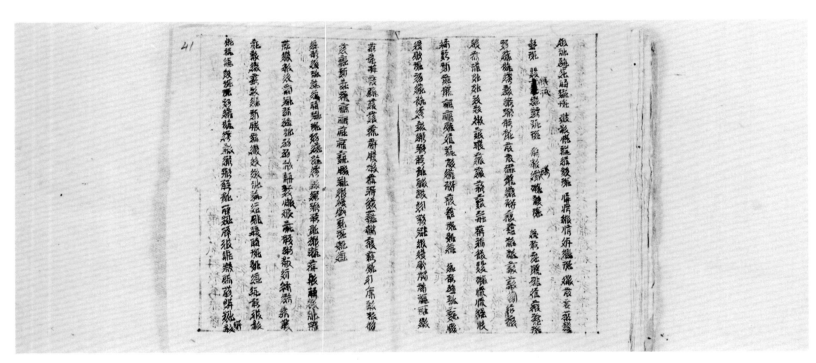

俄 Инв.No.2876　2.大印究竟要集　　（48-45）

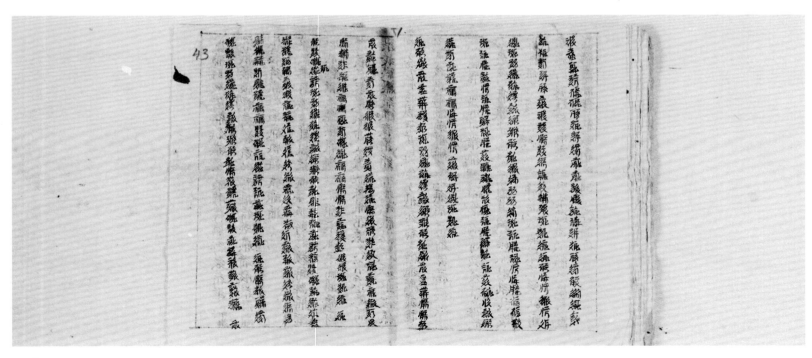

俄 Инв.No.2876　2.大印究竟要集　　（48-46）

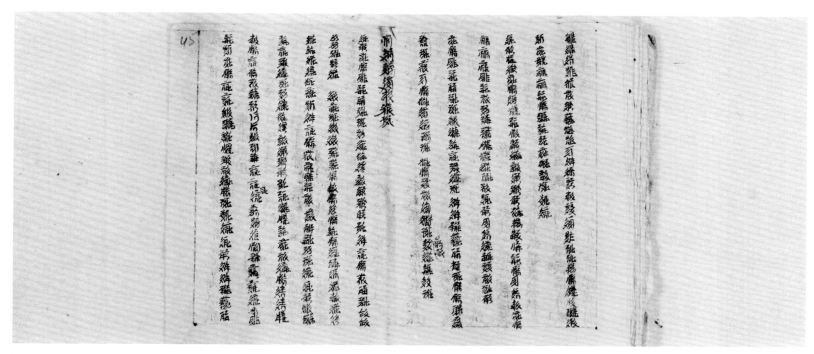

俄 **И**нв.No.2876　2.大印究竟要集　　(48–47)

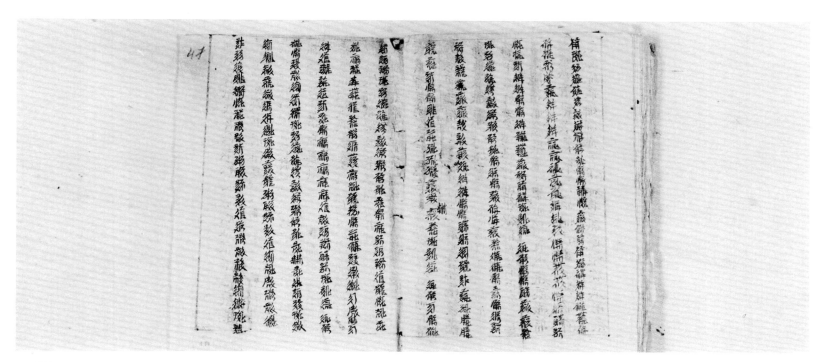

俄 **И**нв.No.2876　2.大印究竟要集　　(48–48)

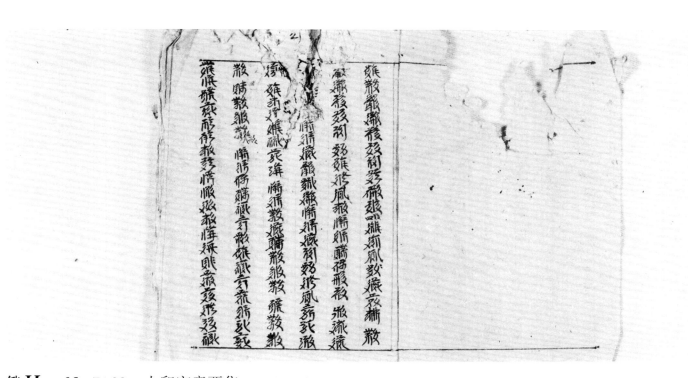

俄 **И**нв.No.7163　大印究竟要集　　(33–1)

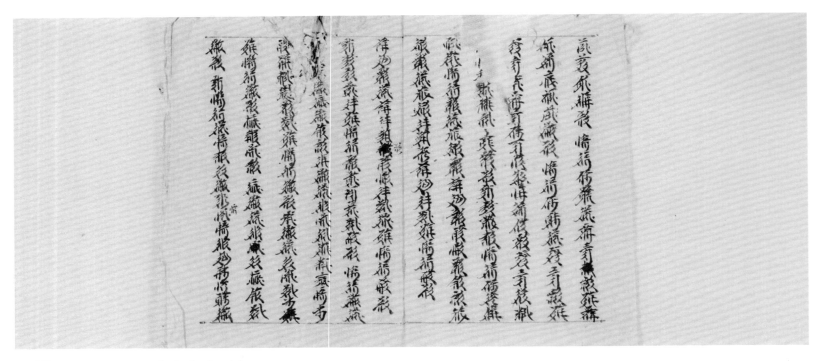

俄 Инв.No.7163　大印究竟要集　　　(33-2)

俄 Инв.No.7163　大印究竟要集　　　(33-3)

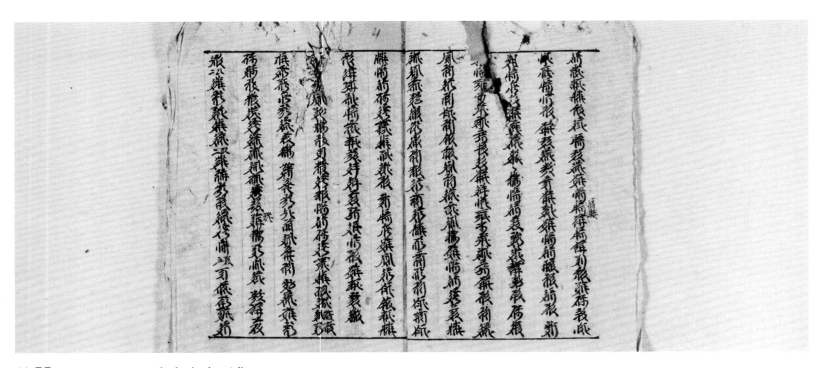

俄 Инв.No.7163　大印究竟要集　　　(33-4)

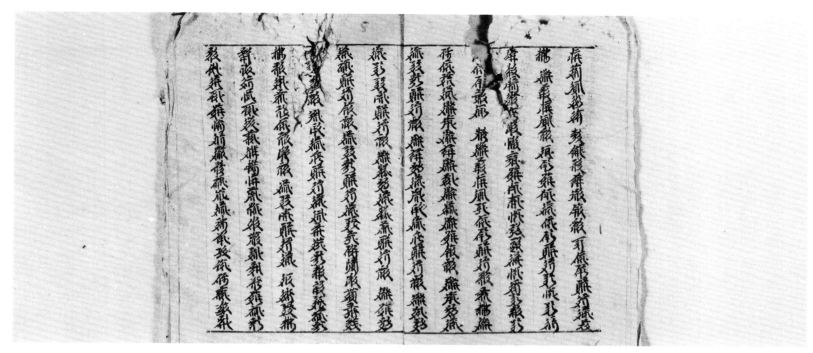

俄 Инв.Nо.7163　大印究竟要集　　　(33-5)

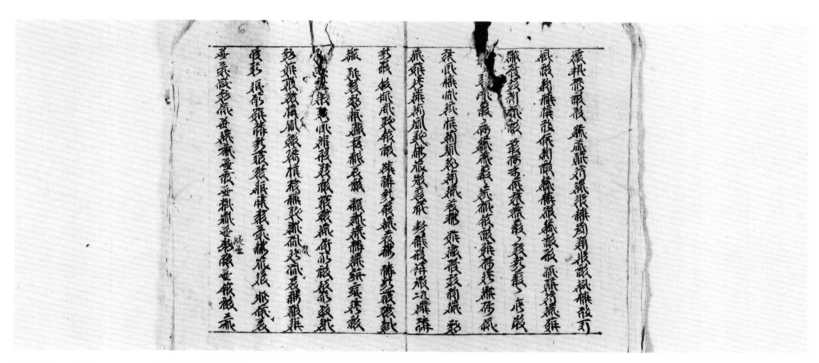

俄 Инв.Nо.7163　大印究竟要集　　　(33-6)

俄 Инв.Nо.7163　大印究竟要集　　　(33-7)

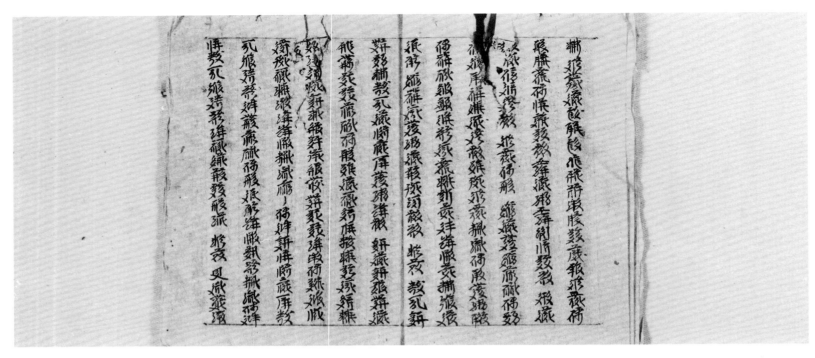

俄 **И**нв.No.7163　　大印究竟要集　　　(33-8)

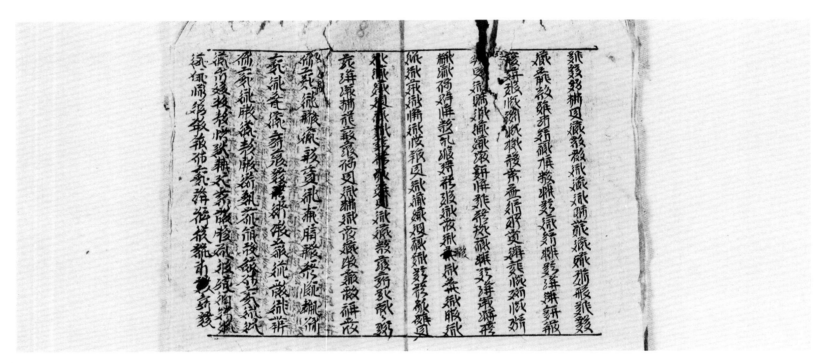

俄 **И**нв.No.7163　　大印究竟要集　　　(33-9)

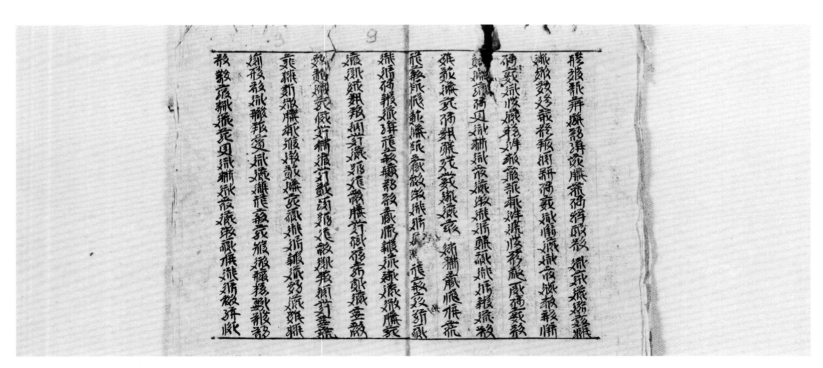

俄 **И**нв.No.7163　　大印究竟要集　　　(33-10)

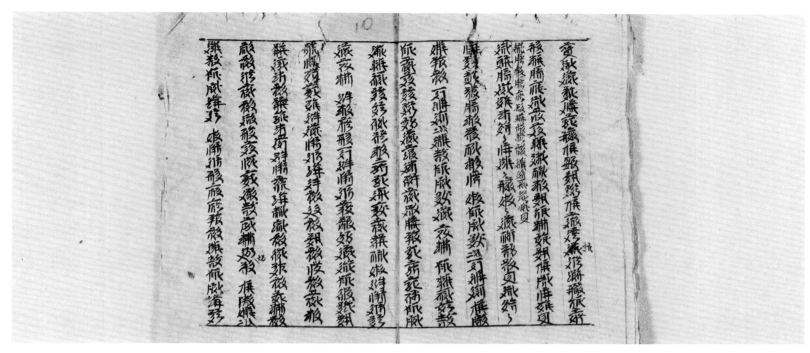

俄 **И**нв.No.7163 大印究竟要集 (33-11)

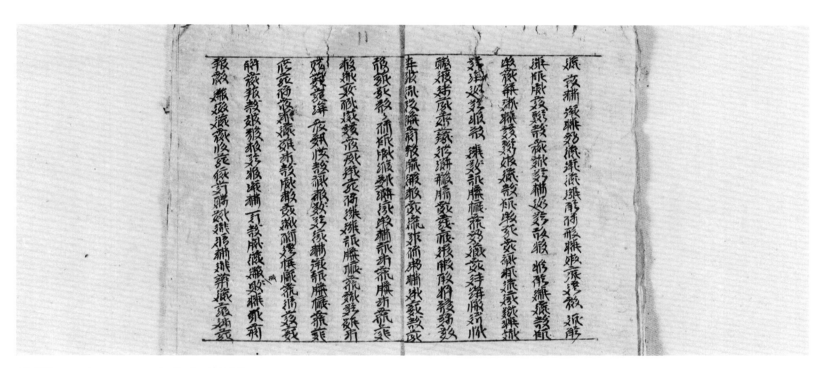

俄 **И**нв.No.7163 大印究竟要集 (33-12)

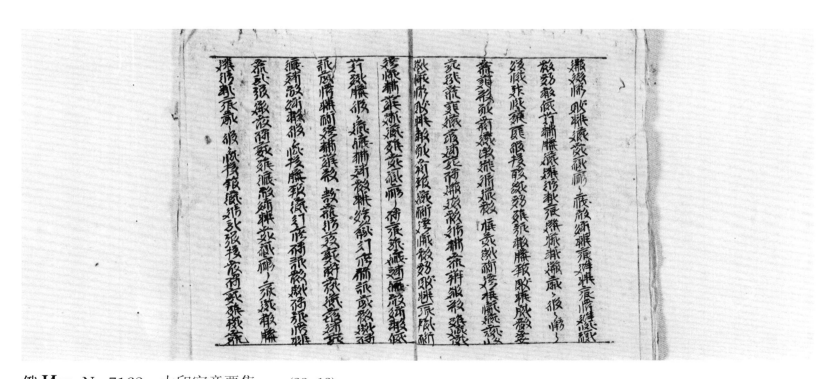

俄 **И**нв.No.7163 大印究竟要集 (33-13)

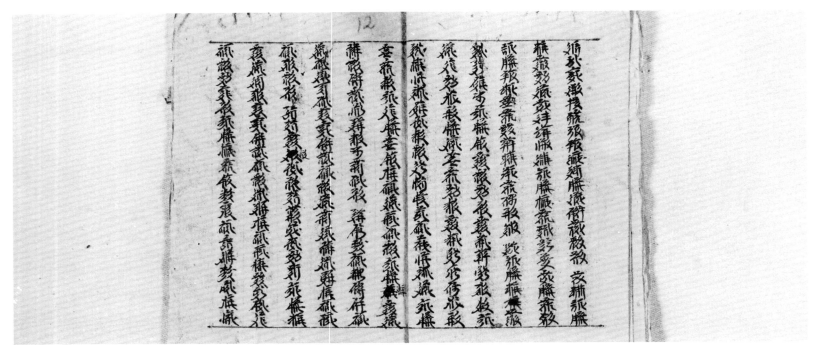

俄 **И**нв.No.7163　大印究竟要集　　　(33-14)

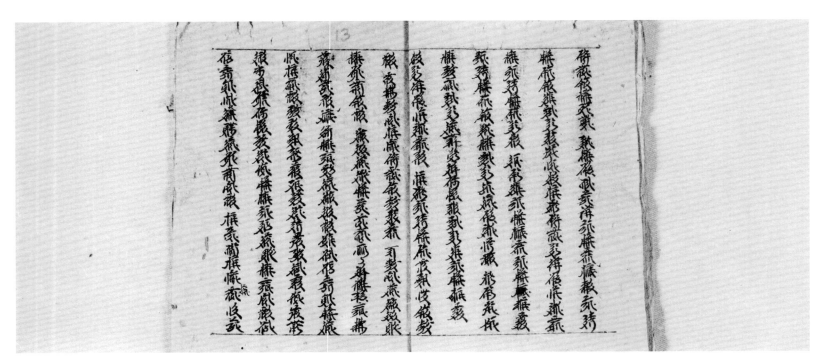

俄 **И**нв.No.7163　大印究竟要集　　　(33-15)

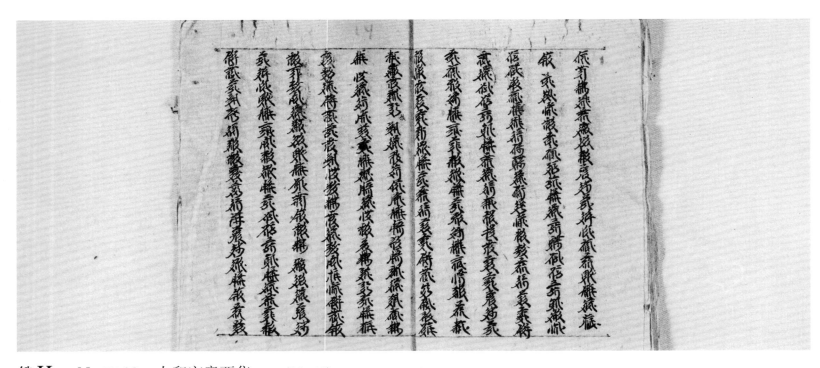

俄 **И**нв.No.7163　大印究竟要集　　　(33-16)

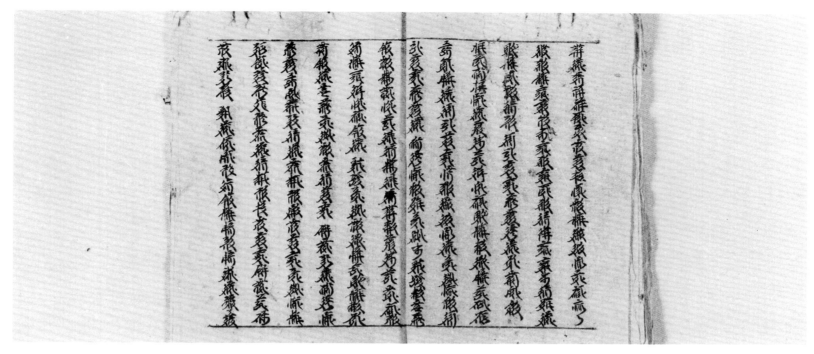

俄 **И**нв.No.7163　大印究竟要集　　　(33-17)

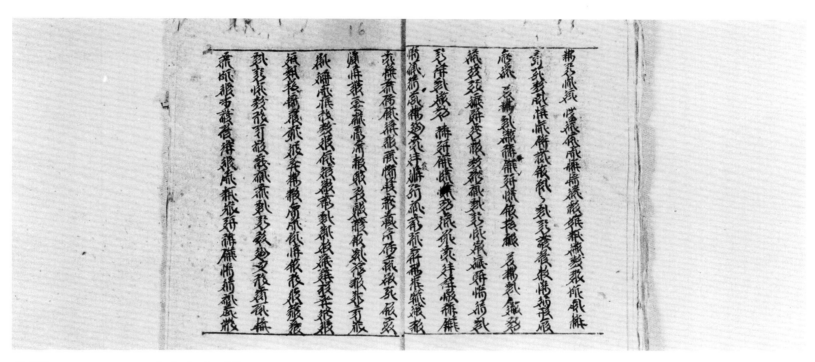

俄 **И**нв.No.7163　大印究竟要集　　　(33-18)

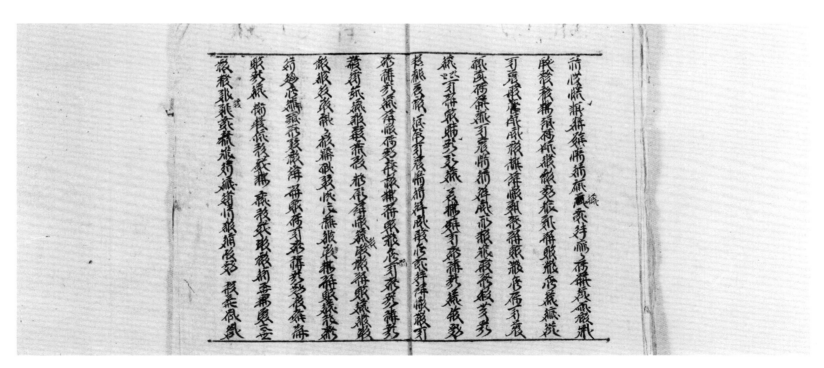

俄 **И**нв.No.7163　大印究竟要集　　　(33-19)

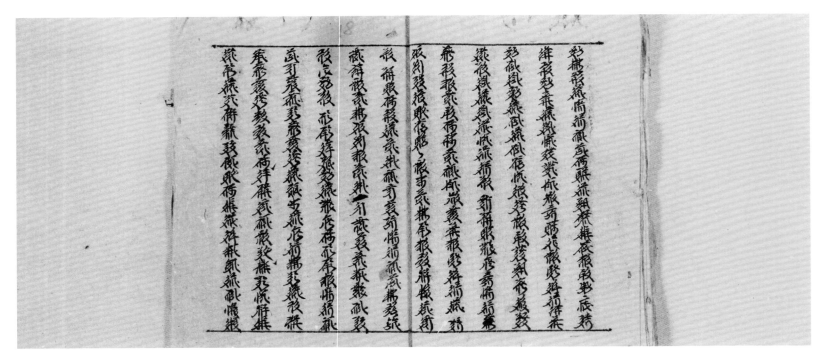

俄 Инв.No.7163　大印究竟要集　　　(33-20)

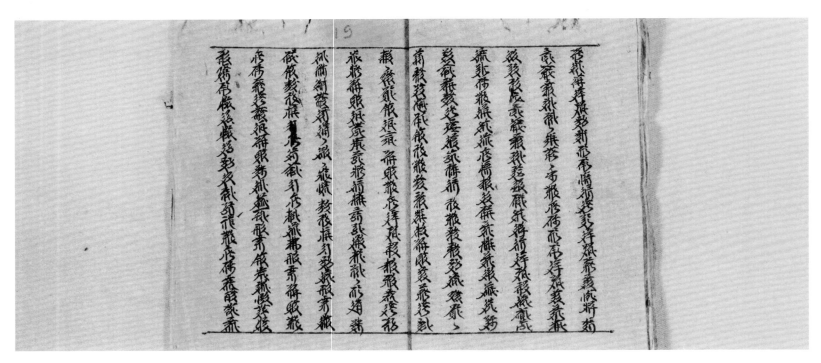

俄 Инв.No.7163　大印究竟要集　　　(33-21)

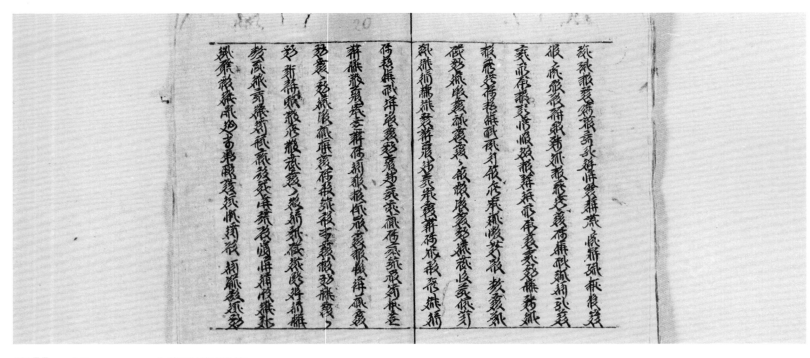

俄 Инв.No.7163　大印究竟要集　　　(33-22)

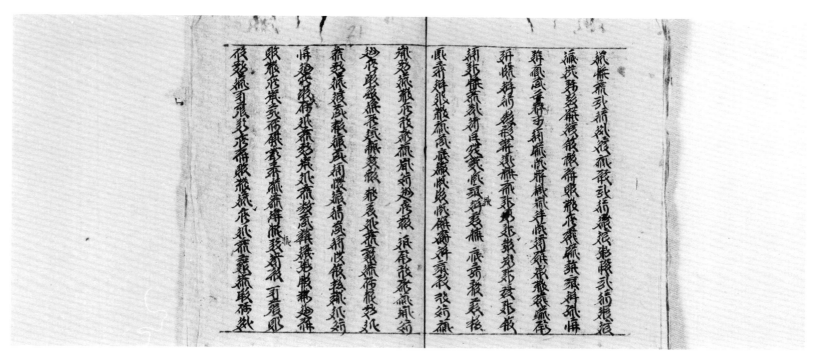

俄Инв.No.7163 大印究竟要集 (33-23)

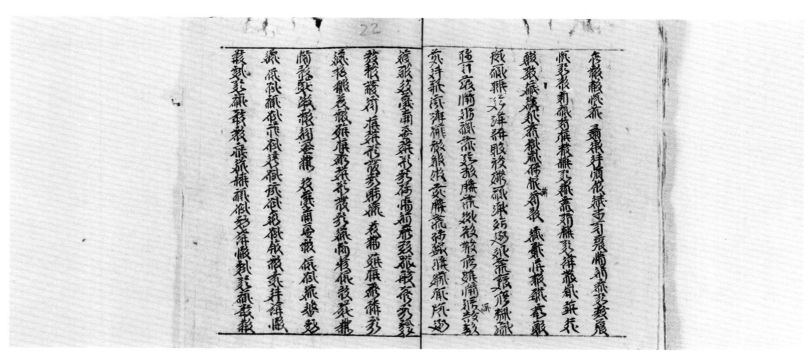

俄Инв.No.7163 大印究竟要集 (33-24)

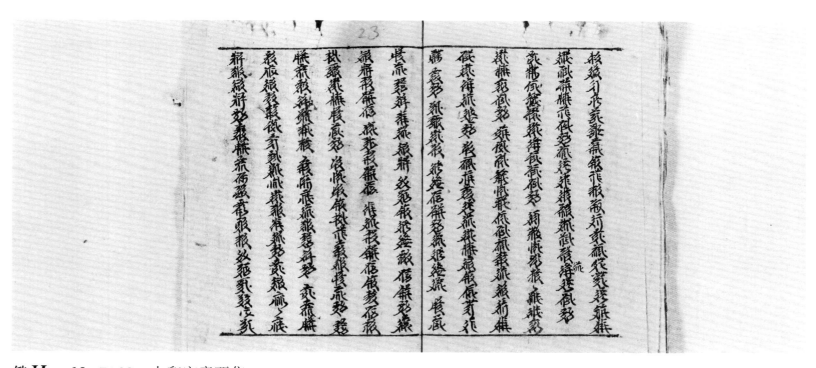

俄Инв.No.7163 大印究竟要集 (33-25)

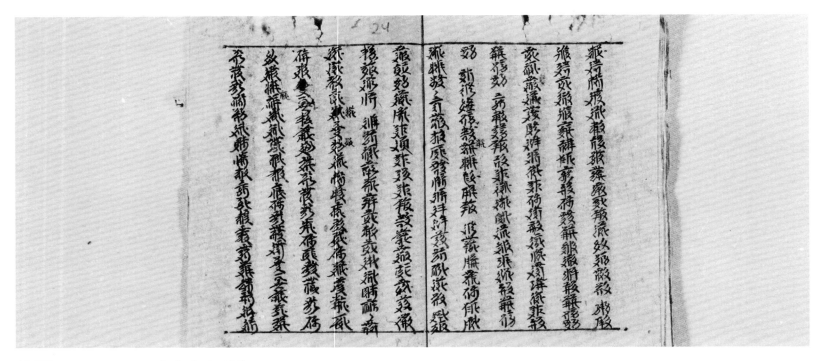

俄 Инв.No.7163　大印究竟要集　　(33-26)

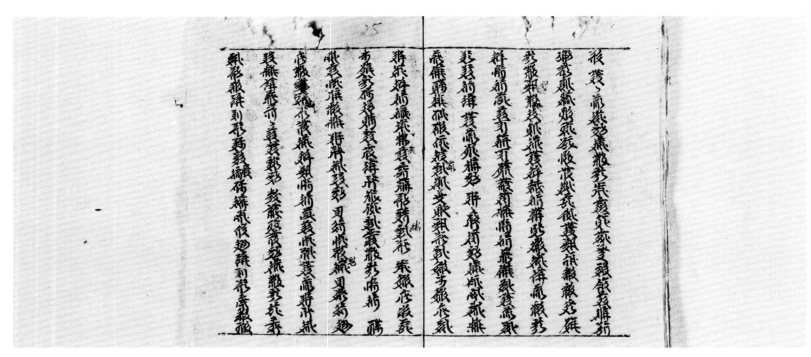

俄 Инв.No.7163　大印究竟要集　　(33-27)

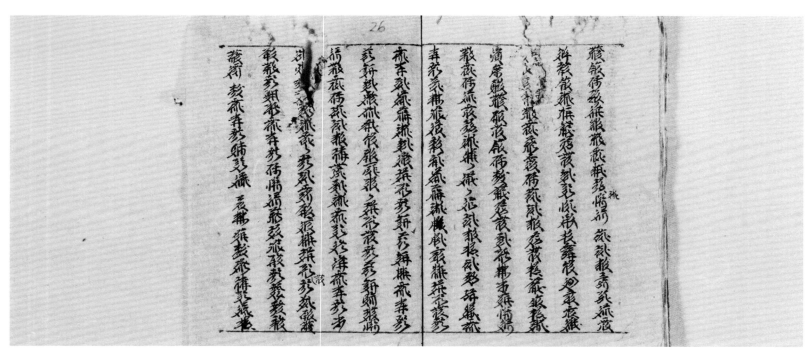

俄 Инв.No.7163　大印究竟要集　　(33-28)

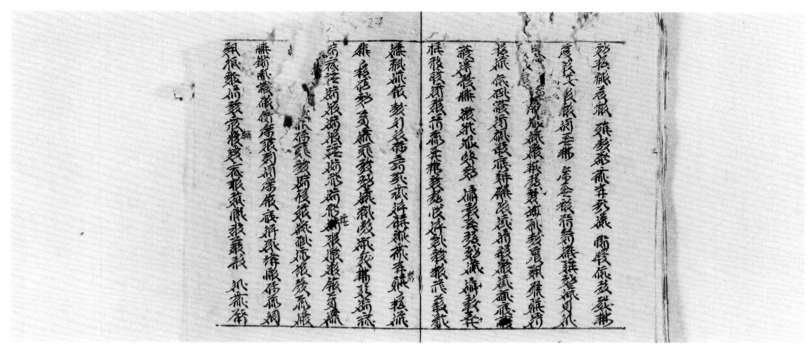

俄 **И**нв.No.7163　大印究竟要集　　(33-29)

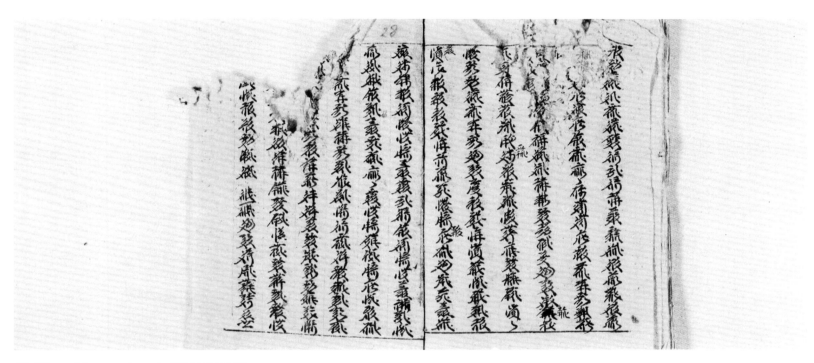

俄 **И**нв.No.7163　大印究竟要集　　(33-30)

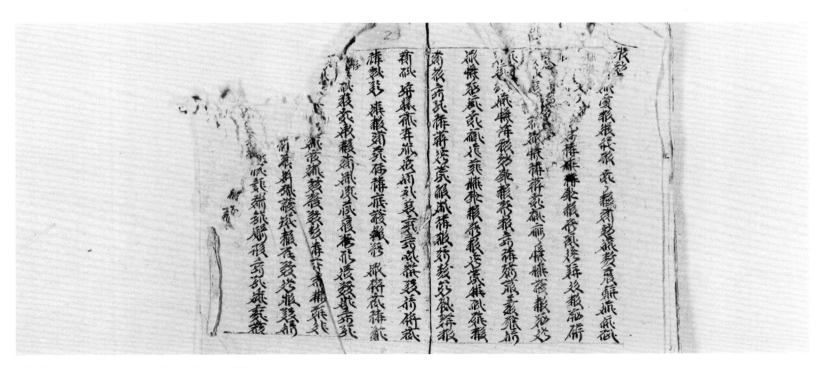

俄 **И**нв.No.7163　大印究竟要集　　(33-31)

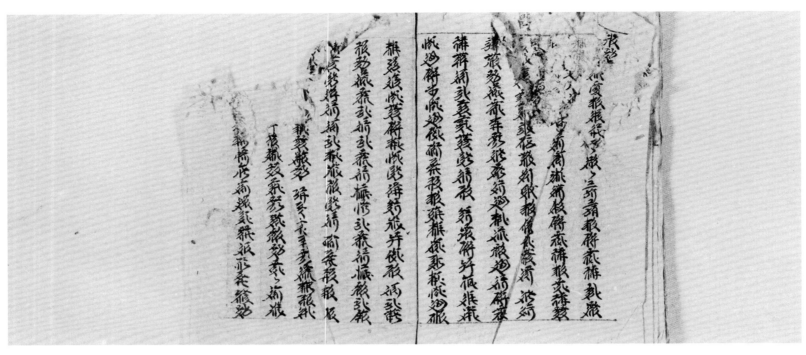

俄 **И**нв.No.7163　大印究竟要集　　　(33-32)

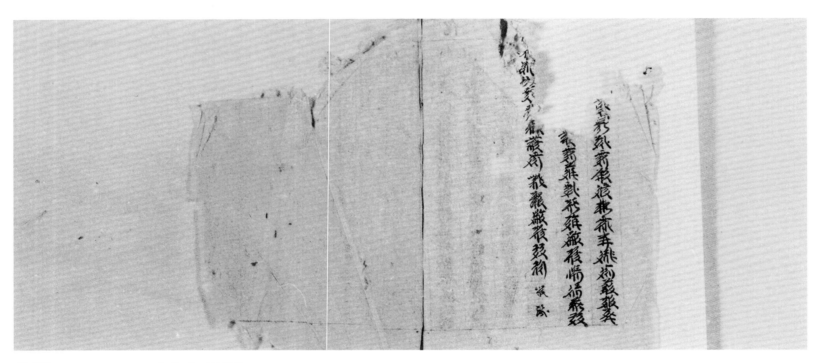

俄 **И**нв.No.7163　大印究竟要集　　　(33-33)

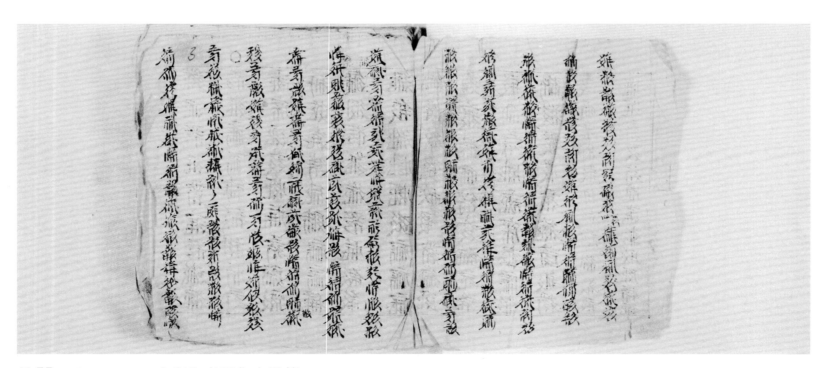

俄 **И**нв.No.3817　大印究竟要集中卷等　　(56-1)

俄 **ИНВ**.No.3817　大印究竟要集中卷等　　(56-2)

俄 **ИНВ**.No.3817　大印究竟要集中卷等　　(56-3)

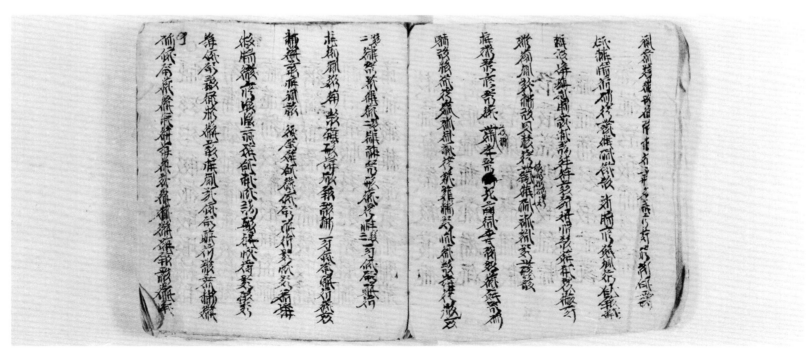

俄 **ИНВ**.No.3817　大印究竟要集中卷等　　(56-4)

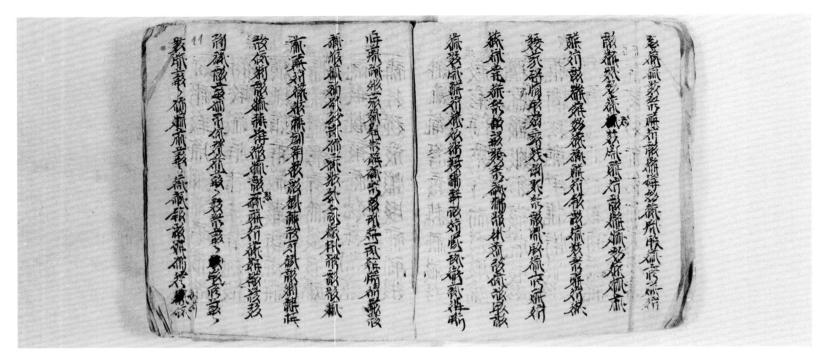

俄 **И**нв.No.3817　　大印究竟要集中卷等　　　(56-5)

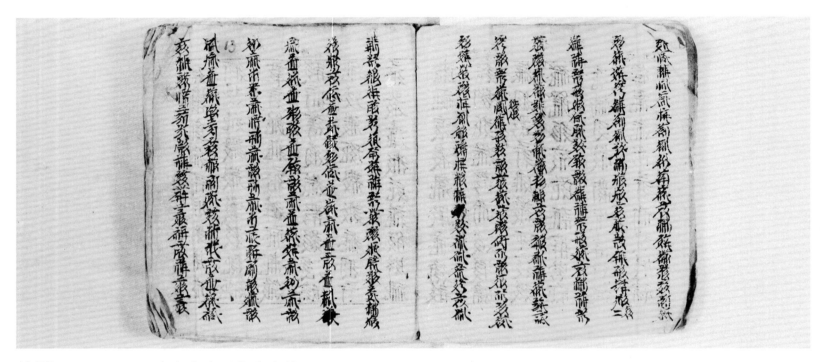

俄 **И**нв.No.3817　　大印究竟要集中卷等　　　(56-6)

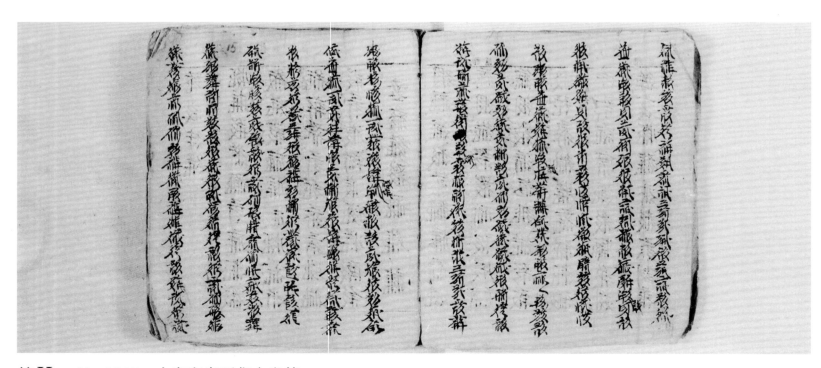

俄 **И**нв.No.3817　　大印究竟要集中卷等　　　(56-7)

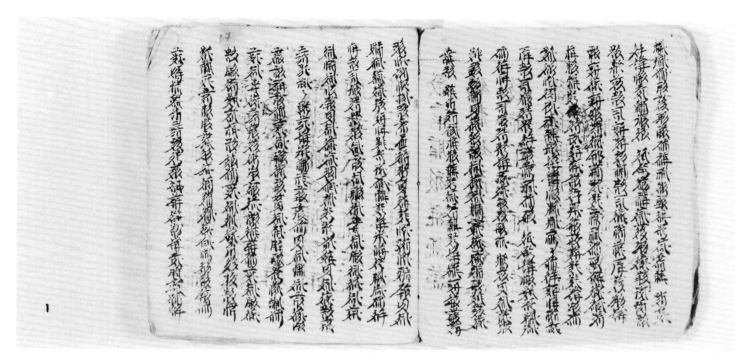

俄 **И**нв.No.3817　　大印究竟要集中卷等　　　(56-8)

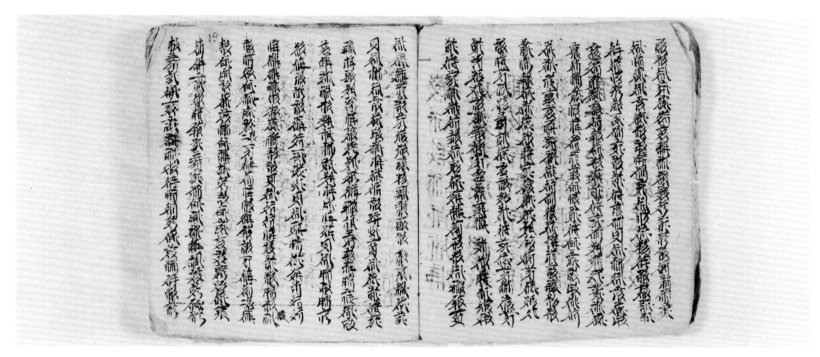

俄 **И**нв.No.3817　　大印究竟要集中卷等　　　(56-9)

俄 **И**нв.No.3817　　大印究竟要集中卷等　　　(56-10)

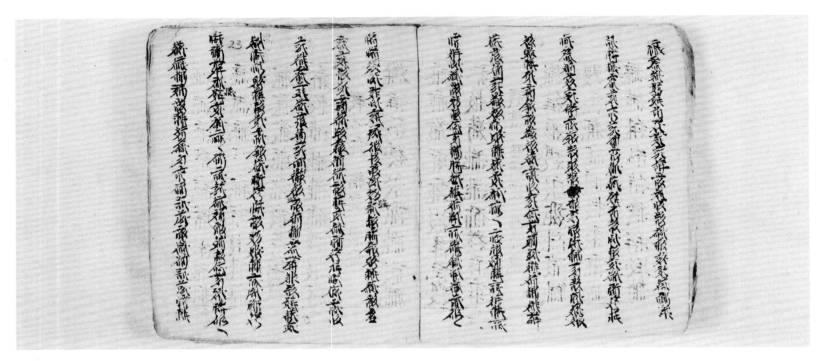

俄 **И**нв.No.3817　大印究竟要集中卷等　　　(56-11)

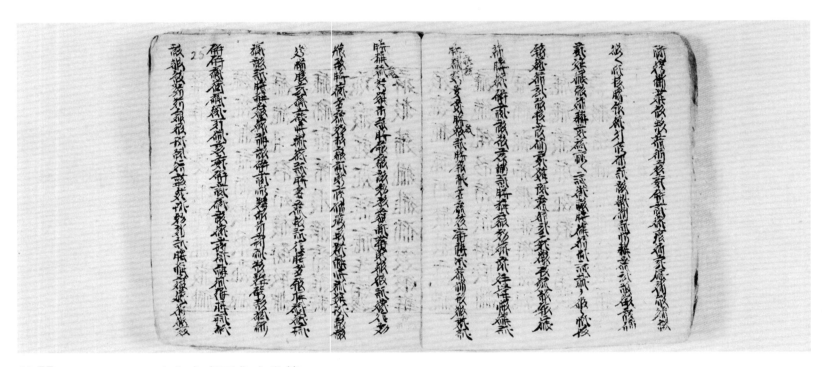

俄 **И**нв.No.3817　大印究竟要集中卷等　　　(56-12)

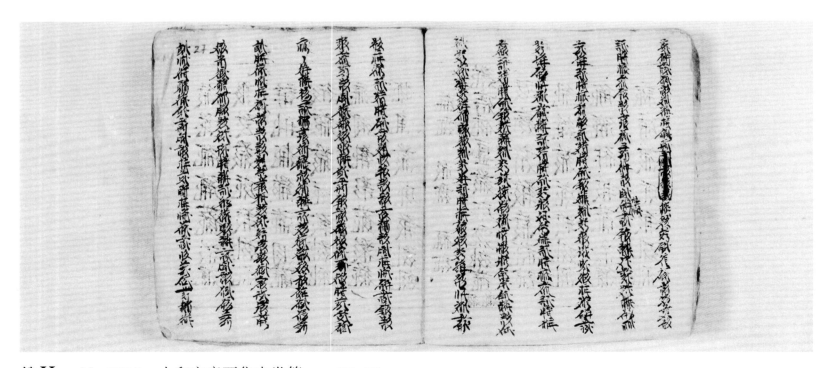

俄 **И**нв.No.3817　大印究竟要集中卷等　　　(56-13)

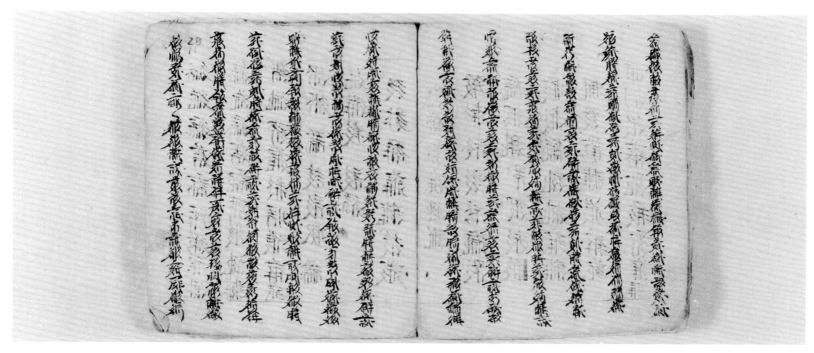

俄 **И**нв.No.3817　大印究竟要集中卷等　　(56-14)

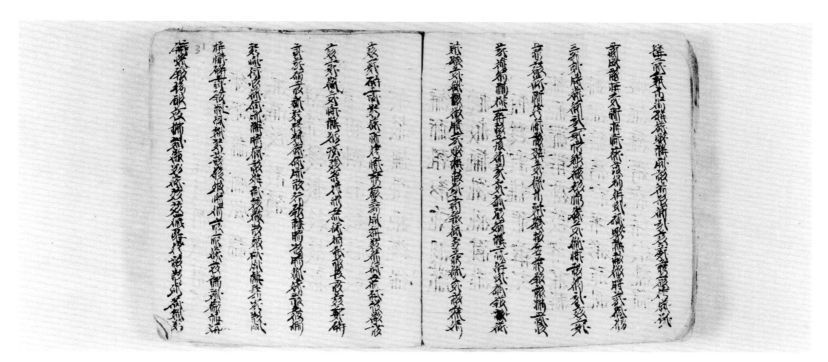

俄 **И**нв.No.3817　大印究竟要集中卷等　　(56-15)

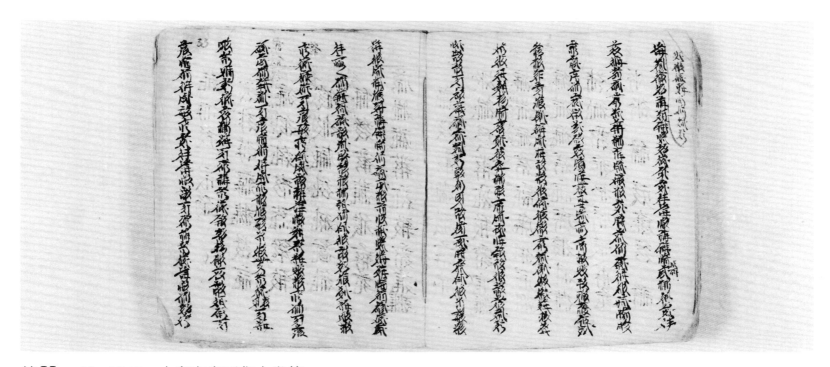

俄 **И**нв.No.3817　大印究竟要集中卷等　　(56-16)

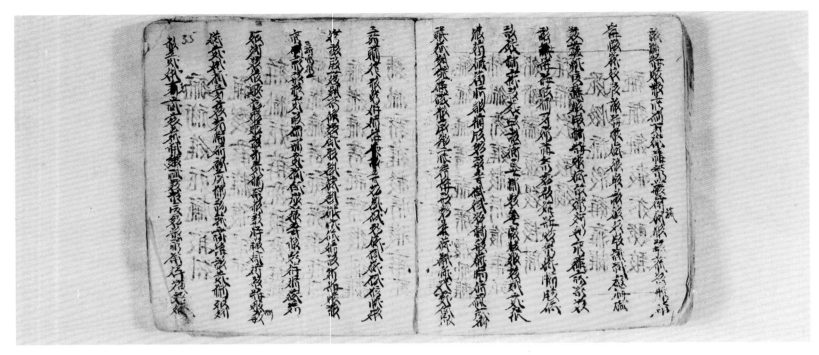

俄 **И**нв.No.3817　大印究竟要集中卷等　　　(56-17)

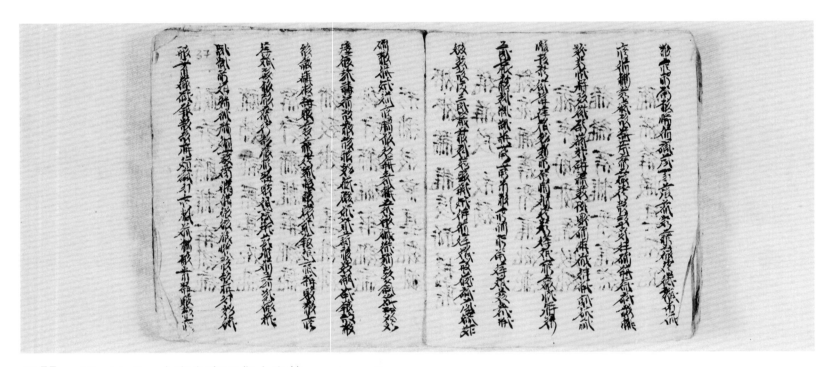

俄 **И**нв.No.3817　大印究竟要集中卷等　　　(56-18)

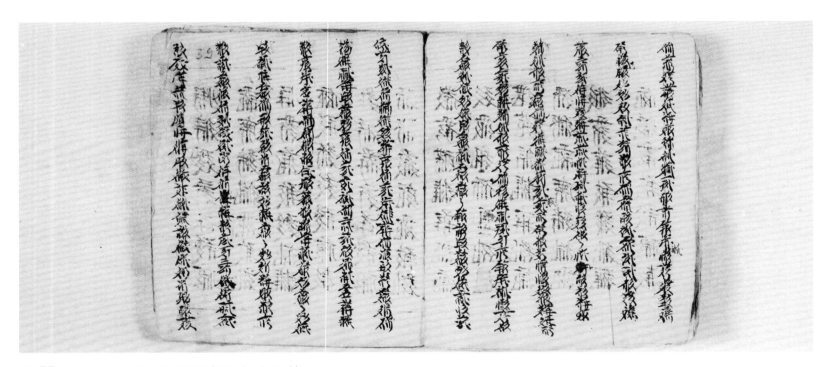

俄 **И**нв.No.3817　大印究竟要集中卷等　　　(56-19)

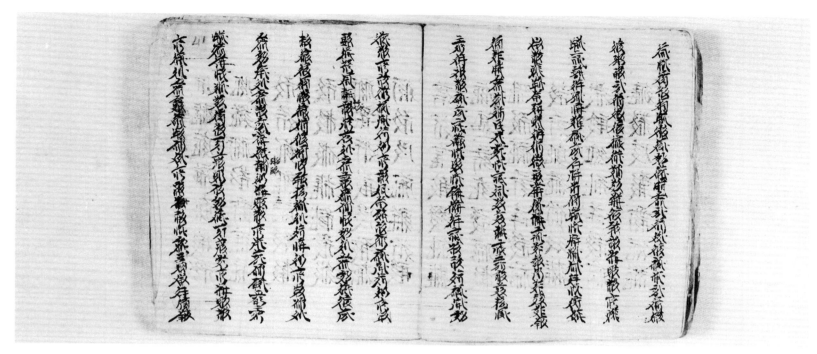

俄 **И**нв.No.3817 大印究竟要集中卷等 (56-20)

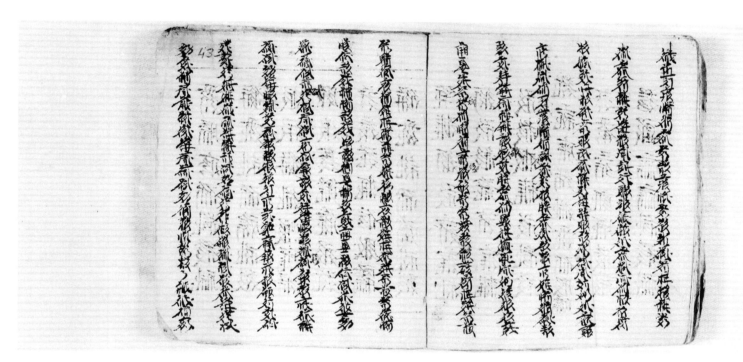

俄 **И**нв.No.3817 大印究竟要集中卷等 (56-21)

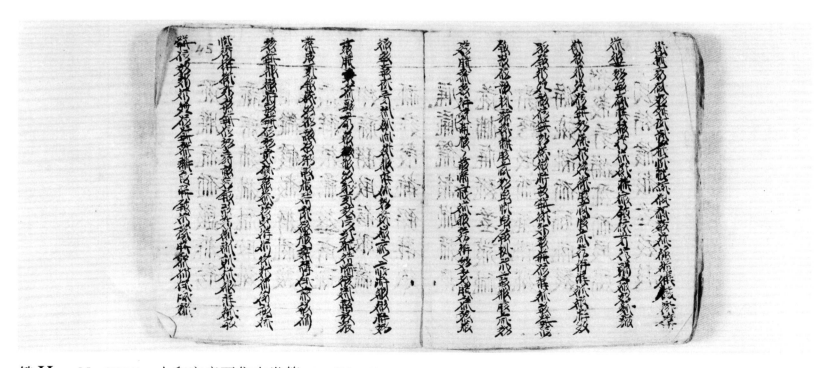

俄 **И**нв.No.3817 大印究竟要集中卷等 (56-22)

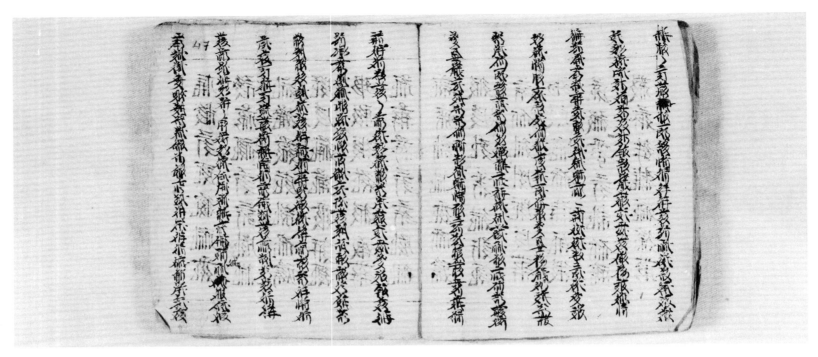

俄 **Инв**.No.3817　大印究竟要集中卷等　　(56-23)

俄 **Инв**.No.3817　大印究竟要集中卷等　　(56-24)

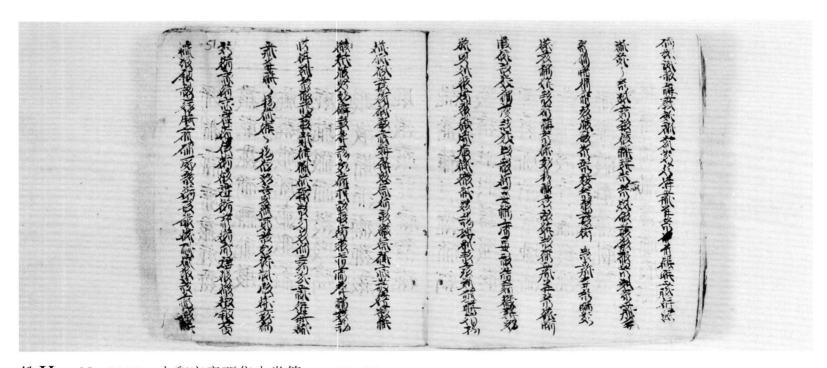

俄 **Инв**.No.3817　大印究竟要集中卷等　　(56-25)

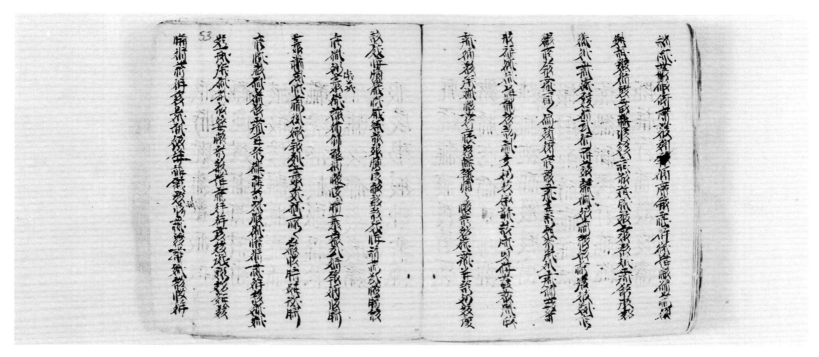

俄ИНВ.No.3817　大印究竟要集中卷等　　　(56-26)

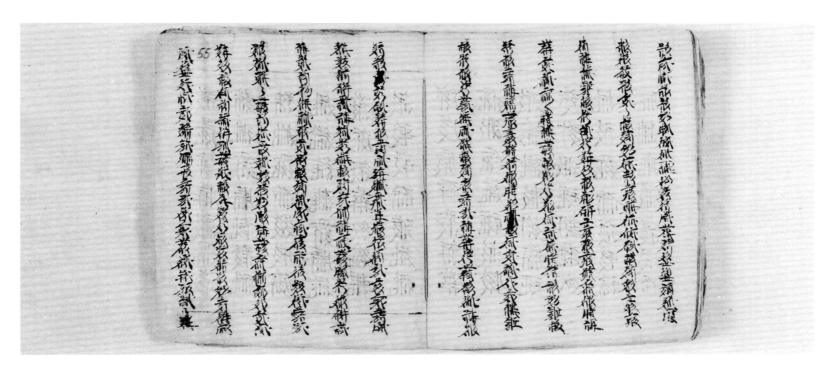

俄ИНВ.No.3817　大印究竟要集中卷等　　　(56-27)

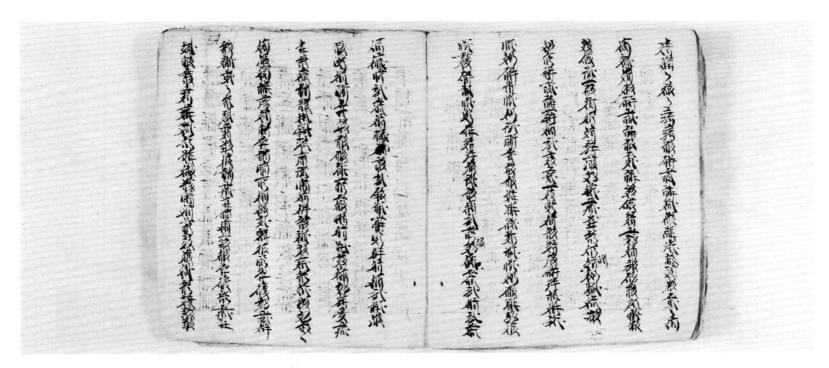

俄ИНВ.No.3817　大印究竟要集中卷等　　　(56-28)

俄 **И**нв.No.3817　大印究竟要集中卷等　　　(56-29)

俄 **И**нв.No.3817　大印究竟要集中卷等　　　(56-30)

俄 **И**нв.No.3817　大印究竟要集中卷等　　　(56-31)

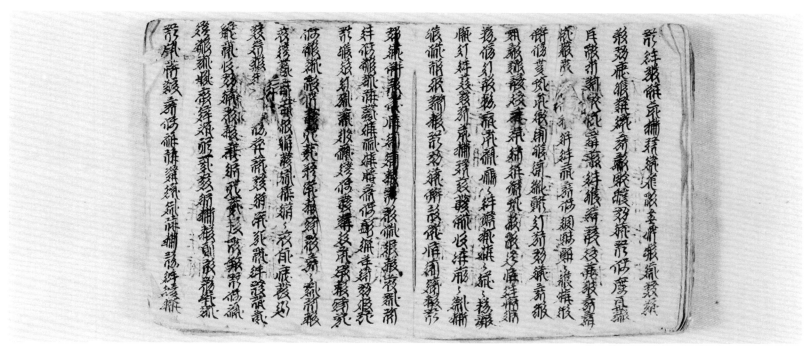

俄Инв.No.3817　大印究竟要集中卷等　　　(56-32)

俄Инв.No.3817　大印究竟要集中卷等　　　(56-33)

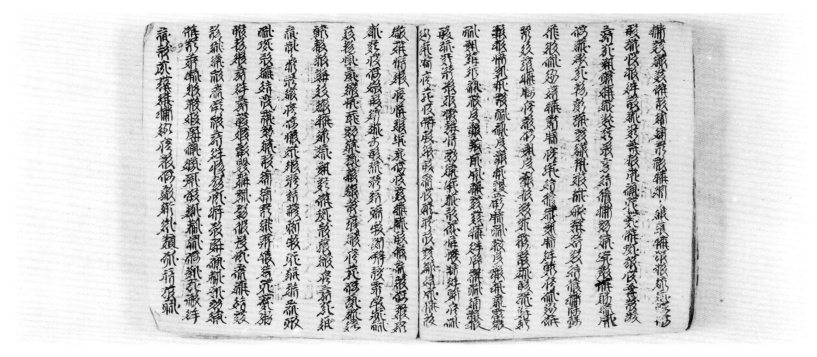

俄Инв.No.3817　大印究竟要集中卷等　　　(56-34)

俄 Инв.No.3817　　大印究竟要集中卷等　　　(56-35)

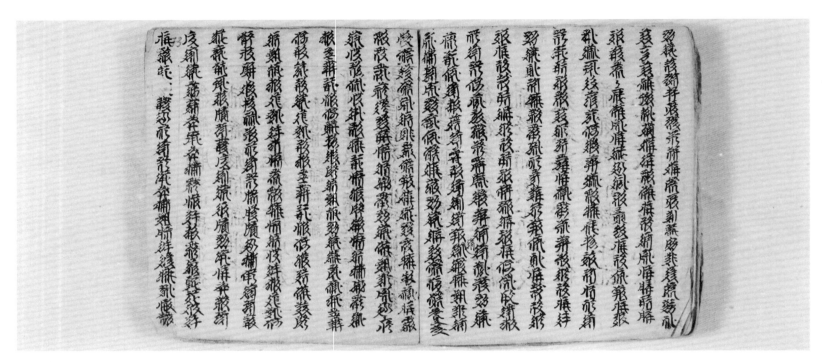

俄 Инв.No.3817　　大印究竟要集中卷等　　　(56-36)

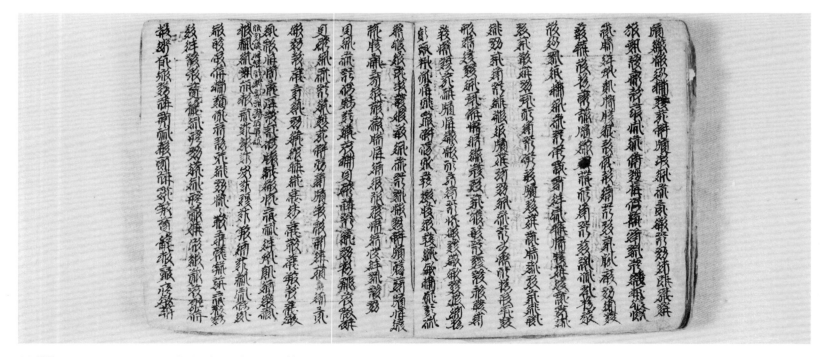

俄 Инв.No.3817　　大印究竟要集中卷等　　　(56-37)

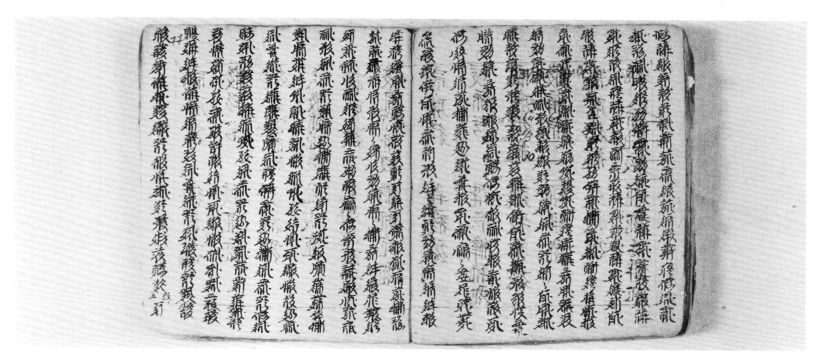

俄 **Инв**.No.3817 　大印究竟要集中卷等 　　(56-38)

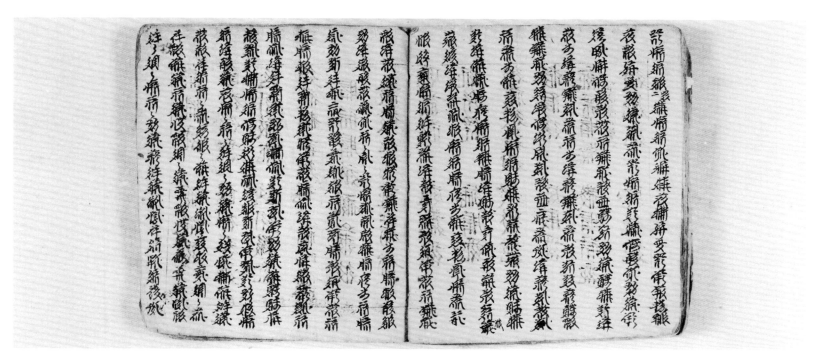

俄 **Инв**.No.3817 　大印究竟要集中卷等 　　(56-39)

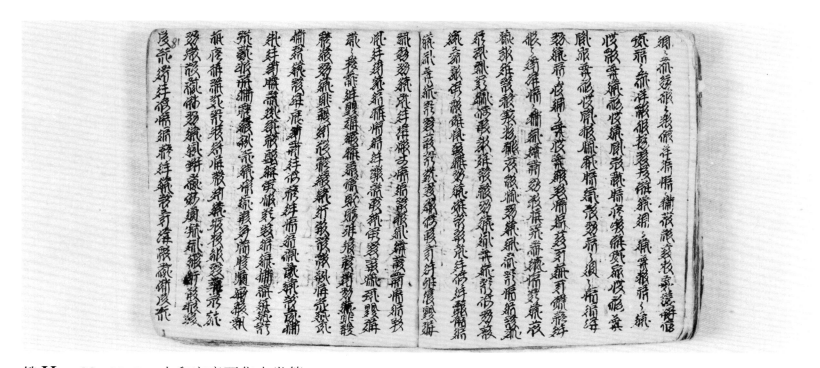

俄 **Инв**.No.3817 　大印究竟要集中卷等 　　(56-40)

163

俄 **И**нв.No.3817　大印究竟要集中卷等　　　(56-41)

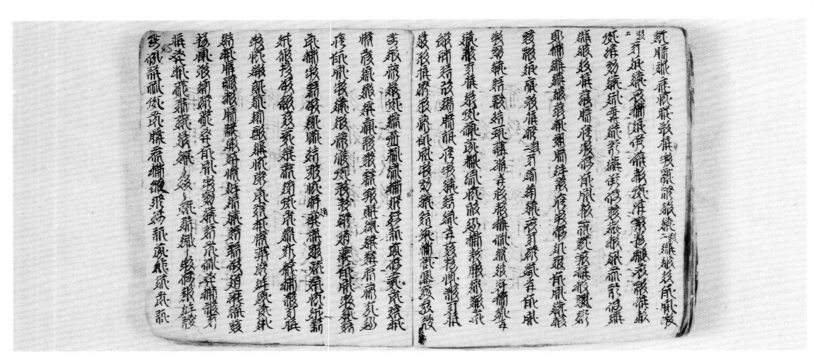

俄 **И**нв.No.3817　大印究竟要集中卷等　　　(56-42)

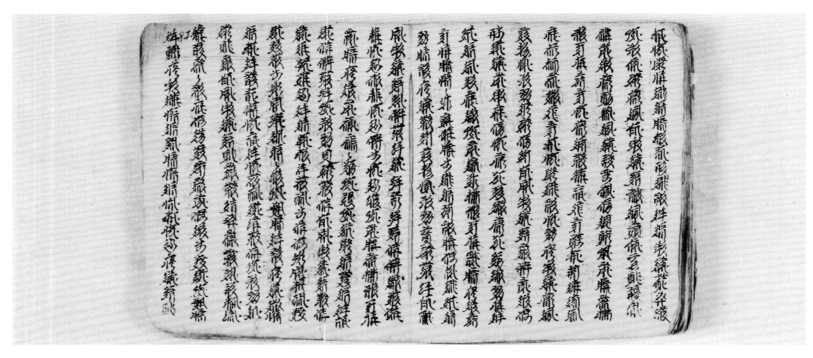

俄 **И**нв.No.3817　大印究竟要集中卷等　　　(56-43)

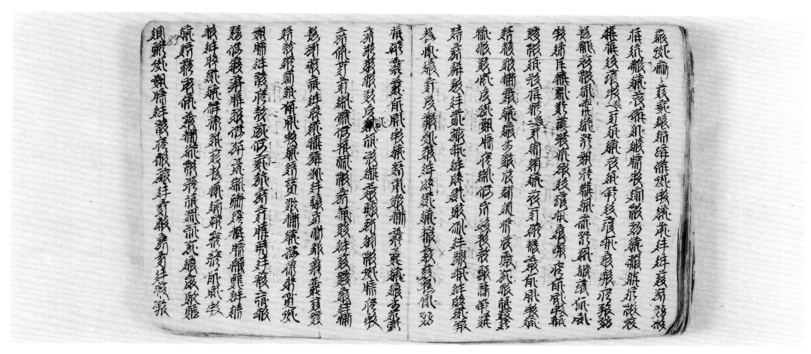

俄Инв.No.3817　　大印究竟要集中卷等　　　(56-44)

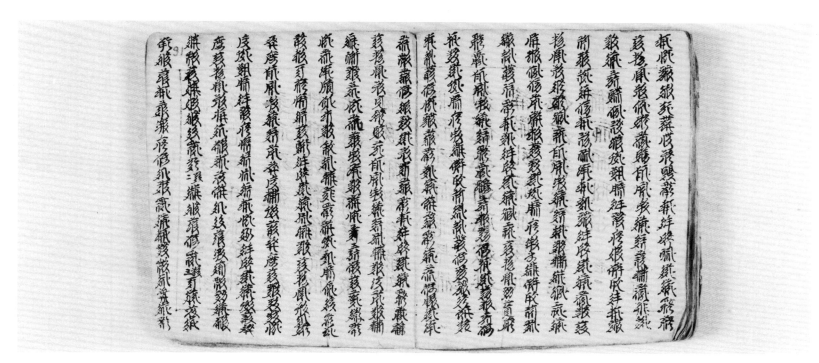

俄Инв.No.3817　　大印究竟要集中卷等　　　(56-45)

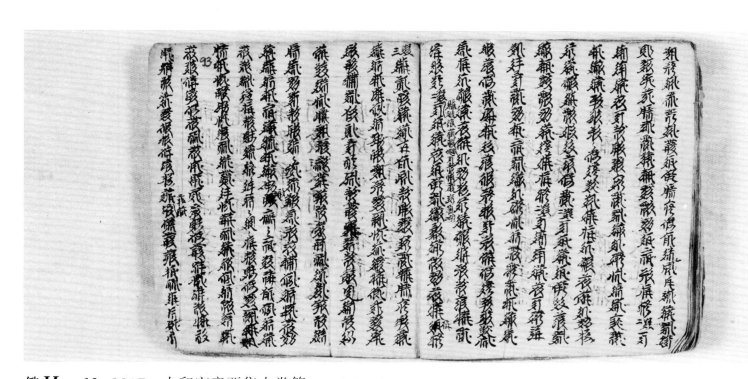

俄Инв.No.3817　　大印究竟要集中卷等　　　(56-46)

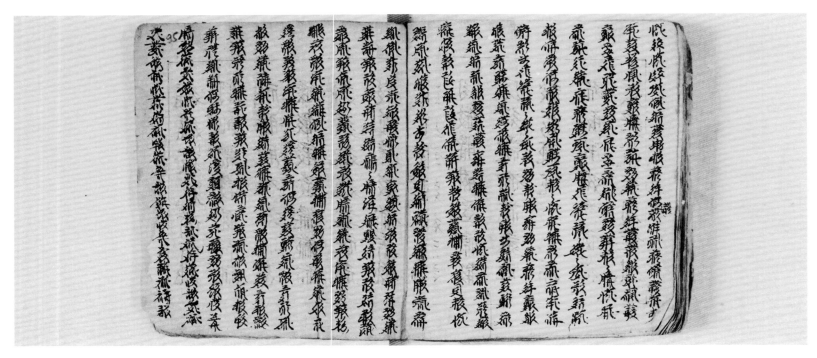

俄 ИНВ.No.3817　大印究竟要集中卷等　　　(56-47)

俄 ИНВ.No.3817　大印究竟要集中卷等　　　(56-48)

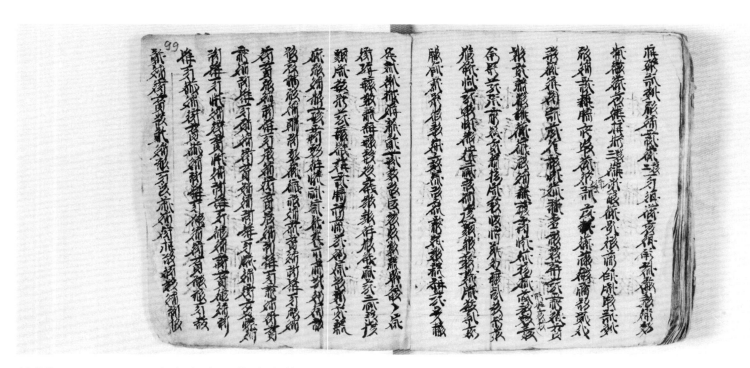

俄 ИНВ.No.3817　大印究竟要集中卷等　　　(56-49)

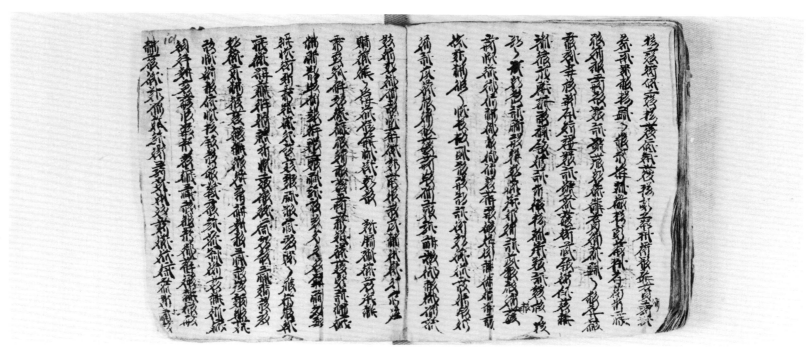

俄 **Инв**.No.3817　大印究竟要集中卷等　　　(56-50)

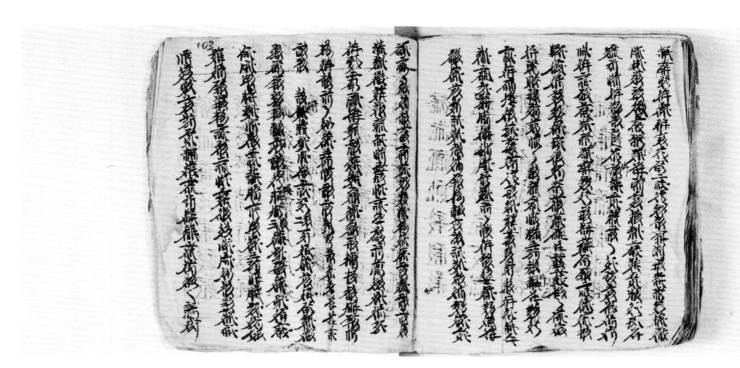

俄 **Инв**.No.3817　大印究竟要集中卷等　　　(56-51)

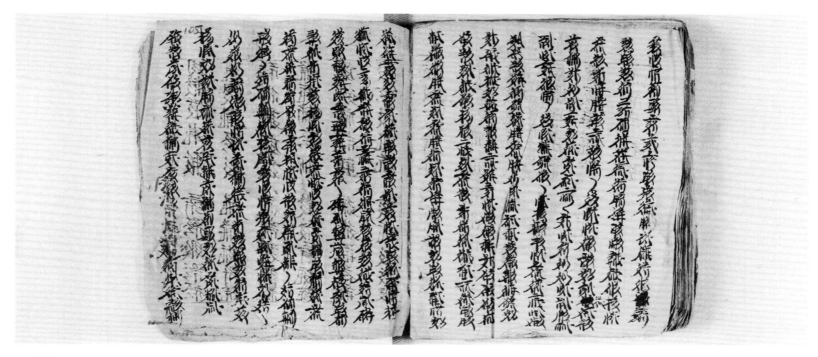

俄 **Инв**.No.3817　大印究竟要集中卷等　　　(56-52)

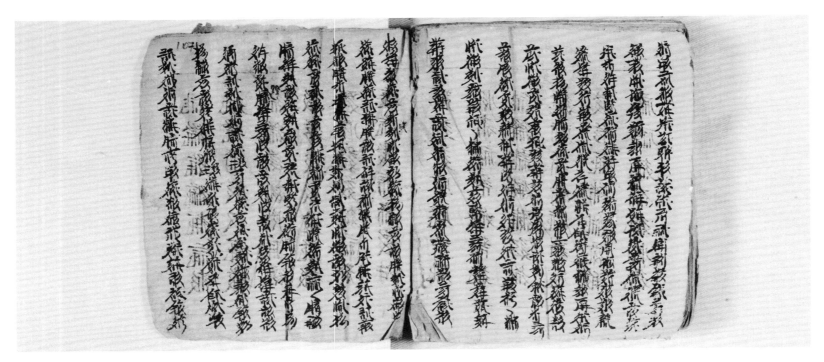

俄 **И**нв.No.3817 大印究竟要集中卷等 （56-53）

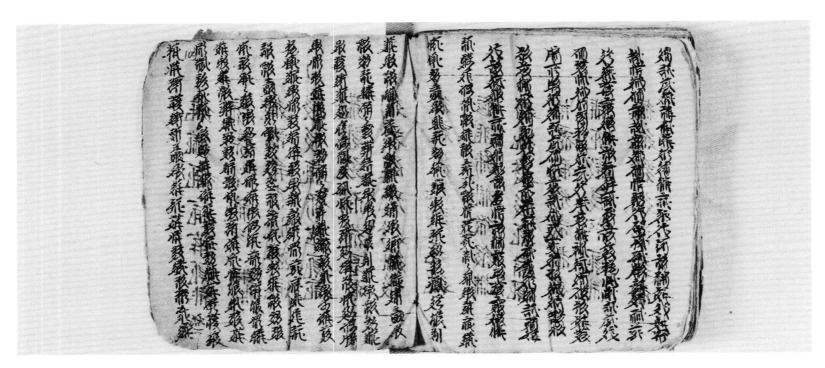

俄 **И**нв.No.3817 大印究竟要集中卷等 （56-54）

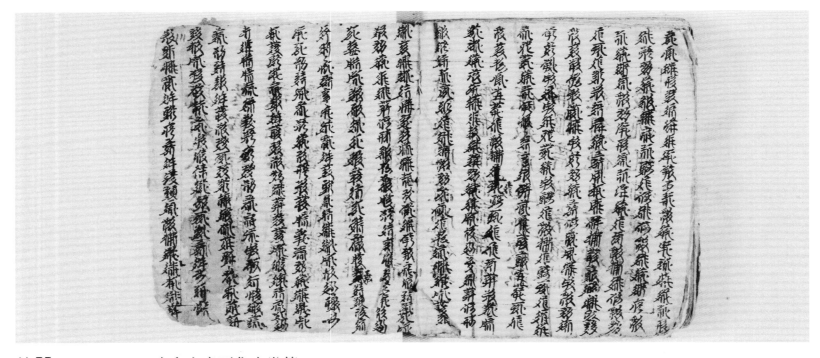

俄 **И**нв.No.3817 大印究竟要集中卷等 （56-55）

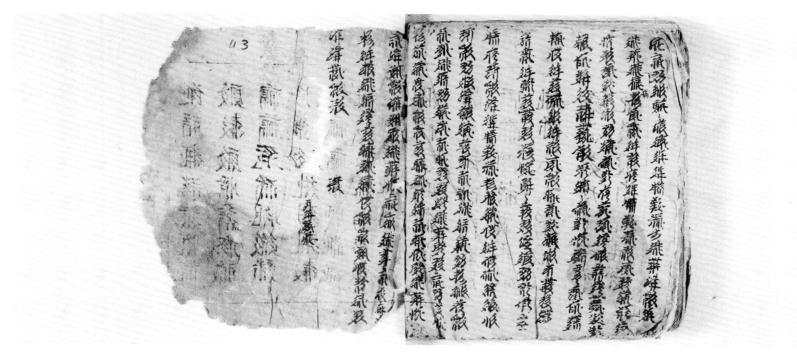

俄 **И**нв.No.3817　大印究竟要集中卷等　　　(56-56)

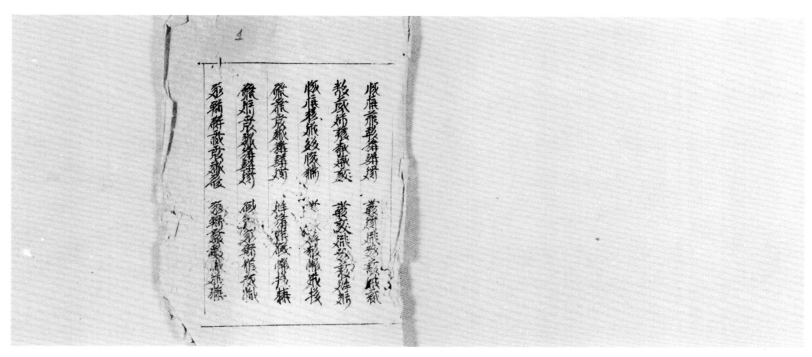

俄 **И**нв.No.7763　不二明慧品第七　　　(5-1)

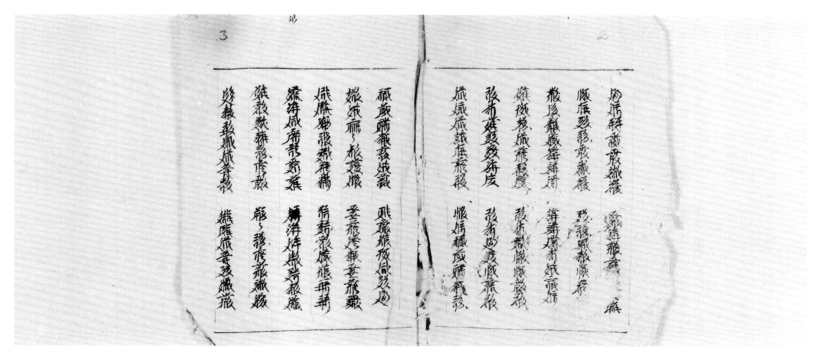

俄 **И**нв.No.7763　不二明慧品第七　　　(5-2)

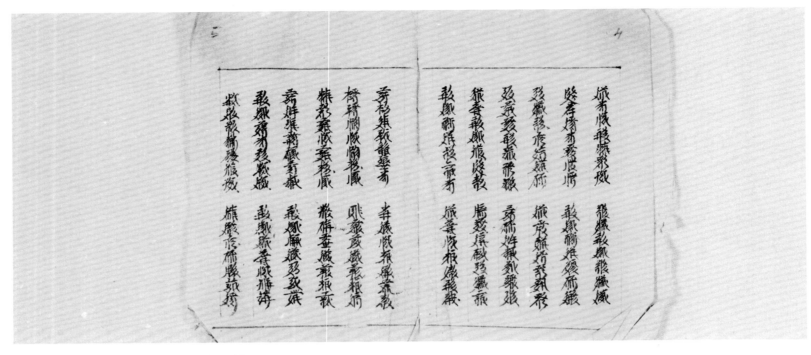

俄 Инв.No.7763　不二明慧品第七　　　(5-3)

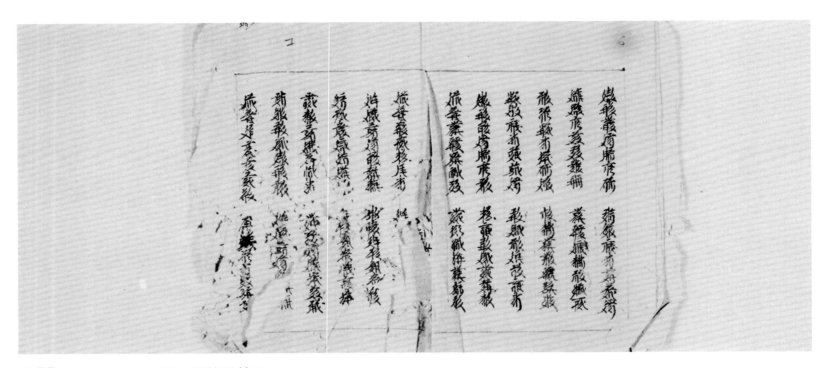

俄 Инв.No.7763　不二明慧品第七　　　(5-4)

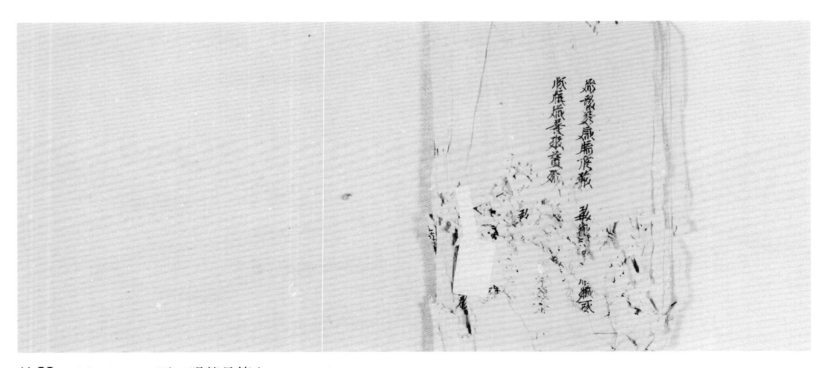

俄 Инв.No.7763　不二明慧品第七　　　(5-5)

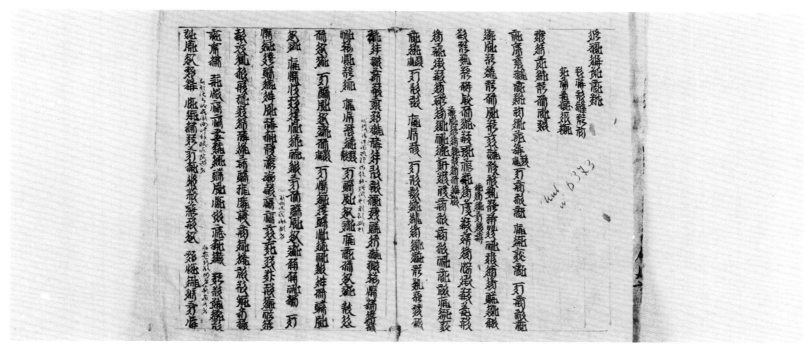

俄 **И**нв.No.6373　六法圓混道次　1.捺囉巴之道次總義　　　(20-1)

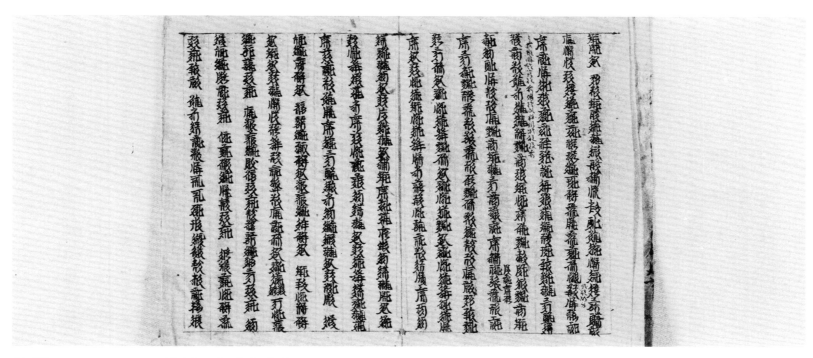

俄 **И**нв.No.6373　1.捺囉巴之道次總義　　　(20-2)

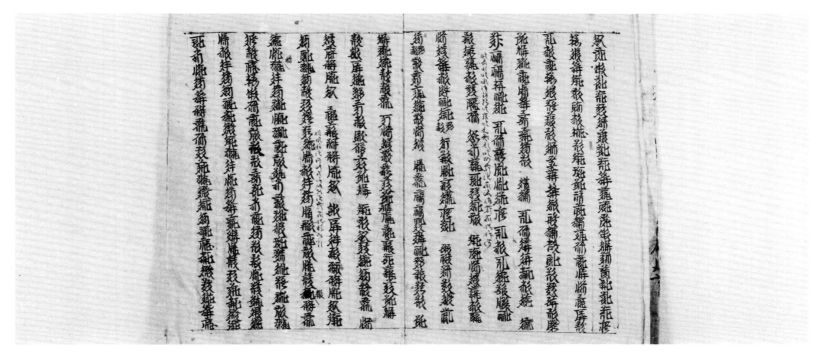

俄 **И**нв.No.6373　1.捺囉巴之道次總義　　　(20-3)

俄 Инв.No.6373　　1.捺囉巴之道次總義　　　(20-4)

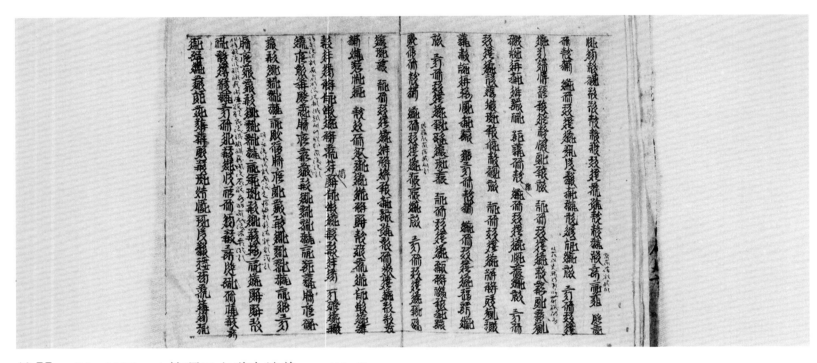

俄 Инв.No.6373　　1.捺囉巴之道次總義　　　(20-5)

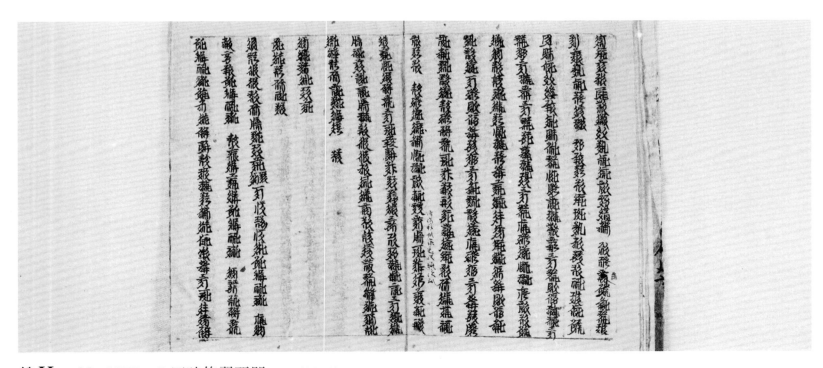

俄 Инв.No.6373　　2.四時修習要門　　　(20-6)

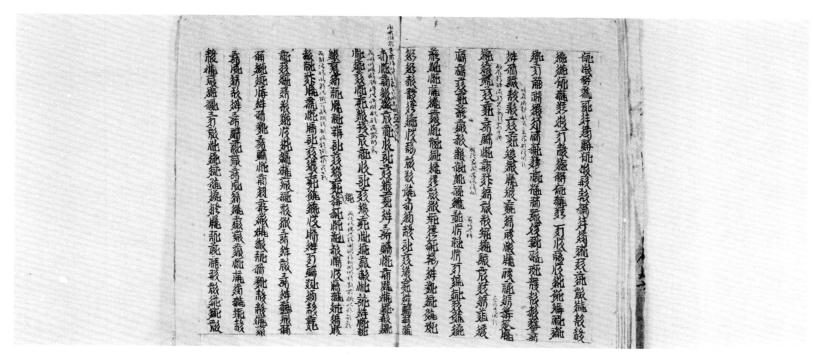

俄 **Инв.**No.6373　2.四時修習要門　　　(20-7)

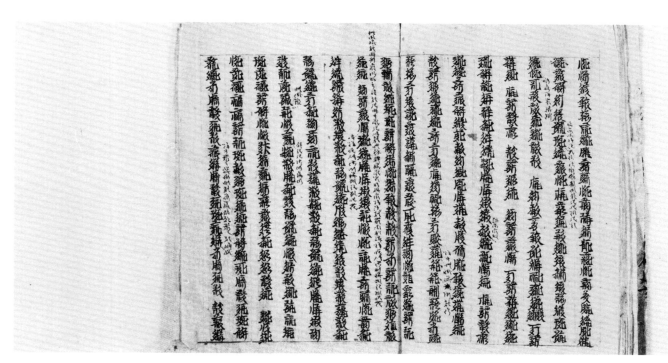

俄 **Инв.**No.6373　2.四時修習要門　　　(20-8)

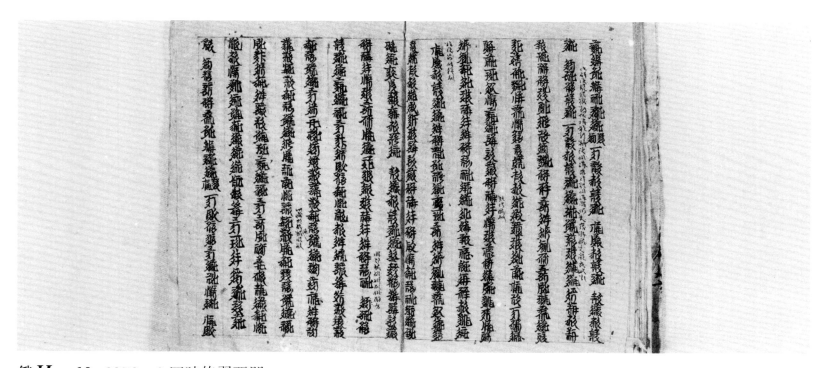

俄 **Инв.**No.6373　2.四時修習要門　　　(20-9)

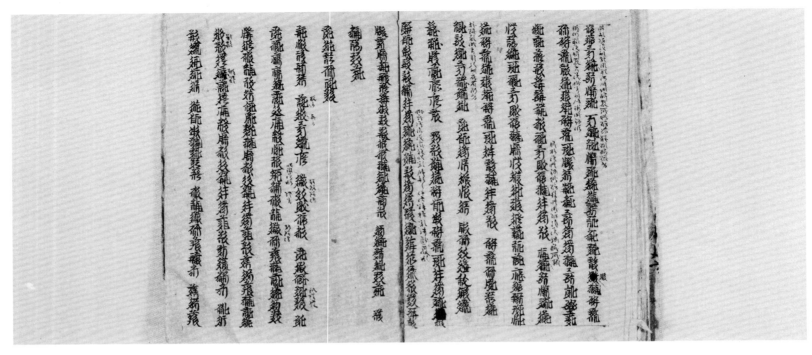

俄 Инв.No.6373　3.雙運要門　　(20-10)

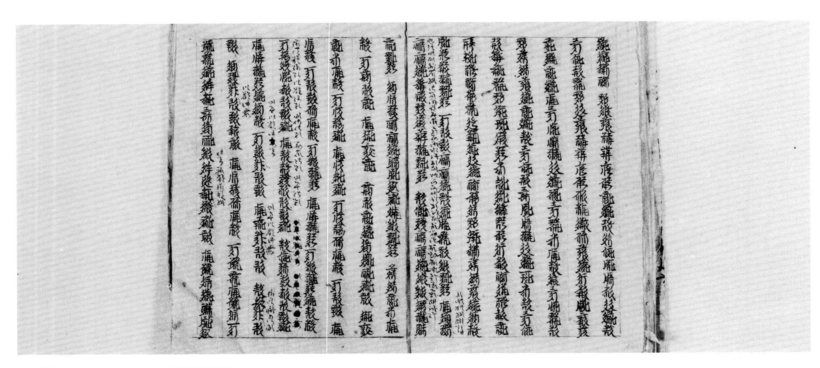

俄 Инв.No.6373　3.雙運要門　　(20-11)

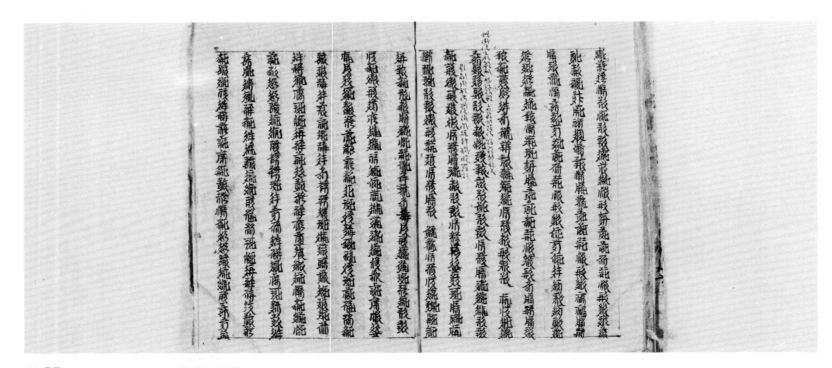

俄 Инв.No.6373　3.雙運要門　　(20-12)

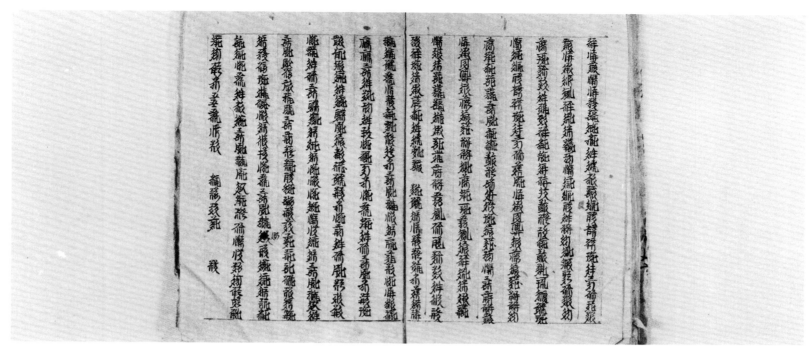

俄 **И**нв.No.6373　　3.雙運要門　　　（20-13）

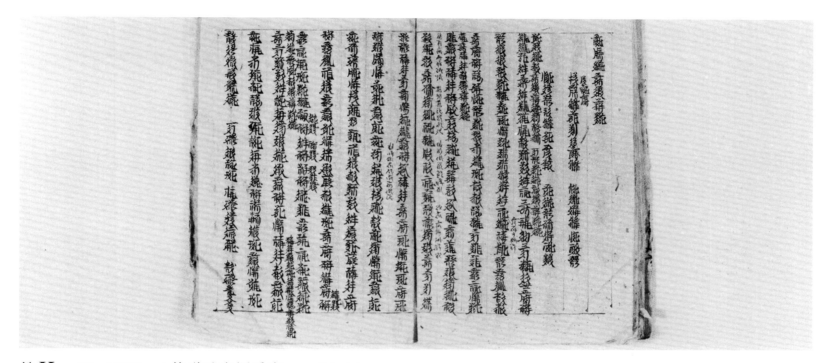

俄 **И**нв.No.6373　　4.修道時自攝受次　　（20-14）

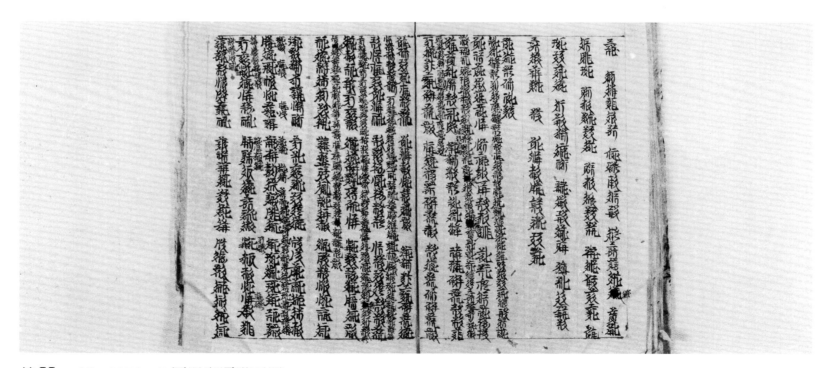

俄 **И**нв.No.6373　　5.圓混與遷識要門　　（20-15）

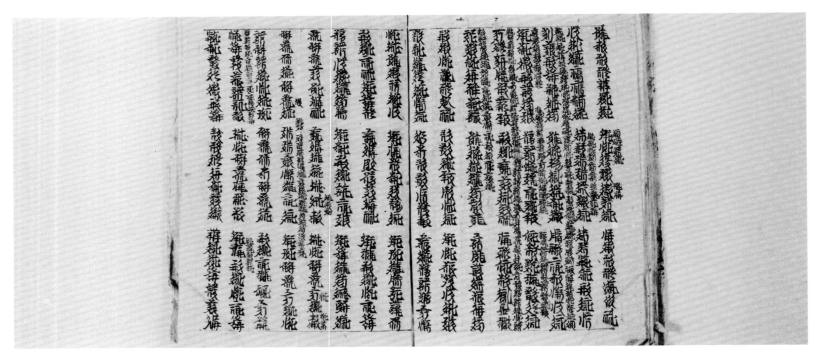

俄 Инв.No.6373　5.圓混與遷識要門　　　(20-16)

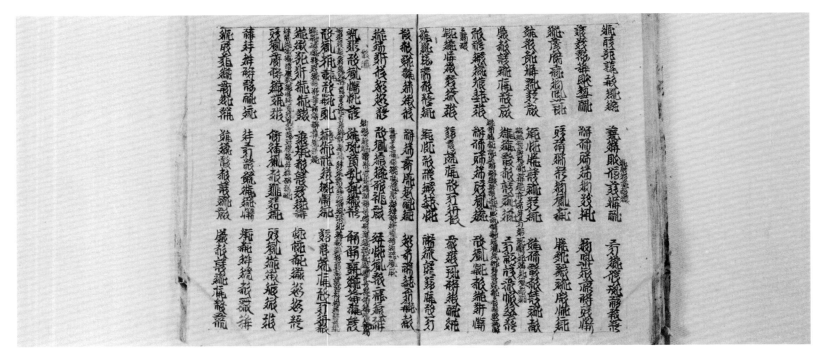

俄 Инв.No.6373　5.圓混與遷識要門　　　(20-17)

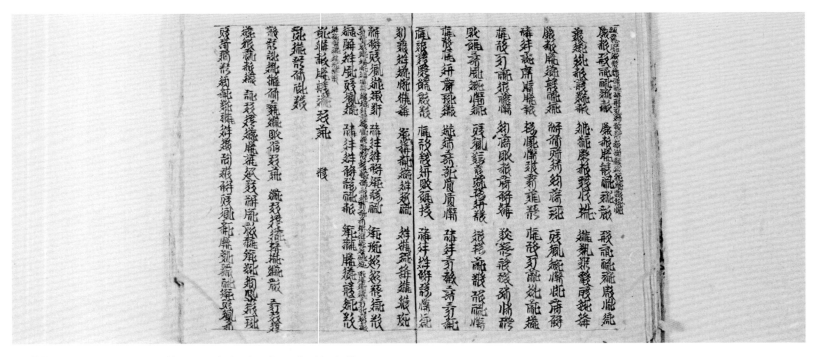

俄 Инв.No.6373　6.捺囉巴大師之滅時光明要門　　(20-18)

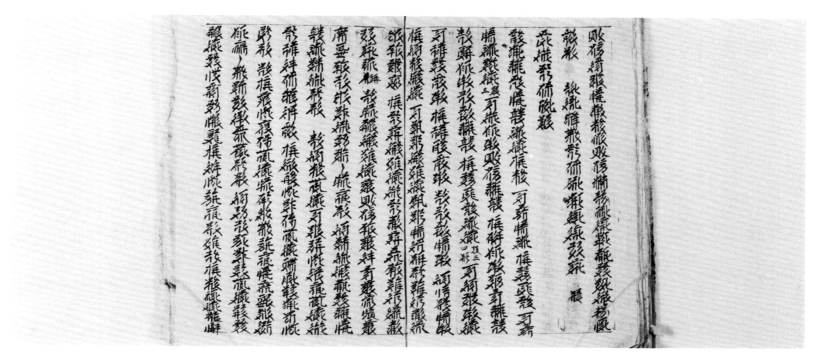

俄Инв.No.6373　7.十二種遷識要門　　　(20-19)

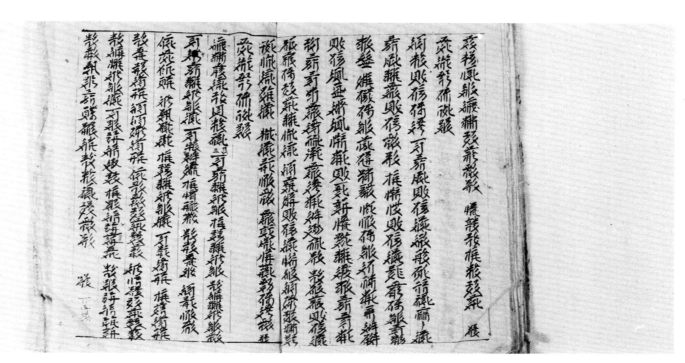

俄Инв.No.6373　8.四種光明之義　最中所寶十八種法　(20-20)

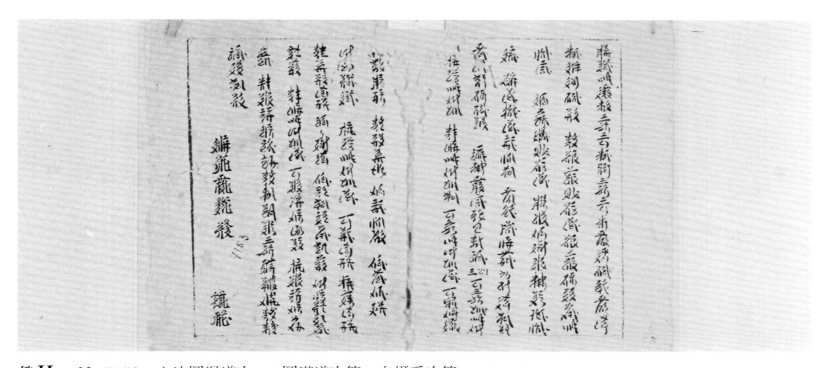

俄Инв.No.7153　六法圓混道次　1.圓滿道次第　自攝受次第　(10-1)

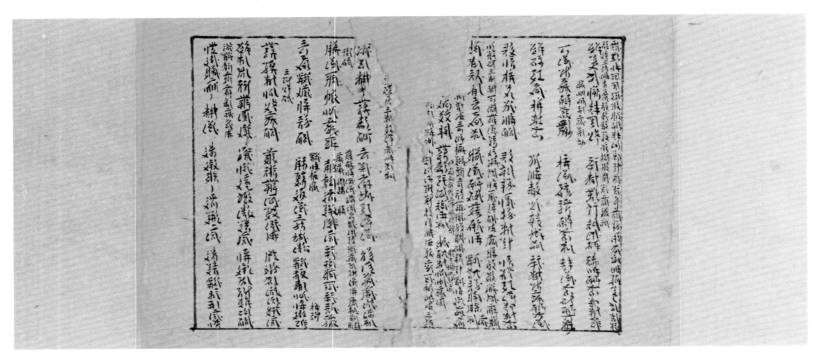

俄 Инв.No.7153　　1.圓滿道次第　　自攝受次第　　　　　(10-2)

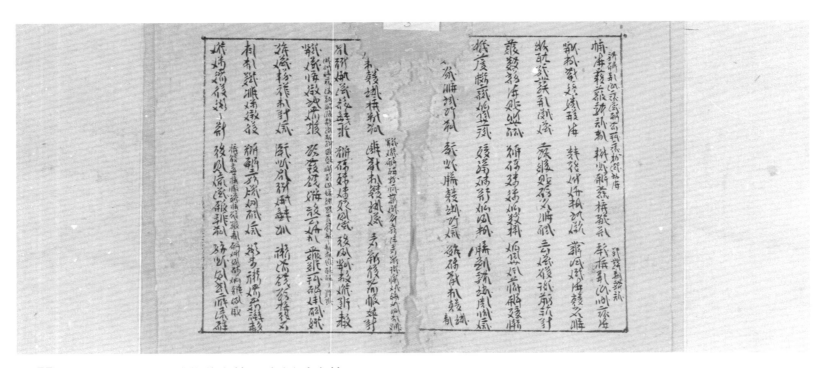

俄 Инв.No.7153　　1.圓滿道次第　　自攝受次第　　　　　(10-3)

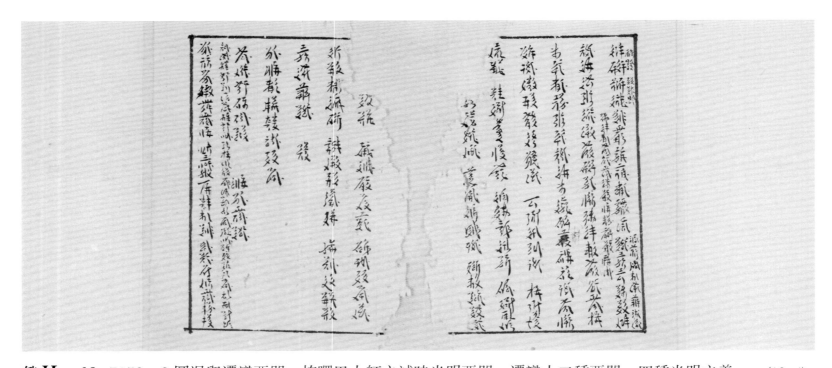

俄 Инв.No.7153　　2.圓混與遷識要門　　捺囉巴大師之滅時光明要門　　遷識十二種要門　　四種光明之義　　　(10-4)

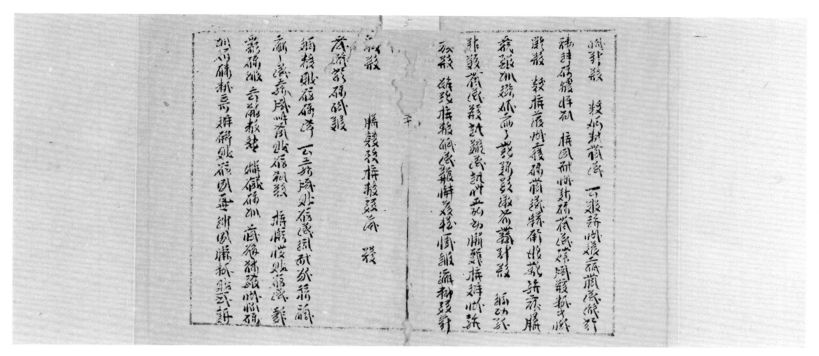

俄 **И**нв.No.7153　2.圓混與遷識要門　捺囉巴大師之滅時光明要門　遷識十二種要門　四種光明之義　（10-5）

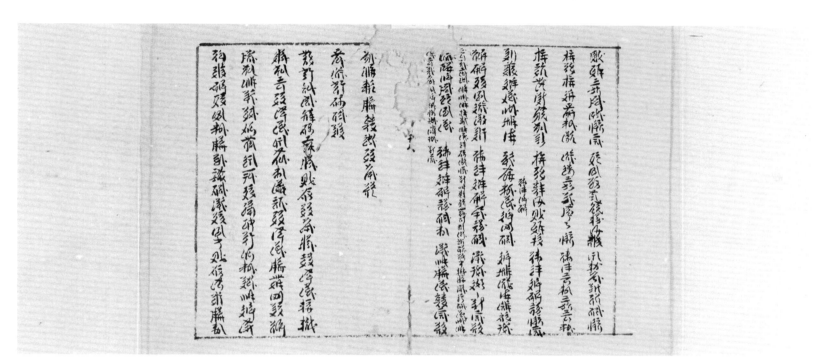

俄 **И**нв.No.7153　2.圓混與遷識要門　捺囉巴大師之滅時光明要門　遷識十二種要門　四種光明之義　（10-6）

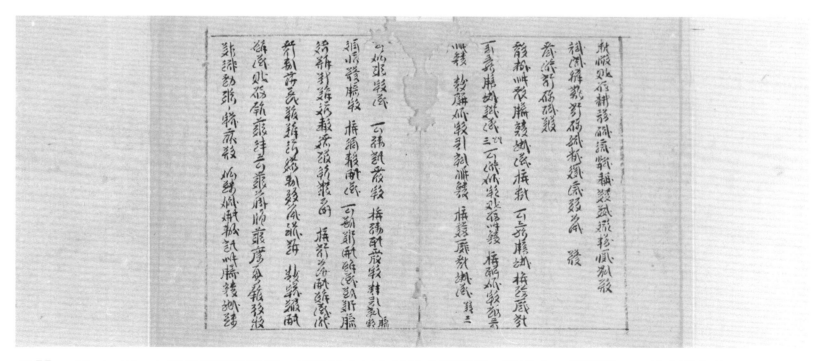

俄 **И**нв.No.7153　2.圓混與遷識要門　捺囉巴大師之滅時光明要門　遷識十二種要門　四種光明之義　（10-7）

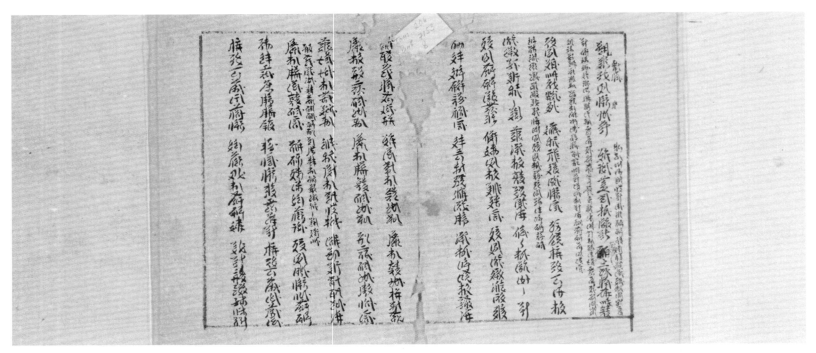

俄 Инв.No.7153　2.圓混與遷識要門　捺囉巴大師之滅時光明要門　遷識十二種要門　四種光明之義　　　(10-8)

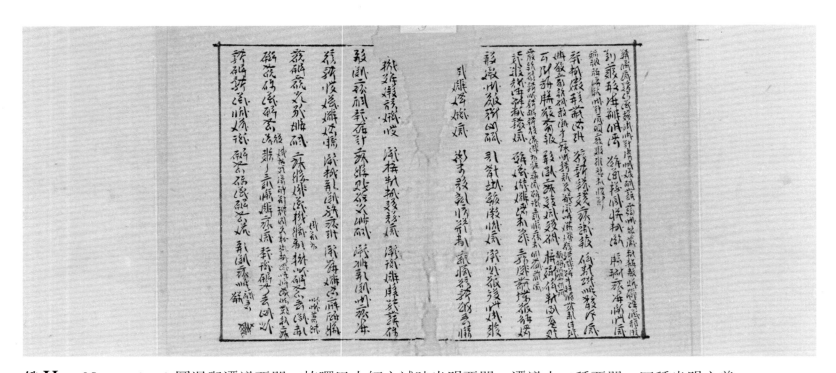

俄 Инв.No.7153　2.圓混與遷識要門　捺囉巴大師之滅時光明要門　遷識十二種要門　四種光明之義　　　(10-9)

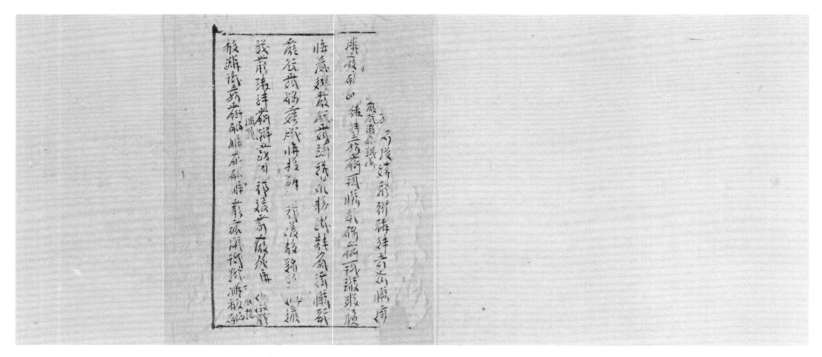

俄 Инв.No.7153　2.圓混與遷識要門　捺囉巴大師之滅時光明要門　遷識十二種要門　四種光明之義　　　(10-10)

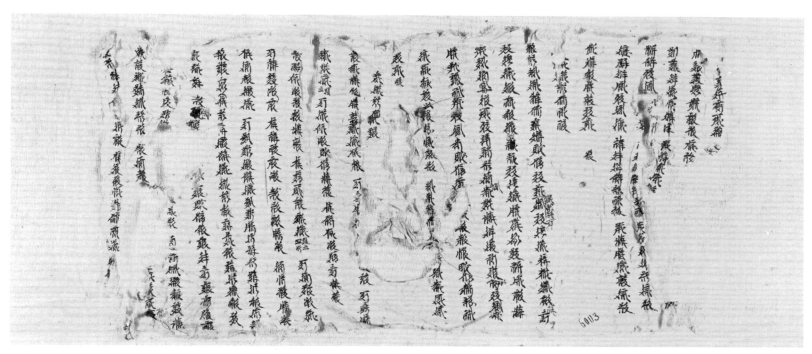

俄 **И**нв.No.6003　六法圓混道次

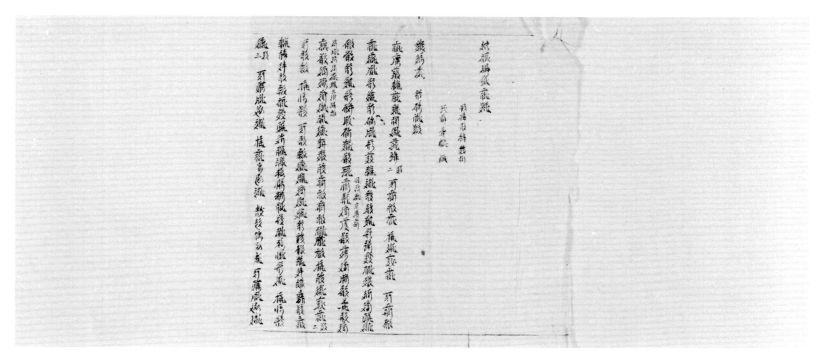

俄 **И**нв.No.2734　六法圓混道次

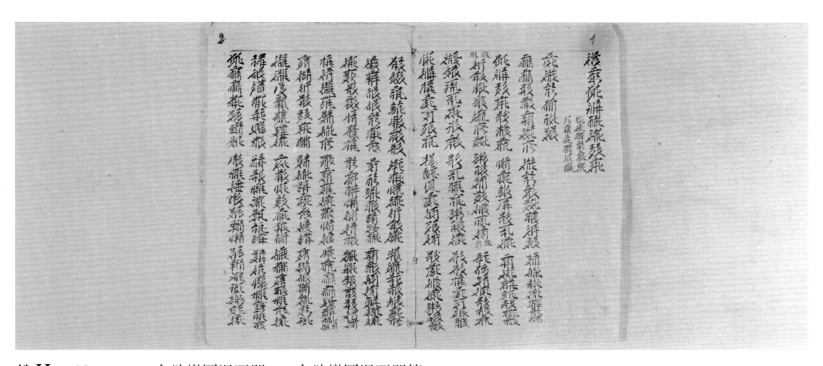

俄 **И**нв.No.2546　令欲樂圓混要門　1.令欲樂圓混要門第一　　(23-1)

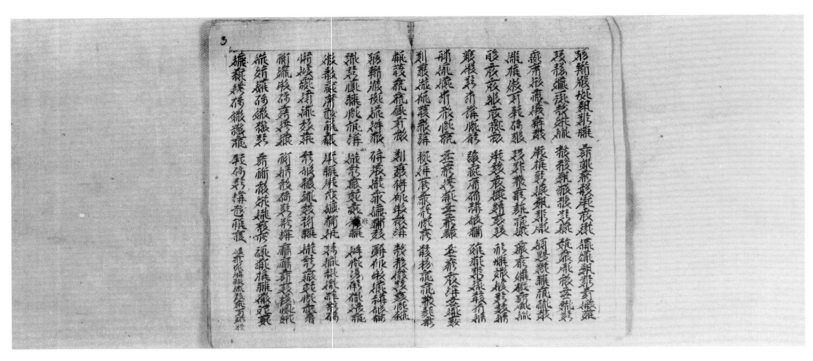

俄 Инв.No.2546　1.令欲樂圓混要門第一　　　(23-2)

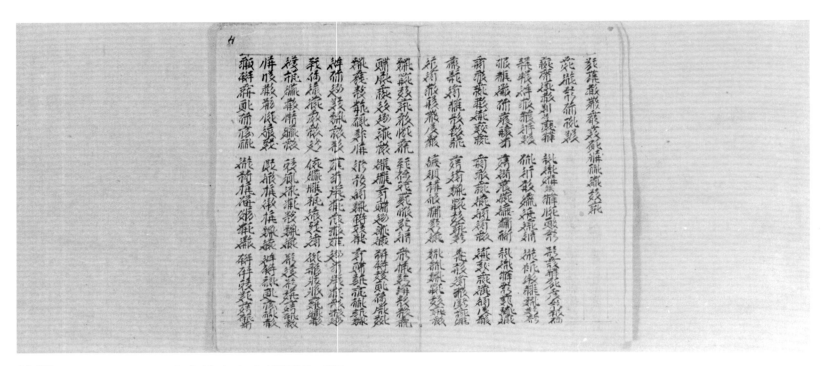

俄 Инв.No.2546　2.令與拙火和大樂圓混要門　　(23-3)

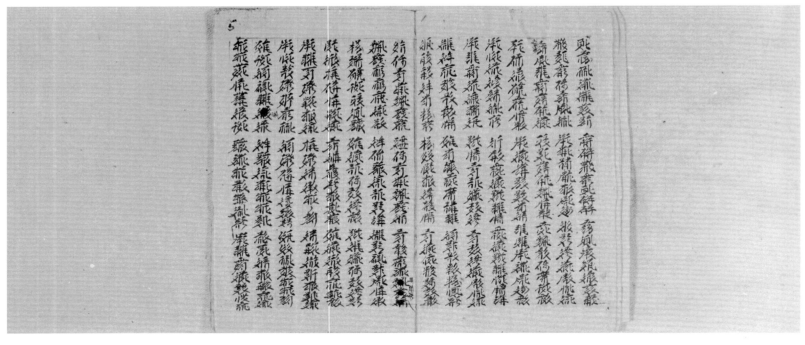

俄 Инв.No.2546　2.令與拙火和大樂圓混要門　　(23-4)

俄 Инв.No.2546　2.令與拙火和大樂圓混要門　　(23-5)

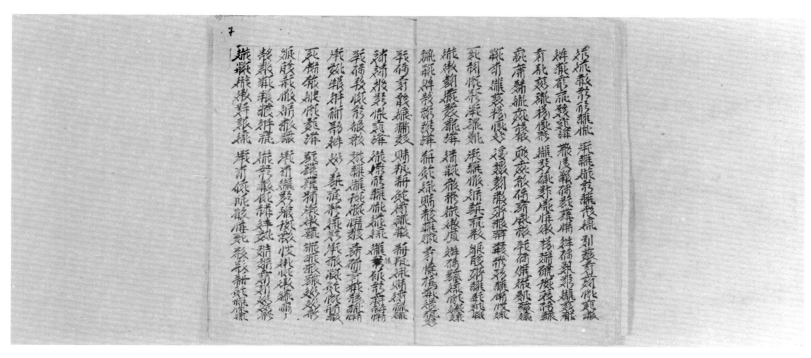

俄 Инв.No.2546　2.令與拙火和大樂圓混要門　　(23-6)

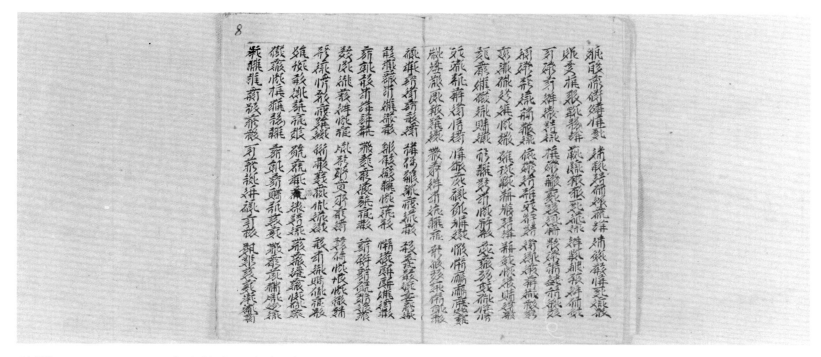

俄 Инв.No.2546　2.令與拙火和大樂圓混要門　　(23-7)

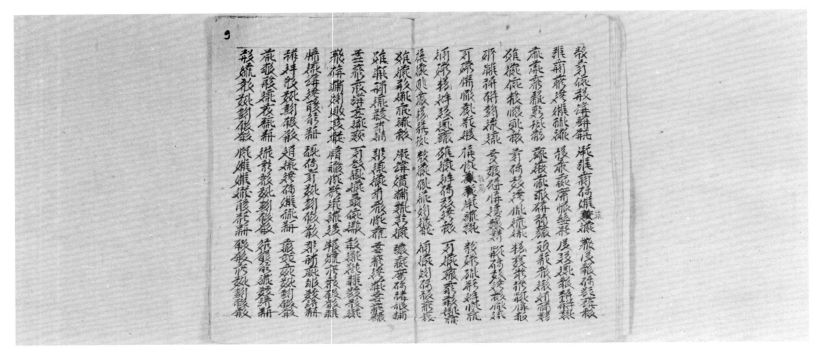

俄 **И**нв.No.2546　　2.令與拙火和大樂圓混要門　　　　(23-8)

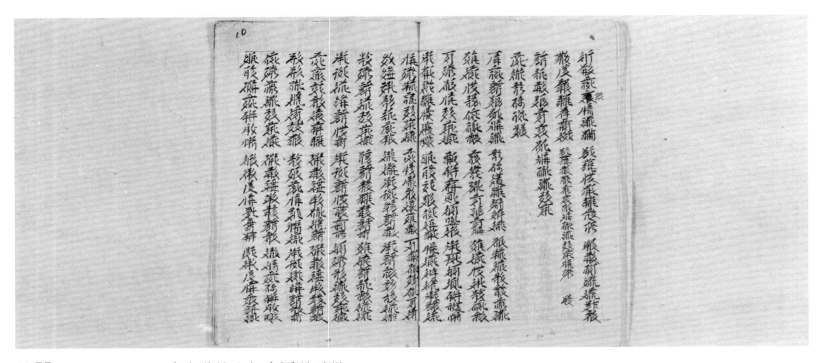

俄 **И**нв.No.2546　　3.令與夢境和幻身圓混要門　　　　(23-9)

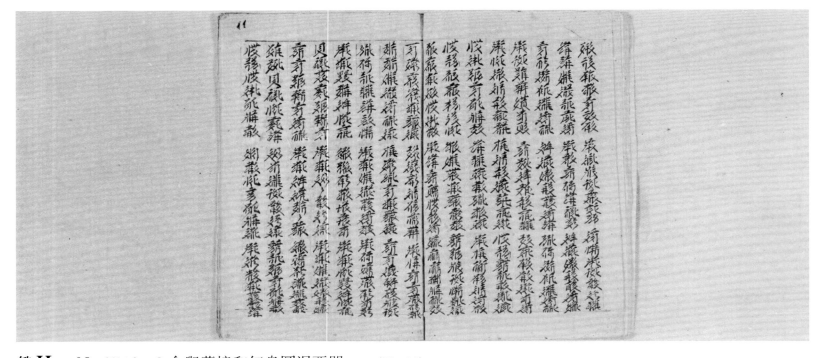

俄 **И**нв.No.2546　　3.令與夢境和幻身圓混要門　　　　(23-10)

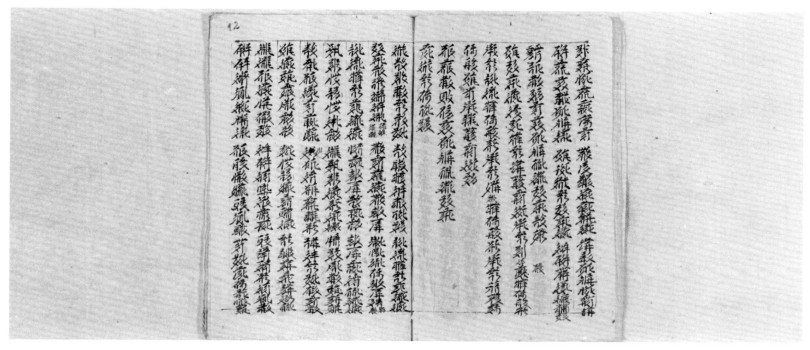

俄 **И**нв.No.2546　4.令與睡眠和光明圓混要門　　　(23-11)

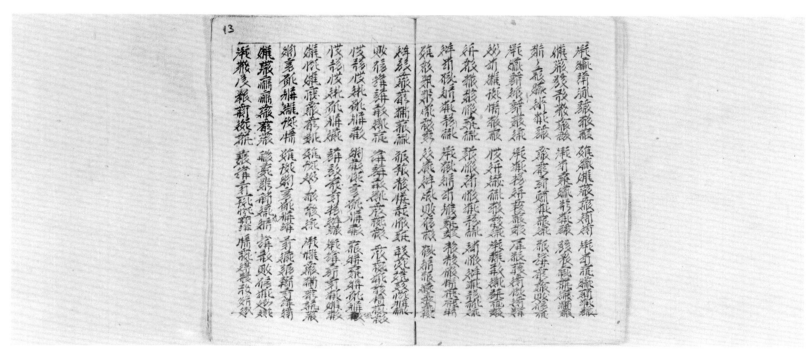

俄 **И**нв.No.2546　4.令與睡眠和光明圓混要門　　　(23-12)

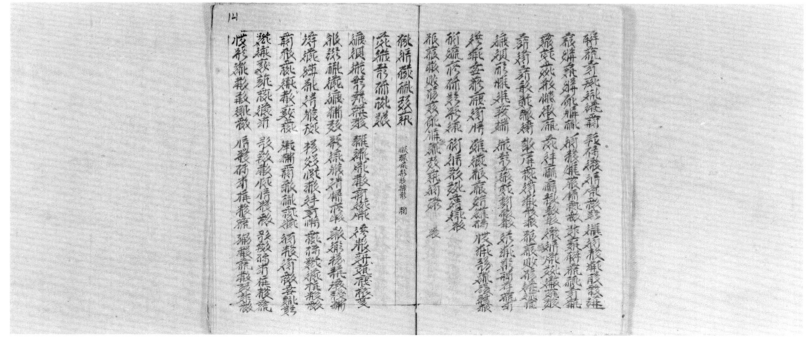

俄 **И**нв.No.2546　5.令照無明要門　　　(23-13)

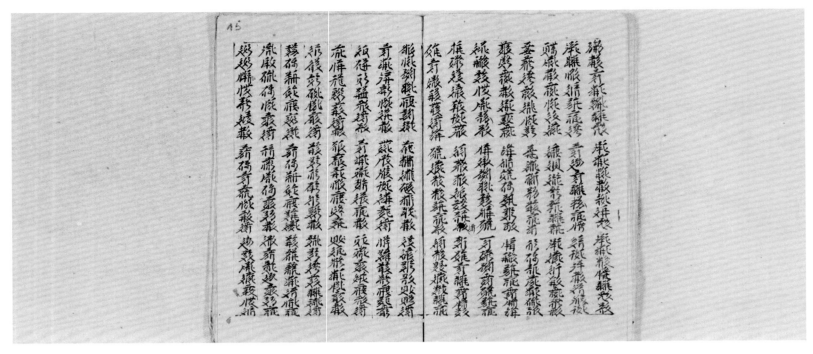

俄 **И**нв.No.2546　5.令照無明要門　　　(23-14)

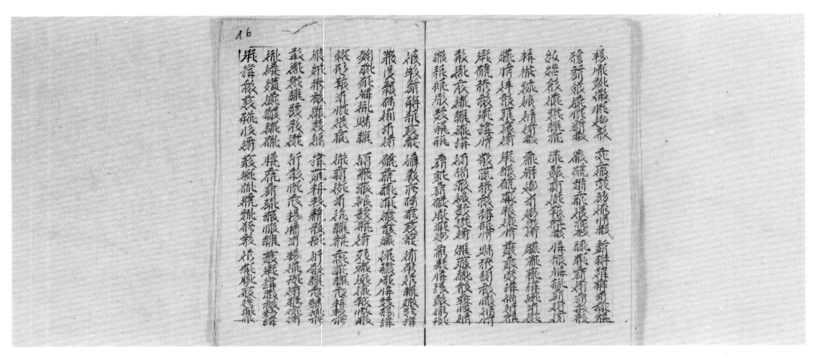

俄 **И**нв.No.2546　5.令照無明要門　　　(23-15)

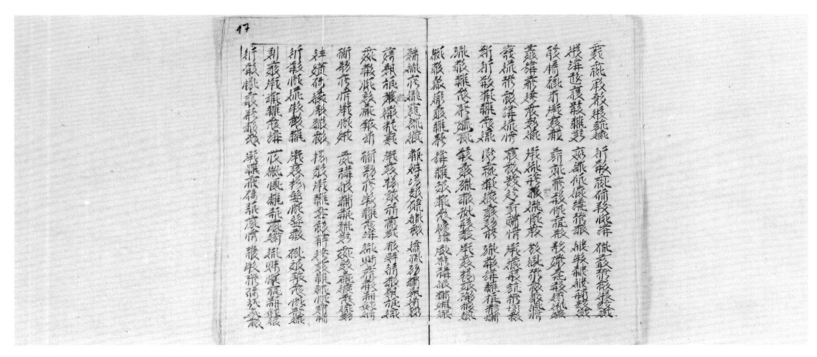

俄 **И**нв.No.2546　5.令照無明要門　　　(23-16)

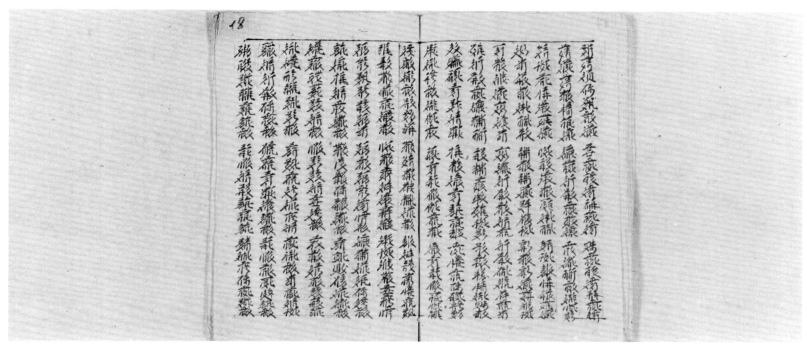

俄 **И**нв.No.2546　5.令照無明要門　　　(23—17)

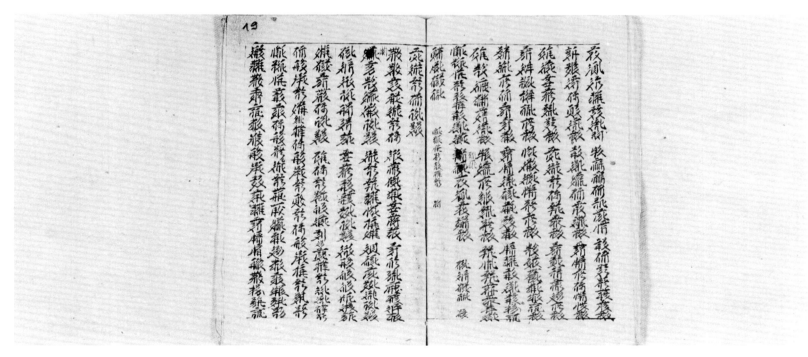

俄 **И**нв.No.2546　6.令照體性　　　(23—18)

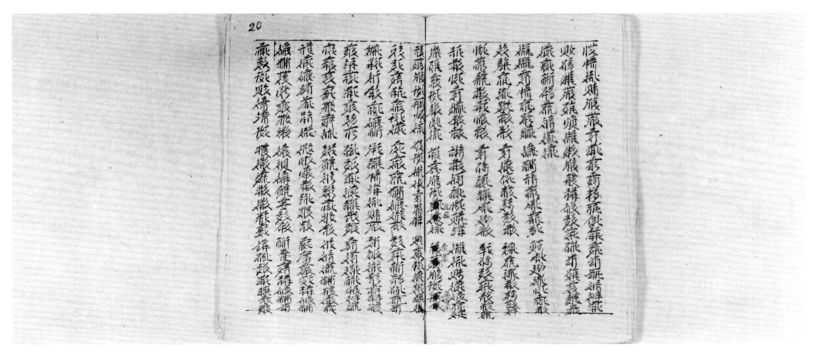

俄 **И**нв.No.2546　6.令照體性　　　(23—19)

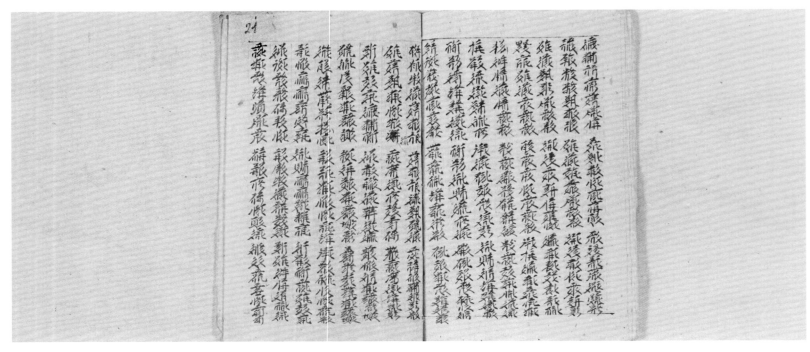

俄 Инв.No.2546　6.令照體性　　　(23-20)

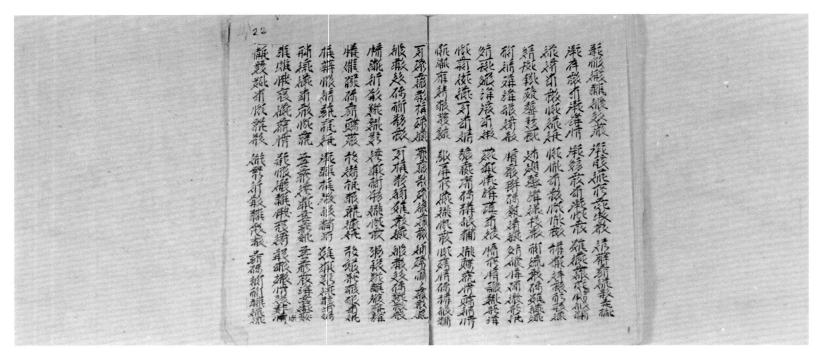

俄 Инв.No.2546　6.令照體性　　　(23-21)

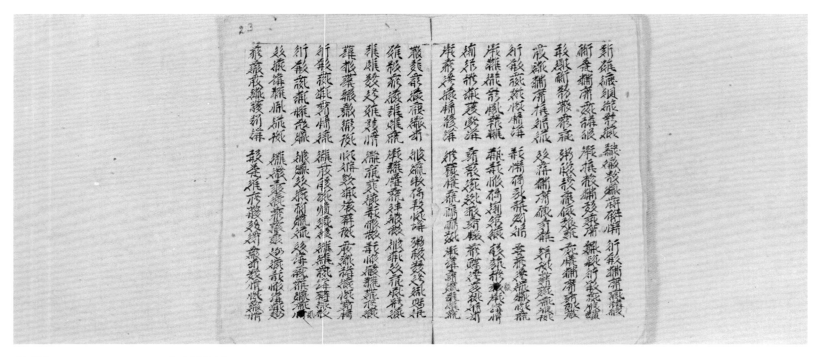

俄 Инв.No.2546　6.令照體性　　　(23-22)

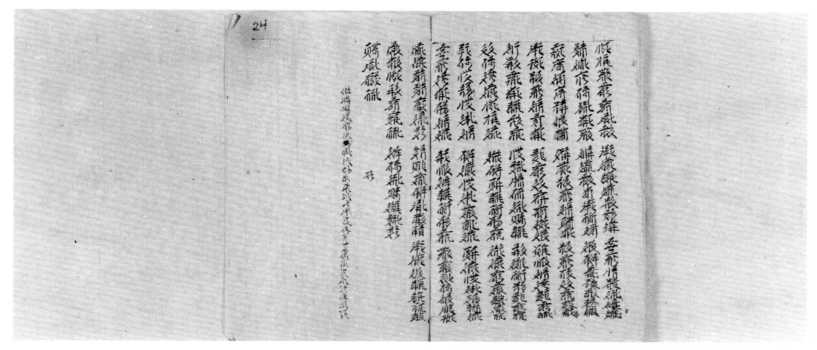

俄 **И**нв.No.2546　6.令照體性　　　(23-23)

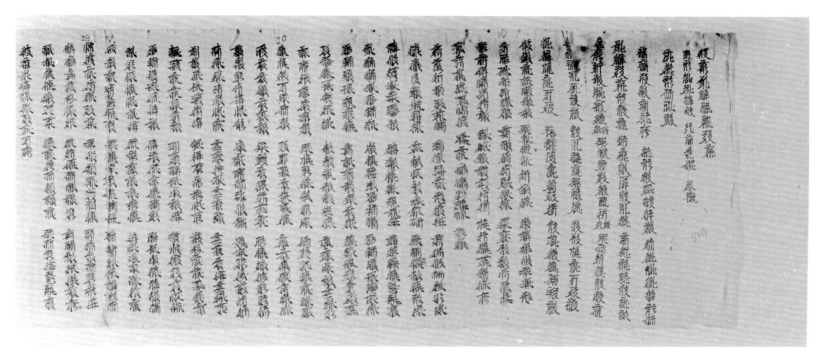

俄 **И**нв.No.5116　令欲樂圓混要門　1.令欲樂圓混要門第一　　　(11-1)

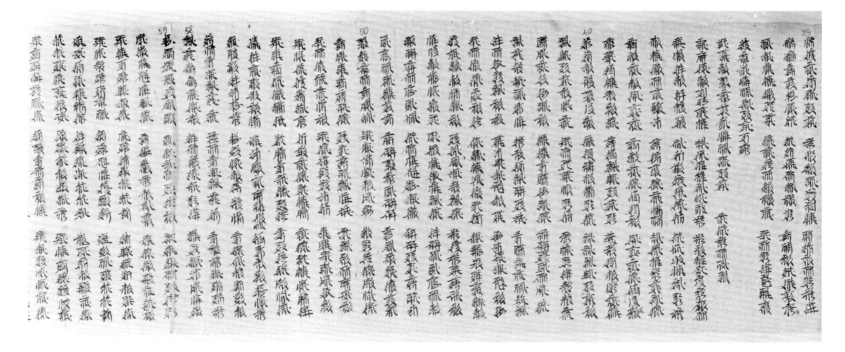

俄 **И**нв.No.5116　2.令與拙火和大樂圓混要門　　　(11-2)

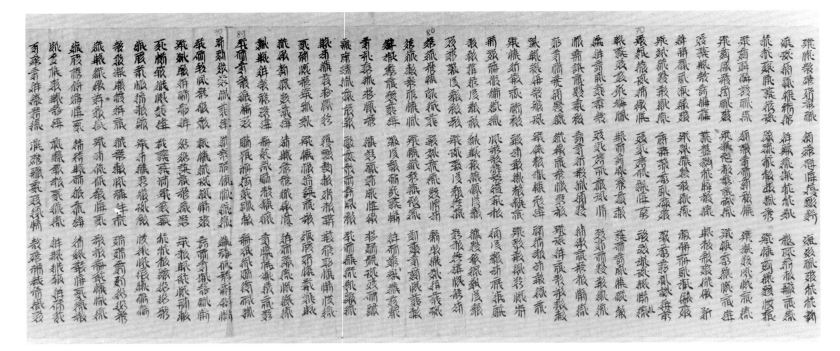

俄Инв.No.5116　2.令與拙火和大樂圓混要門　　　(11-3)

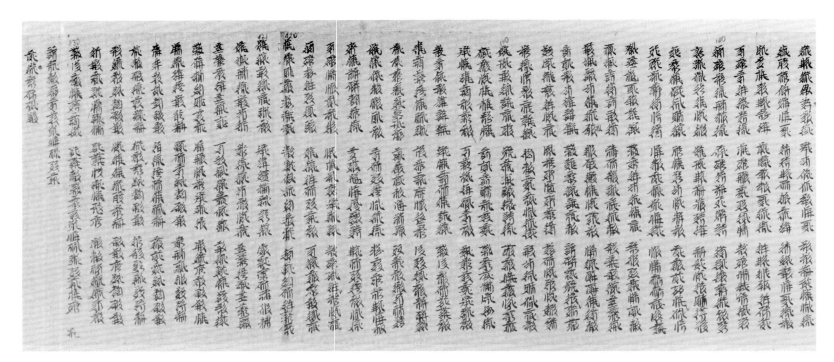

俄Инв.No.5116　3.令與夢境和幻身圓混要門　　　(11-4)

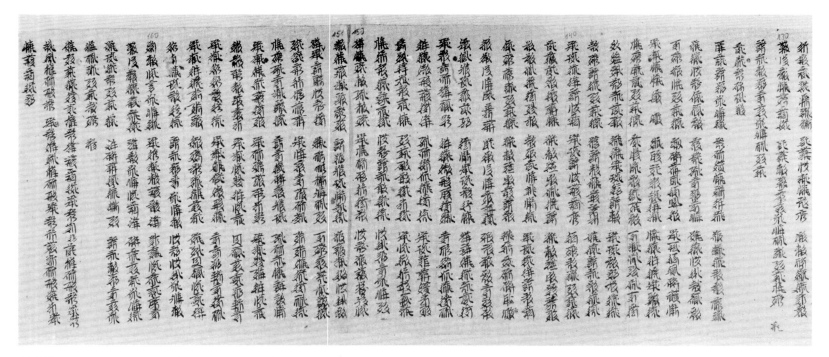

俄Инв.No.5116　3.令與夢境和幻身圓混要門　　　(11-5)

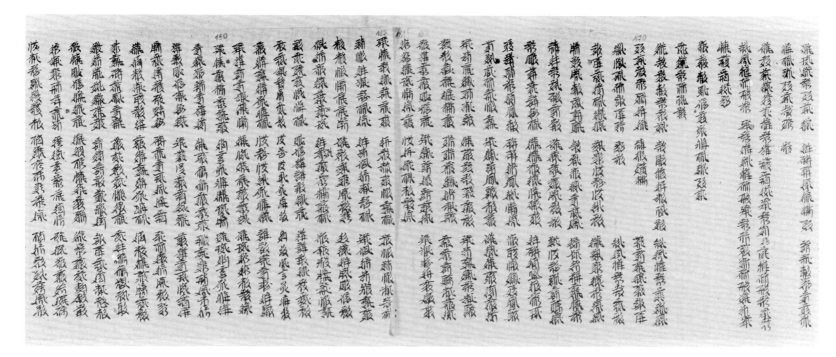

俄Инв.No.5116　　4.令與睡眠和光明圓混要門　　　（11-6）

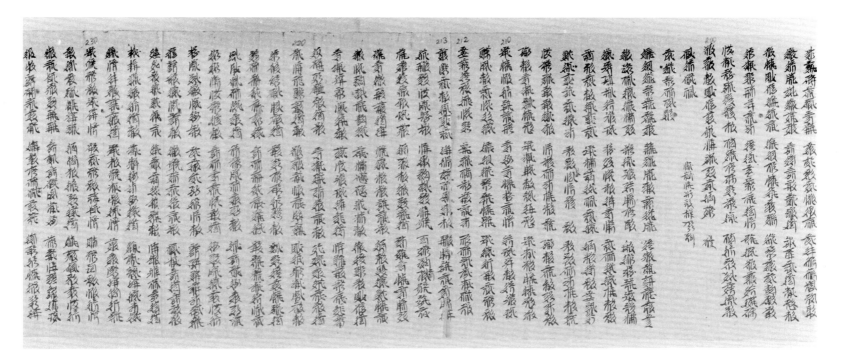

俄Инв.No.5116　　5.令照無明要門　　　（11-7）

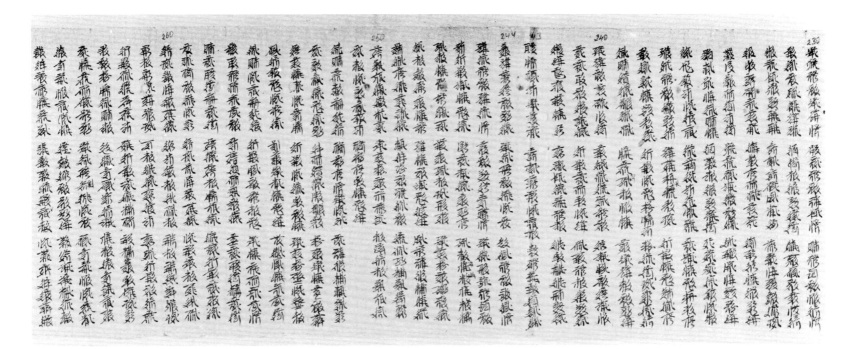

俄Инв.No.5116　　5.令照無明要門　　　（11-8）

俄 Инв.No.5116　6.令照體性　　　(11-9)

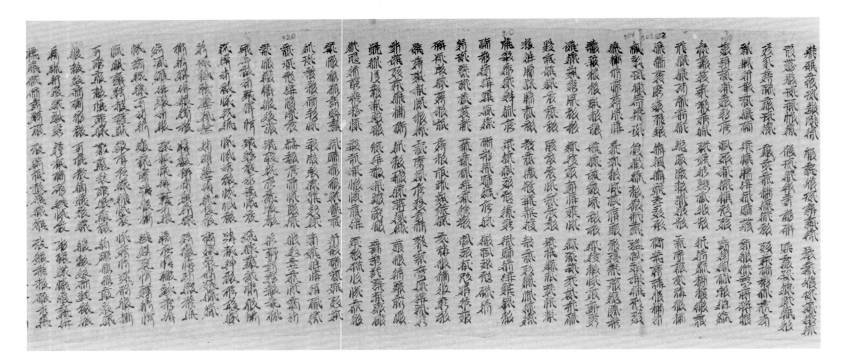

俄 Инв.No.5116　6.令照體性　　　(11-10)

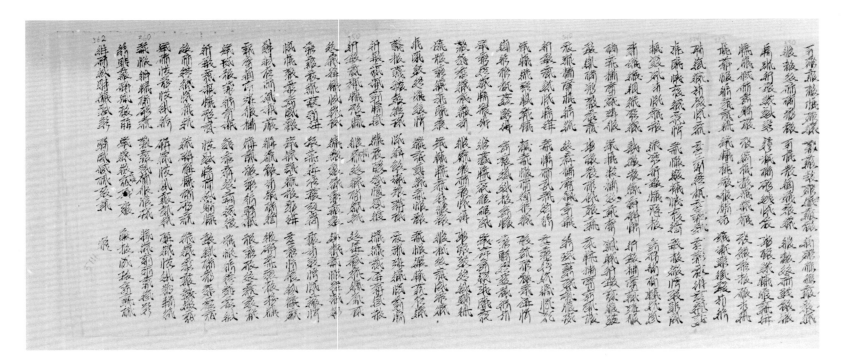

俄 Инв.No.5116　6.令照體性　　　(11-11)

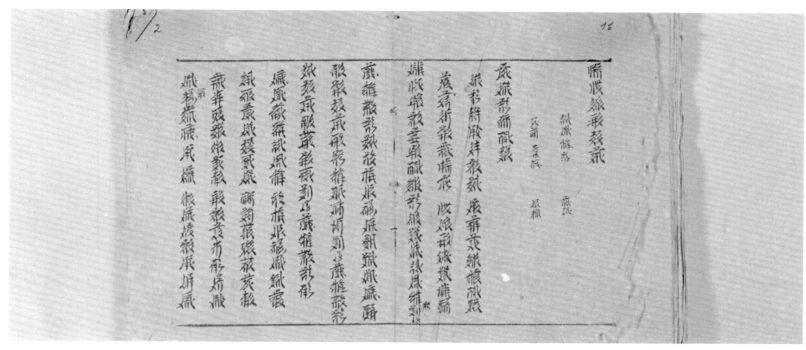

俄Ив.No.2892　止念定礙要門　1.止定礙言傳要門　　　(63-1)

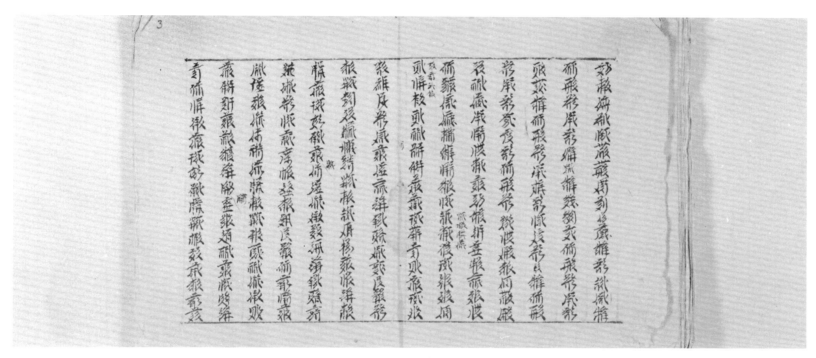

俄Ив.No.2892　1.止定礙言傳要門　　　(63-2)

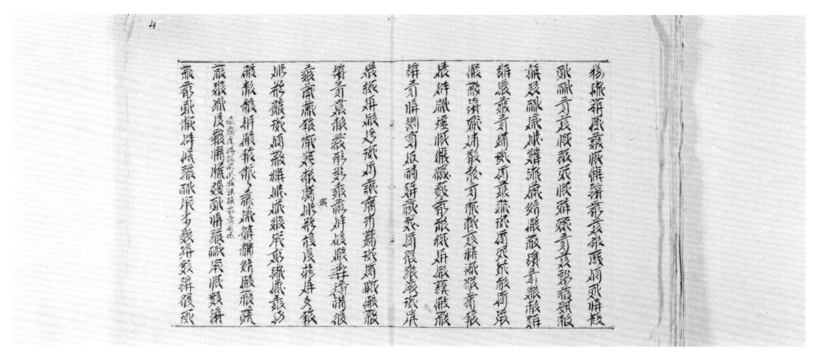

俄Ив.No.2892　1.止定礙言傳要門　　　(63-3)

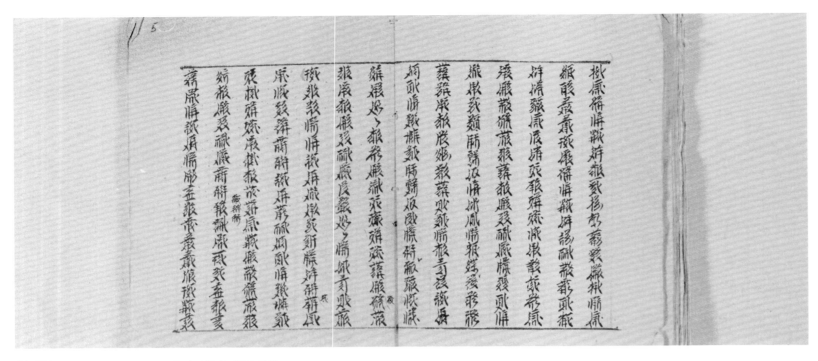

俄 Инв.No.2892　　1.止定礙言傳要門　　　(63-4)

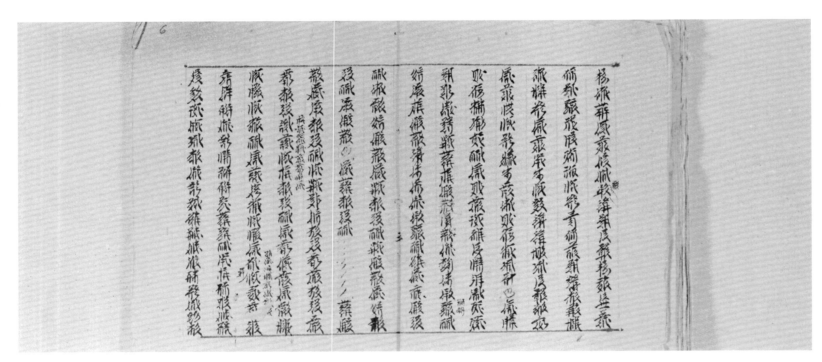

俄 Инв.No.2892　　1.止定礙言傳要門　　　(63-5)

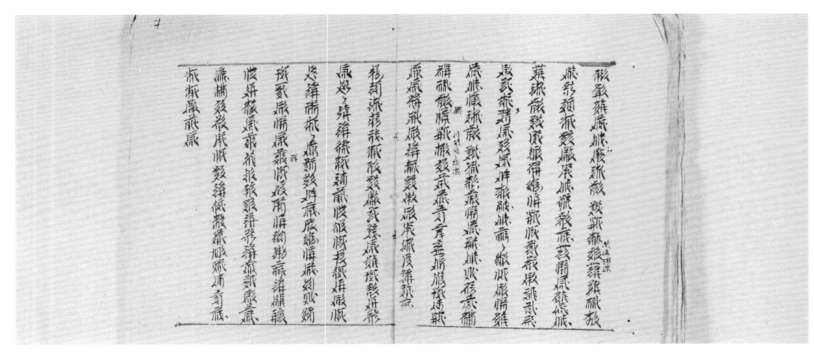

俄 Инв.No.2892　　1.止定礙言傳要門　　　(63-6)

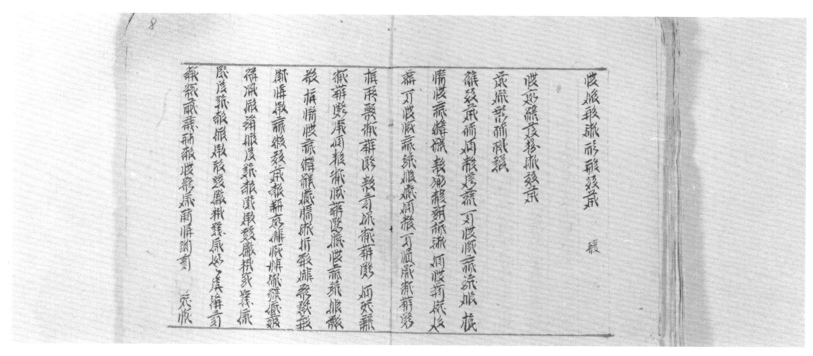

俄 Инв.No.2892　2.治定與相一要門　　　(63-7)

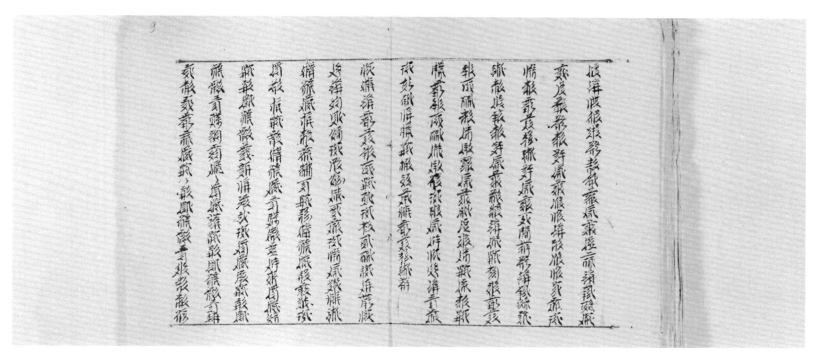

俄 Инв.No.2892　2.治定與相一要門　　　(63-8)

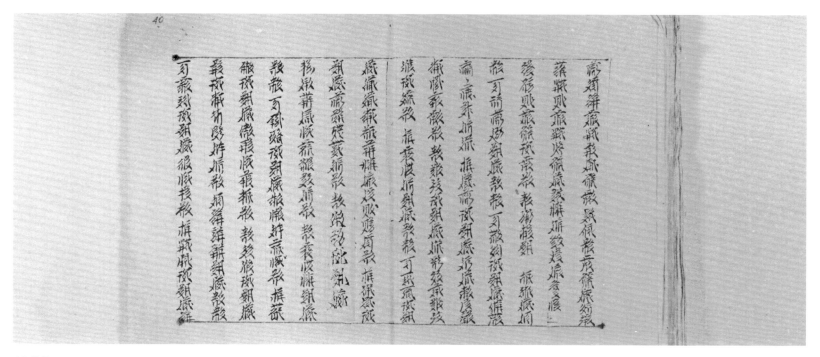

俄 Инв.No.2892　2.治定與相一要門　　　(63-9)

195

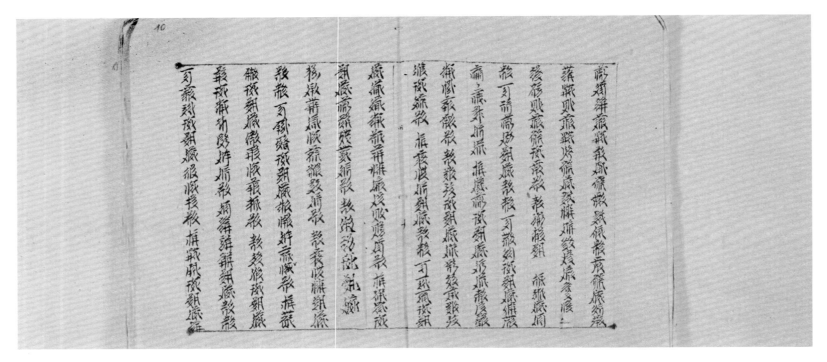

俄Инв.No.2892　2.治定與相一要門　　（63-10）

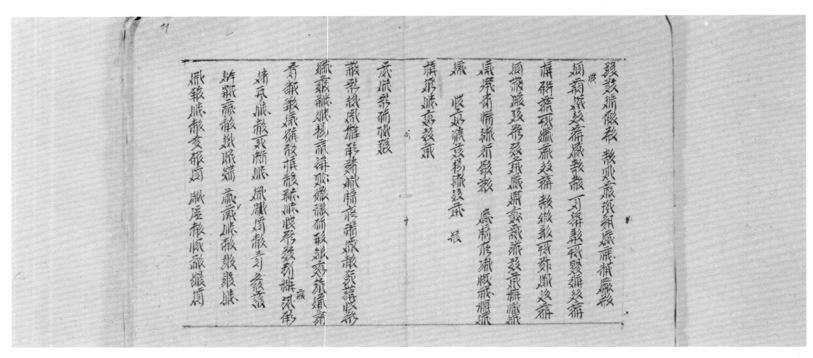

俄Инв.No.2892　3.治二六病要門　　（63-11）

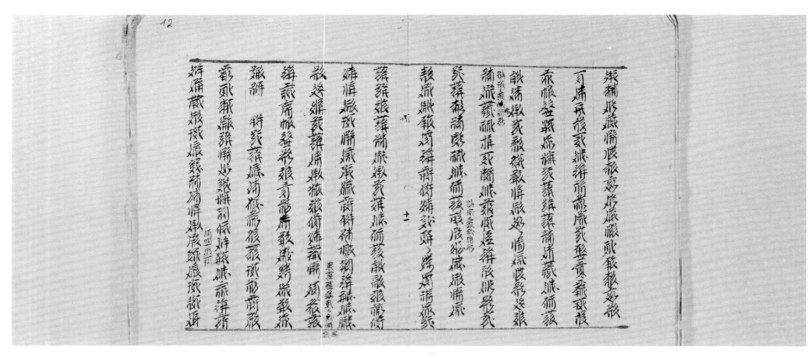

俄Инв.No.2892　3.治二六病要門　　（63-12）

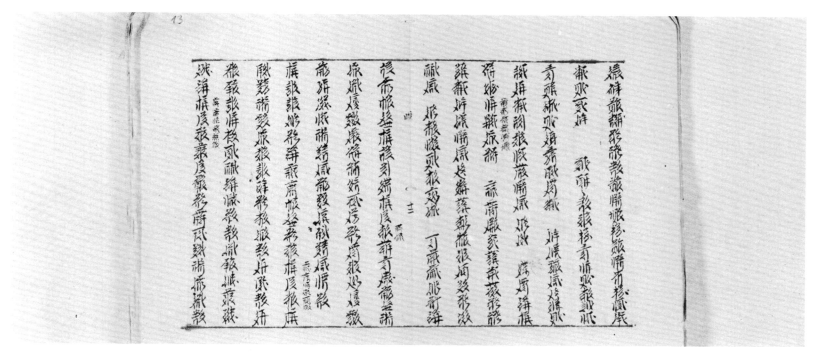

俄**И**нв.No.2892 　3.治二六病要門 　　　(63-13)

俄**И**нв.No.2892 　4.治風礙要門 　　　(63-14)

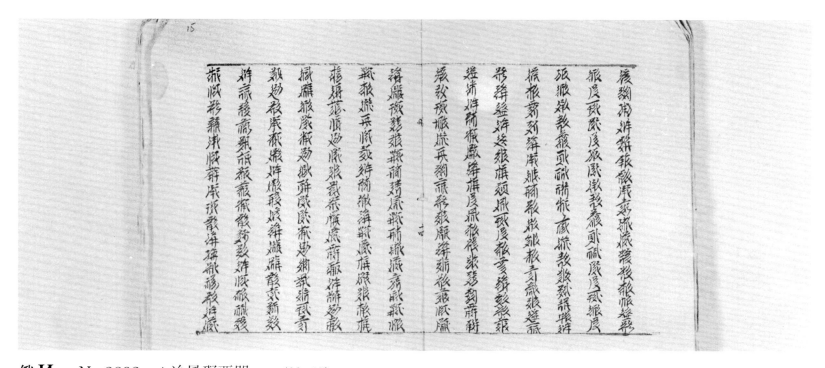

俄**И**нв.No.2892 　4.治風礙要門 　　　(63-15)

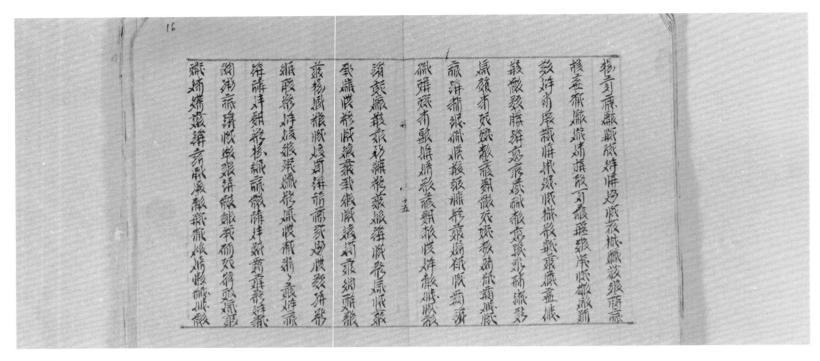

俄 Инв.No.2892　4.治風癥要門　　　（63-16）

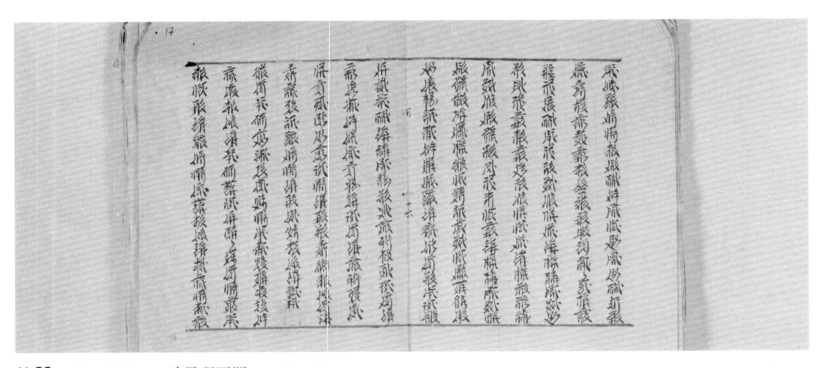

俄 Инв.No.2892　4.治風癥要門　　　（63-17）

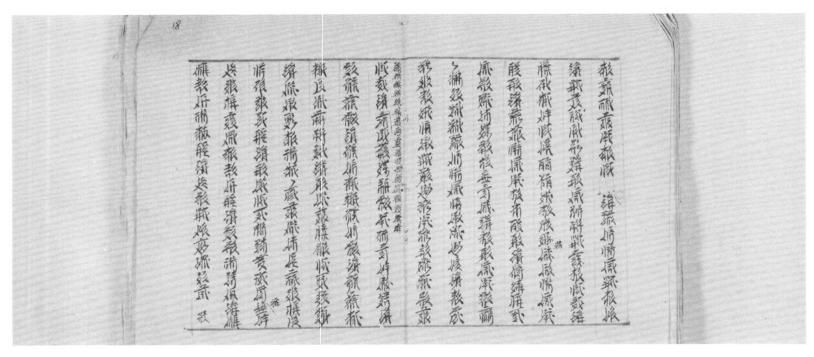

俄 Инв.No.2892　4.治風癥要門　　　（63-18）

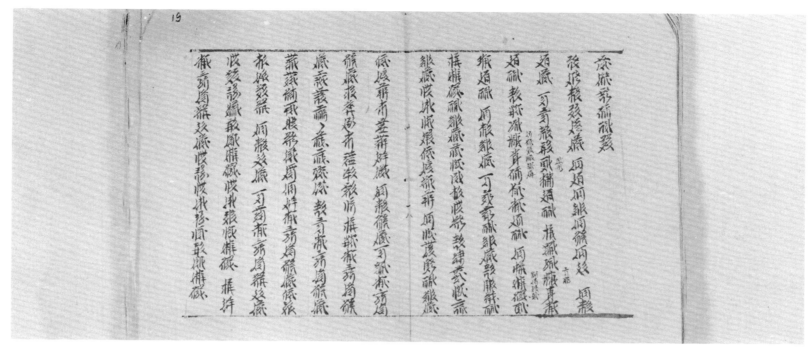

俄 ИНВ.No.2892　5.十六種要門　　　(63-19)

俄 ИНВ.No.2892　6.驗死相法八種　　(63-20)

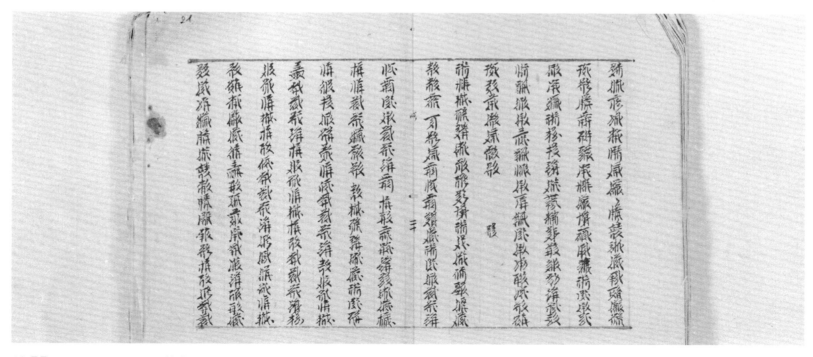

俄 ИНВ.No.2892　7.依氣驗死相略說　　(63-21)

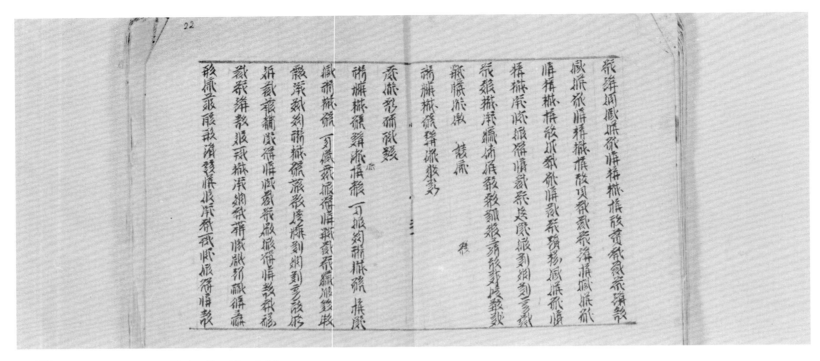

俄 Инв.No.2892　8.依氣驗死相廣說　　(63-22)

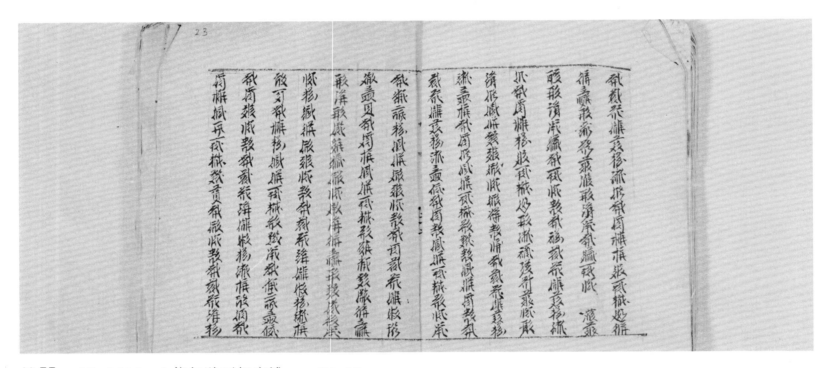

俄 Инв.No.2892　8.依氣驗死相廣說　　(63-23)

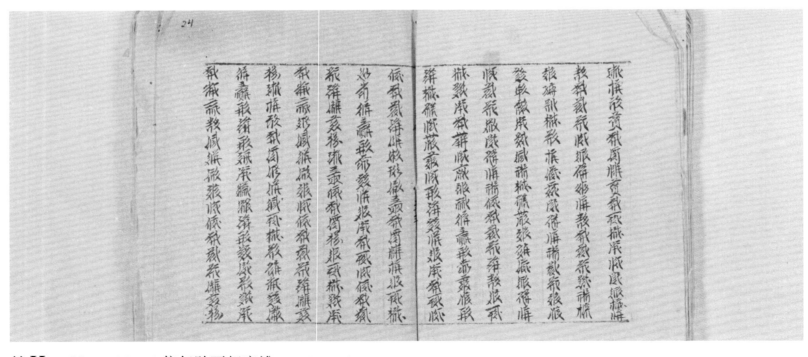

俄 Инв.No.2892　8.依氣驗死相廣說　　(63-24)

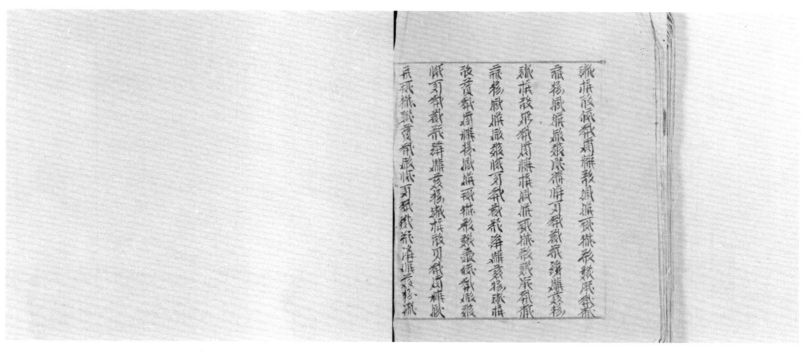

俄 **И**нв.No.2892　8.依氣驗死相廣說　　　(63-25)

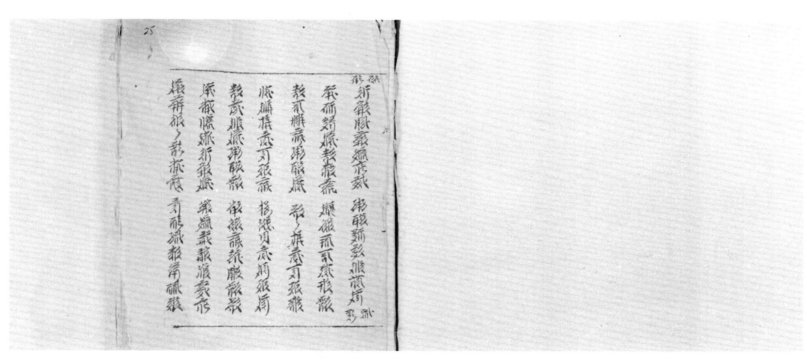

俄 **И**нв.No.2892　令欲樂圓混要門　9.令欲樂圓混要門第一　　(63-26)

俄 **И**нв.No.2892　9.令欲樂圓混要門第一　　(63-27)

俄 **И**нв.No.2892　9.令欲樂圓混要門第一　　　(63-28)

俄 **И**нв.No.2892　10.令與拙火和大樂圓混要門　　(63-29)

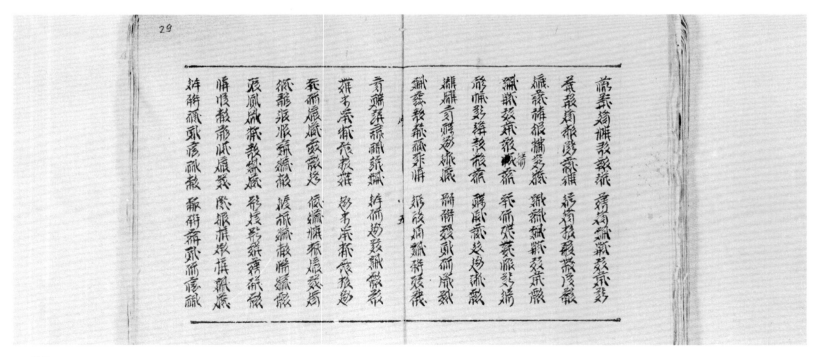

俄 **И**нв.No.2892　10.令與拙火和大樂圓混要門　　(63-30)

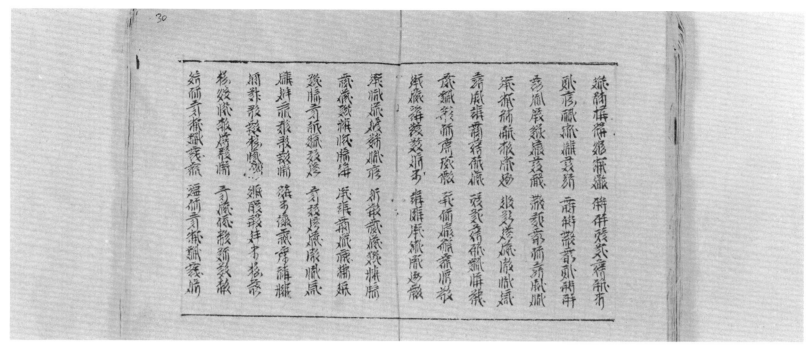

俄 **И**нв.No.2892　10.令與拙火和大樂圓混要門　　　　(63-31)

俄 **И**нв.No.2892　10.令與拙火和大樂圓混要門　　　　(63-32)

俄 **И**нв.No.2892　10.令與拙火和大樂圓混要門　　　　(63-33)

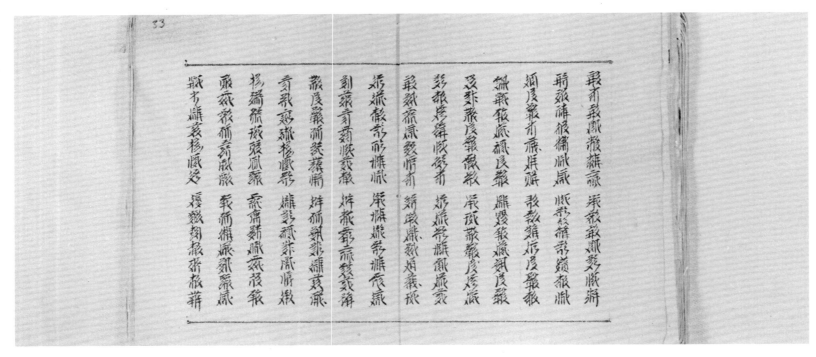

俄 Инв.No.2892　10.令與拙火和大樂圓混要門　　　(63-34)

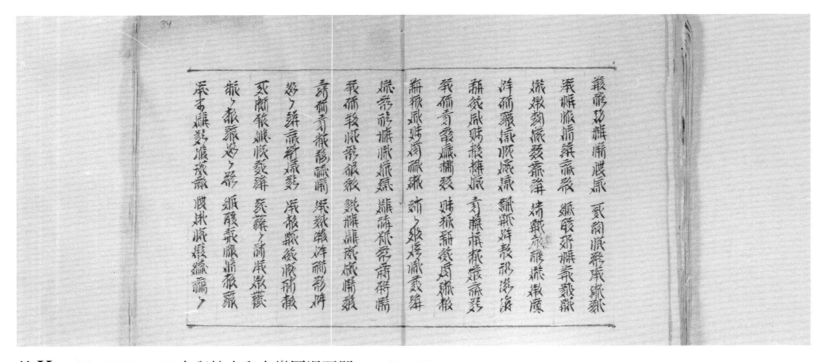

俄 Инв.No.2892　10.令與拙火和大樂圓混要門　　　(63-35)

俄 Инв.No.2892　10.令與拙火和大樂圓混要門　　　(63-36)

俄 Инв.No.2892　　10.令與拙火和大樂圓混要門　　　(63-37)

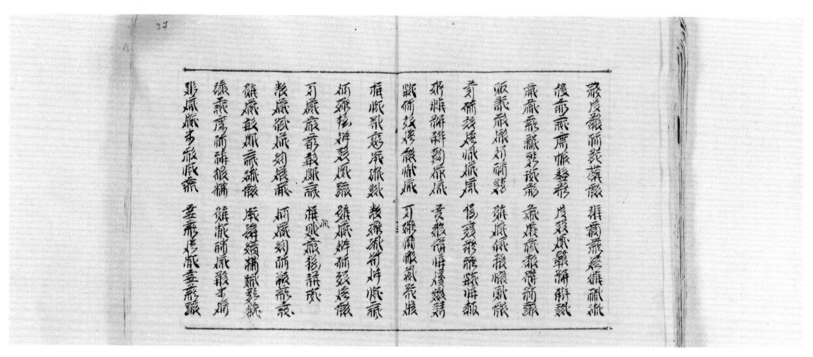

俄 Инв.No.2892　　10.令與拙火和大樂圓混要門　　　(63-38)

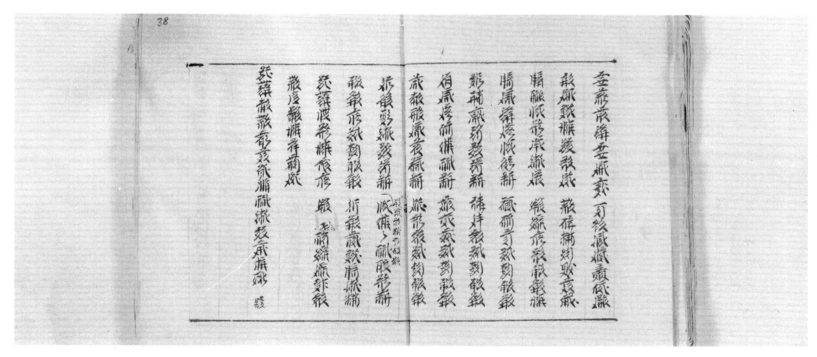

俄 Инв.No.2892　　10.令與拙火和大樂圓混要門　　　(63-39)

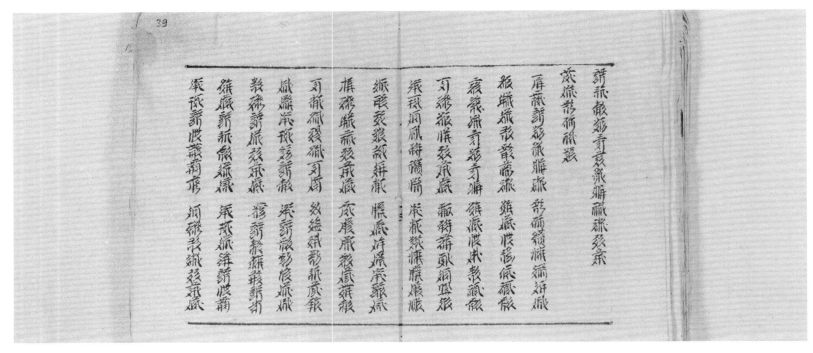

俄 **Инв**.No.2892　11.令與夢境和幻身圓混要門　　　(63-40)

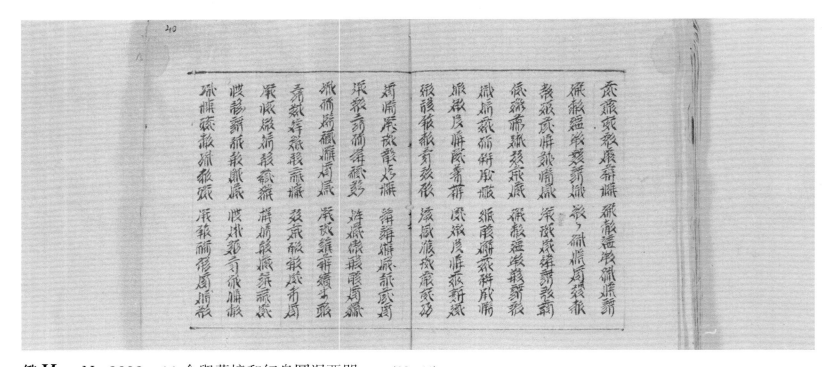

俄 **Инв**.No.2892　11.令與夢境和幻身圓混要門　　　(63-41)

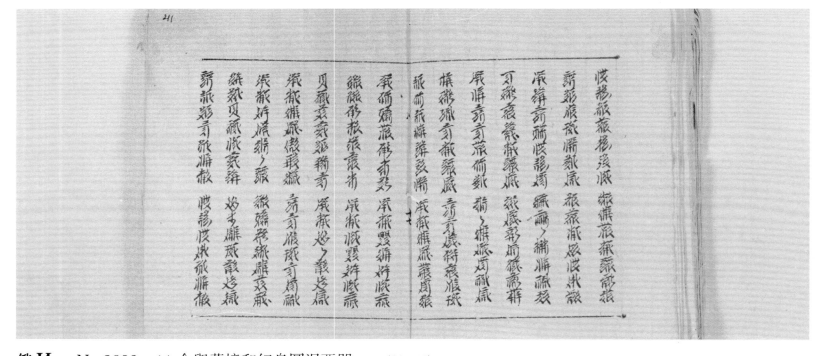

俄 **Инв**.No.2892　11.令與夢境和幻身圓混要門　　　(63-42)

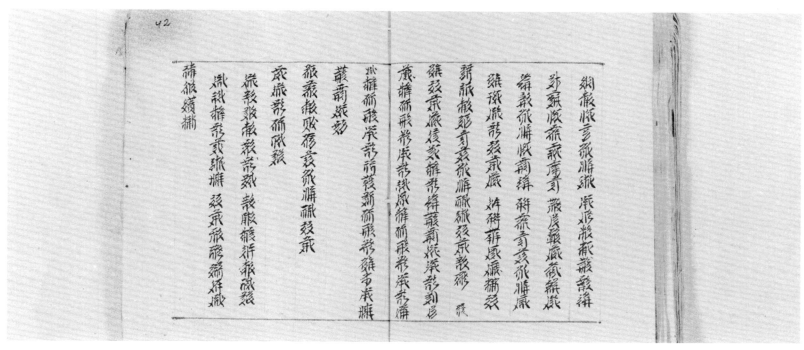

俄Инв.No.2892　12.令與睡眠和光明圓混要門　　　(63-43)

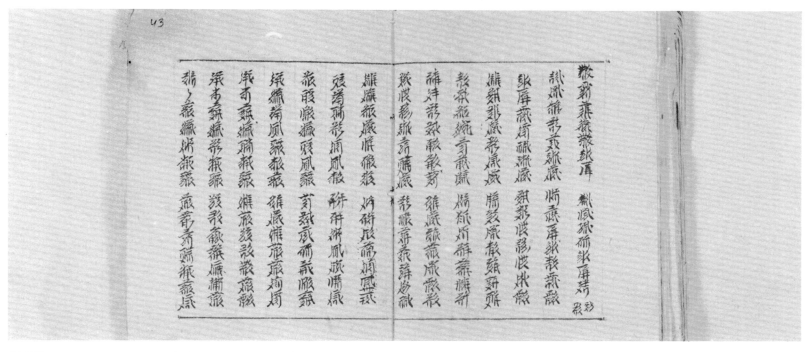

俄Инв.No.2892　12.令與睡眠和光明圓混要門　　　(63-44)

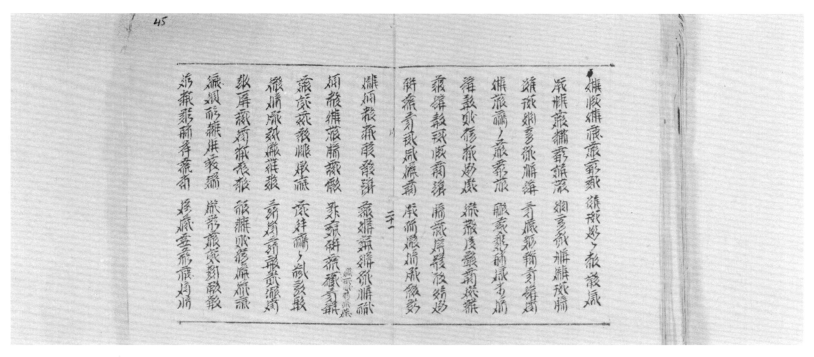

俄Инв.No.2892　12.令與睡眠和光明圓混要門　　　(63-45)

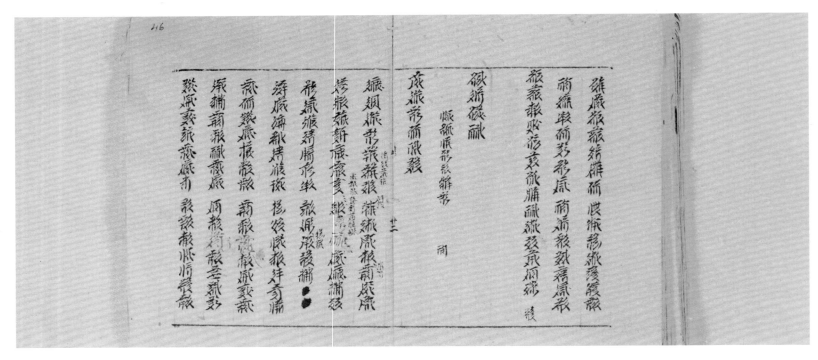

俄 Инв.No.2892　　13.令照無明　　　(63-46)

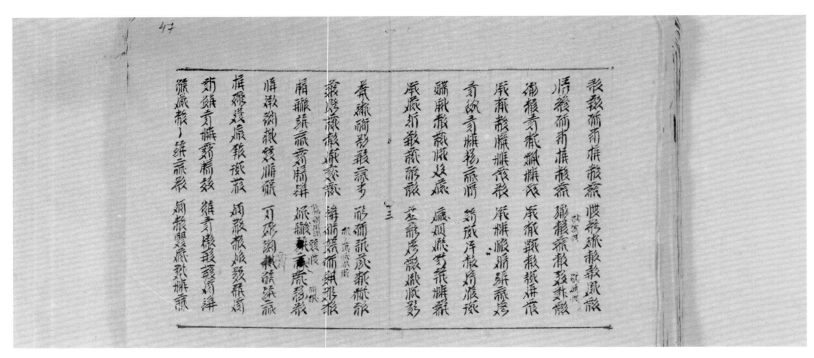

俄 Инв.No.2892　　13.令照無明　　　(63-47)

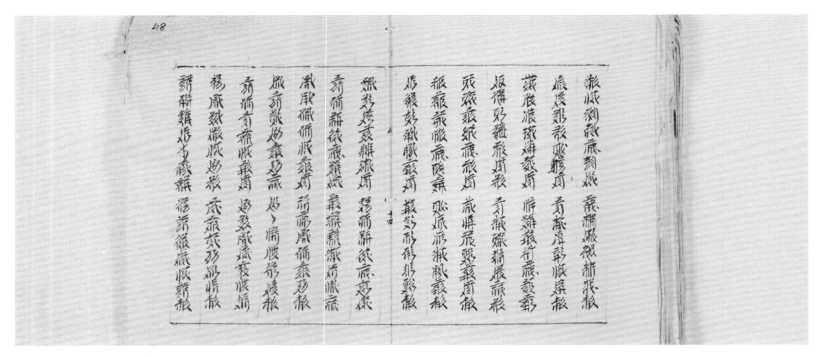

俄 Инв.No.2892　　13.令照無明　　　(63-48)

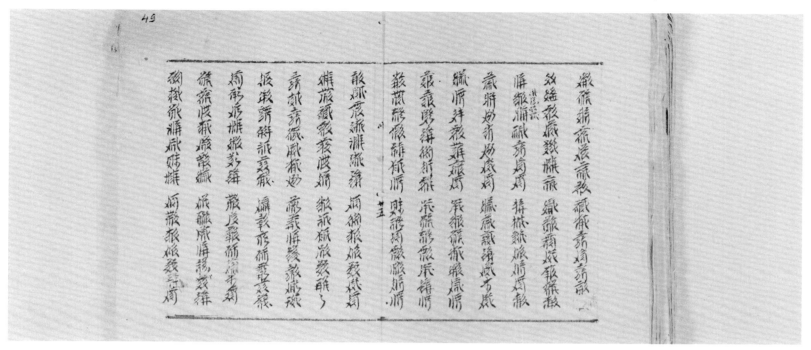

俄 Инв.No.2892　13.令照無明　　　(63-49)

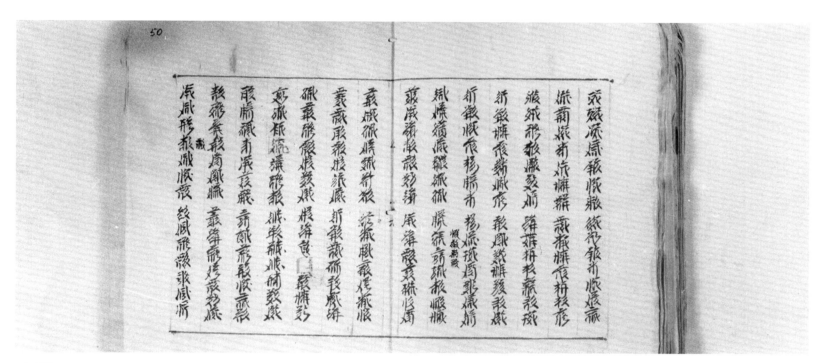

俄 Инв.No.2892　13.令照無明　　　(63-50)

俄 Инв.No.2892　13.令照無明　　　(63-51)

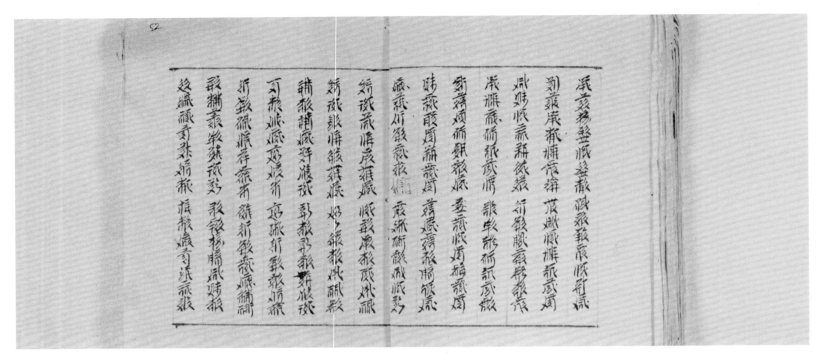

俄 **И**нв.No.2892　　13.令照無明　　　(63–52)

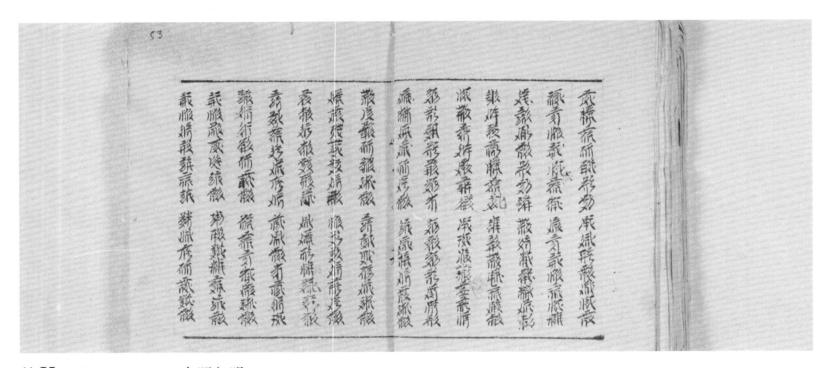

俄 **И**нв.No.2892　　13.令照無明　　　(63–53)

俄 **И**нв.No.2892　　14.令照體性　　　(63–54)

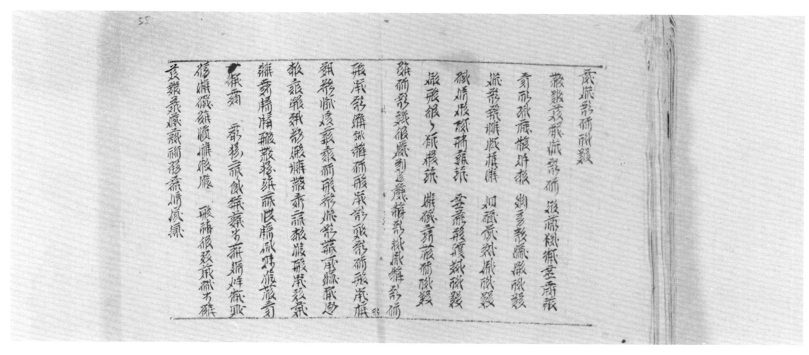

俄Инв.No.2892　14.令照體性　　　　(63-55)

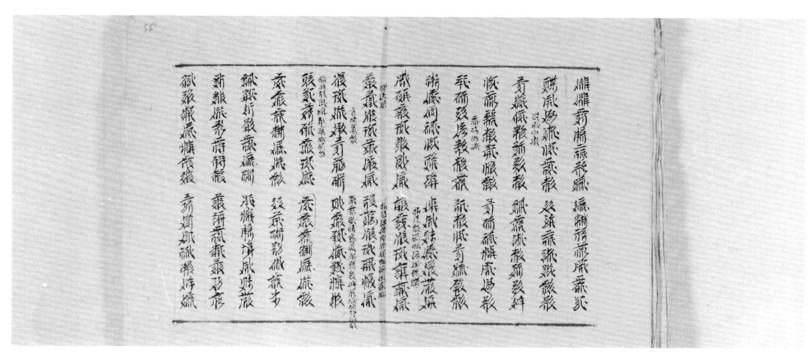

俄Инв.No.2892　14.令照體性　　　　(63-56)

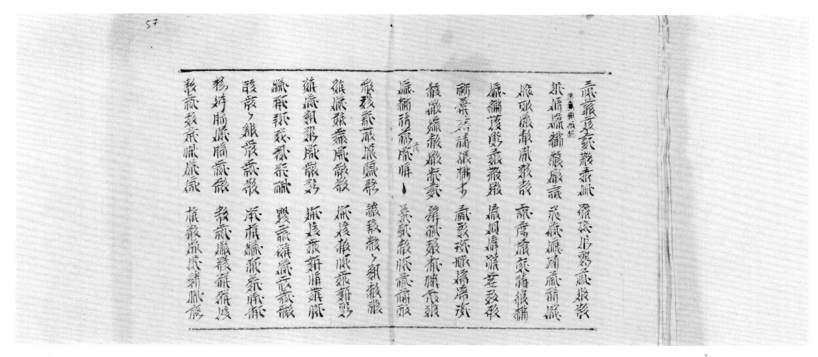

俄Инв.No.2892　14.令照體性　　　　(63-57)

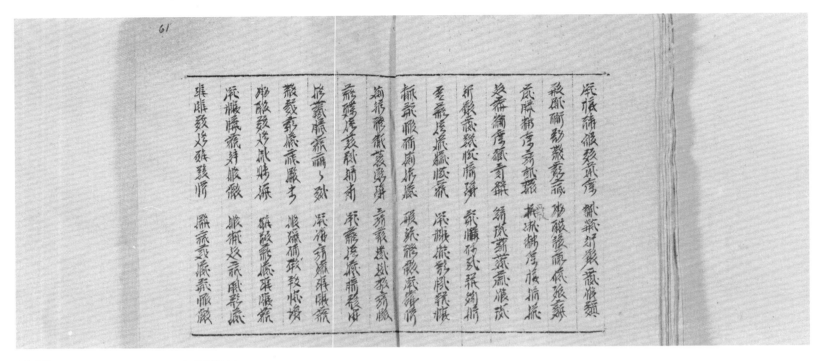

俄 Инв.No.2892　14.令照體性　　　(63-58)

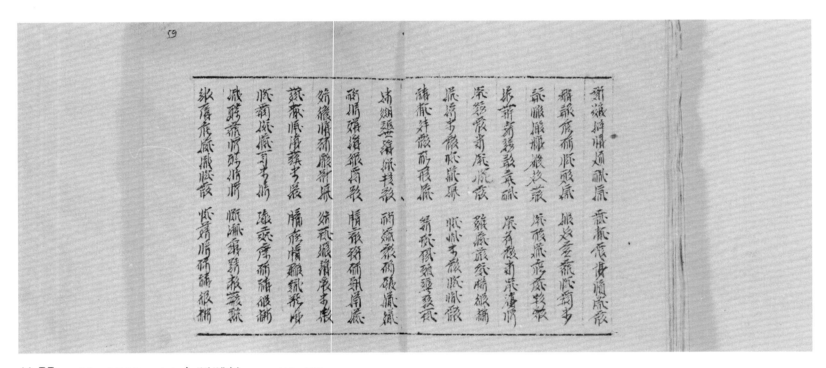

俄 Инв.No.2892　14.令照體性　　　(63-59)

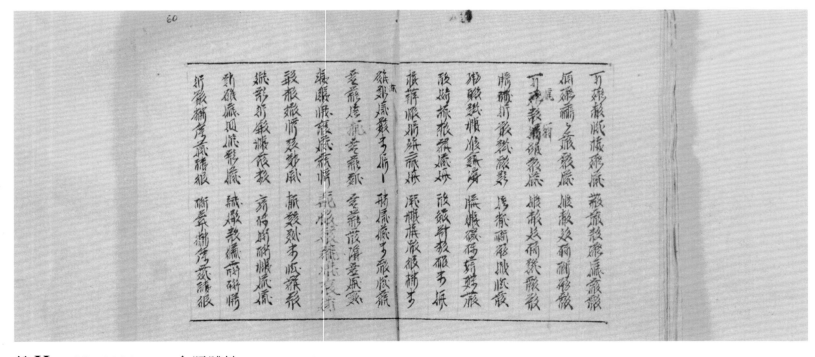

俄 Инв.No.2892　14.令照體性　　　(63-60)

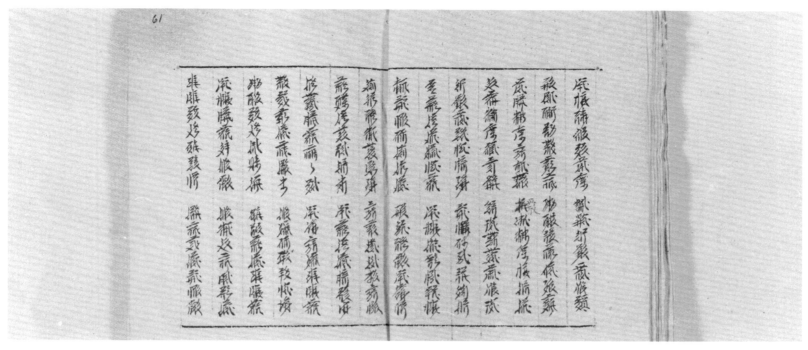

俄 Инв.No.2892　14.令照體性　　　(63-61)

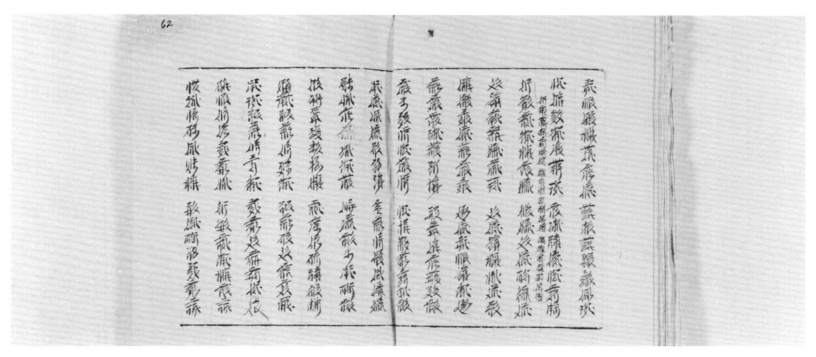

俄 Инв.No.2892　14.令照體性　　　(63-62)

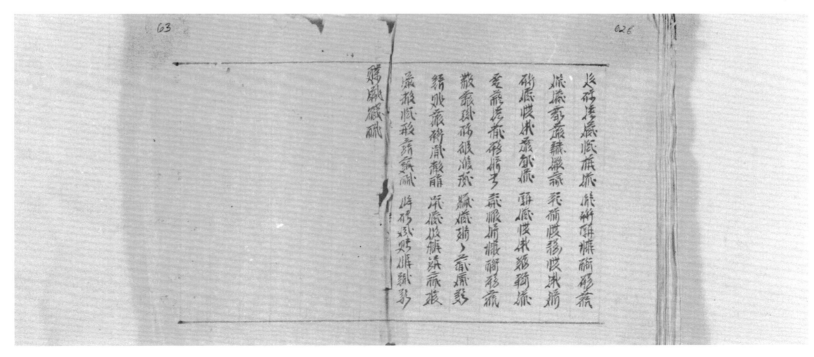

俄 Инв.No.2892　14.令照體性　　　(63-63)

213

俄 **И**нв.No.7218　令欲樂圓混要門　1.令與拙火和大樂圓混要門　2.令與夢境和幻身圓混要門　　　(8-1)

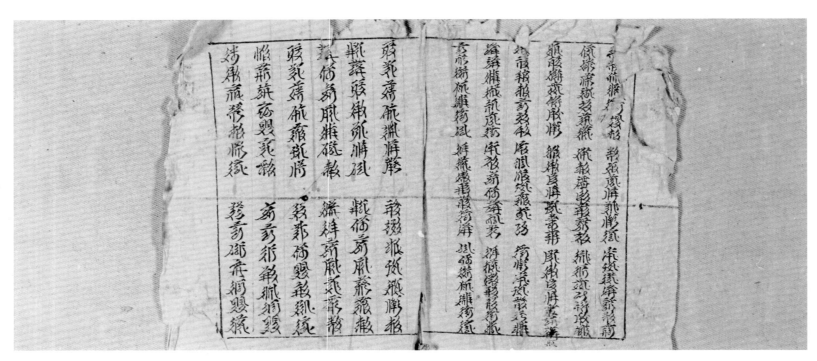

俄 **И**нв.No.7218　令欲樂圓混要門　1.令與拙火和大樂圓混要門　2.令與夢境和幻身圓混要門　　　(8-2)

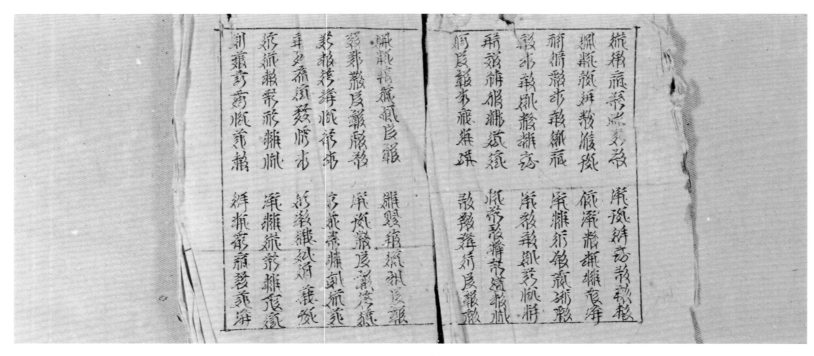

俄 **И**нв.No.7218　令欲樂圓混要門　1.令與拙火和大樂圓混要門　2.令與夢境和幻身圓混要門　　　(8-3)

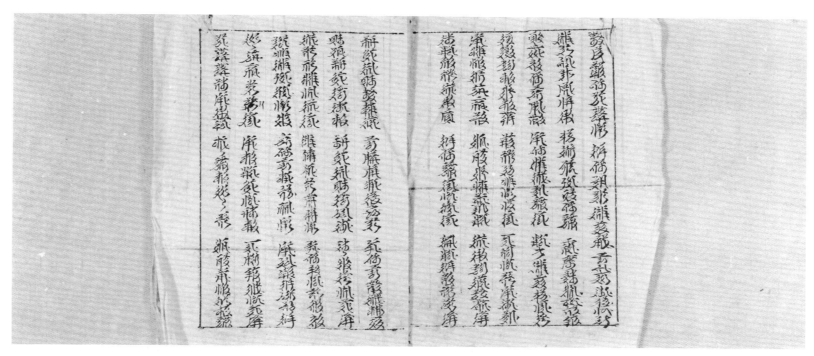

俄 Инв.No.7218　令欲樂圓混要門　1.令與拙火和大樂圓混要門　2.令與夢境和幻身圓混要門　　　(8-4)

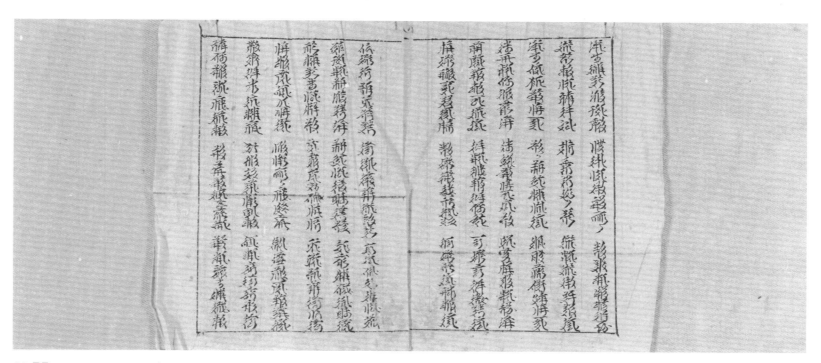

俄 Инв.No.7218　令欲樂圓混要門　1.令與拙火和大樂圓混要門　2.令與夢境和幻身圓混要門　　　(8-5)

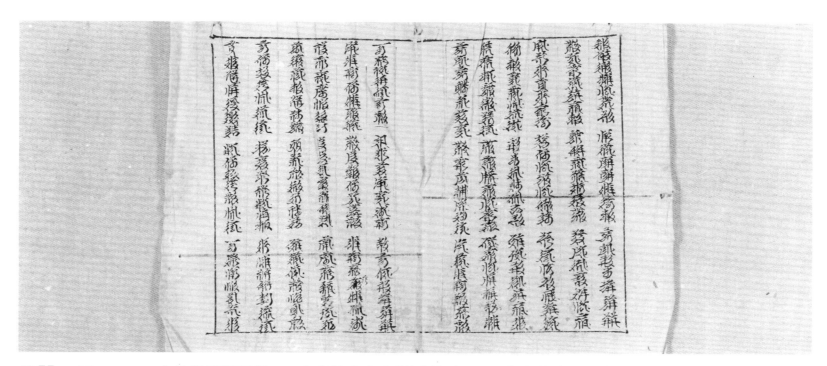

俄 Инв.No.7218　令欲樂圓混要門　1.令與拙火和大樂圓混要門　2.令與夢境和幻身圓混要門　　　(8-6)

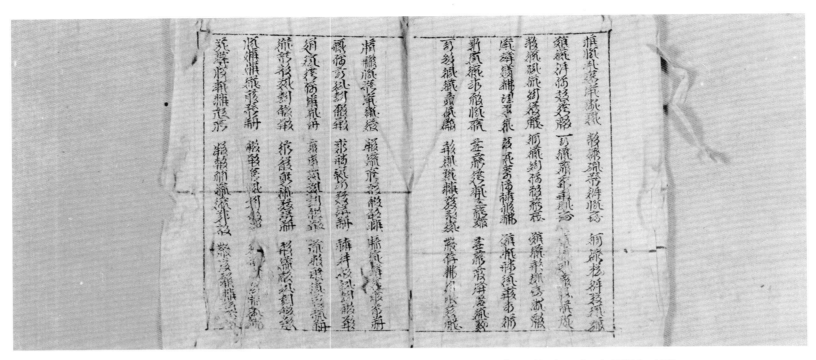

俄 **И**нв.No.7218　令欲樂圓混要門　1.令與拙火和大樂圓混要門　2.令與夢境和幻身圓混要門　　　(8-7)

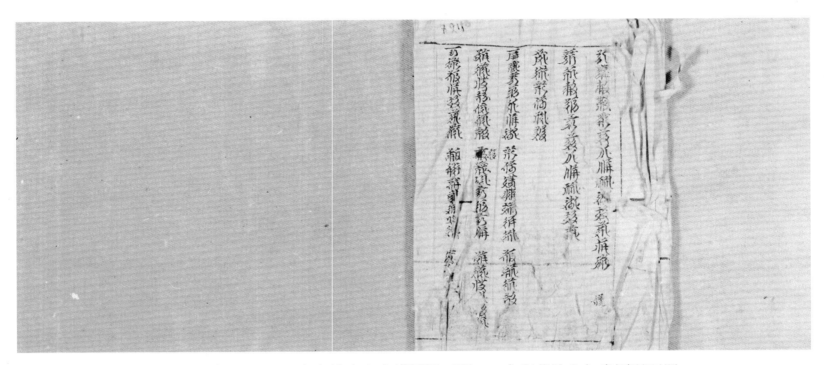

俄 **И**нв.No.7218　令欲樂圓混要門　1.令與拙火和大樂圓混要門　2.令與夢境和幻身圓混要門　　　(8-8)

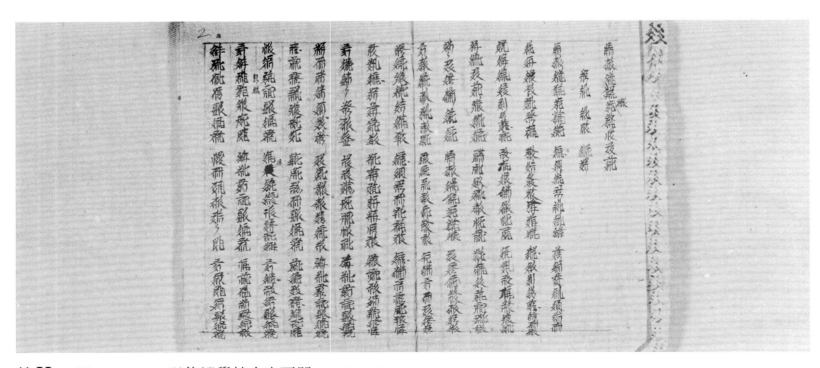

俄 **И**нв.No.2545　1.以修證覺拙火定要門　　　(27-1)

俄 **Инв**.No.2545　1.以修證覺拙火定要門　　　(27-2)

俄 **Инв**.No.2545　1.以修證覺拙火定要門　　　(27-3)

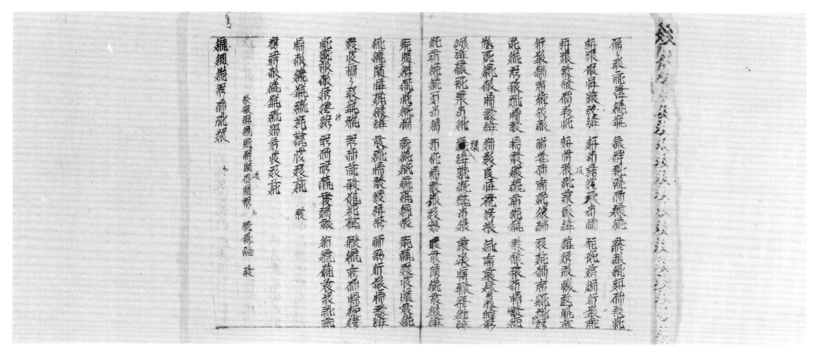

俄 **Инв**.No.2545　2.以夢證覺幻身定要門　　　(27-4)

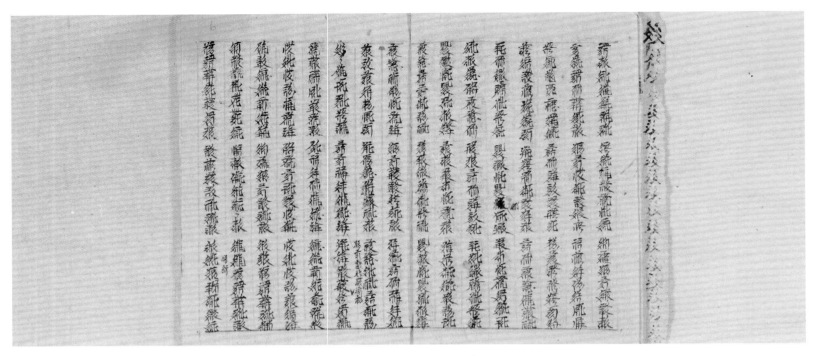

俄 **И**нв.No.2545　2.以夢證覺幻身定要門　　　(27-5)

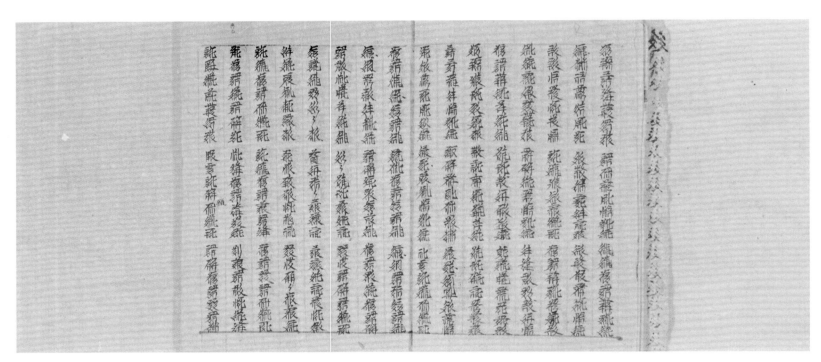

俄 **И**нв.No.2545　2.以夢證覺幻身定要門　　　(27-6)

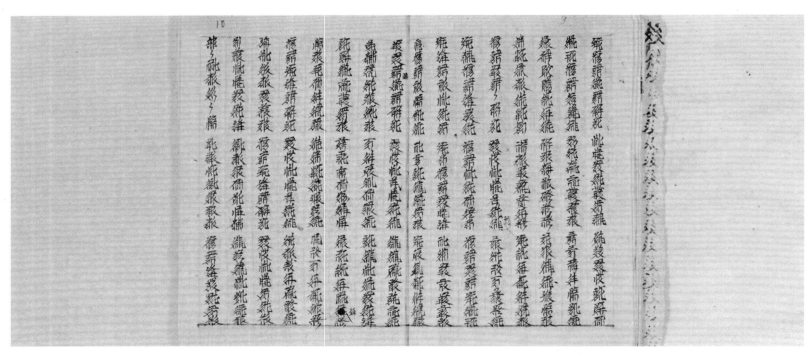

俄 **И**нв.No.2545　2.以夢證覺幻身定要門　　　(27-7)

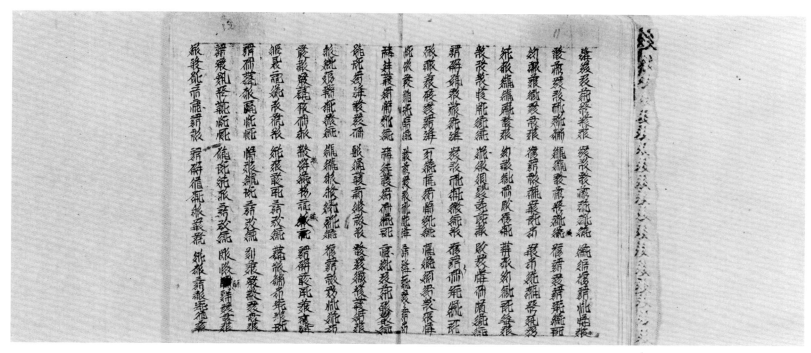

俄 Инв.No.2545　2.以夢證覺幻身定要門　　(27-8)

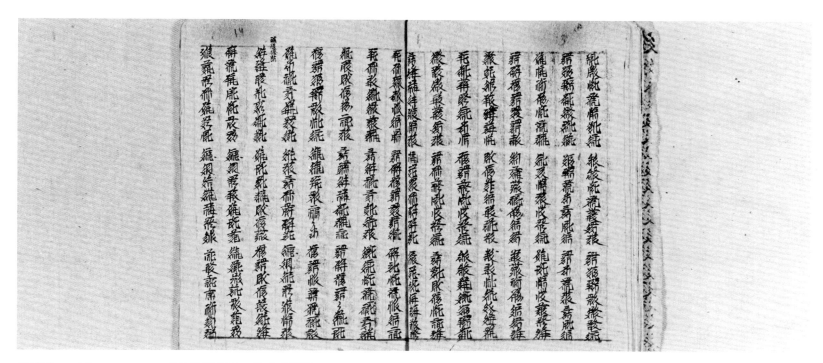

俄 Инв.No.2545　2.以夢證覺幻身定要門　　(27-9)

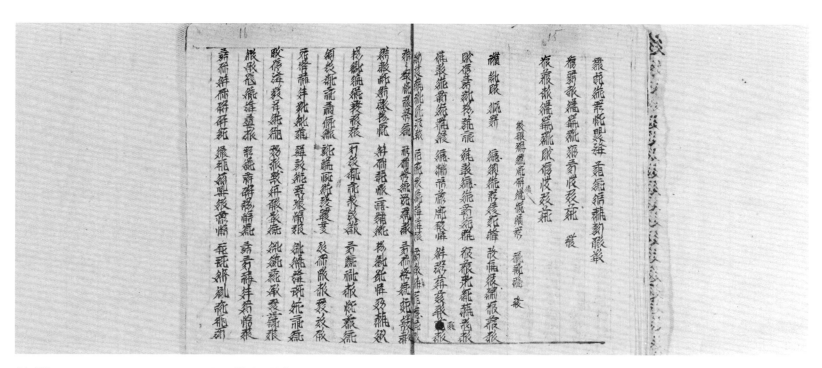

俄 Инв.No.2545　3.以睡眠證覺光明定要門　　(27-10)

219

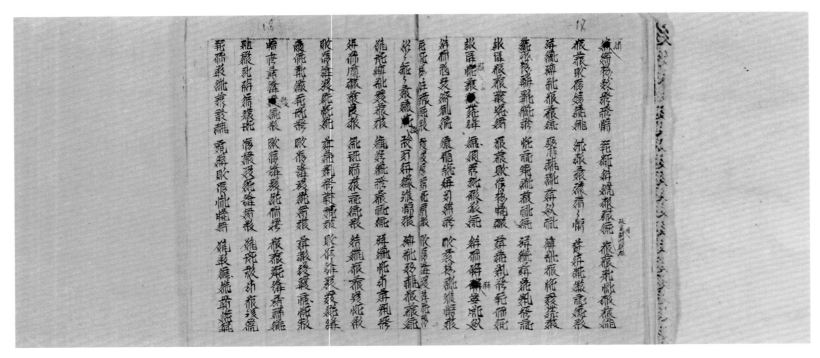

俄 ИHB.No.2545　3.以睡眠證覺光明定要門　　　　(27-11)

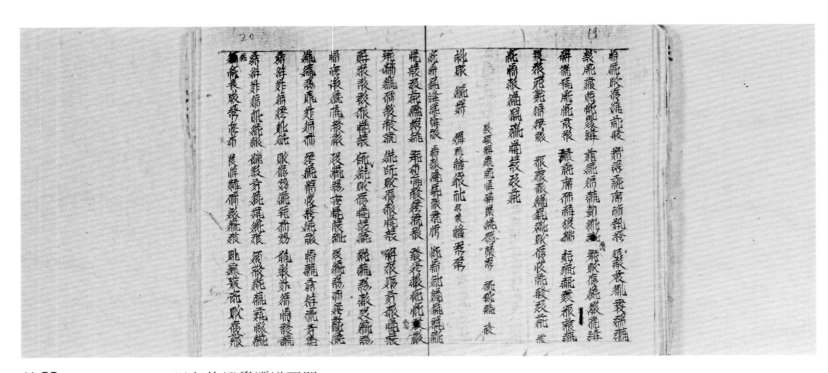

俄 ИHB.No.2545　4.以無修證覺遷識要門　　　　(27-12)

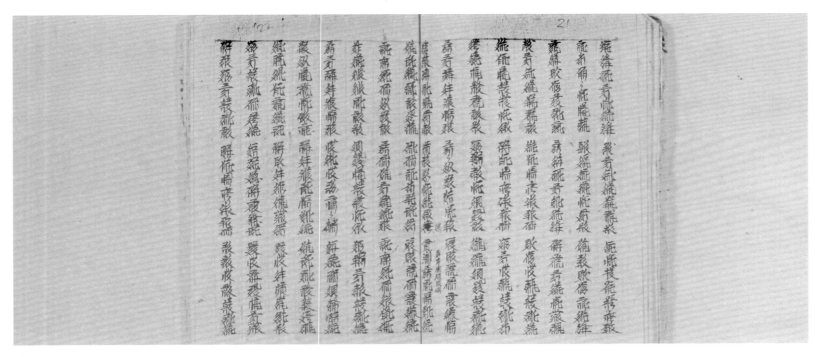

俄 ИHB.No.2545　4.以無修證覺遷識要門　　　　(27-13)

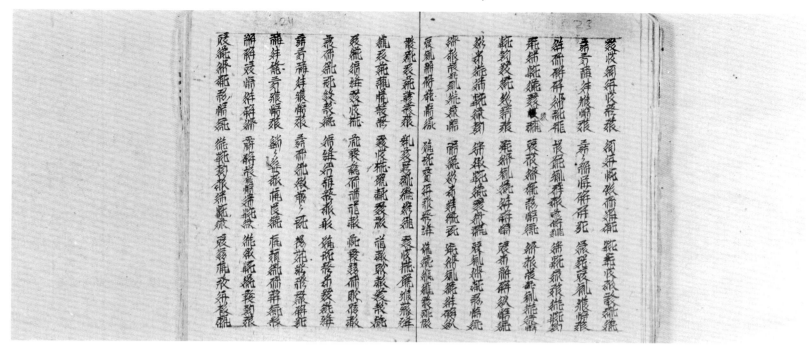

俄 **И**нв.No.2545　4.以無修證覺遷識要門　　　(27-14)

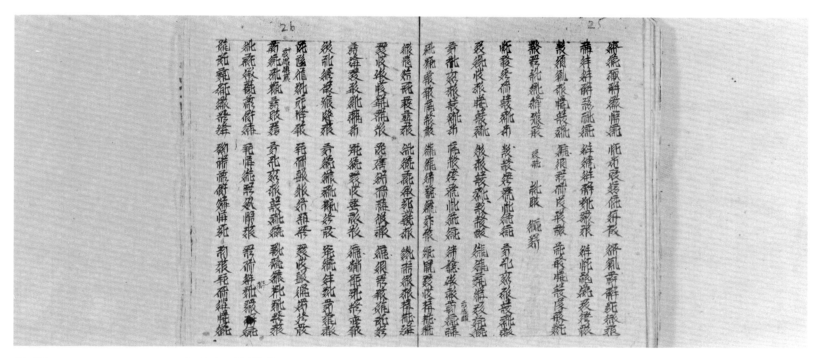

俄 **И**нв.No.2545　4.以無修證覺遷識要門　　　(27-15)

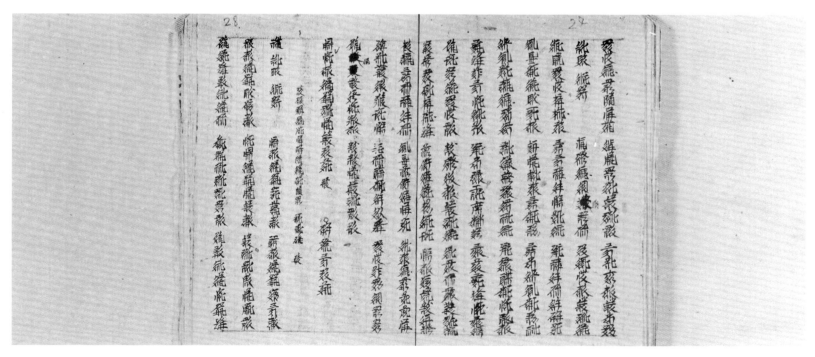

俄 **И**нв.No.2545　5.中有身要門　　　(27-16)

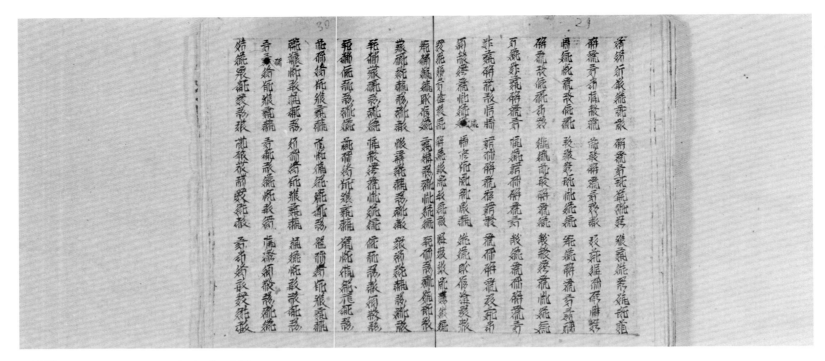

俄 Инв.No.2545　5.中有身要門　　(27-17)

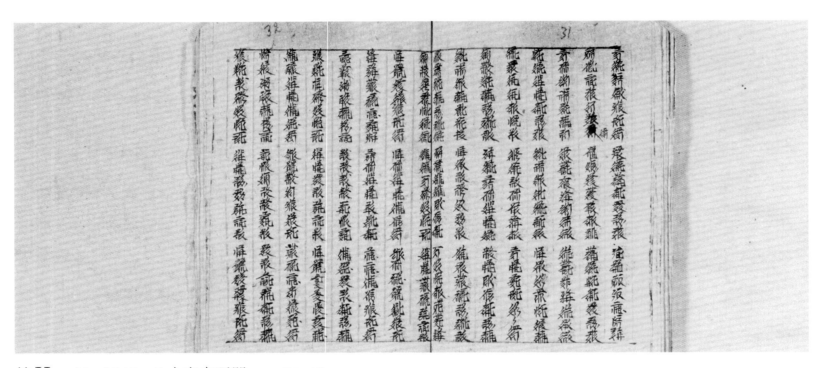

俄 Инв.No.2545　5.中有身要門　　(27-18)

俄 Инв.No.2545　5.中有身要門　　(27-19)

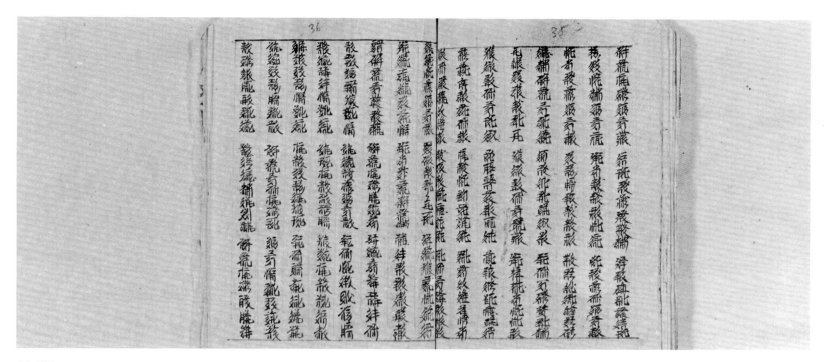

俄Инв.No.2545　5.中有身要門　　　(27−20)

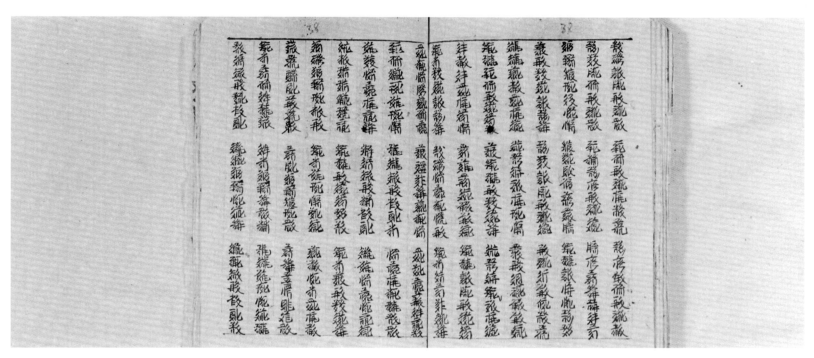

俄Инв.No.2545　5.中有身要門　　　(27−21)

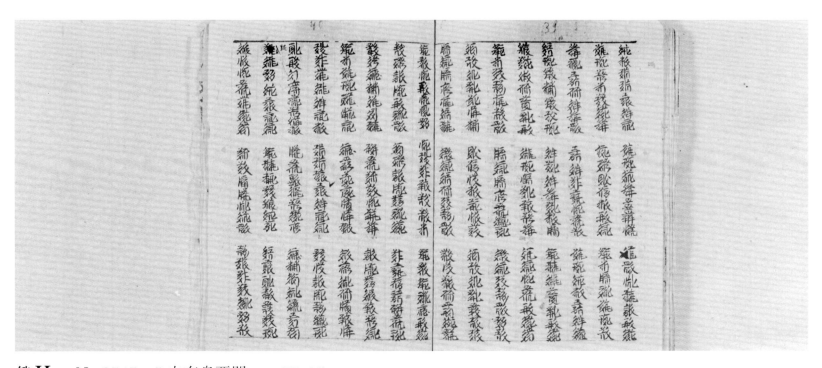

俄Инв.No.2545　5.中有身要門　　　(27−22)

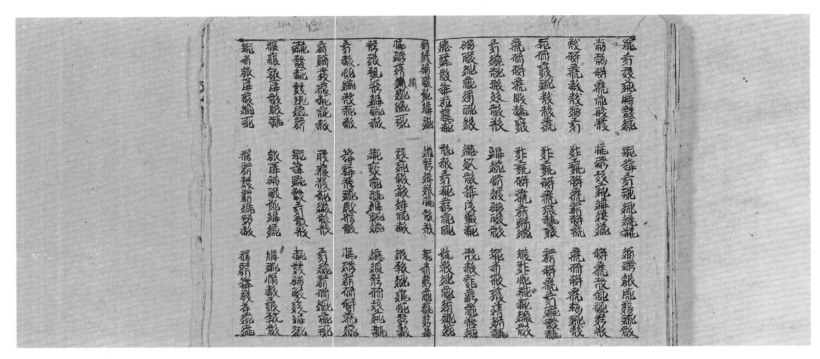

俄 Инв.No.2545　5.中有身要門　　　(27-23)

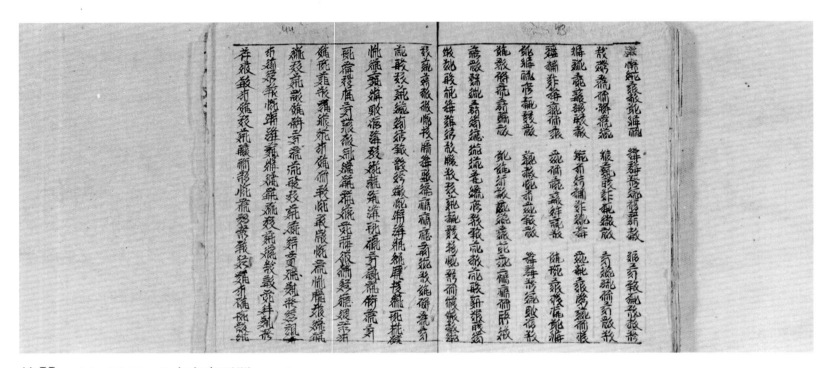

俄 Инв.No.2545　5.中有身要門　　　(27-24)

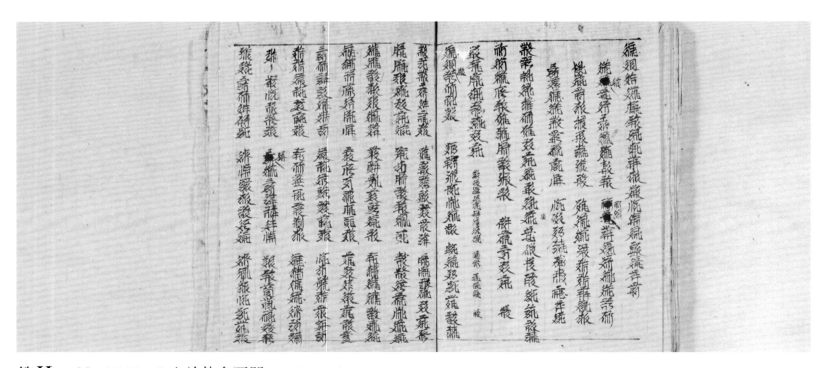

俄 Инв.No.2545　6.入於他舍要門　　(27-25)

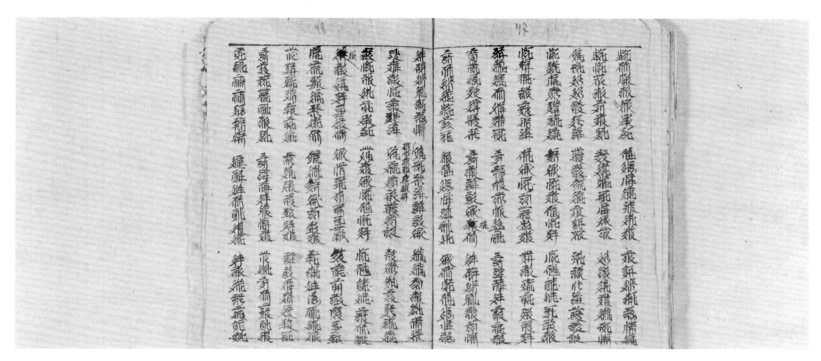

俄 ИHB.No.2545　6.入於他舍要門　　　(27-26)

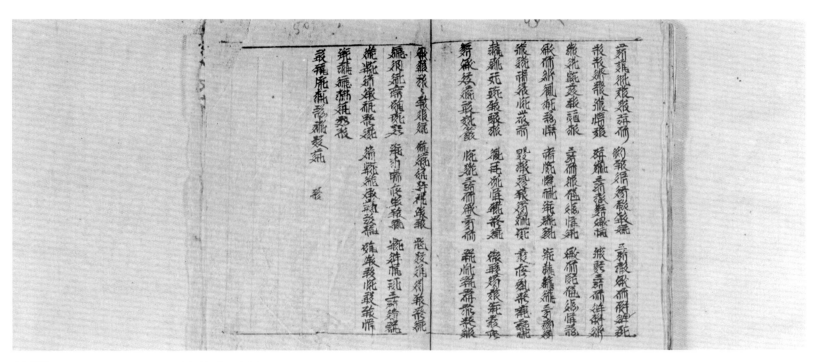

俄 ИHB.No.2545　6.入於他舍要門　　　(27-27)

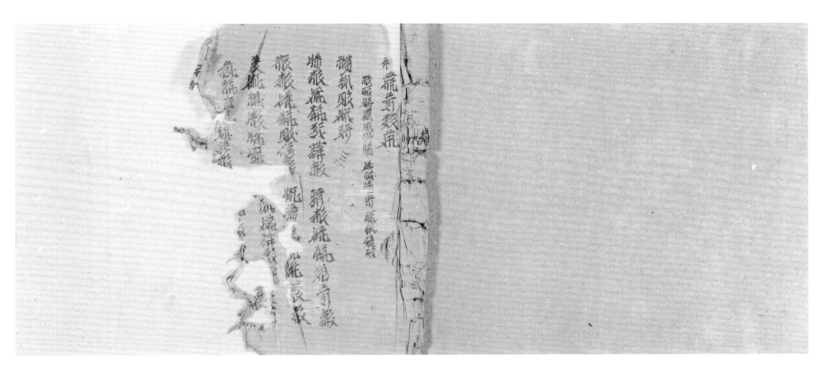

俄 ИHB.No.7116　中有身要門　　　(14-1)

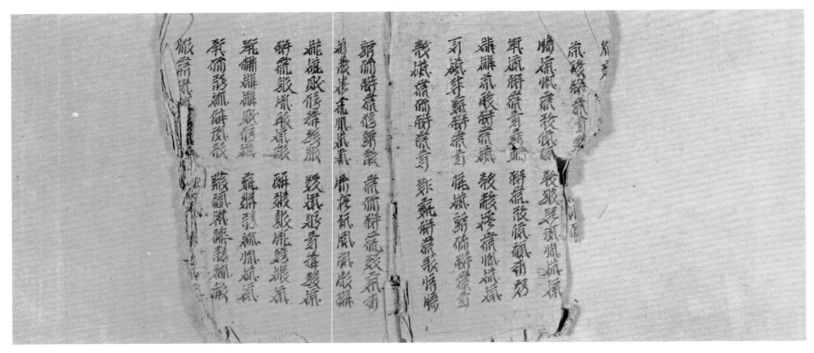

俄 Инв.No.7116　中有身要門　　　(14-2)

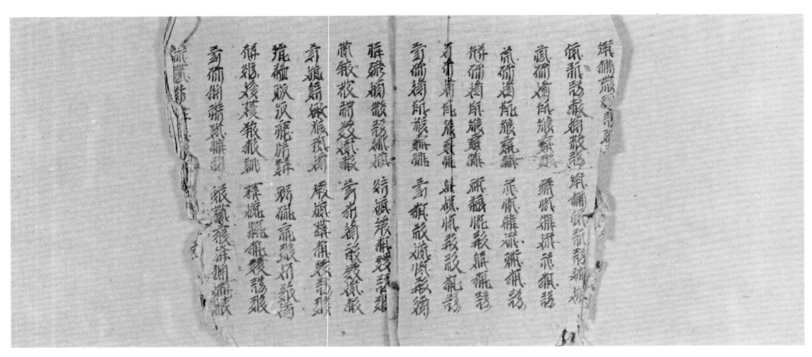

俄 Инв.No.7116　中有身要門　　　(14-3)

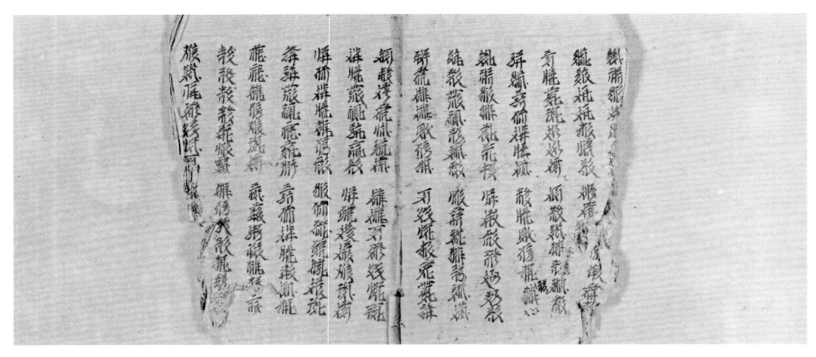

俄 Инв.No.7116　中有身要門　　　(14-4)

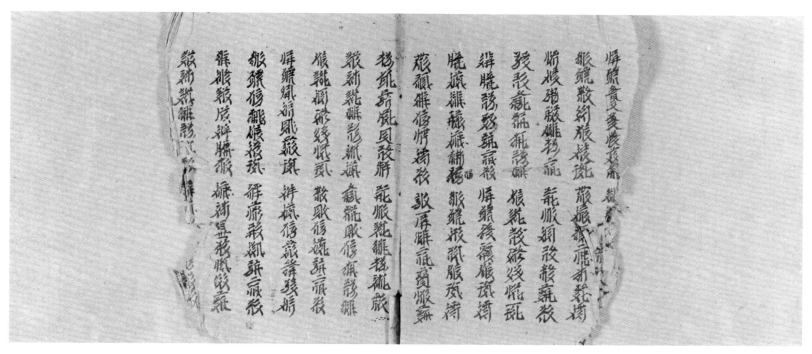

俄 **Инв**.No.7116　中有身要門　　(14-5)

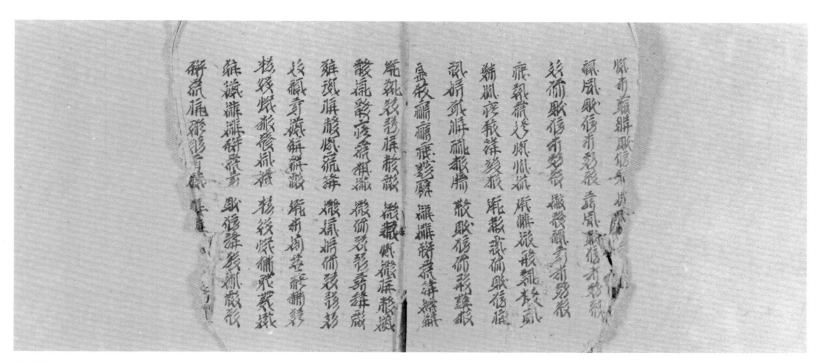

俄 **Инв**.No.7116　中有身要門　　(14-6)

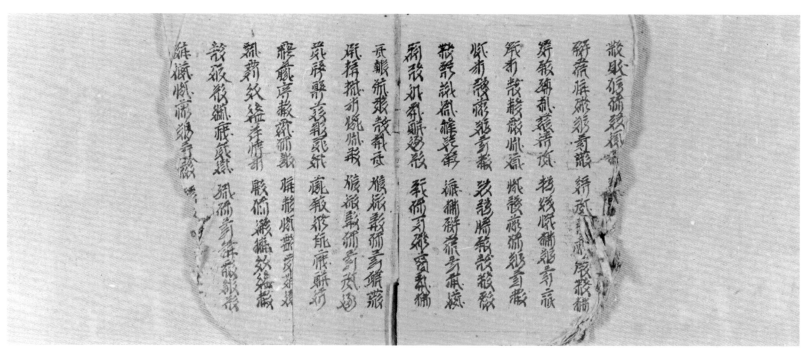

俄 **Инв**.No.7116　中有身要門　　(14-7)

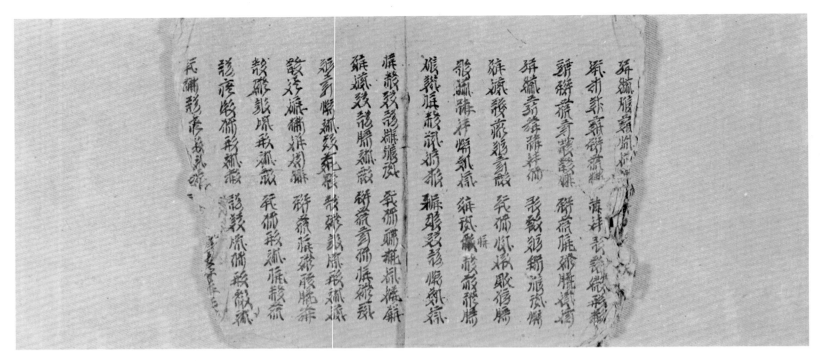

俄 Инв.No.7116　中有身要門　　　(14-8)

俄 Инв.No.7116　中有身要門　　　(14-9)

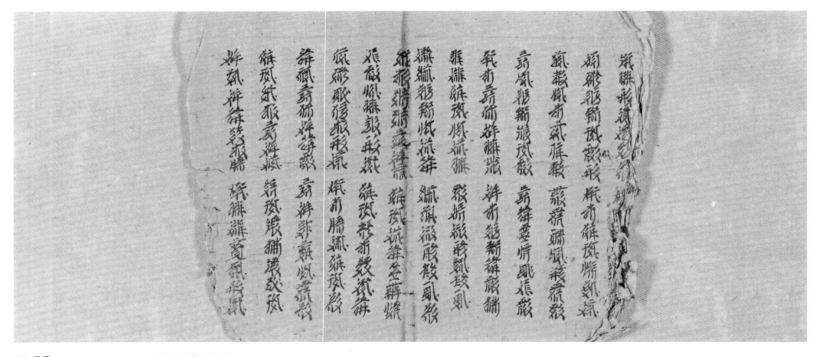

俄 Инв.No.7116　中有身要門　　　(14-10)

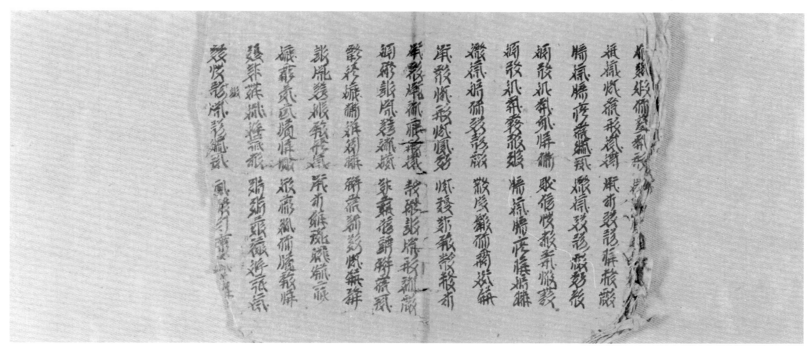

俄 **И**нв.No.7116　中有身要門　　　(14-11)

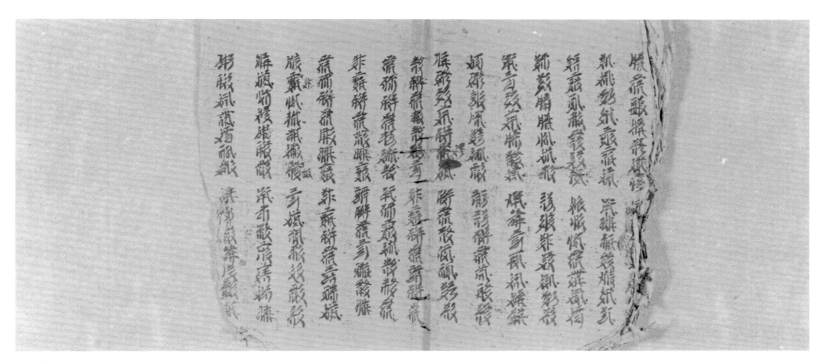

俄 **И**нв.No.7116　中有身要門　　　(14-12)

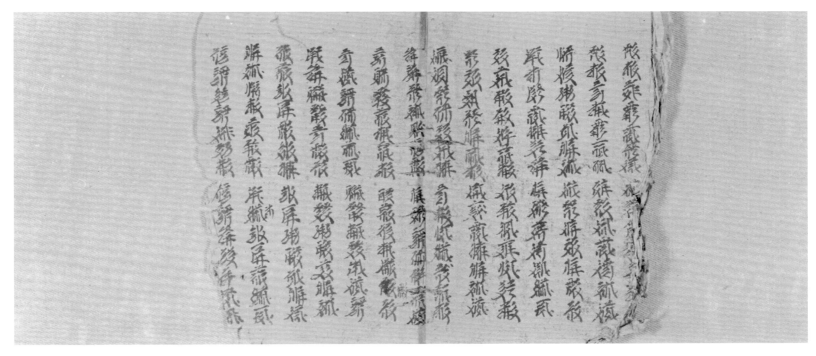

俄 **И**нв.No.7116　中有身要門　　　(14-13)

俄 **И**нв.No.7116　中有身要門　　(14-14)

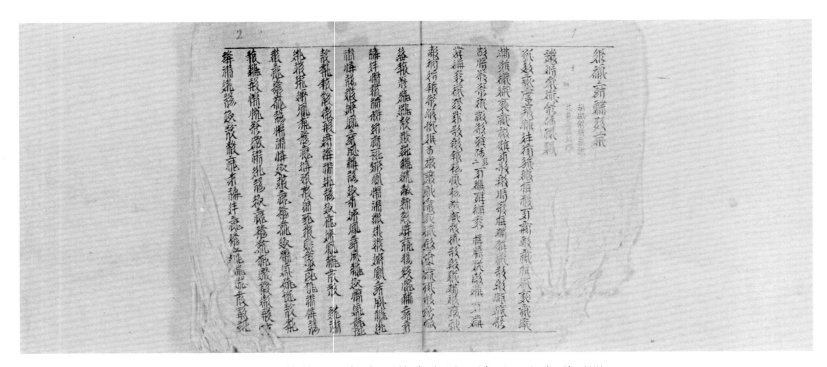

俄 **И**нв.No.2542　六法自體要門　1.依捺囉巴師言所傳令密風入於地心和光明要門　　(46-1)

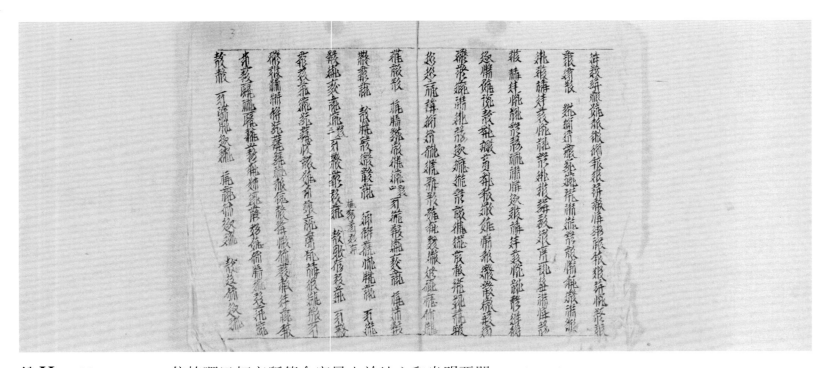

俄 **И**нв.No.2542　1.依捺囉巴師言所傳令密風入於地心和光明要門　　(46-2)

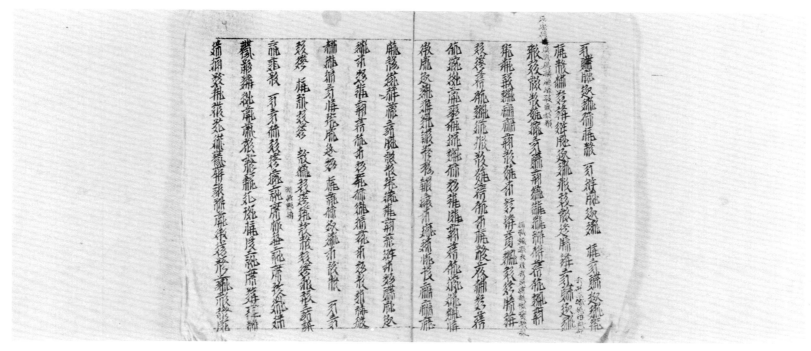

俄 **И**нв.No.2542　1.依捺囉巴師言所傳令密風入於地心和光明要門　　　(46-3)

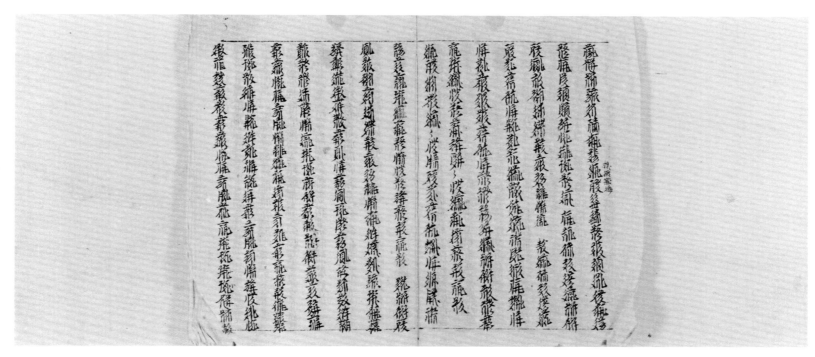

俄 **И**нв.No.2542　1.依捺囉巴師言所傳令密風入於地心和光明要門　　　(46-4)

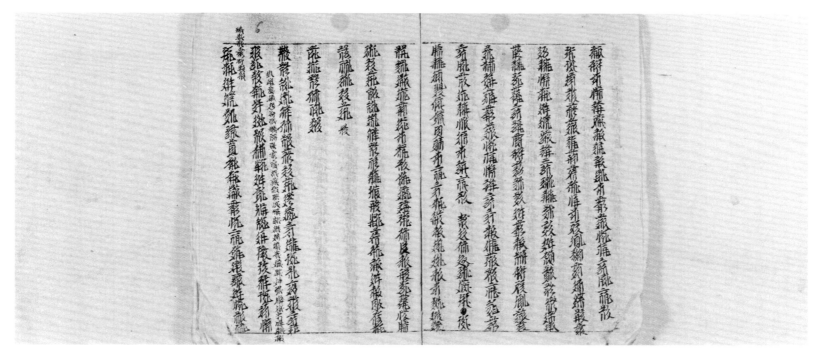

俄 **И**нв.No.2542　2.大師捺囉巴之心諦要門義　　　(46-5)

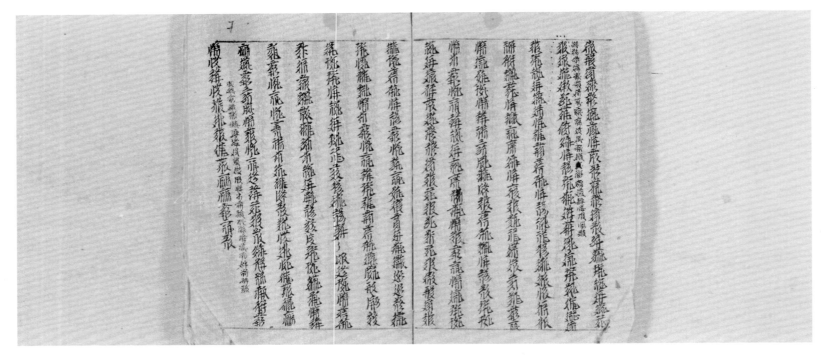

俄 Инв.No.2542　2.大師捺囉巴之心諦要門義　　　(46-6)

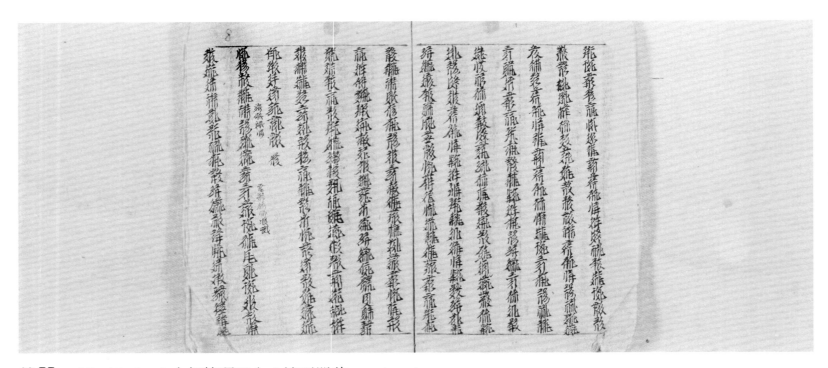

俄 Инв.No.2542　2.大師捺囉巴之心諦要門義　　　(46-7)

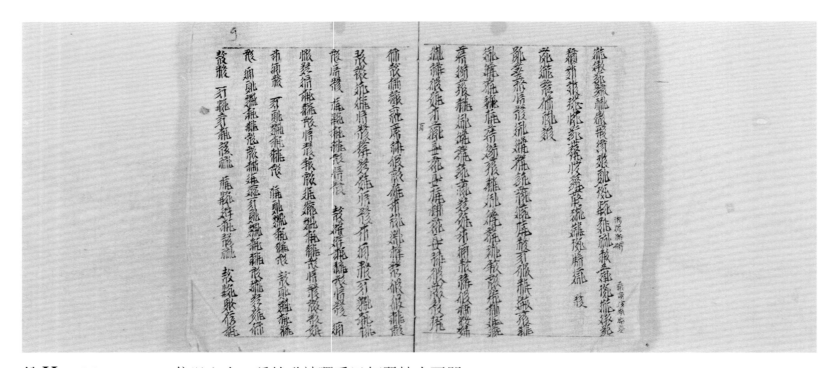

俄 Инв.No.2542　3.依以上十二種銘哆辣囉悉巴師習拙火要門　(46-8)

232

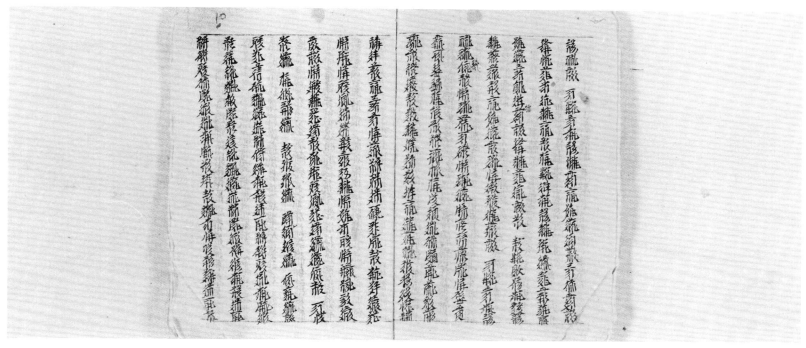

俄ИнB.No.2542 3.依以上十二種銘哆辣囉悉巴師習拙火要門 (46-9)

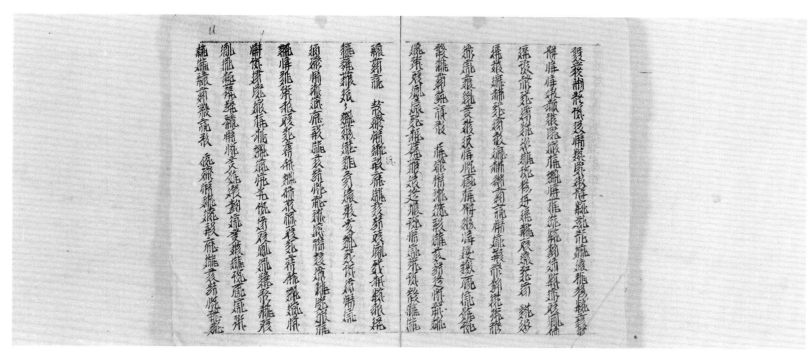

俄ИнB.No.2542 3.依以上十二種銘哆辣囉悉巴師習拙火要門 (46-10)

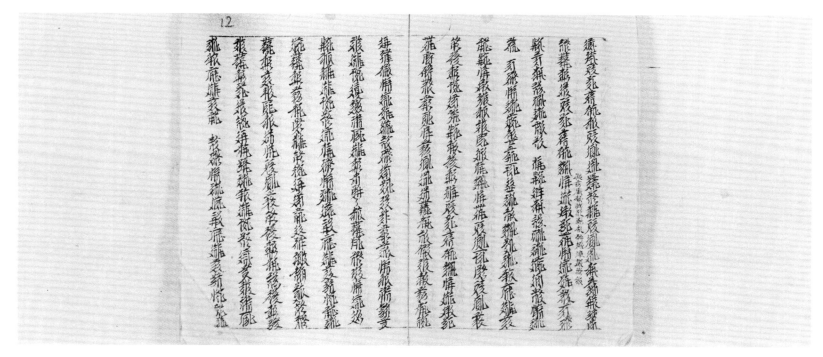

俄ИнB.No.2542 3.依以上十二種銘哆辣囉悉巴師習拙火要門 (46-11)

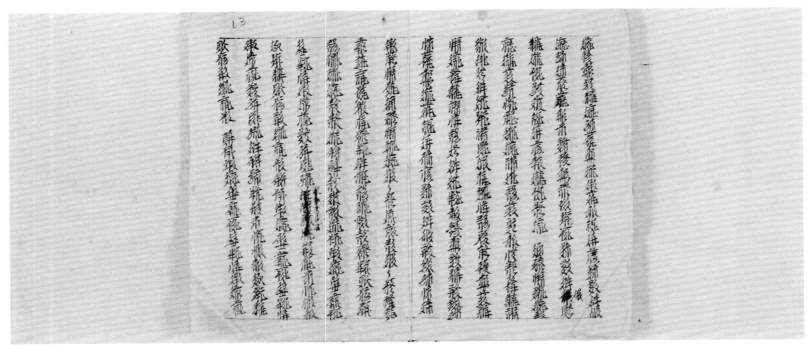

俄 Инв.No.2542　　3.依以上十二種銘哆辣囉悉巴師習拙火要門　　　　(46-12)

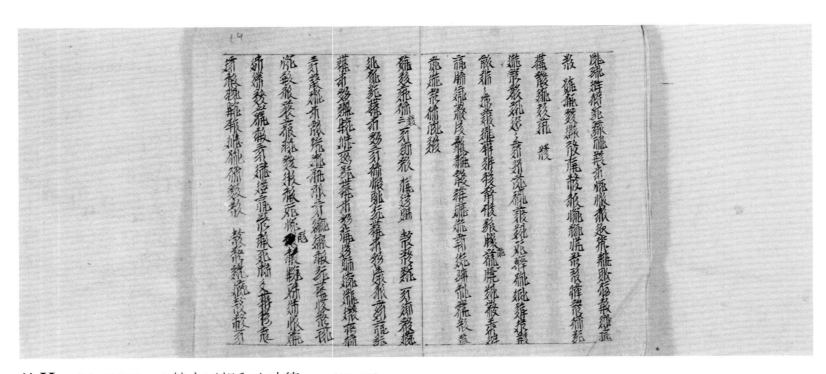

俄 Инв.No.2542　　4.拙火五相和八功德　　　　(46-13)

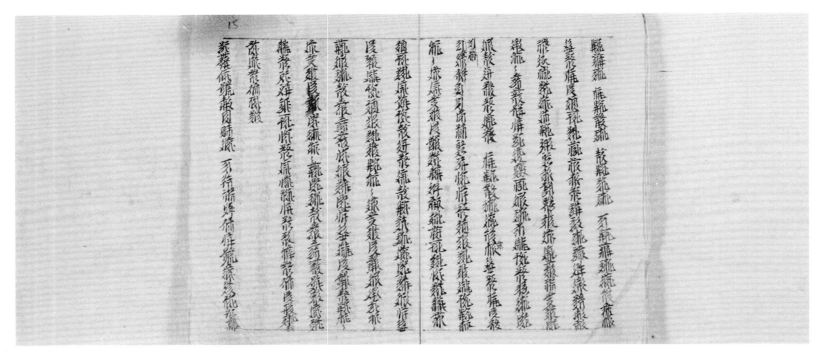

俄 Инв.No.2542　　4.拙火五相和八功德　　　　(46-14)

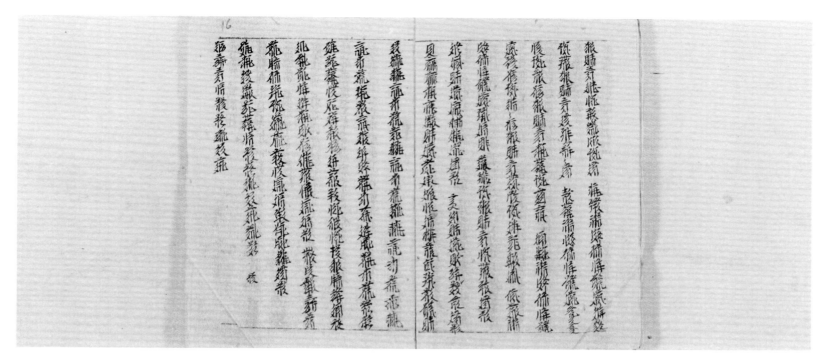

俄 **И**нв.No.2542　5.幻身究竟要門　　　（46-15）

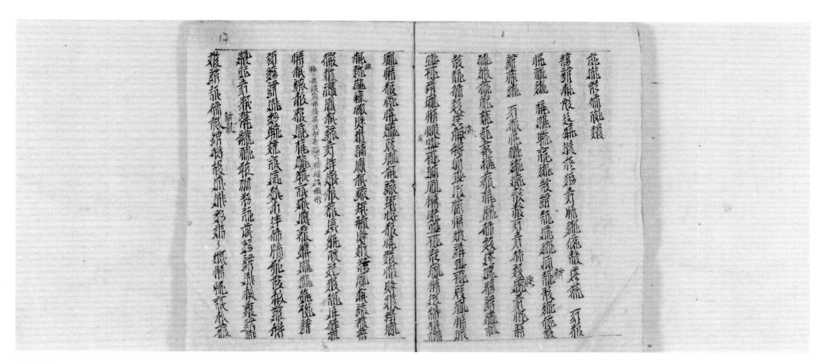

俄 **И**нв.No.2542　5.幻身究竟要門　　　（46-16）

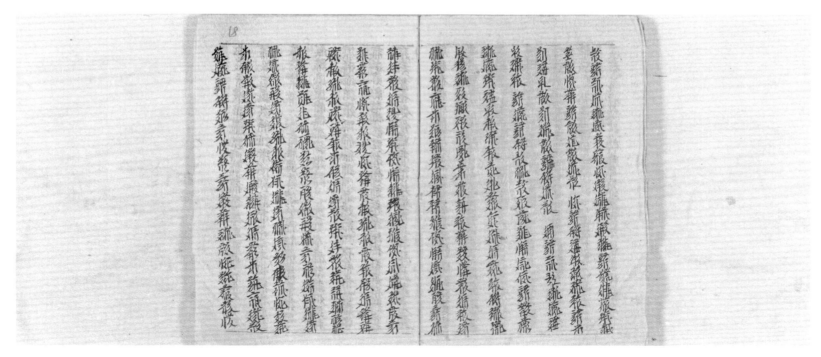

俄 **И**нв.No.2542　5.幻身究竟要門　　　（46-17）

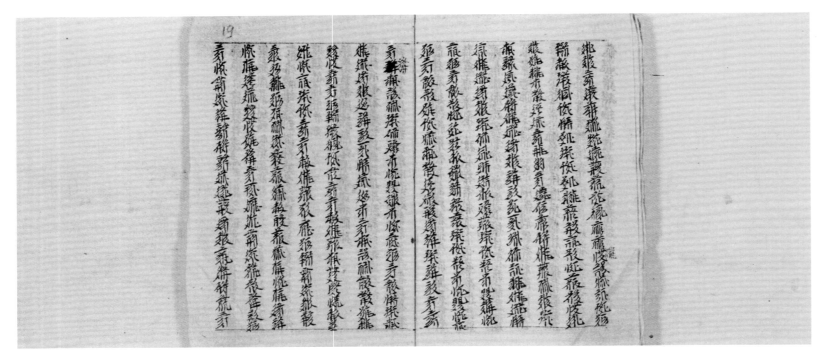

俄 Инв.No.2542　5.幻身究竟要門　　　(46-18)

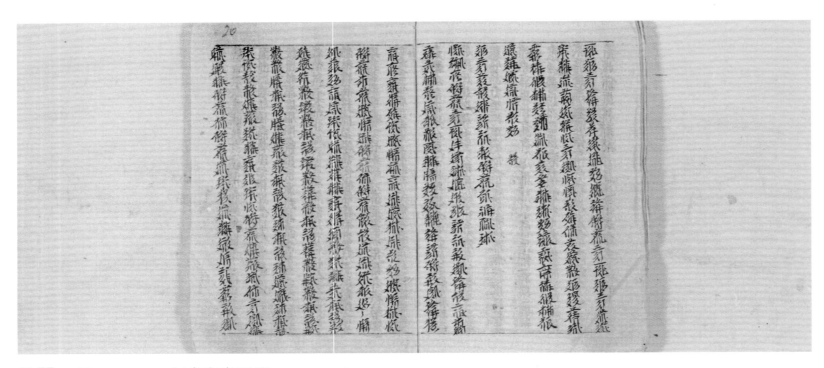

俄 Инв.No.2542　5.幻身究竟要門　　　(46-19)

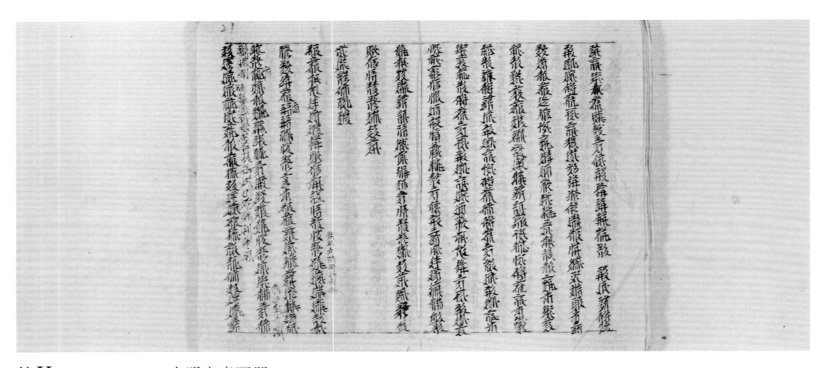

俄 Инв.No.2542　6.光明究竟要門　　　(46-20)

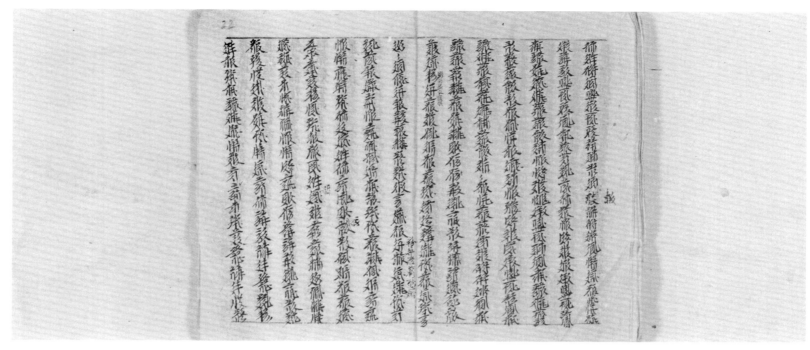

俄 **И**нв.No.2542　6.光明究竟要門　　　(46−21)

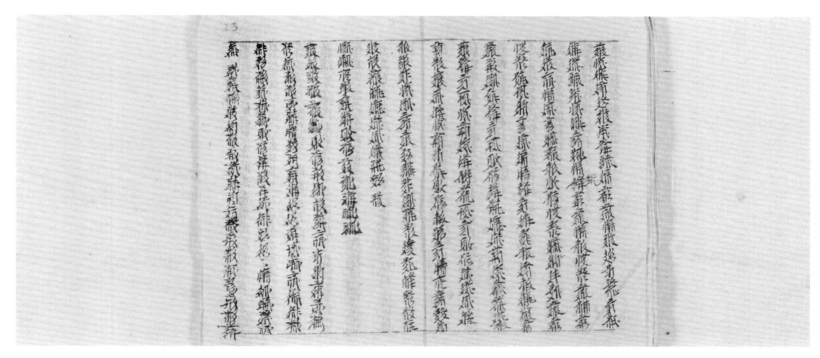

俄 **И**нв.No.2542　7.懈怠者人滅時令與光明圓混　　(46−22)

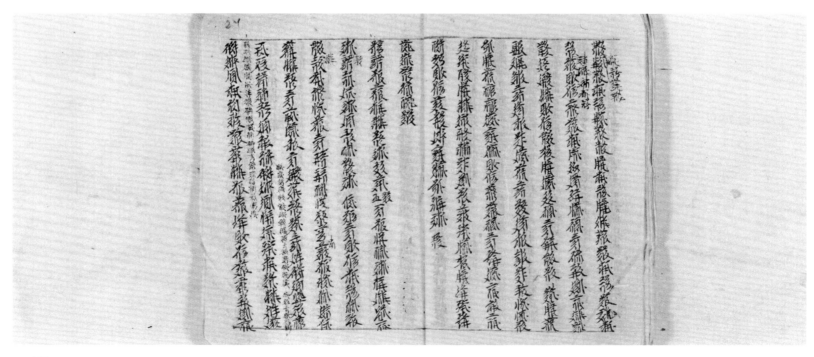

俄 **И**нв.No.2542　8.夢幻睡眠要門　　　(46−23)

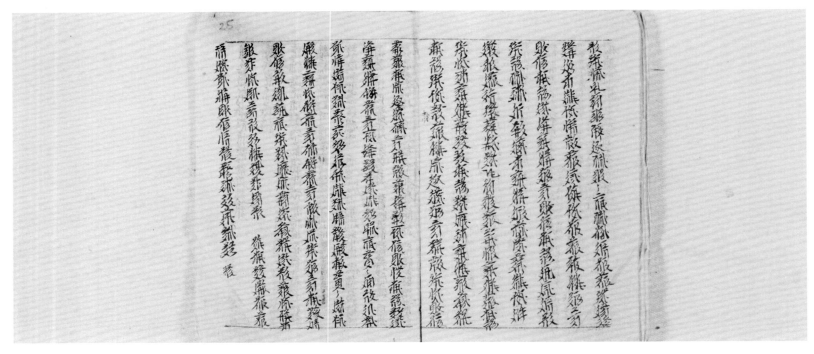

俄 Инв.No.2542　8.夢幻睡眠要門　　　(46-24)

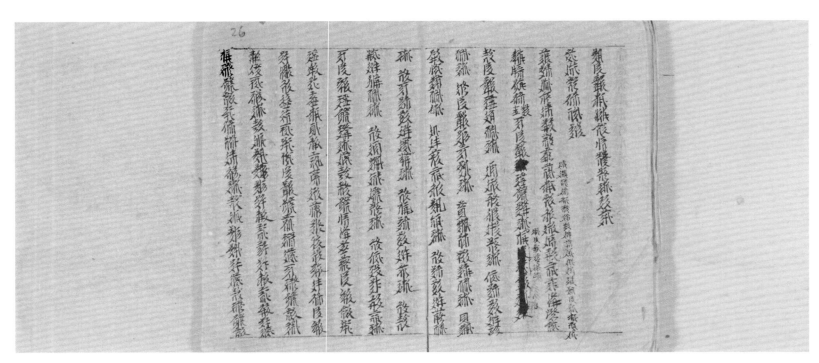

俄 Инв.No.2542　9.依止於業手印究竟要門　(46-25)

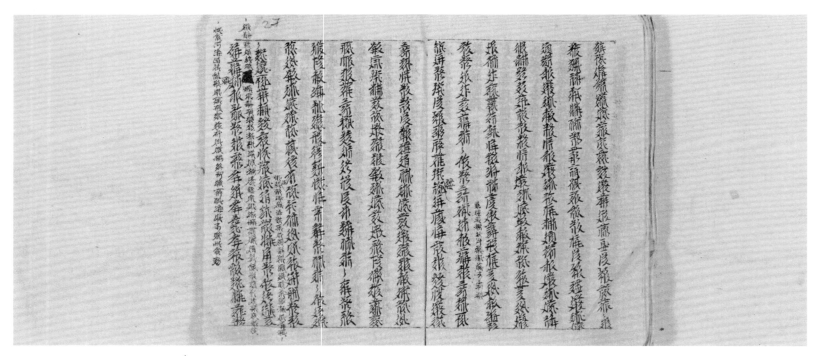

俄 Инв.No.2542　9.依止於業手印究竟要門　(46-26)

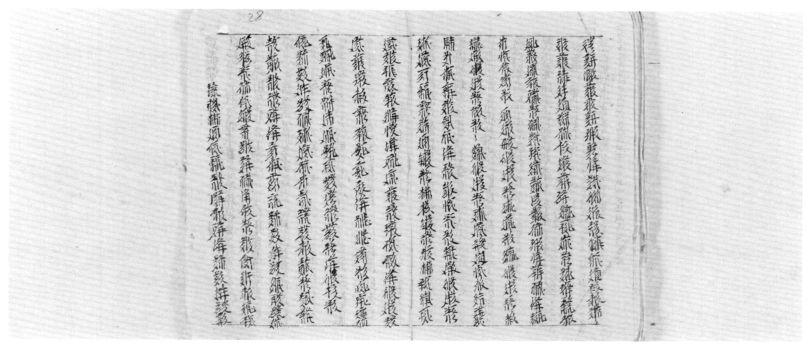

俄 **И**нв.No.2542　9.依止於業手印究竟要門　　　(46-27)

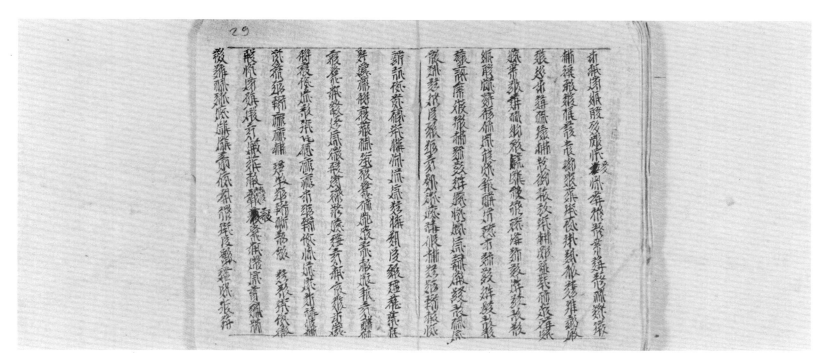

俄 **И**нв.No.2542　9.依止於業手印究竟要門　　　(46-28)

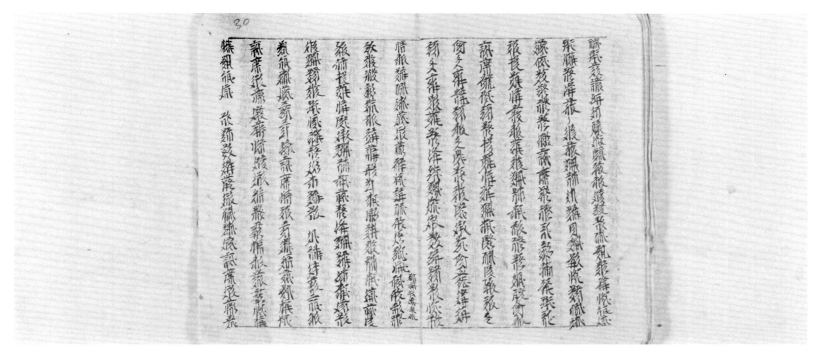

俄 **И**нв.No.2542　9.依止於業手印究竟要門　　　(46-29)

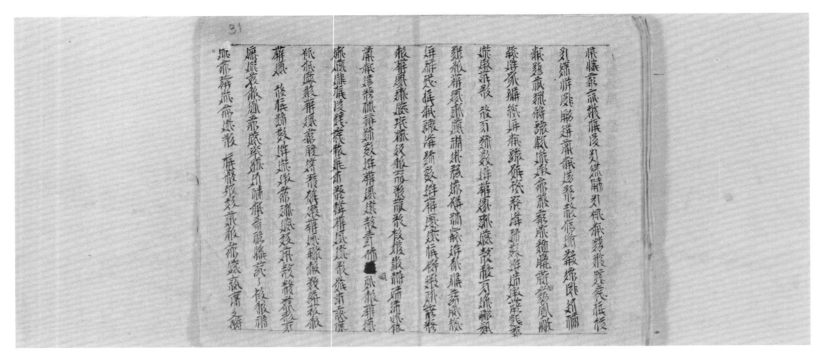

俄 **И**нв.No.2542　9.依止於業手印究竟要門　　　(46-30)

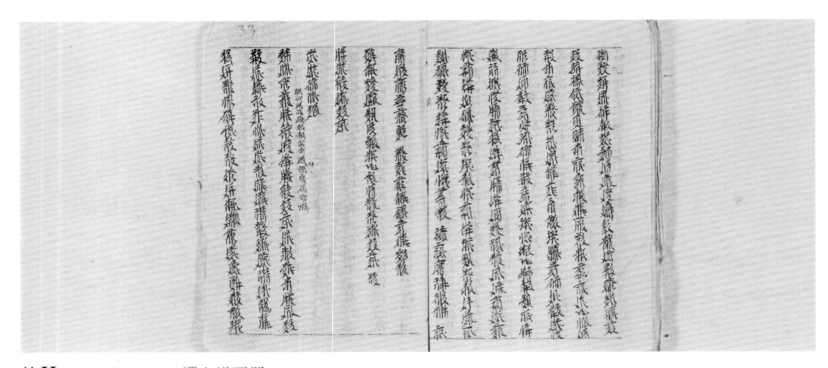

俄 **И**нв.No.2542　10.遷上識要門　　　(46-31)

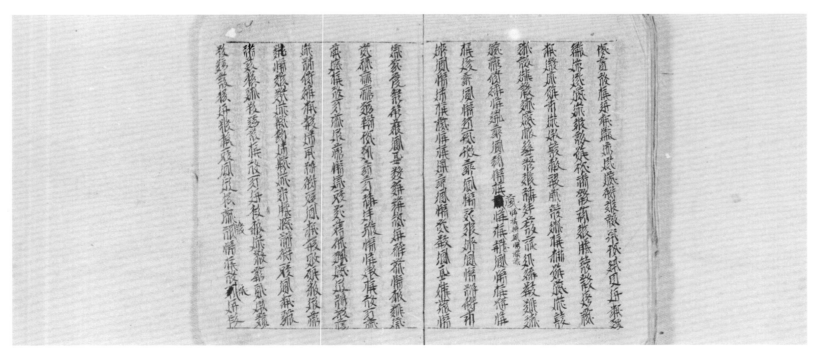

俄 **И**нв.No.2542　10.遷上識要門　　　(46-32)

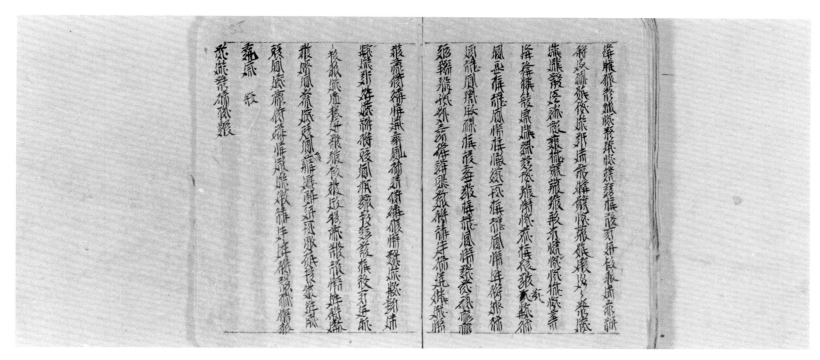

俄**И**нв.No.2542　10.遷上識要門　　　(46-33)

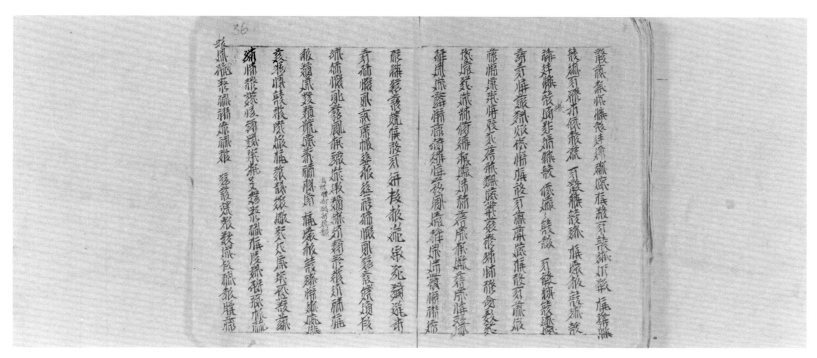

俄**И**нв.No.2542　11.不依靠習道成佛　　(46-34)

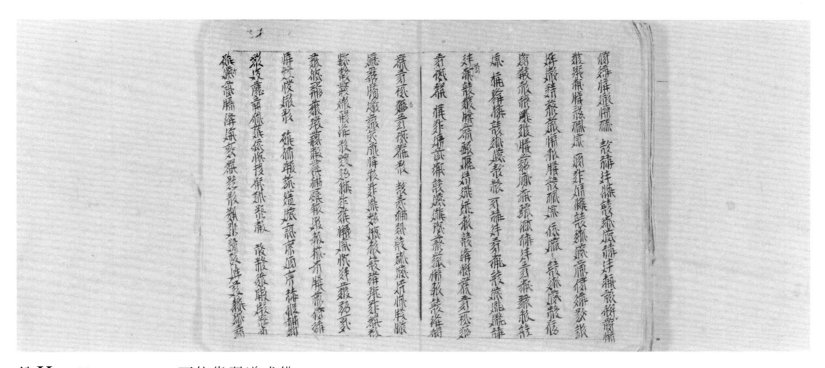

俄**И**нв.No.2542　11.不依靠習道成佛　　(46-35)

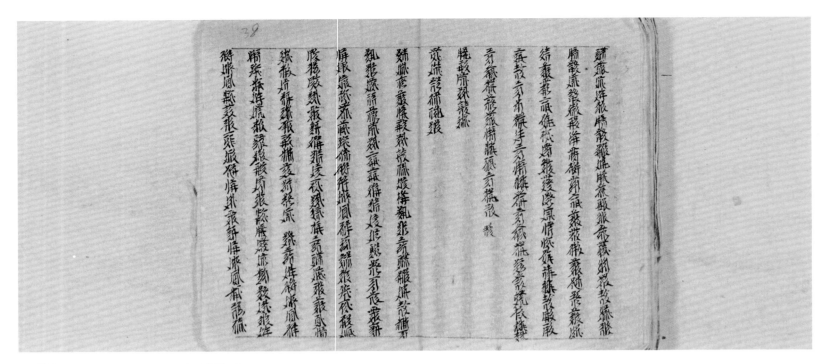

俄 Инв.No.2542　12.識遷他舍　　　(46-36)

俄 Инв.No.2542　12.識遷他舍　　　(46-37)

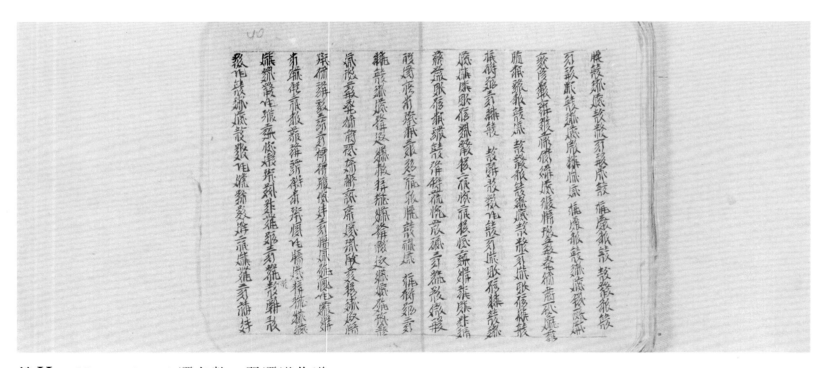

俄 Инв.No.2542　13.遷名數　習遷識作道　(46-38)

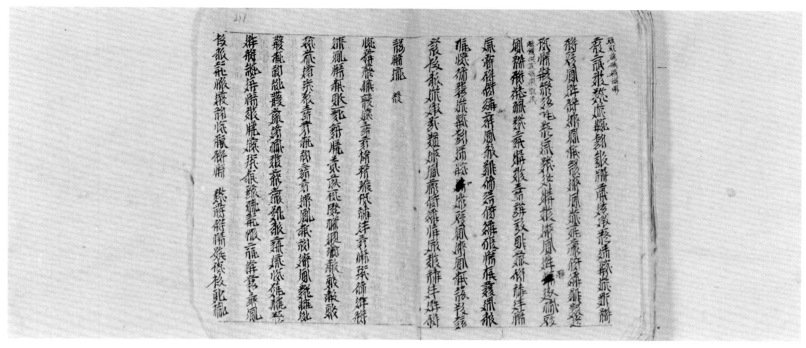

俄 Инв.No.2542　13.遷名數　習遷識作道　　　　(46-39)

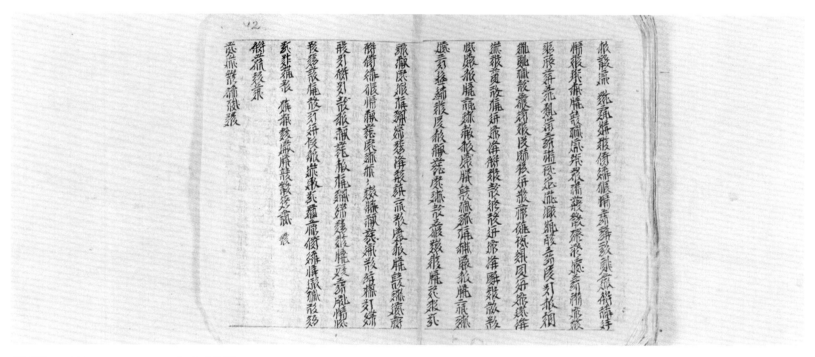

俄 Инв.No.2542　14.中有要門　　　(46-40)

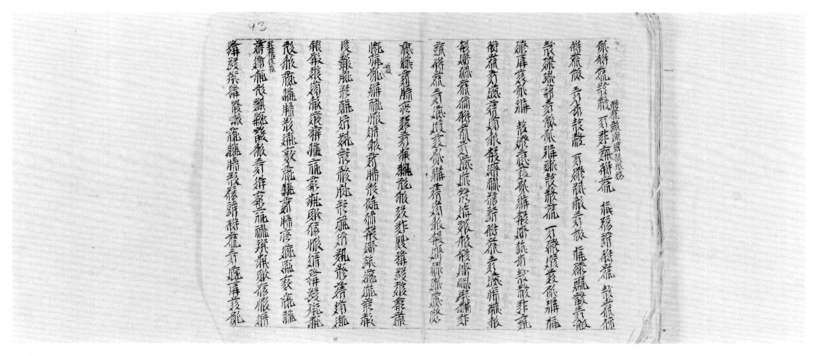

俄 Инв.No.2542　14.中有要門　　　(46-41)

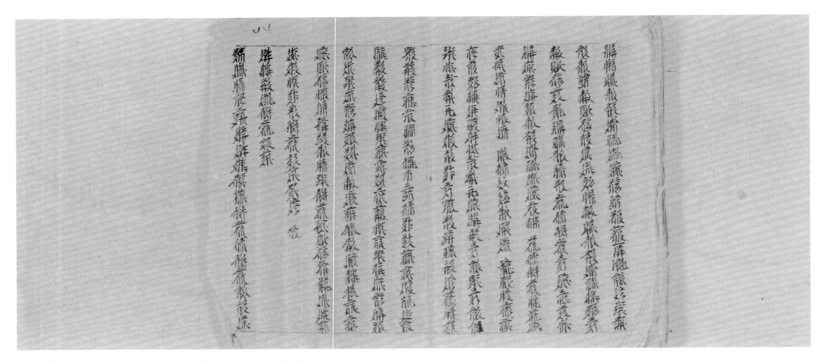

俄 Инв.No.2542　15.依心覺受中有要門　　　(46-42)

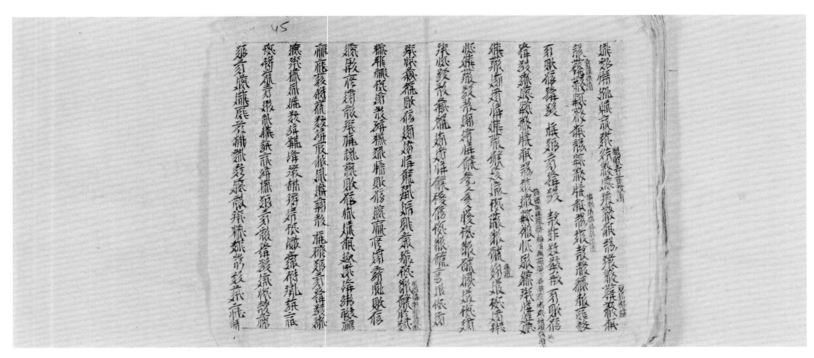

俄 Инв.No.2542　15.依心覺受中有要門　　　(46-43)

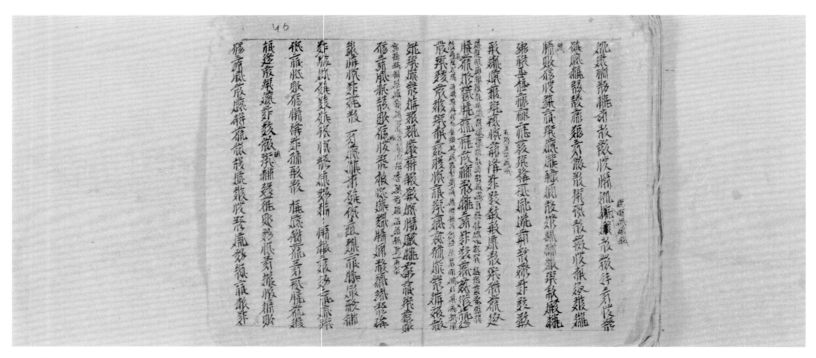

俄 Инв.No.2542　15.依心覺受中有要門　　　(46-44)

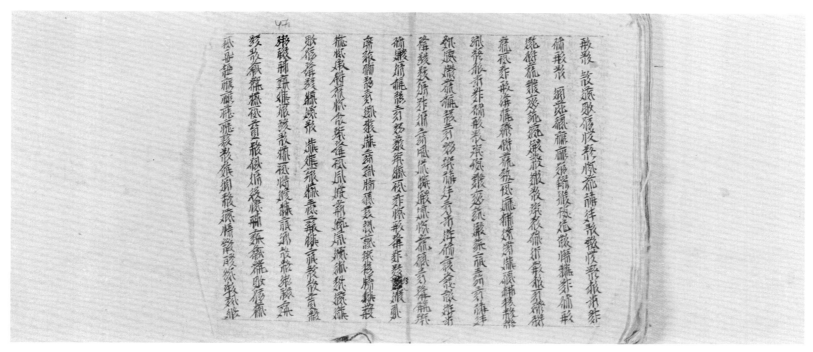

俄 **И**нв.No.2542　15.依心覺受中有要門　　　(46-45)

俄 **И**нв.No.2542　15.依心覺受中有要門　　　(46-46)

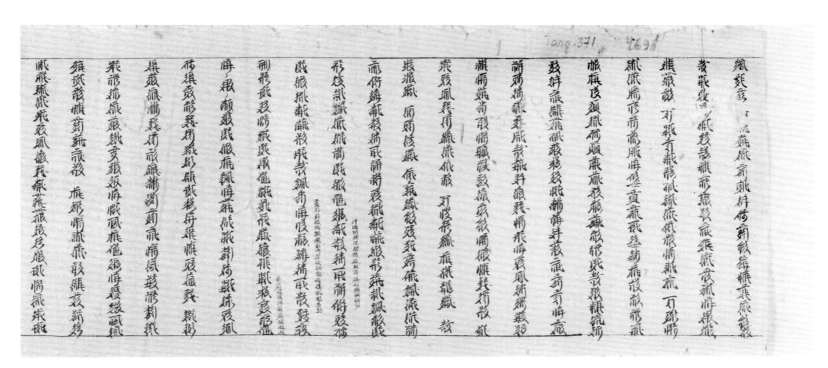

俄 **И**нв.No.4698　六法自體要門　1.依以上十二種銘哆辣囉悉巴師習拙火要門　　(39-1)

俄 Инв.No.4698　1.依以上十二種銘哆辣囉悉巴師習拙火要門　　　(39-2)

俄 Инв.No.4698　1.依以上十二種銘哆辣囉悉巴師習拙火要門　　　(39-3)

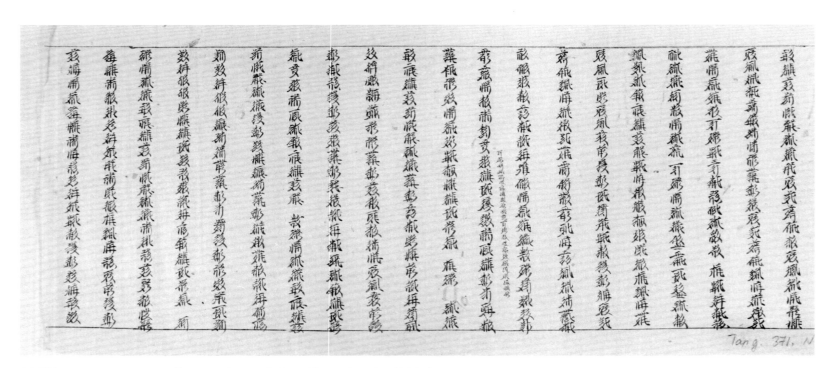

俄 Инв.No.4698　1.依以上十二種銘哆辣囉悉巴師習拙火要門　　　(39-4)

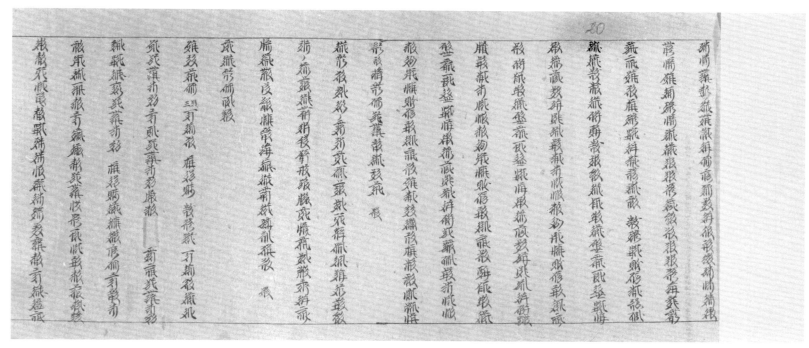

俄 Инв.No.4698　2.銘咓辢囉悉巴師之實修　拙火五相和八功德　　　(39-5)

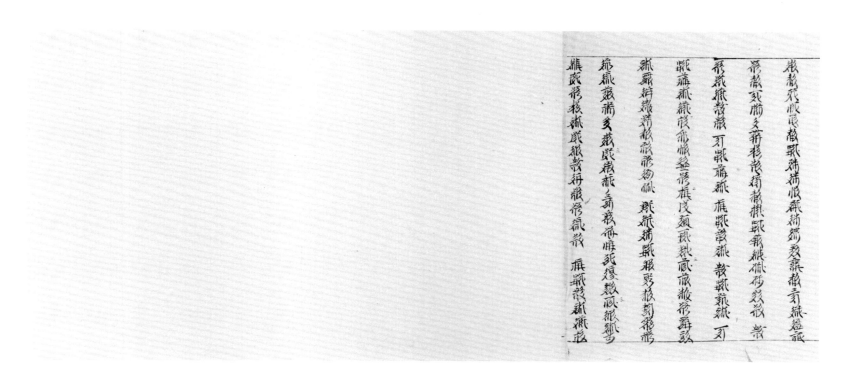

俄 Инв.No.4698　2.銘咓辢囉悉巴師之實修　拙火五相和八功德　　　(39-6)

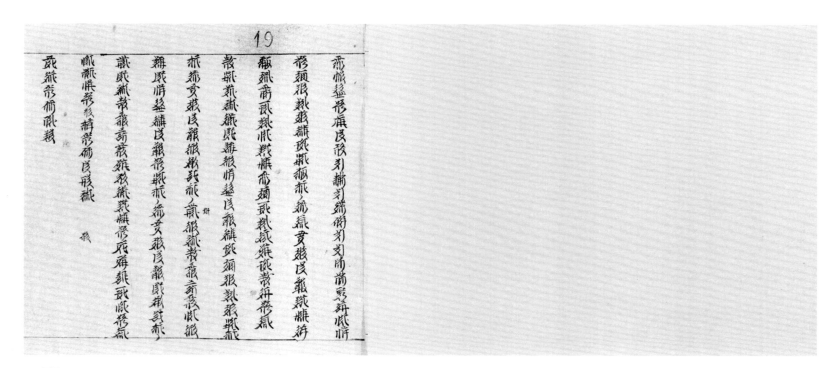

俄 Инв.No.4698　2.銘咓辢囉悉巴師之實修　拙火五相和八功德　　　(39-7)

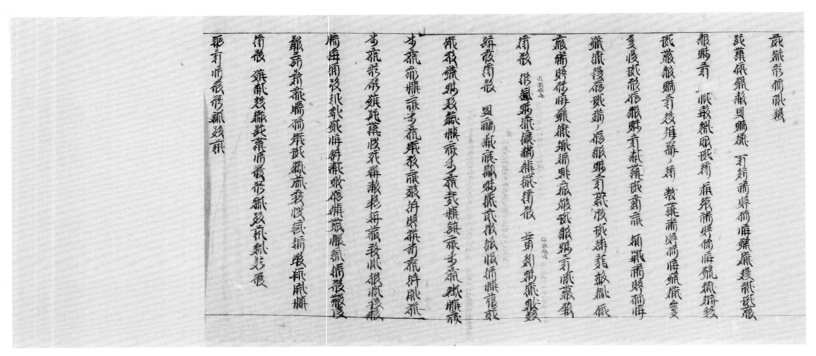

俄 ИнВ.No.4698　2.銘哆辣囉悉巴師之實修　拙火五相和八功德　　(39-8)

俄 ИнВ.No.4698　3.幻身究竟要門　　(39-9)

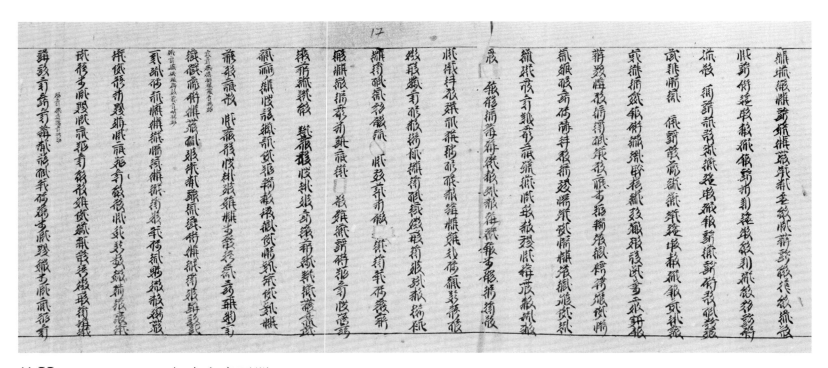

俄 ИнВ.No.4698　3.幻身究竟要門　　(39-10)

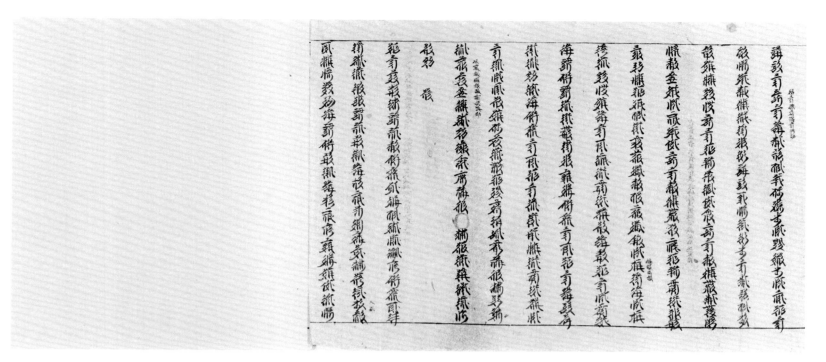

俄 **И**нв.No.4698　3.幻身究竟要門　　　(39-11)

俄 **И**нв.No.4698　3.幻身究竟要門　　　(39-12)

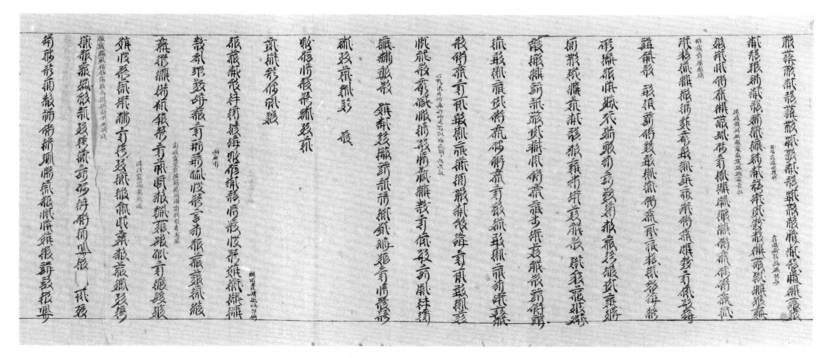

俄 **И**нв.No.4698　4.光明究竟要門　　　(39-13)

俄 **И**нв.No.4698　4.光明究竟要門　　　(39-14)

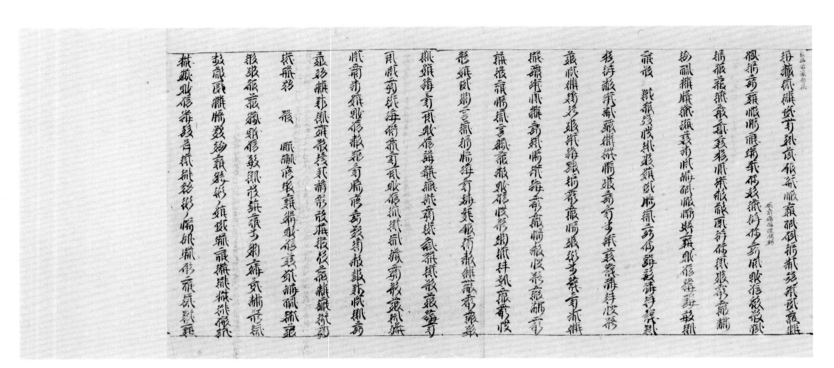

俄 **И**нв.No.4698　5.懈怠者人滅時令與光明圓混　夢幻睡眠要門　　(39-15)

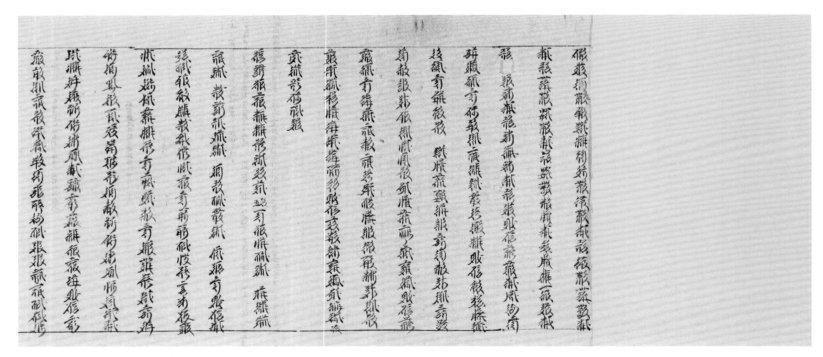

俄 **И**нв.No.4698　5.懈怠者人滅時令與光明圓混　夢幻睡眠要門　　(39-16)

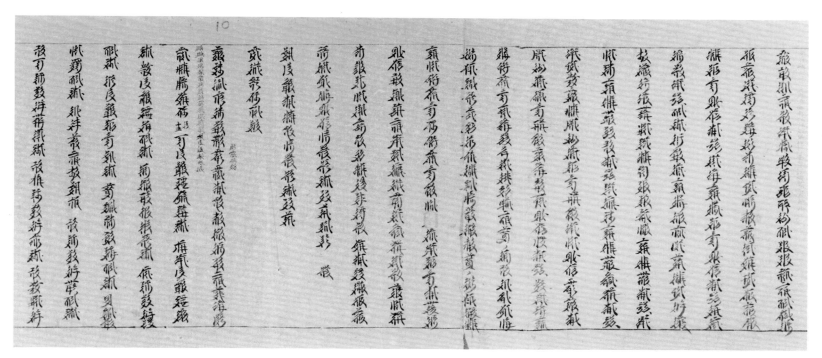

俄 **И**нв.No.4698　　6.依止於業手印究竟要門　　　　(39-17)

俄 **И**нв.No.4698　　6.依止於業手印究竟要門　　　　(39-18)

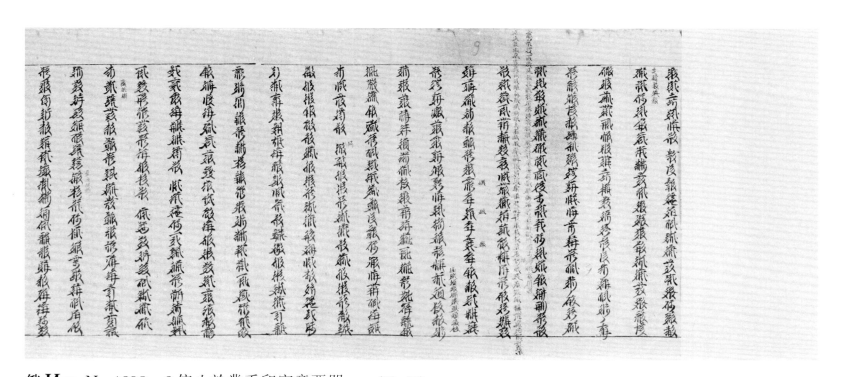

俄 **И**нв.No.4698　　6.依止於業手印究竟要門　　　　(39-19)

俄 Инв.No.4698　6.依止於業手印究竟要門　　　(39-20)

俄 Инв.No.4698　6.依止於業手印究竟要門　　　(39-21)

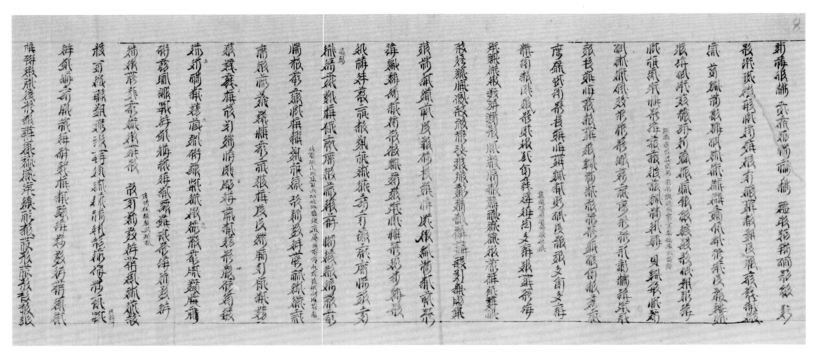

俄 Инв.No.4698　6.依止於業手印究竟要門　　　(39-22)

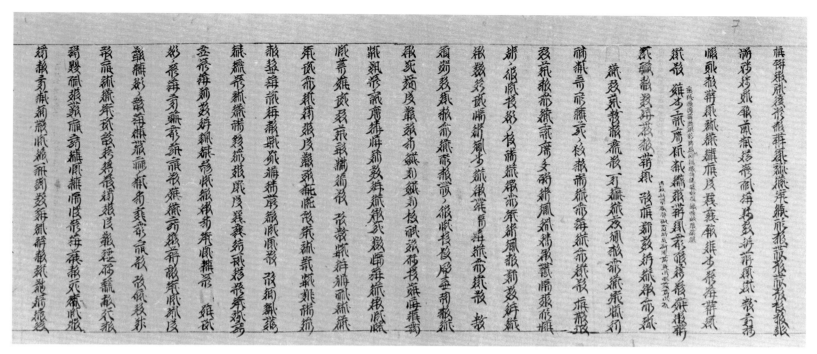

俄Инв.No.4698　6.依止於業手印究竟要門　　　(39-23)

俄Инв.No.4698　6.依止於業手印究竟要門　　　(39-24)

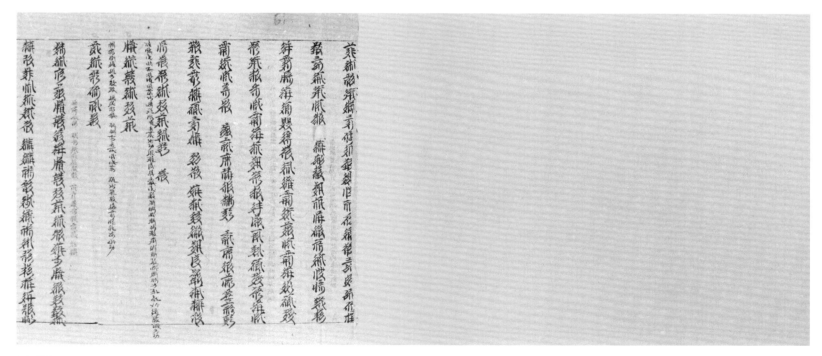

俄Инв.No.4698　7.遷上識要門　不依韋習道成佛　　(39-25)

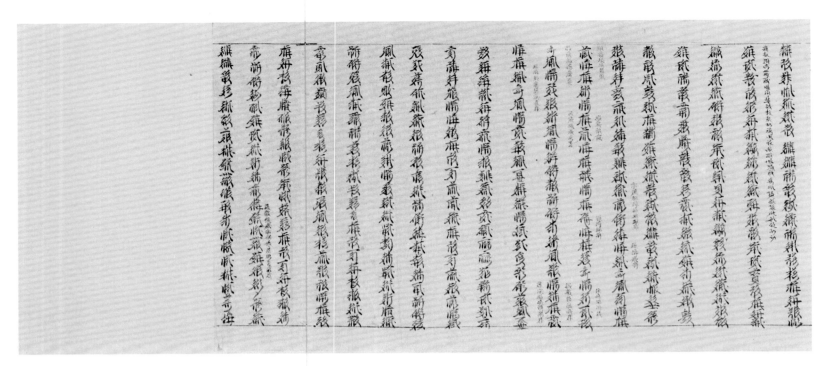

俄 **ИНВ**.No.4698　7.遷上識要門　不依靠習道成佛　　　(39-26)

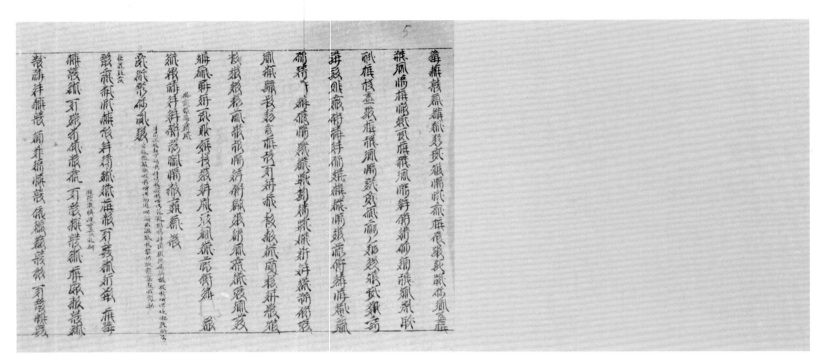

俄 **ИНВ**.No.4698　7.遷上識要門　不依靠習道成佛　　　(39-27)

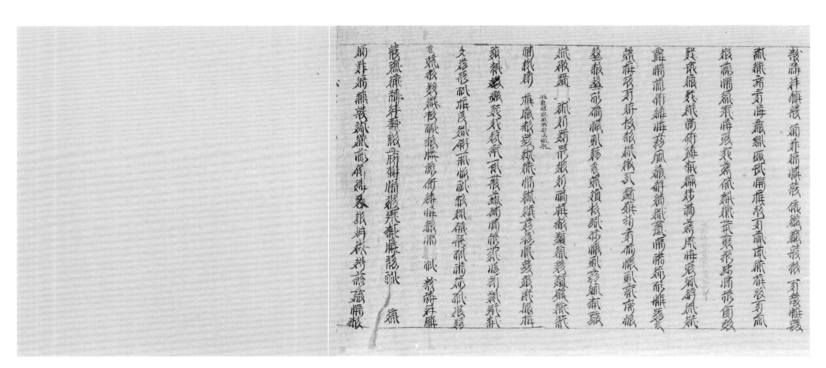

俄 **ИНВ**.No.4698　7.遷上識要門　不依靠習道成佛　　　(39-28)

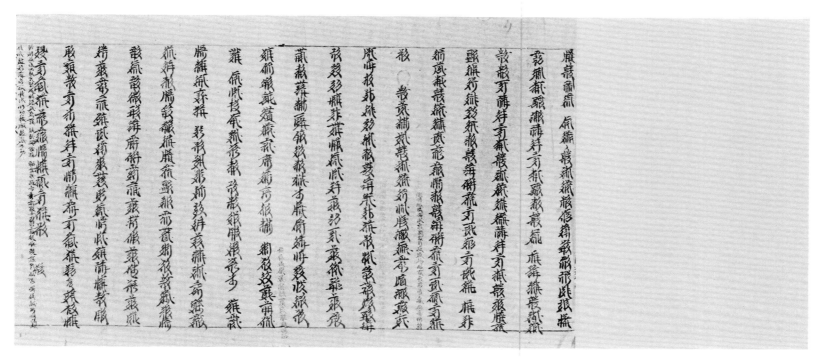

俄 Инв.No.4698　8.識遷他舍　　　(39-29)

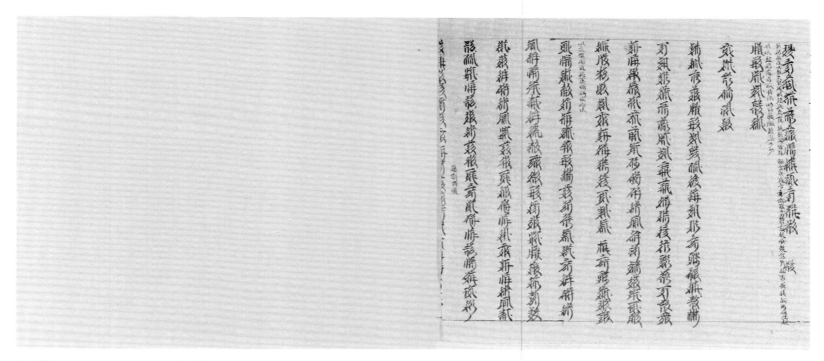

俄 Инв.No.4698　8.識遷他舍　　　(39-30)

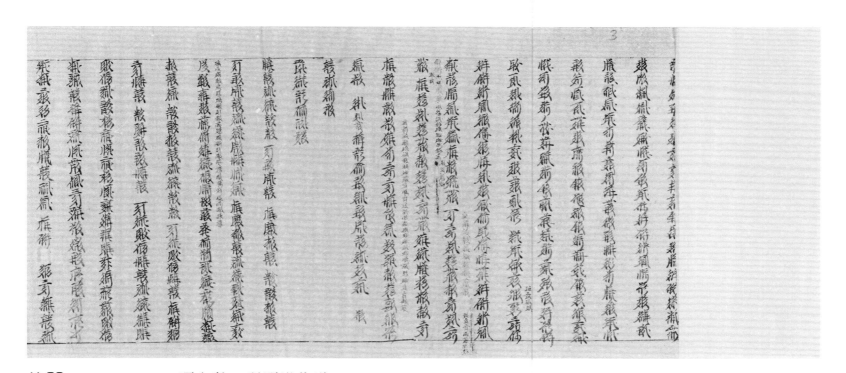

俄 Инв.No.4698　9.遷名數　習遷識作道　　(39-31)

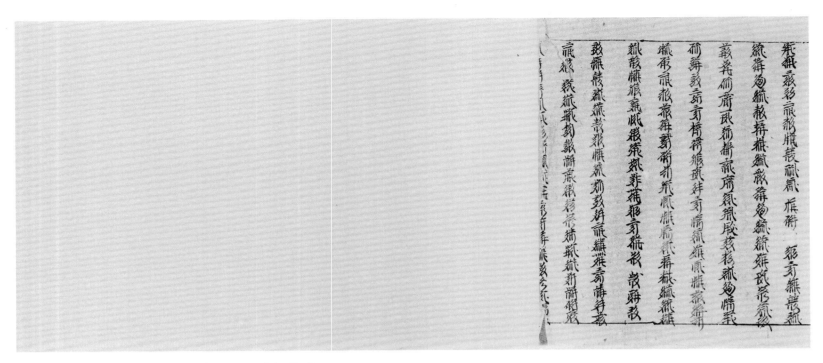

俄 **И**нв.No.4698　9.遷名數　習遷識作道　　(39-32)

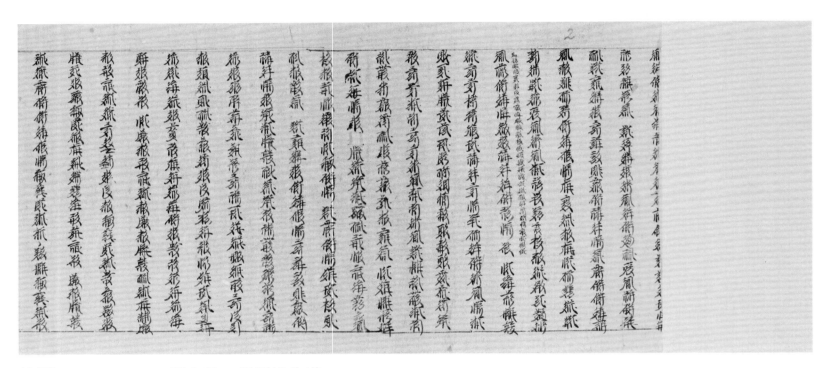

俄 **И**нв.No.4698　9.遷名數　習遷識作道　　(39-33)

俄 **И**нв.No.4698　9.遷名數　習遷識作道　　(39-34)

俄 Инв.No.4698　　10.中有要門　依心覺受中有要門　　　(39-35)

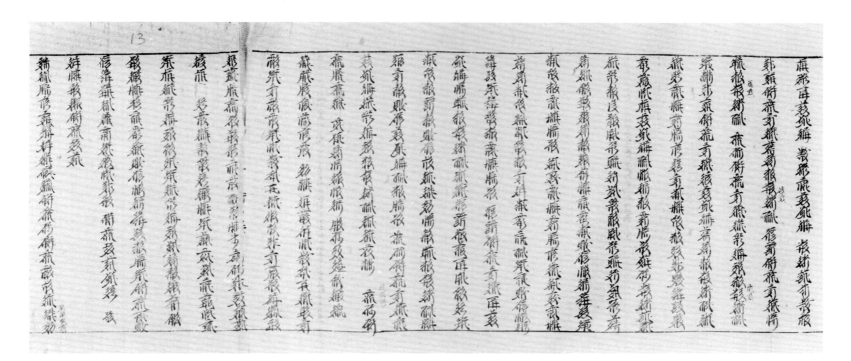

俄 Инв.No.4698　　10.中有要門　依心覺受中有要門　　　(39-36)

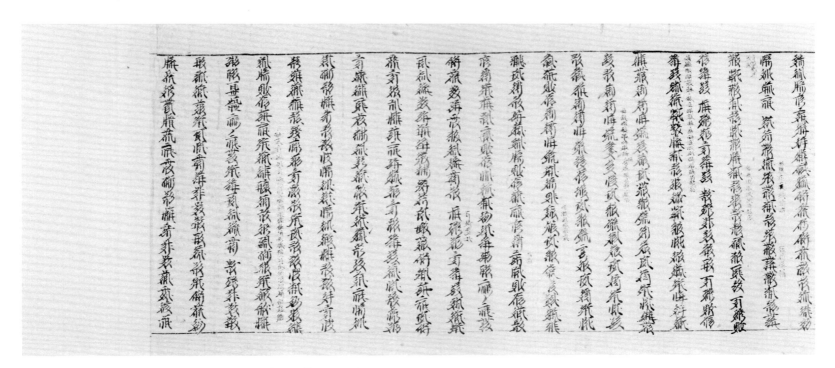

俄 Инв.No.4698　　10.中有要門　依心覺受中有要門　　　(39-37)

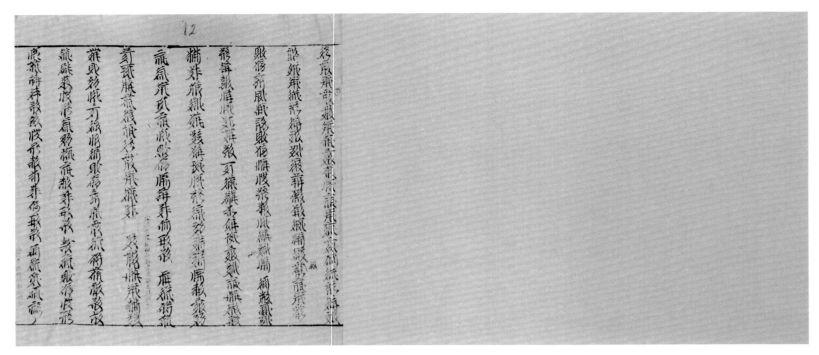

俄 Инв.No.4698　10.中有要門　依心覺受中有要門　　　　　　(39-38)

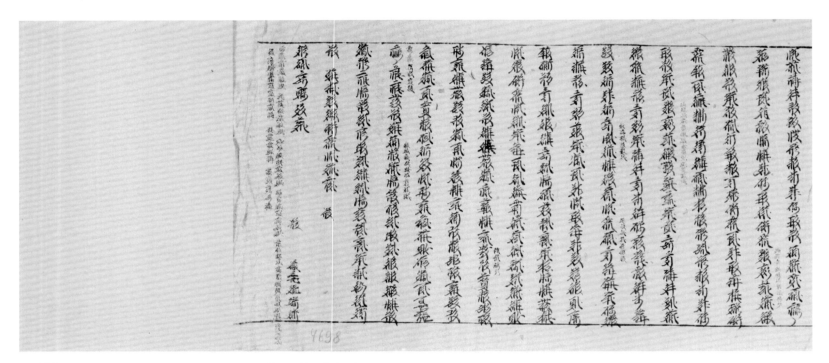

俄 Инв.No.4698　10.中有要門　依心覺受中有要門　　　　　　(39-39)

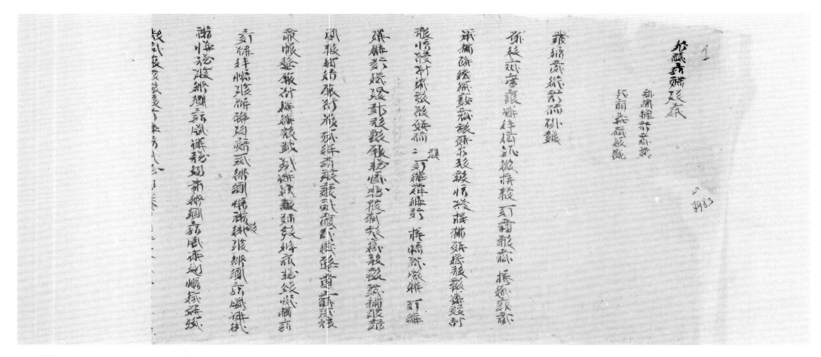

俄 Инв.No.7983　六法自體要門　1.依捺囉巴師言所傳令密風入於地心和光明要門　　(21-1)

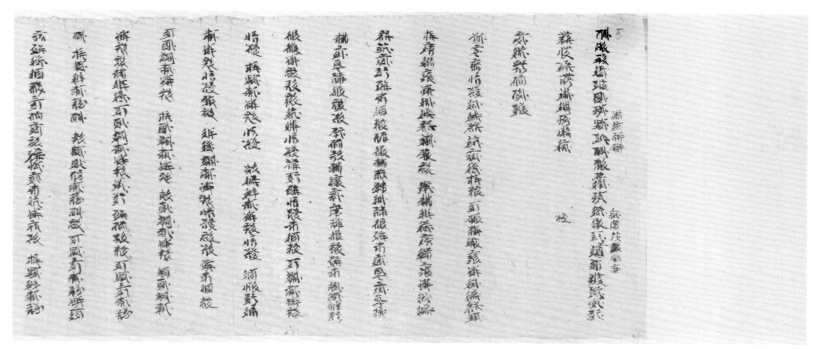

俄Инв.No.7983　2.大師捺囉巴之心諦要門義　依以上十二種銘哆辢囉悉巴師習拙火要門　　　(21-2)

俄Инв.No.7983　2.大師捺囉巴之心諦要門義　依以上十二種銘哆辢囉悉巴師習拙火要門　　　(21-3)

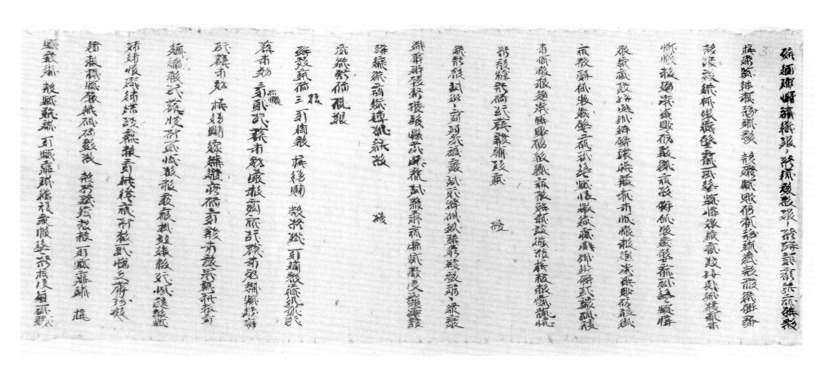

俄Инв.No.7983　3.銘哆辢囉悉巴之實修　　　(21-4)

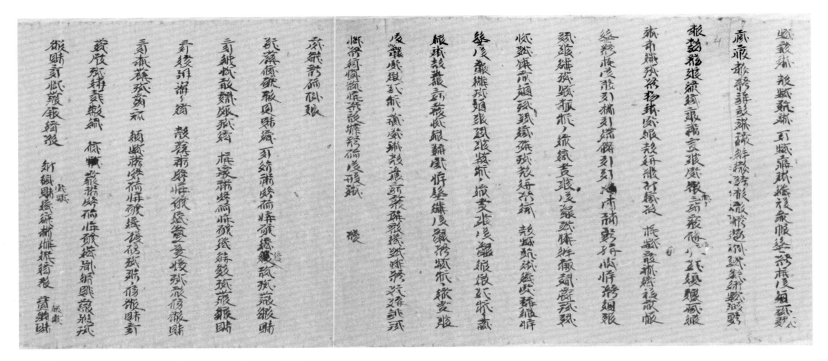

俄 Инв.No.7983　4.拙火五相和八功德　　　(21-5)

俄 Инв.No.7983　4.拙火五相和八功德　　　(21-6)

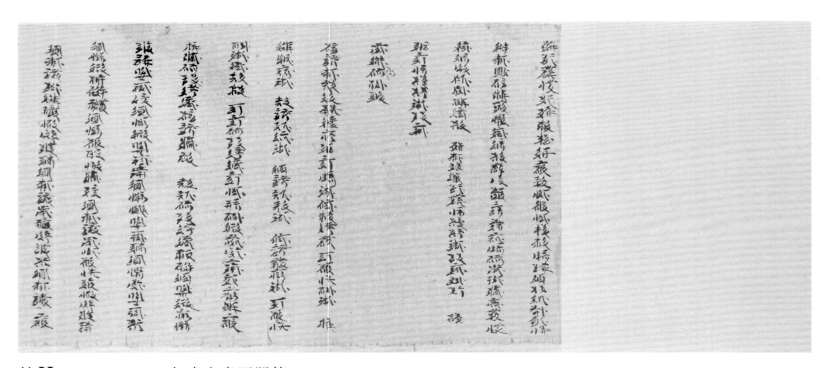

俄 Инв.No.7983　5.幻身究竟要門等　　　(21-7)

俄 Инв.No.7983　5.幻身究竟要門等　　　(21-8)

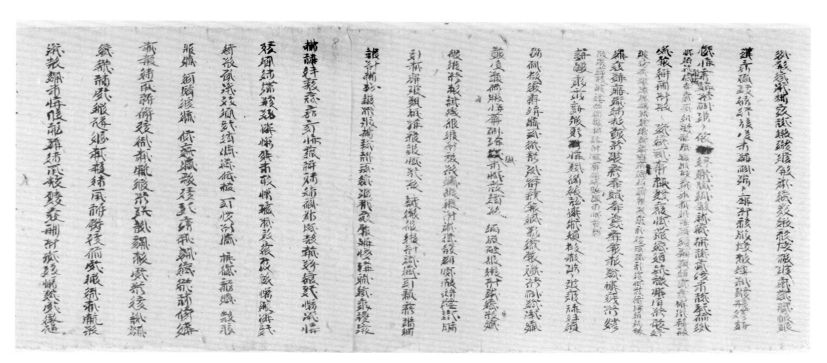

俄 Инв.No.7983　5.幻身究竟要門等　　　(21-9)

俄 Инв.No.7983　5.幻身究竟要門等　　　(21-10)

俄 ИHB.No.7983　5.幻身究竟要門等　　　(21-11)

俄 ИHB.No.7983　6.懈怠者人滅時令與光明圓混　夢幻睡眠要門　　(21-12)

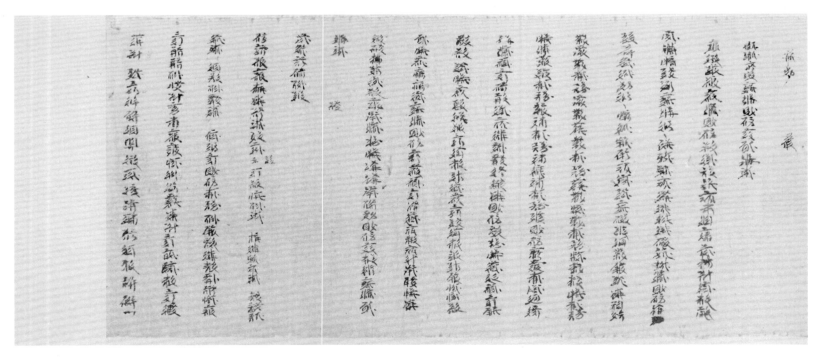

俄 ИHB.No.7983　6.懈怠者人滅時令與光明圓混　夢幻睡眠要門　　(21-13)

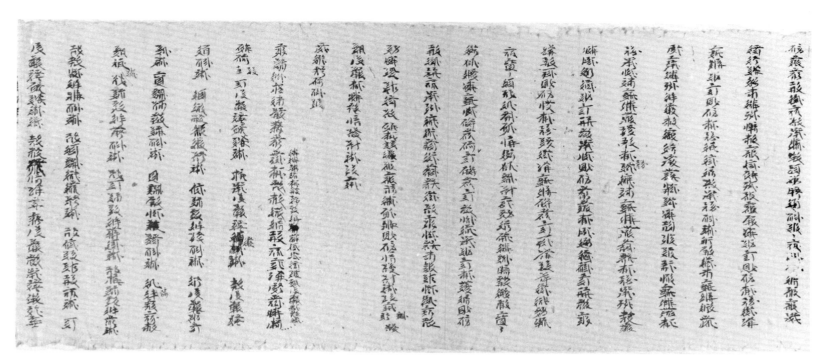

俄 Инв.No.7983　7.夢幻睡眠要門　依止於業手印究竟要門　　　　(21-14)

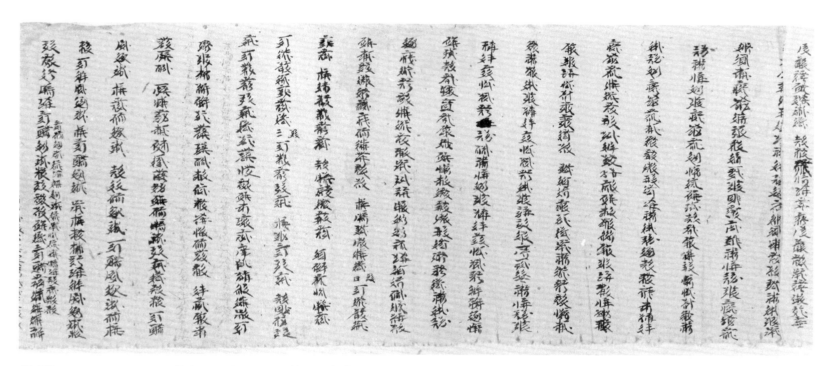

俄 Инв.No.7983　7.夢幻睡眠要門　依止於業手印究竟要門　　　　(21-15)

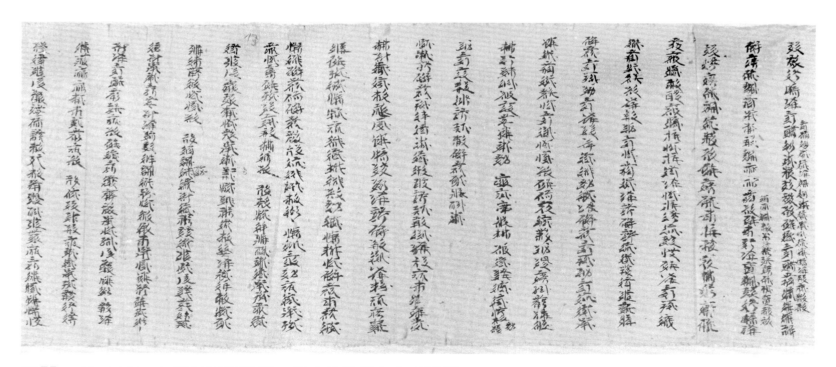

俄 Инв.No.7983　7.夢幻睡眠要門　依止於業手印究竟要門　　　　(21-16)

俄Инв.No.7983　7.夢幻睡眠要門　依止於業手印究竟要門　　　(21-17)

俄Инв.No.7983　7.夢幻睡眠要門　依止於業手印究竟要門　　　(21-18)

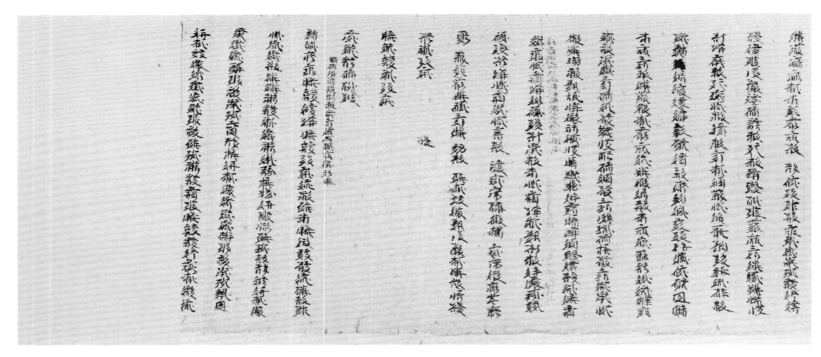

俄Инв.No.7983　8.遷上識要門　不依靠習道成佛　　　(21-19)

俄 Инв.No.7983　8.遷上識要門　不依靠習道成佛　　　　(21-20)

俄 Инв.No.7983　8.遷上識要門　不依靠習道成佛　　　　(21-21)

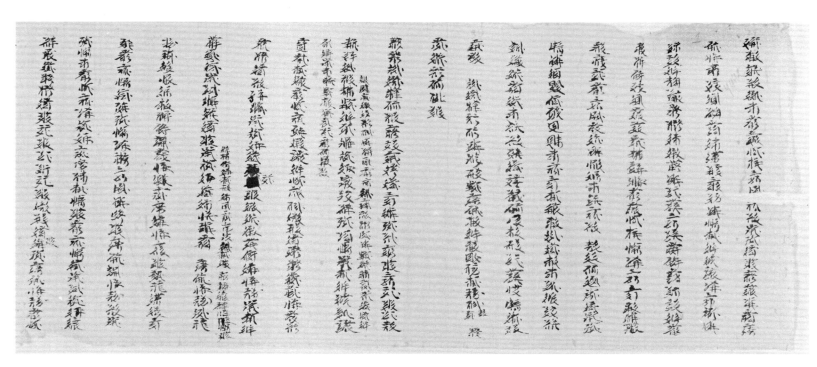

俄 Инв.No.4442　1.依捺囉巴師言所傳令密風入於地　心和光明要門和大師捺囉巴之心諦要門義　　　(4-1)

俄 **И**нв.No.4442　1.依捺囉巴師言所傳令密風入於地心和光明要門和大師捺囉巴之心諦要門義　　　(4-2)

俄 **И**нв.No.4442　2.習遷識作道　中有要門　　　(4-3)

俄 **И**нв.No.4442　2.習遷識作道　中有要門　　　(4-4)

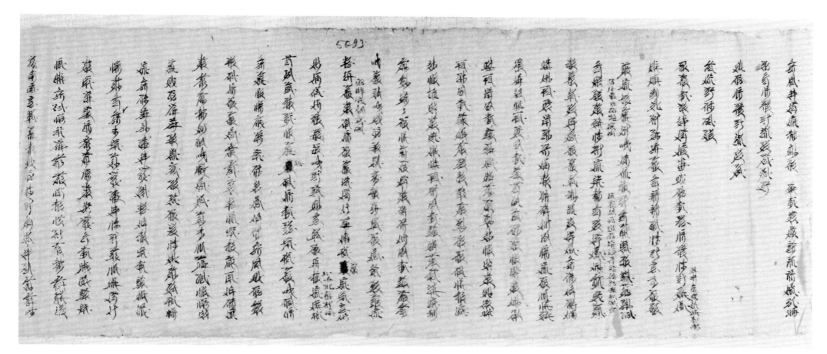

俄ИHB.No.5093 六法自體要門

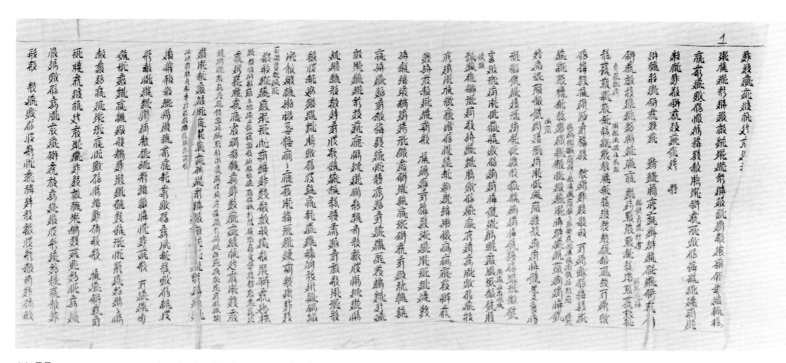

俄ИHB.No.7280 六法自體要門 1.中有要門 (2-1)

俄ИHB.No.7280 2.依心覺受中有要門 (2-2)

俄 Инв.No.4858　六法自體要門　　(12-1)

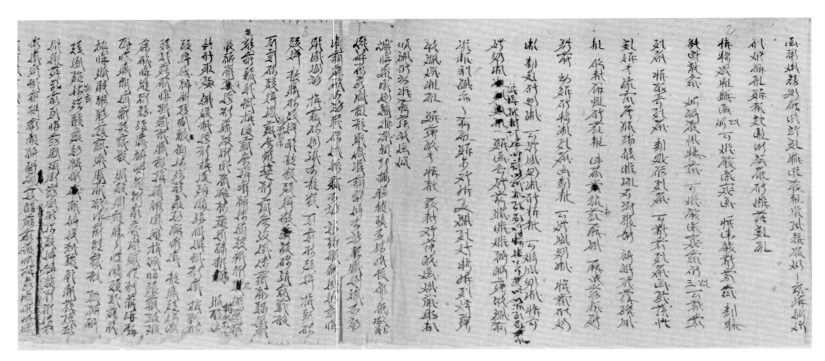

俄 Инв.No.4858　六法自體要門　　(12-2)

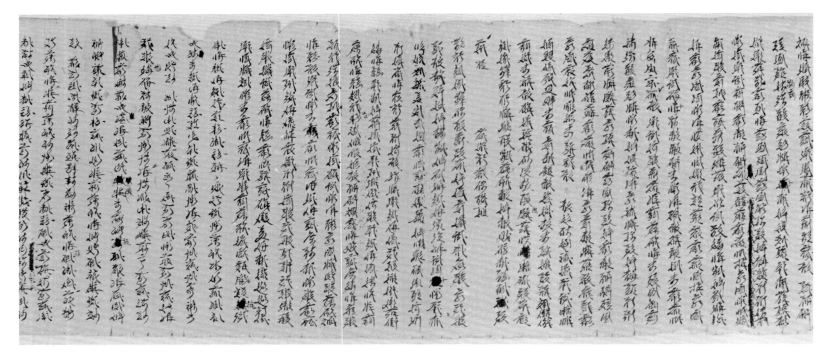

俄 Инв.No.4858　六法自體要門　　(12-3)

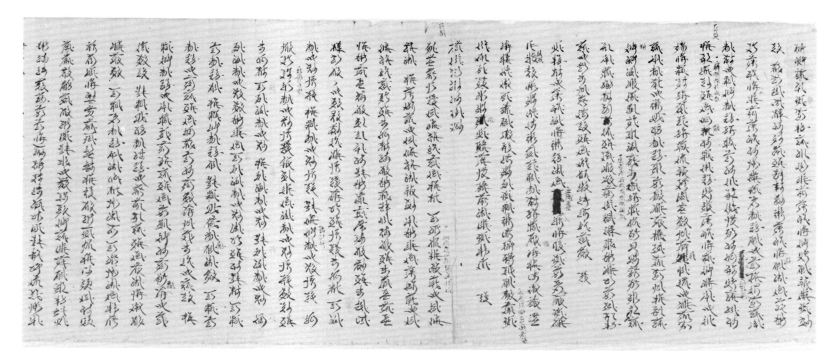

俄 Инв.No.4858　六法自體要門　　　(12-4)

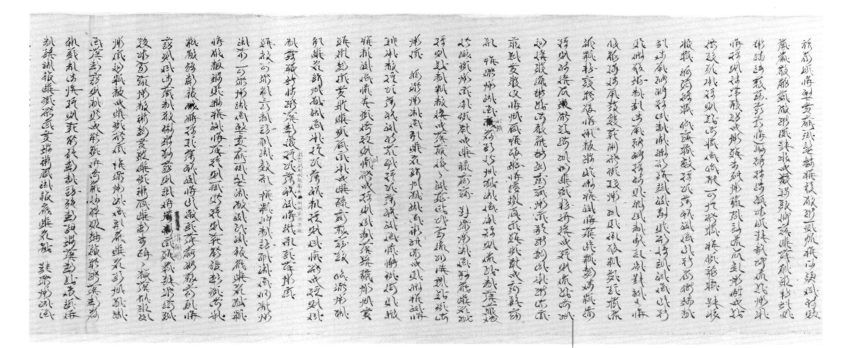

俄 Инв.No.4858　六法自體要門　　　(12-5)

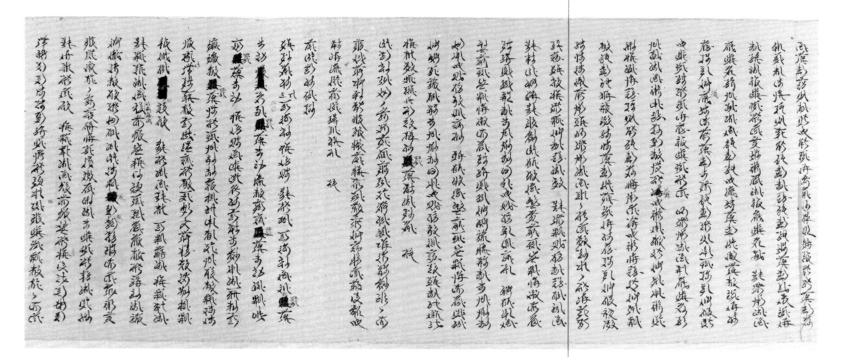

俄 Инв.No.4858　六法自體要門　　　(12-6)

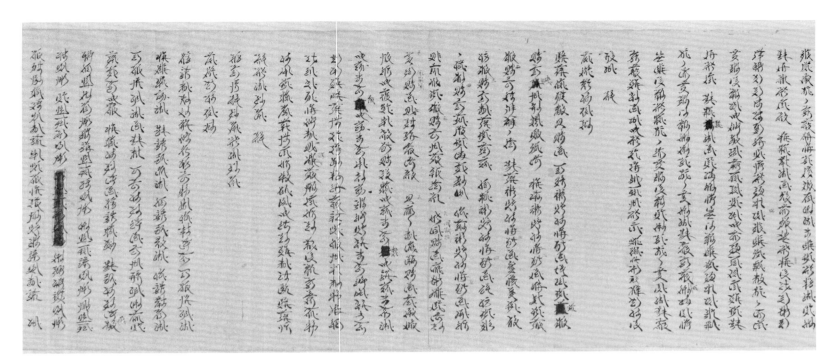

俄Инв.No.4858　六法自體要門　　　　(12-7)

俄Инв.No.4858　六法自體要門　　　　(12-8)

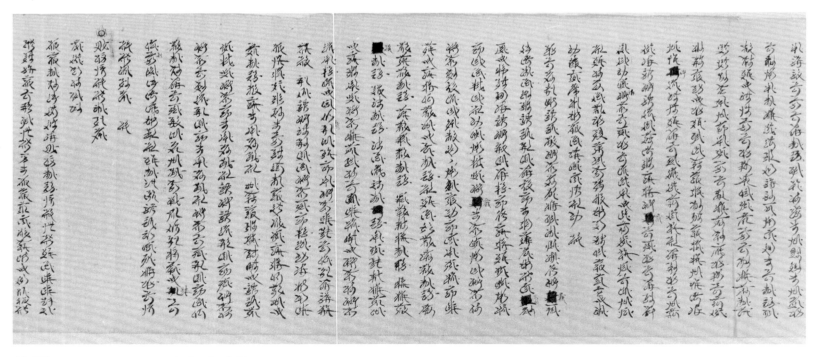

俄Инв.No.4858　六法自體要門　　　　(12-9)

俄 **И**нв.No.4858　六法自體要門　　　(12−10)

俄 **И**нв.No.4858　六法自體要門　　　(12−11)

俄 **И**нв.No.4858　六法自體要門　　　(12−12)

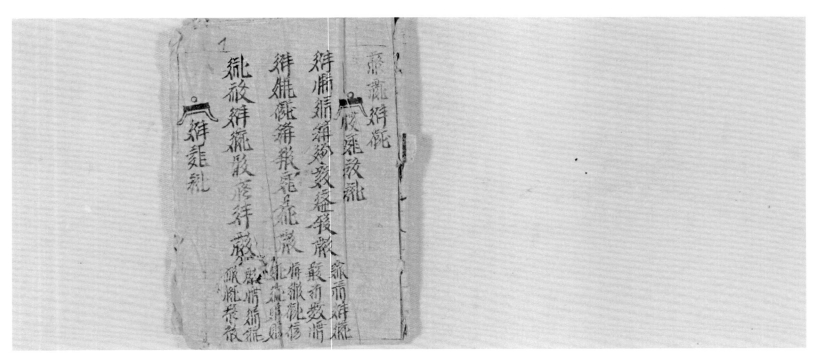

俄 **И**нв.No.8121　正道心照　　(5-1)

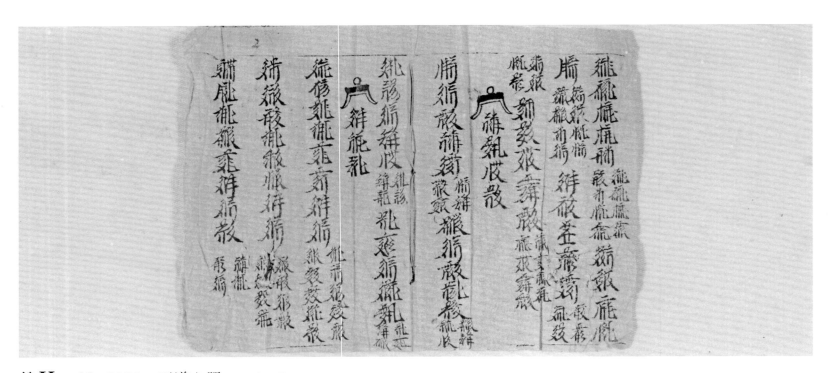

俄 **И**нв.No.8121　正道心照　　(5-2)

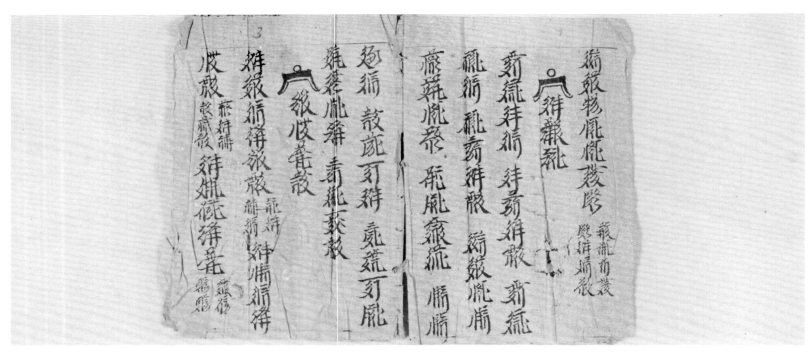

俄 **И**нв.No.8121　正道心照　　(5-3)

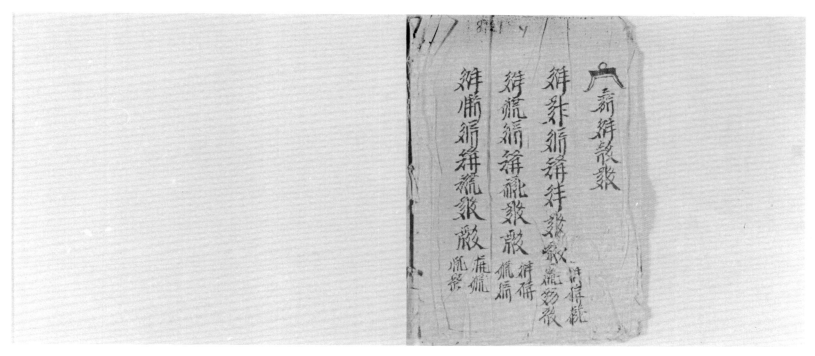

俄 **Инв**.No.8121　正道心照　　(5-4)

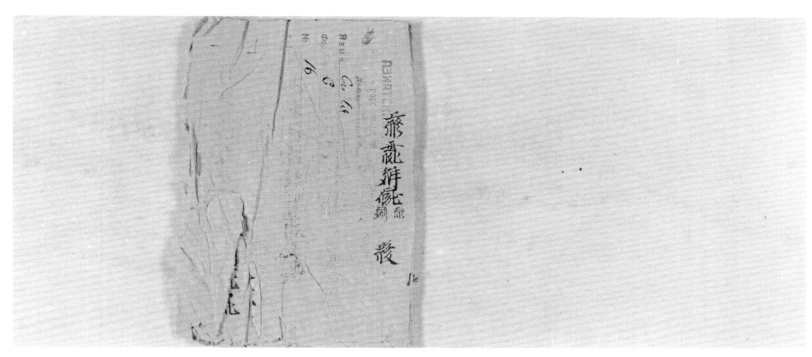

俄 **Инв**.No.8121　正道心照　　(5-5)

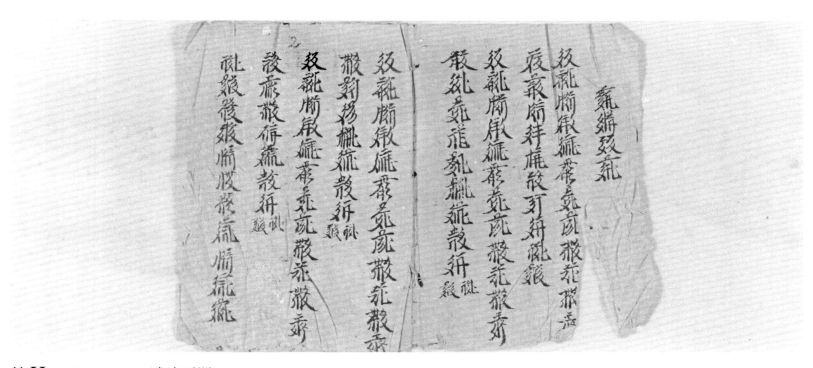

俄 **Инв**.No.8121　滅時要門　　(3-1)

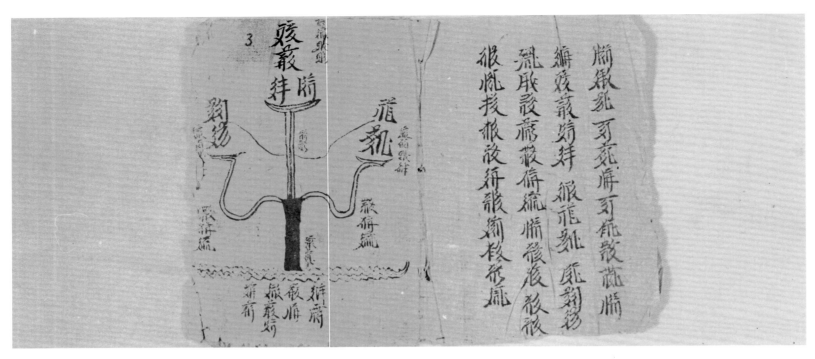

俄 Инв.No.8121　滅時要門　　　(3-2)

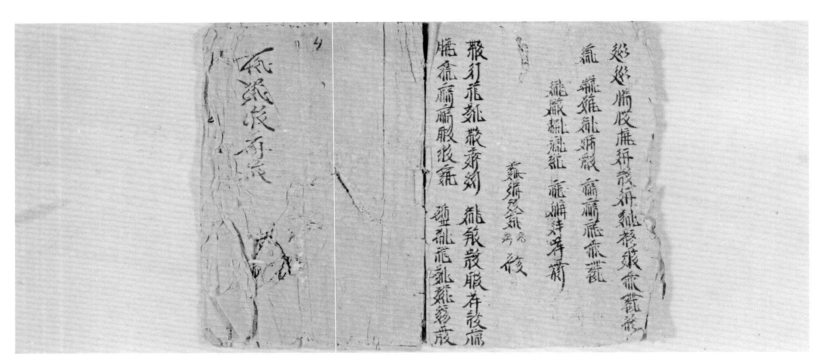

俄 Инв.No.8121　滅時要門　　　(3-3)

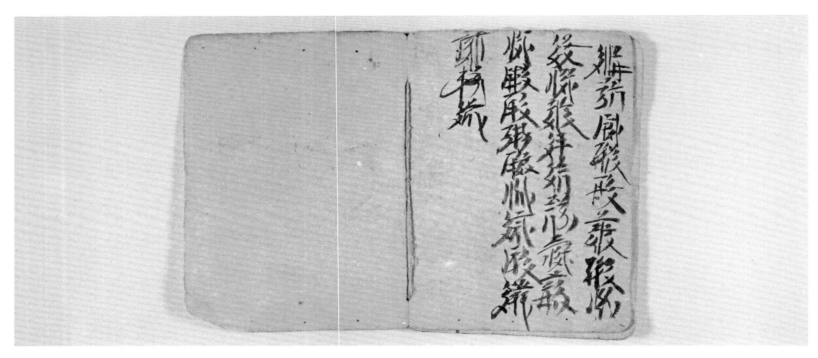

俄 Инв.No.7102　念定百字等要門　1.滅時要門　　　(13-1)

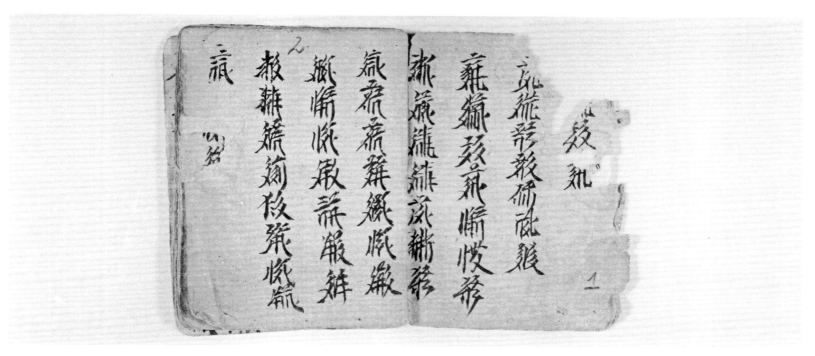

俄 **И**нв.No.7102 　 1.滅時要門 　 　 (13-2)

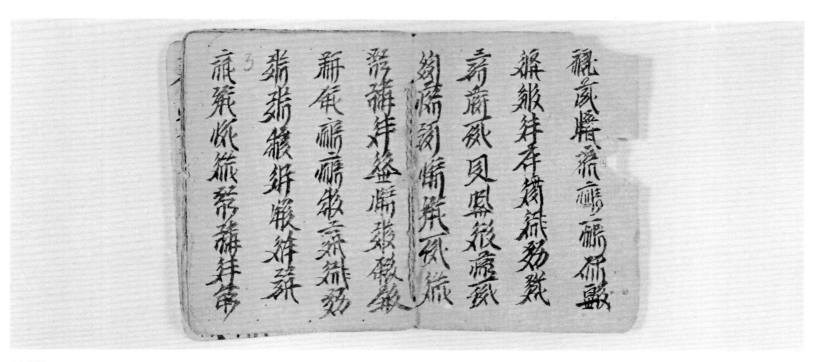

俄 **И**нв.No.7102 　 1.滅時要門 　 　 (13-3)

俄 **И**нв.No.7102 　 1.滅時要門 　 　 (13-4)

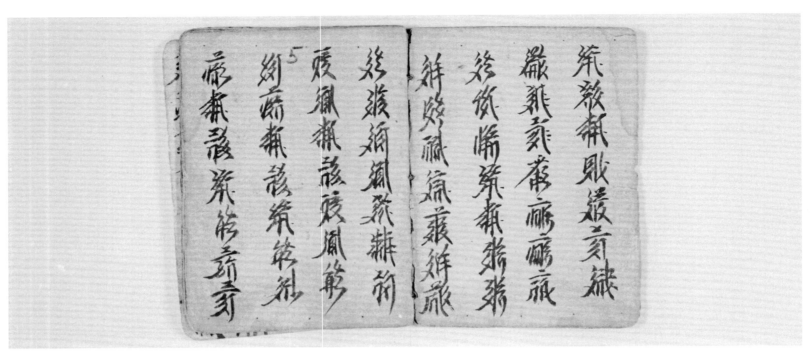

俄 Инв.No.7102　　1.滅時要門　　　　(13-5)

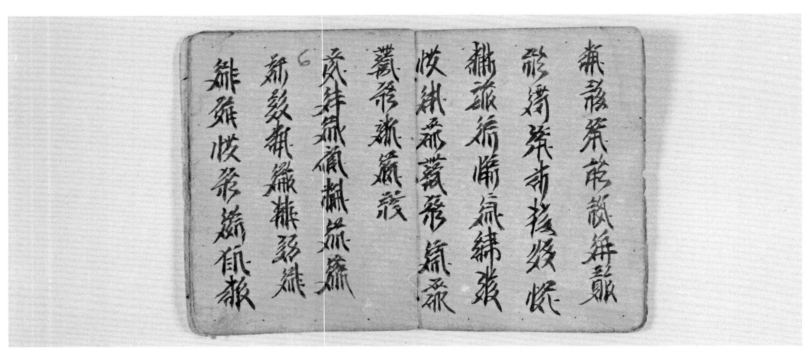

俄 Инв.No.7102　　1.滅時要門　　　　(13-6)

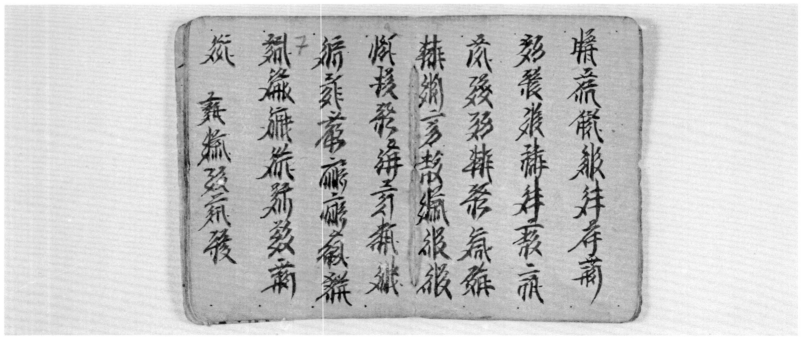

俄 Инв.No.7102　　1.滅時要門　　　　(13-7)

俄 **И**нв.No.7102　2.百字咒　　　(13-8)

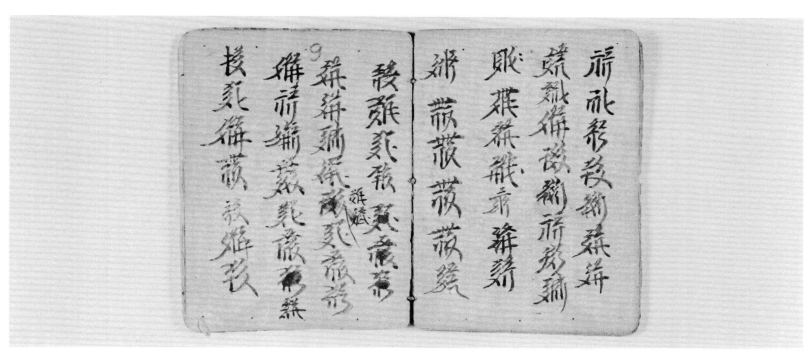

俄 **И**нв.No.7102　2.百字咒　　　(13-9)

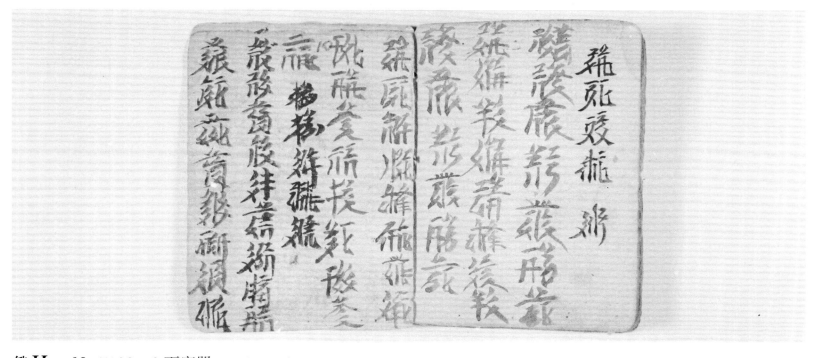

俄 **И**нв.No.7102　2.百字咒　　　(13-10)

277

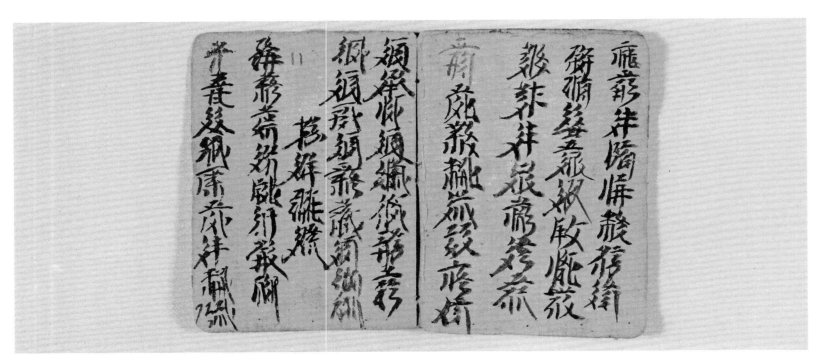

俄 **И**нв.No.7102　　2.百字咒　　　(13-11)

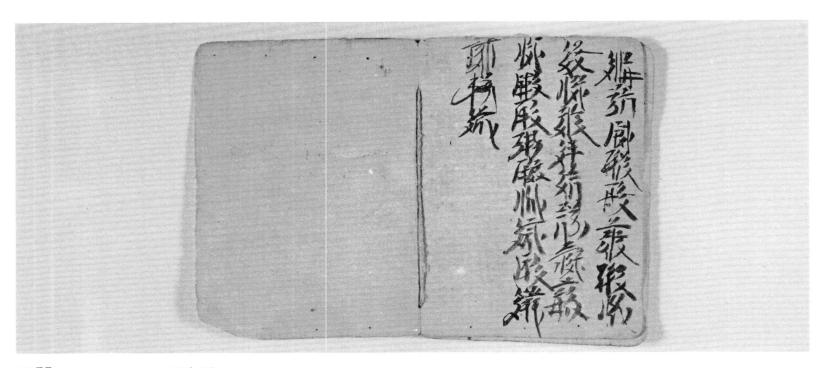

俄 **И**нв.No.7102　　2.百字咒　　　(13-12)

俄 **И**нв.No.7102　　2.百字咒　　　(13-13)

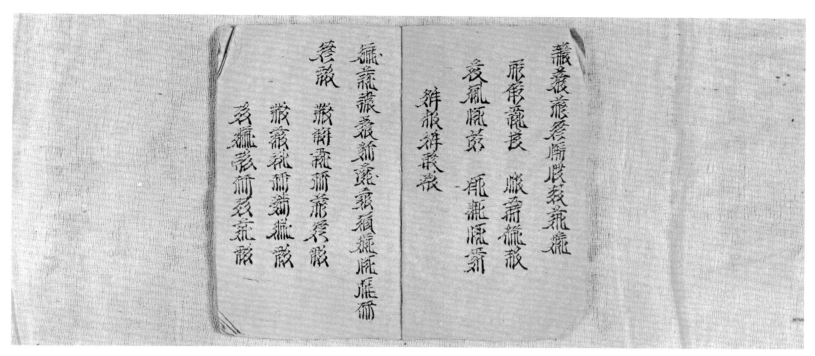

俄 **И**нв.No.6854　般若真義念定要門

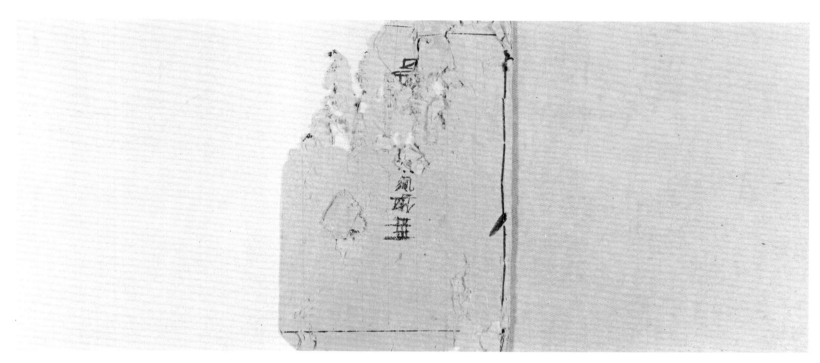

俄 **И**нв.No.3703　封面雜寫

俄 **И**нв.No.3703　1.菩提心明悟青界　2.金剛勇識大虛空顯頌　　　(13-1)

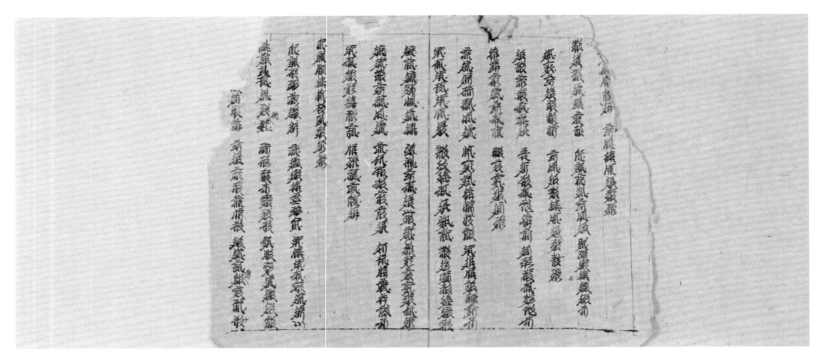

俄 Инв.No.3703　2.金剛勇識大虛空顯頌　　　(13-2)

俄 Инв.No.3703　2.金剛勇識大虛空顯頌　　　(13-3)

俄 Инв.No.3703　2.金剛勇識大虛空顯頌　　　(13-4)

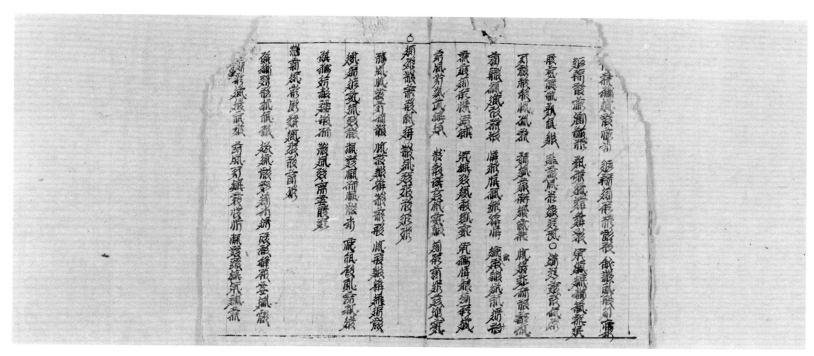

俄 **И**нв.No.3703　2.金剛勇識大虛空顯頌　　　(13-5)

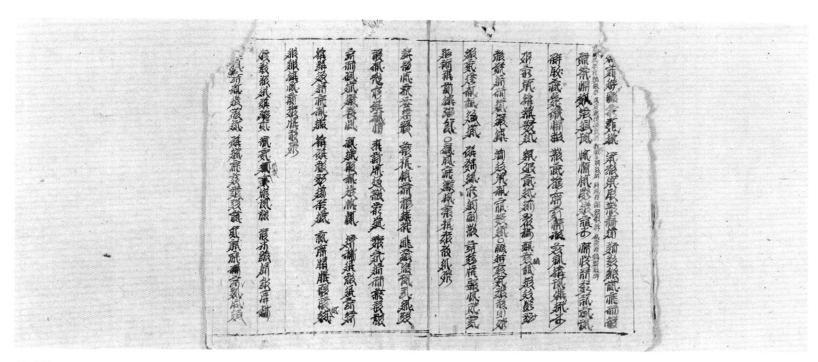

俄 **И**нв.No.3703　2.金剛勇識大虛空顯頌　　　(13-6)

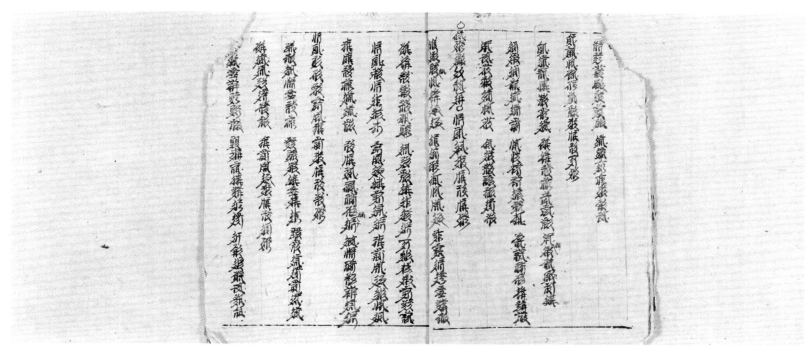

俄 **И**нв.No.3703　2.金剛勇識大虛空顯頌　　　(13-7)

俄 **И**нв.No.3703　3.大鳳凰空明注　　　（13-8）

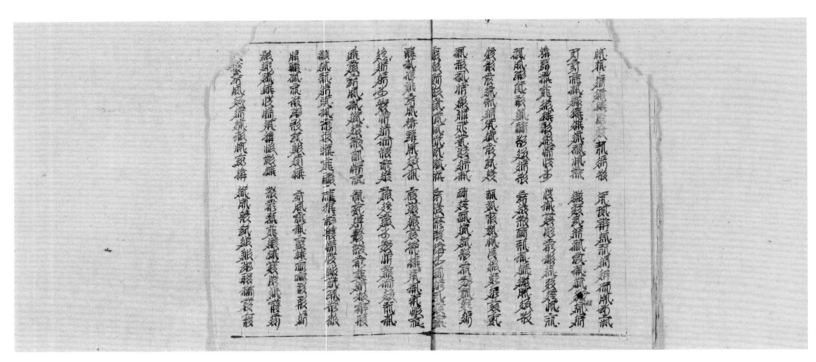

俄 **И**нв.No.3703　3.大鳳凰空明注　　　（13-9）

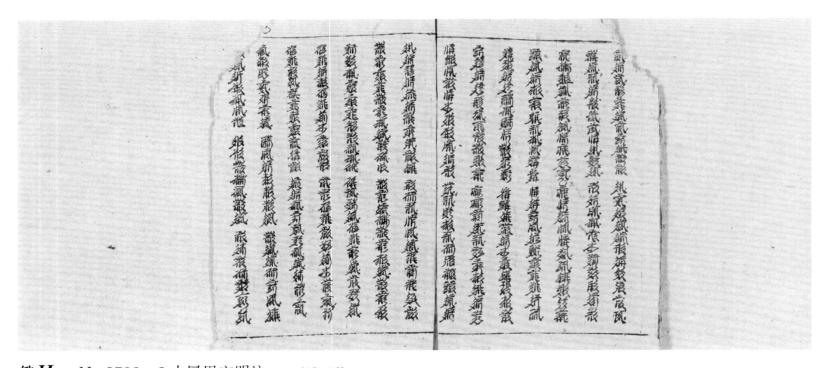

俄 **И**нв.No.3703　3.大鳳凰空明注　　　（13-10）

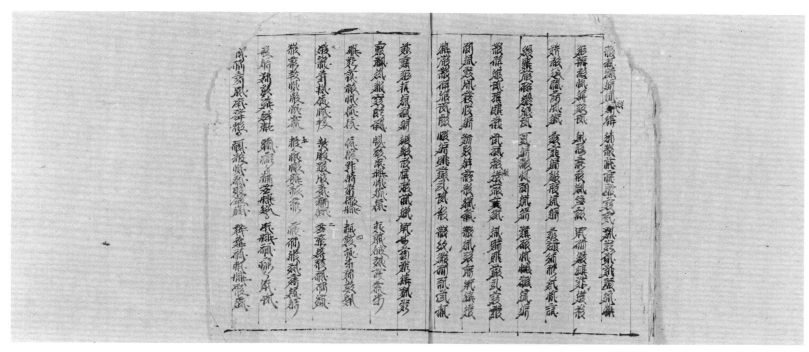

俄 Инв.No.3703 3.大鳳凰空明注 (13-11)

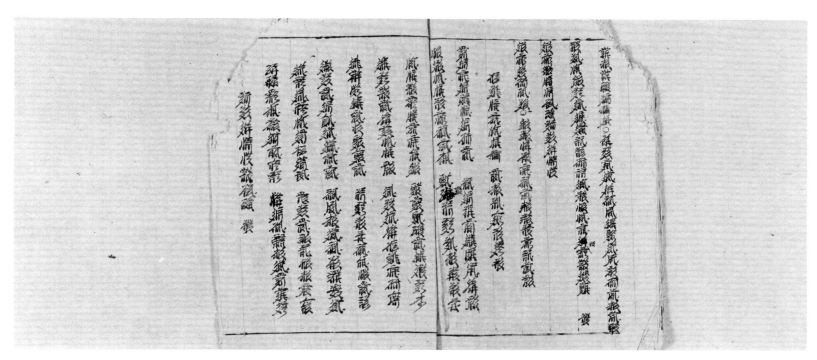

俄 Инв.No.3703 4.蓮花大勇聚獅子菩提心念定 菩提心念定全義 (13-12)

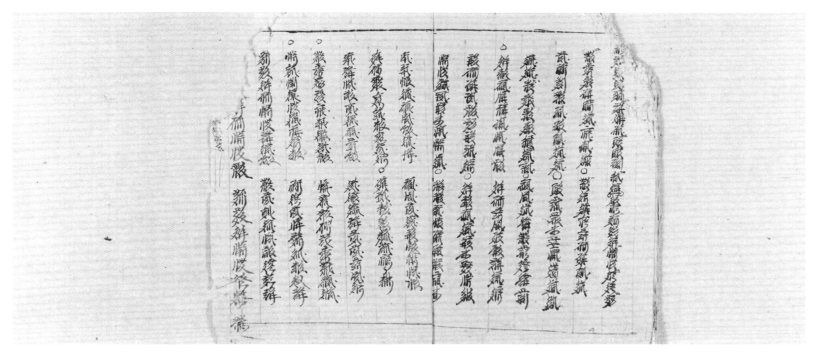

俄 Инв.No.3703 4.蓮花大勇聚獅子菩提心念定 菩提心念定全義 (13-13)

俄 ИНВ.No.2821　吉祥普賢金剛勇識之旨次慶贊伏藏變幻解惑下卷　　(32-1)

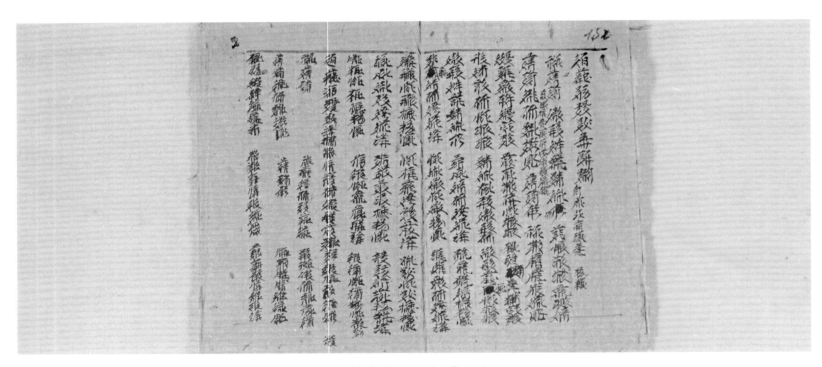

俄 ИНВ.No.2821　吉祥普賢金剛勇識之旨次慶贊伏藏變幻解惑下卷　　(32-2)

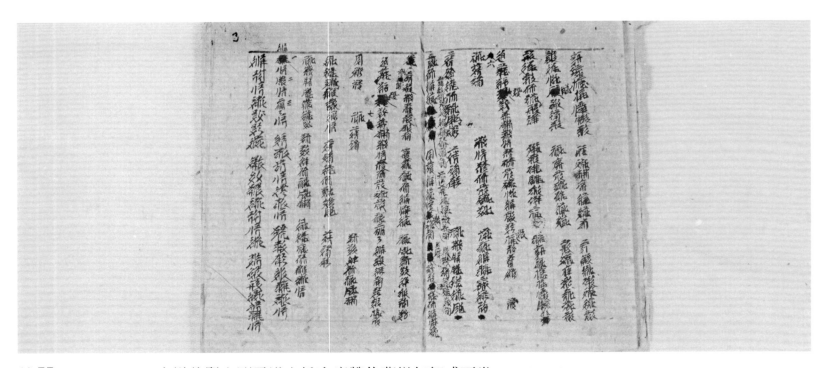

俄 ИНВ.No.2821　吉祥普賢金剛勇識之旨次慶贊伏藏變幻解惑下卷　　(32-3)

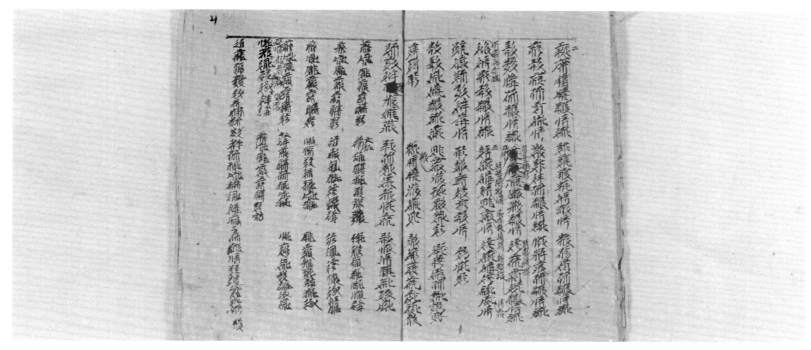

俄 **И**нв.No.2821　吉祥普賢金剛勇識之旨次慶贊伏藏變幻解惑下卷　　　(32-4)

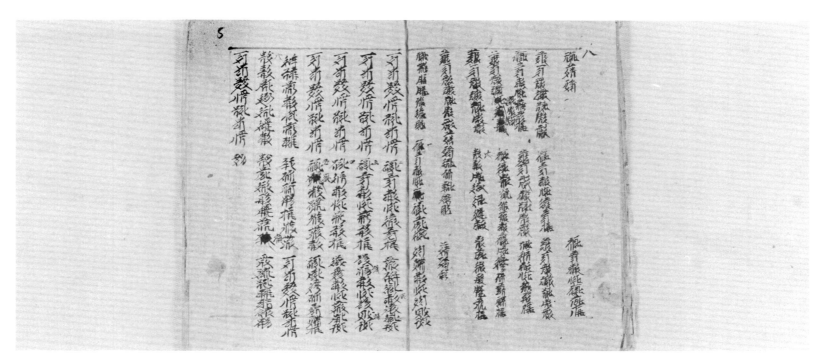

俄 **И**нв.No.2821　吉祥普賢金剛勇識之旨次慶贊伏藏變幻解惑下卷　　　(32-5)

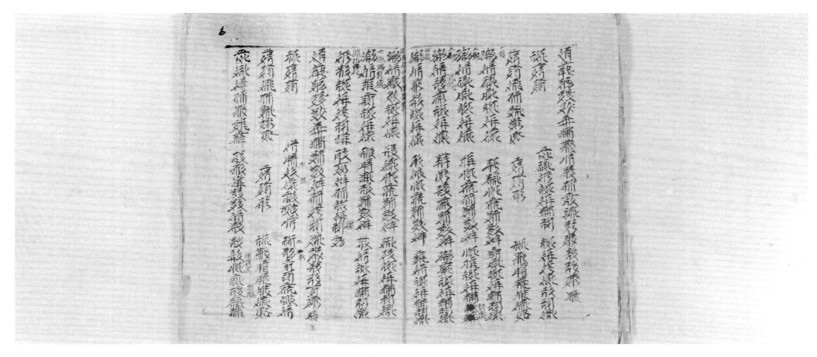

俄 **И**нв.No.2821　吉祥普賢金剛勇識之旨次慶贊伏藏變幻解惑下卷　　　(32-6)

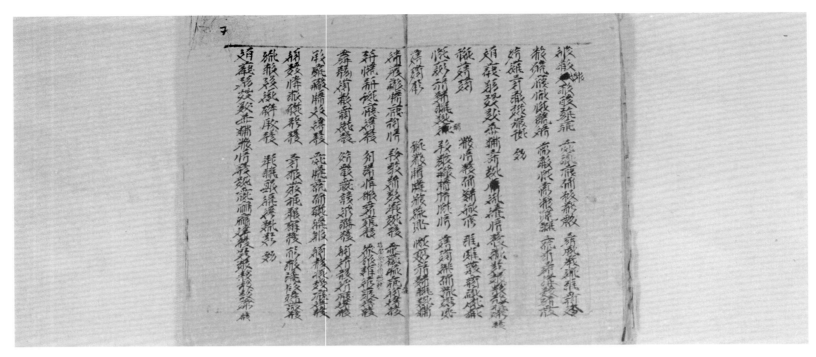

俄 Инв.No.2821 吉祥普賢金剛勇識之旨次慶贊伏藏變幻解惑下卷 (32-7)

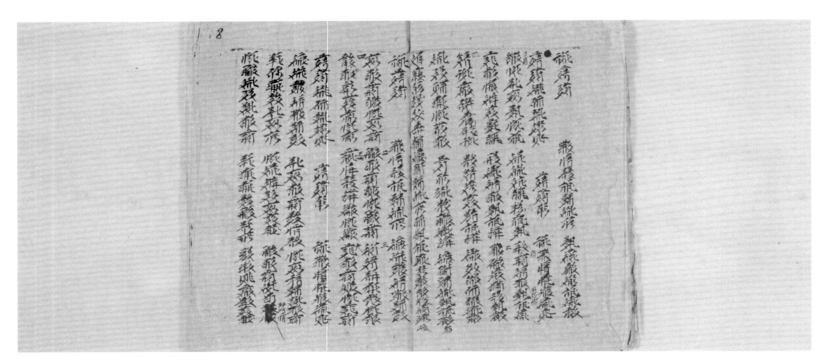

俄 Инв.No.2821 吉祥普賢金剛勇識之旨次慶贊伏藏變幻解惑下卷 (32-8)

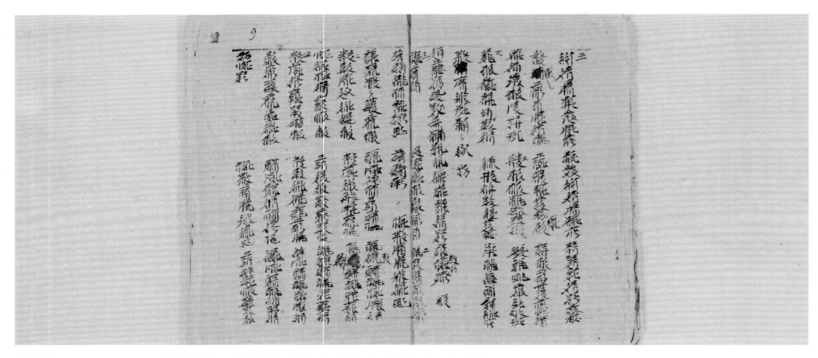

俄 Инв.No.2821 吉祥普賢金剛勇識之旨次慶贊伏藏變幻解惑下卷 (32-9)

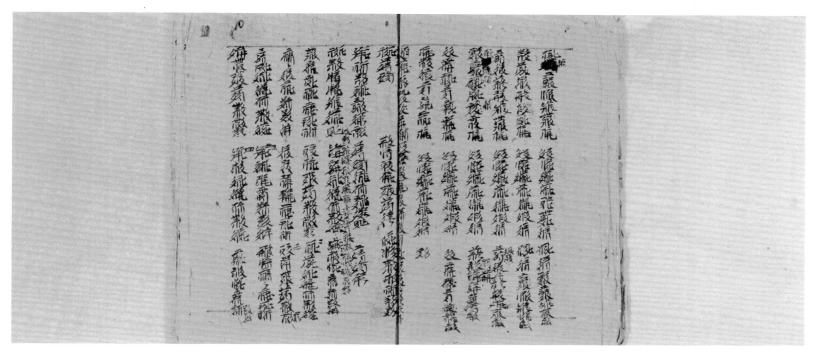

俄 Инв.No.2821　吉祥普賢金剛勇識之旨次慶贊伏藏變幻解惑下卷　　　(32-10)

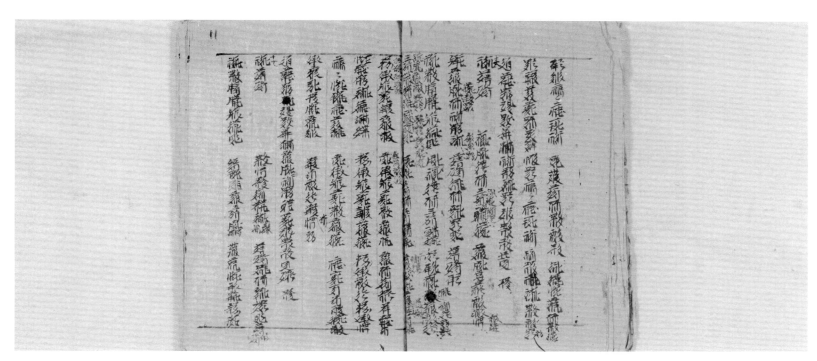

俄 Инв.No.2821　吉祥普賢金剛勇識之旨次慶贊伏藏變幻解惑下卷　　　(32-11)

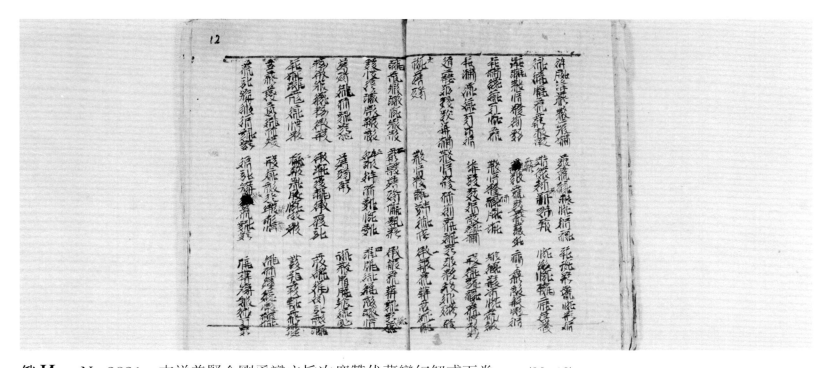

俄 Инв.No.2821　吉祥普賢金剛勇識之旨次慶贊伏藏變幻解惑下卷　　　(32-12)

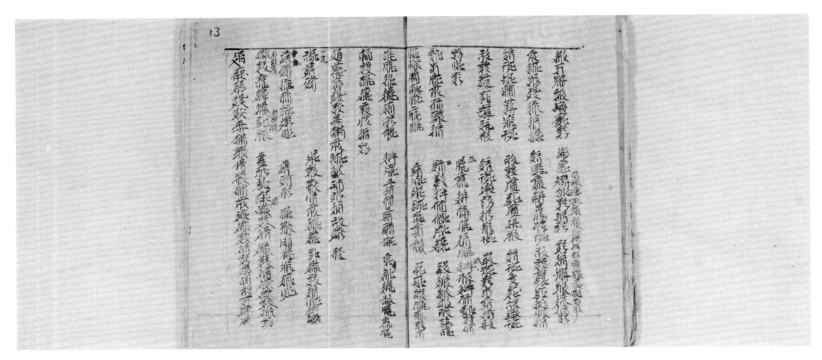

俄ИНВ.No.2821　吉祥普賢金剛勇識之旨次慶贊伏藏變幻解惑下卷　　(32-13)

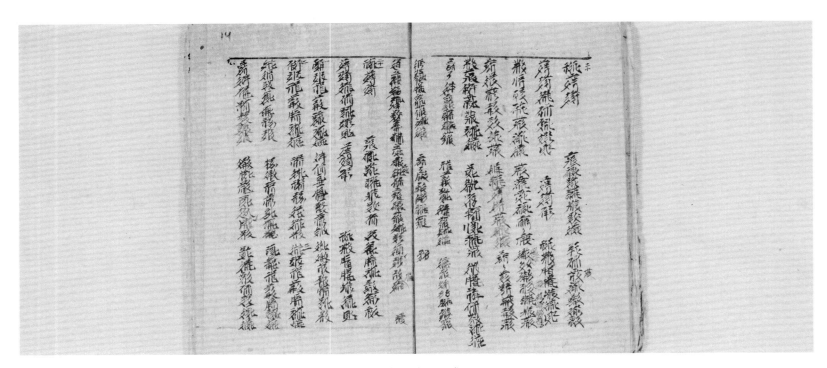

俄ИНВ.No.2821　吉祥普賢金剛勇識之旨次慶贊伏藏變幻解惑下卷　　(32-14)

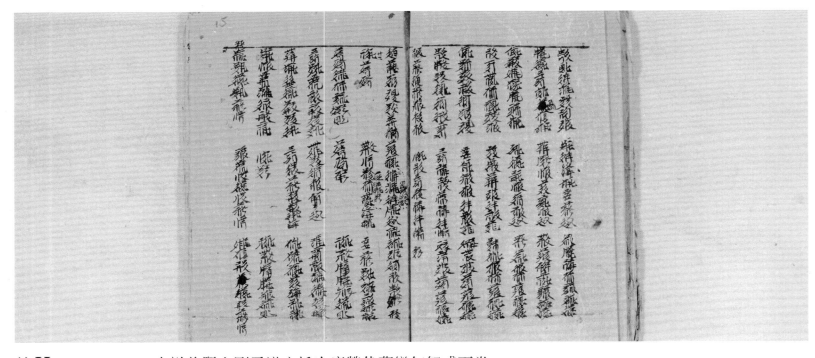

俄ИНВ.No.2821　吉祥普賢金剛勇識之旨次慶贊伏藏變幻解惑下卷　　(32-15)

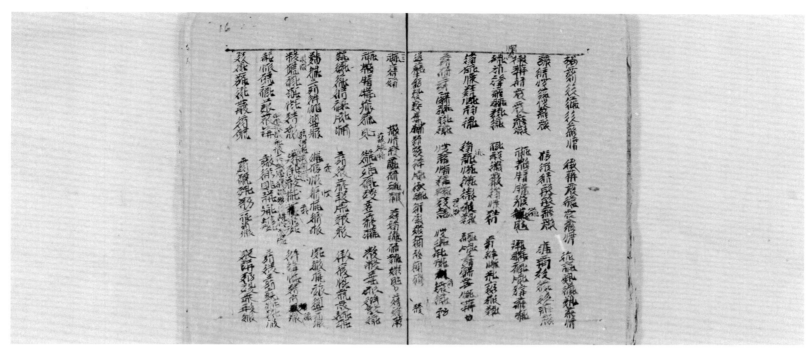

俄ИНВ.No.2821　吉祥普賢金剛勇識之旨次慶贊伏藏變幻解惑下卷　　(32-16)

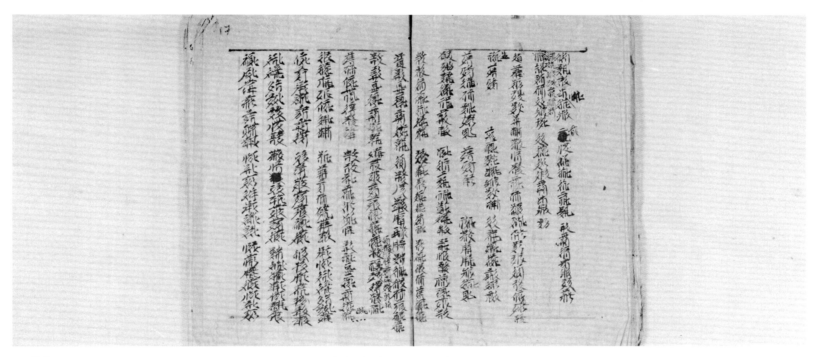

俄ИНВ.No.2821　吉祥普賢金剛勇識之旨次慶贊伏藏變幻解惑下卷　　(32-17)

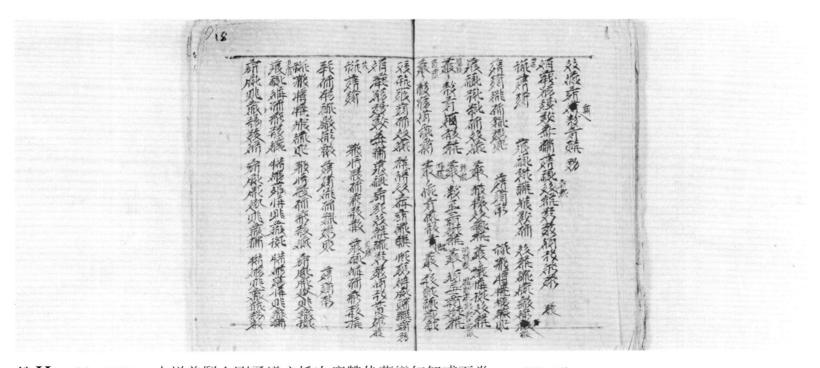

俄ИНВ.No.2821　吉祥普賢金剛勇識之旨次慶贊伏藏變幻解惑下卷　　(32-18)

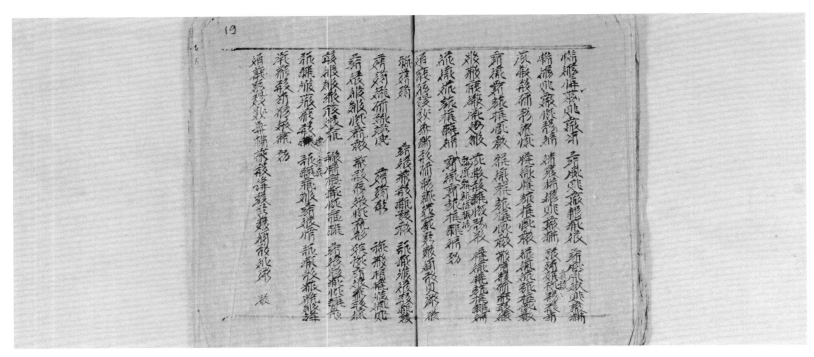

俄 **И**нв.No.2821　吉祥普賢金剛勇識之旨次慶贊伏藏變幻解惑下卷　　　(32-19)

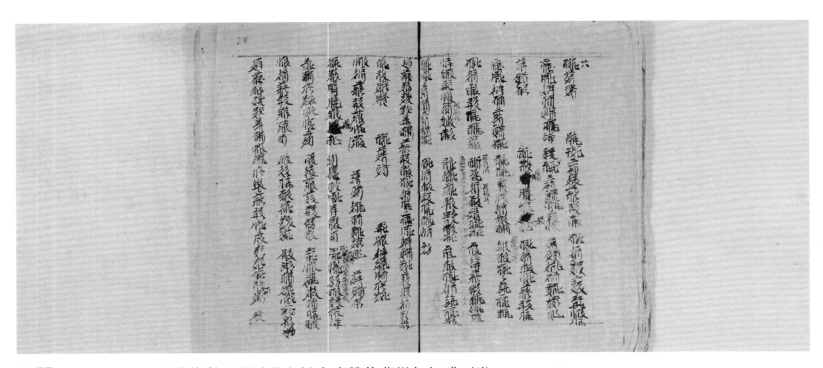

俄 **И**нв.No.2821　吉祥普賢金剛勇識之旨次慶贊伏藏變幻解惑下卷　　　(32-20)

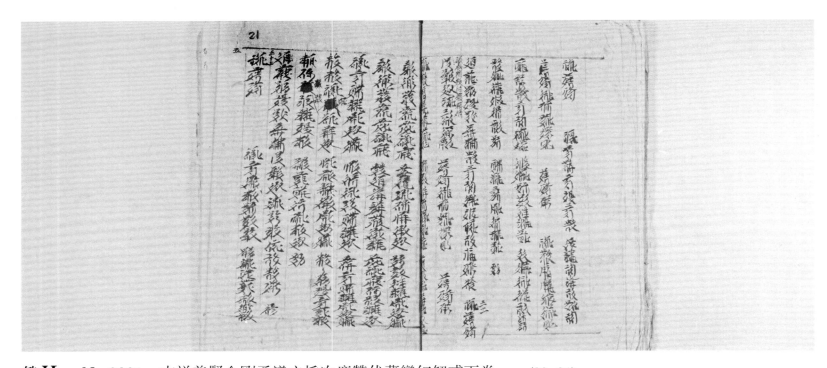

俄 **И**нв.No.2821　吉祥普賢金剛勇識之旨次慶贊伏藏變幻解惑下卷　　　(32-21)

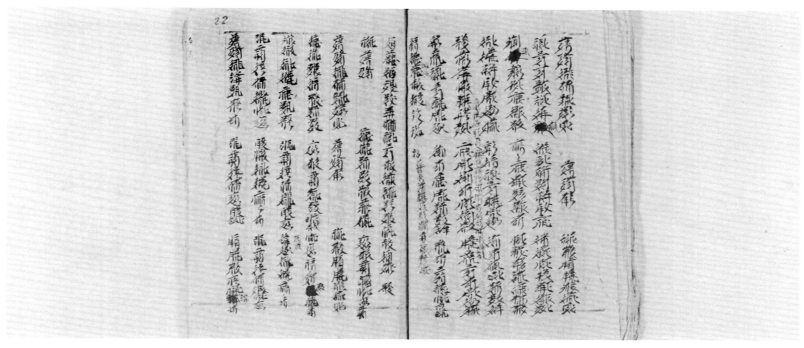

俄ИнB.No.2821　吉祥普賢金剛勇識之旨次慶贊伏藏變幻解惑下卷　　　（32-22）

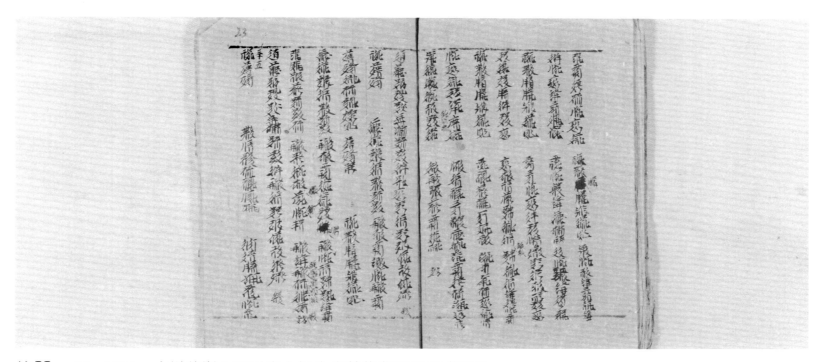

俄ИнB.No.2821　吉祥普賢金剛勇識之旨次慶贊伏藏變幻解惑下卷　　　（32-23）

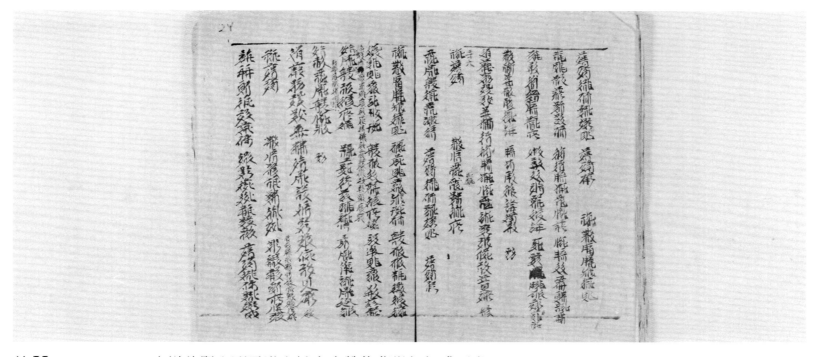

俄ИнB.No.2821　吉祥普賢金剛勇識之旨次慶贊伏藏變幻解惑下卷　　　（32-24）

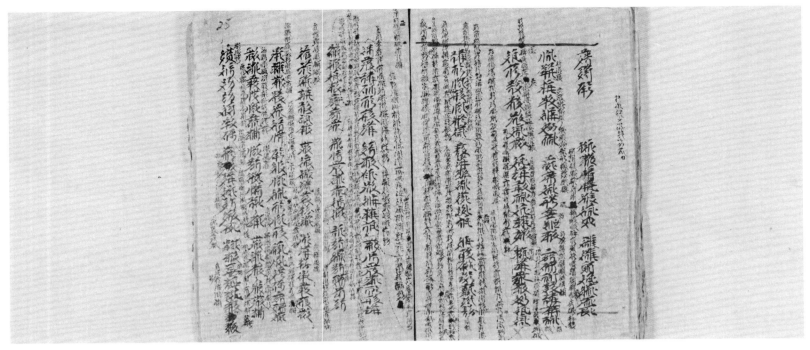

俄 Инв.No.2821　吉祥普賢金剛勇識之旨次慶贊伏藏變幻解惑下卷　　　(32-25)

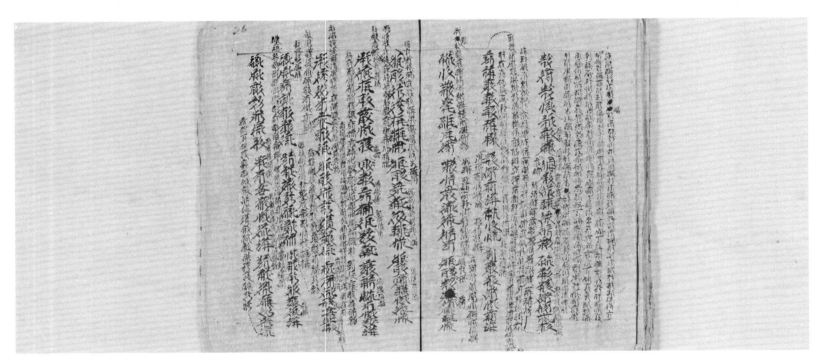

俄 Инв.No.2821　吉祥普賢金剛勇識之旨次慶贊伏藏變幻解惑下卷　　　(32-26)

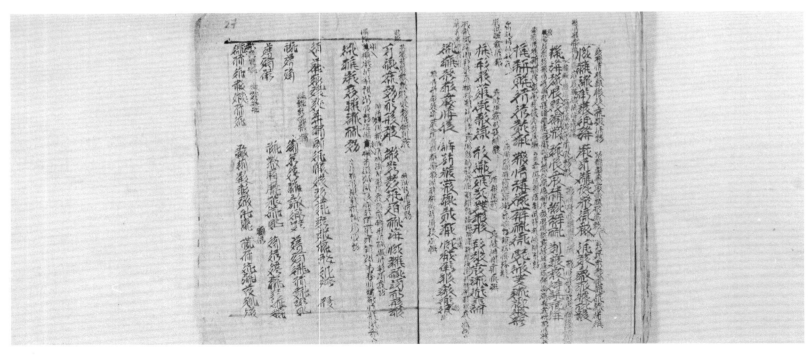

俄 Инв.No.2821　吉祥普賢金剛勇識之旨次慶贊伏藏變幻解惑下卷　　　(32-27)

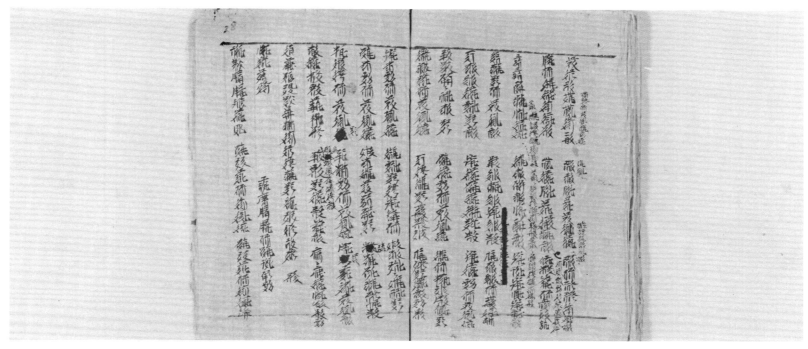

俄ИнВ.No.2821　吉祥普賢金剛勇識之旨次慶贊伏藏變幻解惑下卷　　　(32-28)

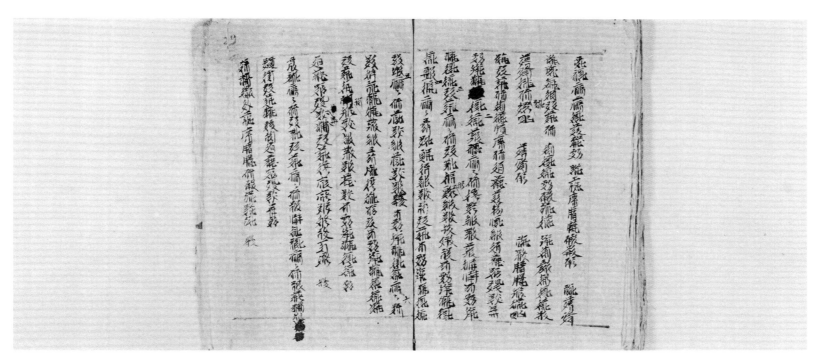

俄ИнВ.No.2821　吉祥普賢金剛勇識之旨次慶贊伏藏變幻解惑下卷　　　(32-29)

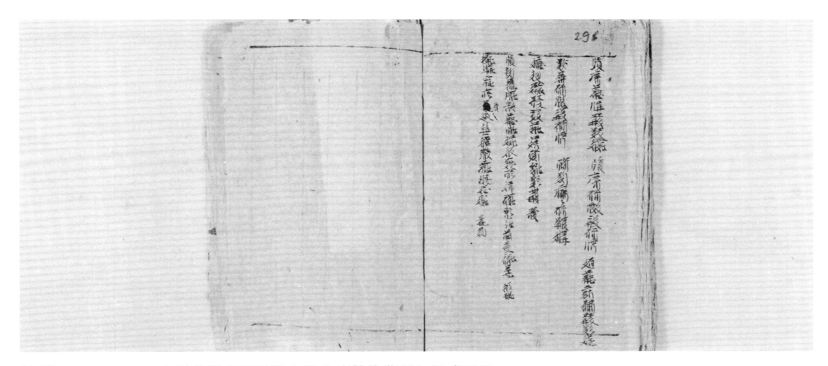

俄ИнВ.No.2821　吉祥普賢金剛勇識之旨次慶贊伏藏變幻解惑下卷　　　(32-30)

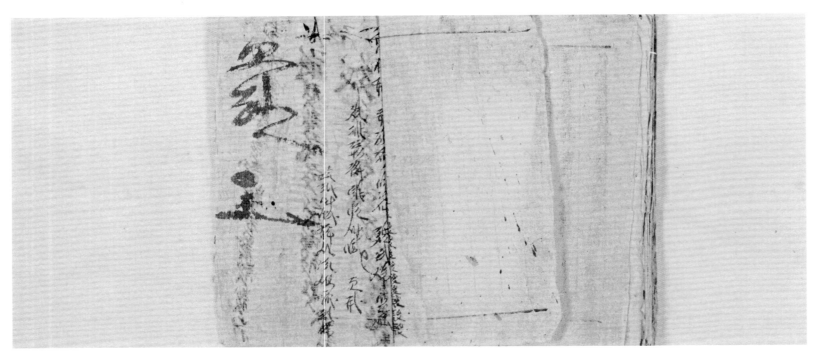

俄 **И**нв.No.2821　吉祥普賢金剛勇識之旨次慶贊伏藏變幻解惑下卷　　　(32-31)

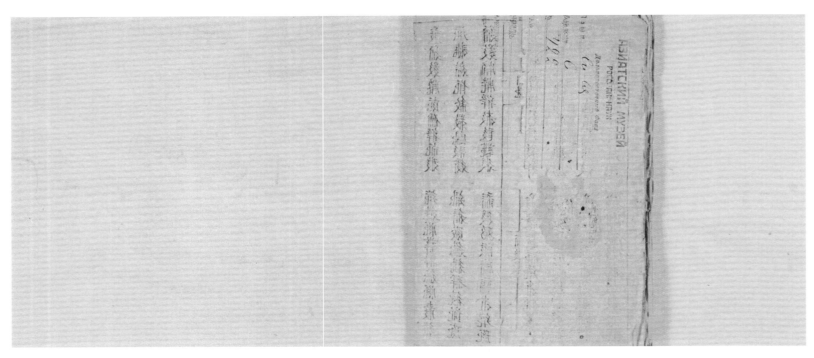

俄 **И**нв.No.2821　吉祥普賢金剛勇識之旨次慶贊伏藏變幻解惑下卷　　　(32-32)

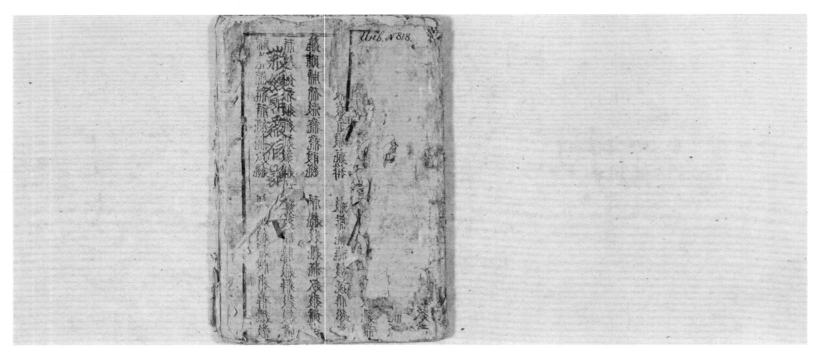

俄 **И**нв.No.818　大鳳凰空明注　　　(32-1)

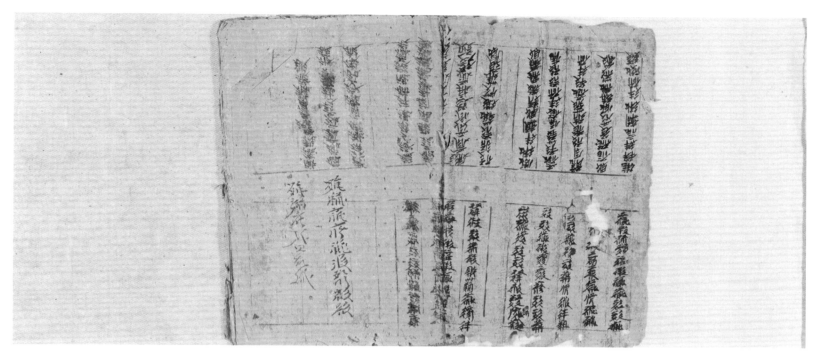

俄 **И**нв.No.818　大鳳凰空明注　　　(32-2)

俄 **И**нв.No.818　大鳳凰空明注　　　(32-3)

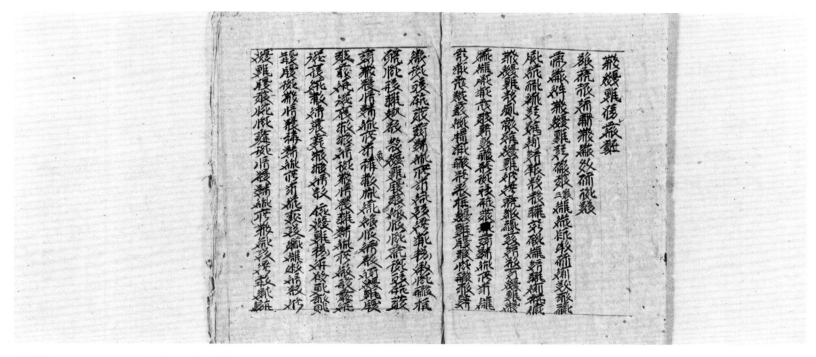

俄 **И**нв.No.818　大鳳凰空明注　　　(32-4)

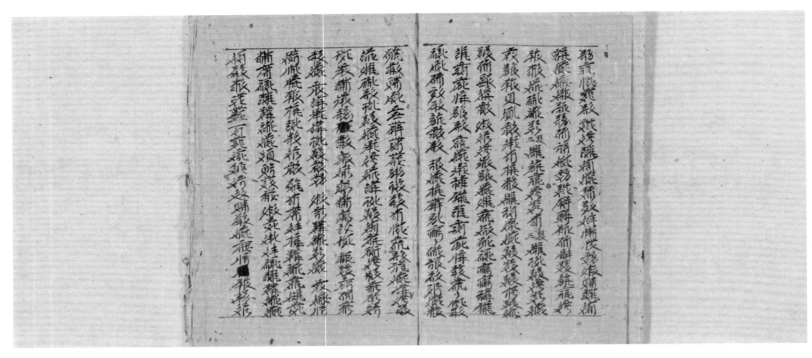

俄 **И**нв.No.818　大鳳凰空明注　　　(32-5)

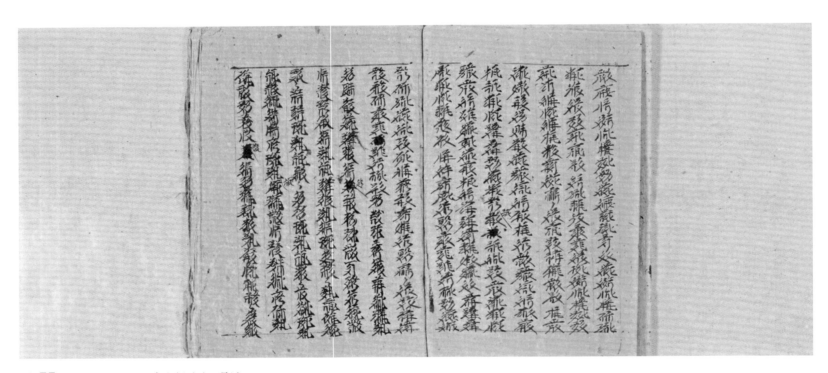

俄 **И**нв.No.818　大鳳凰空明注　　　(32-6)

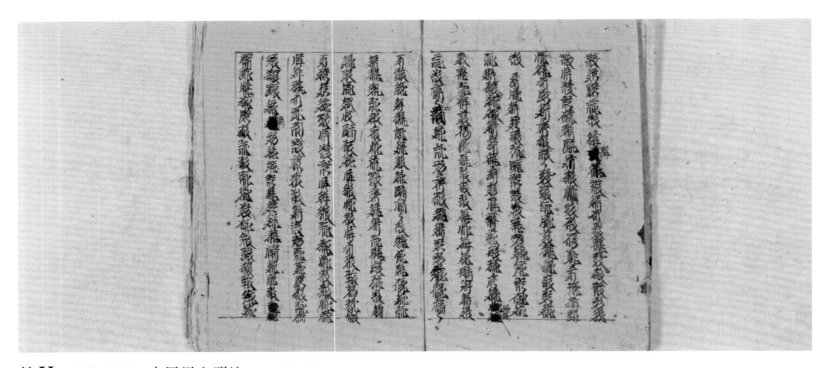

俄 **И**нв.No.818　大鳳凰空明注　　　(32-7)

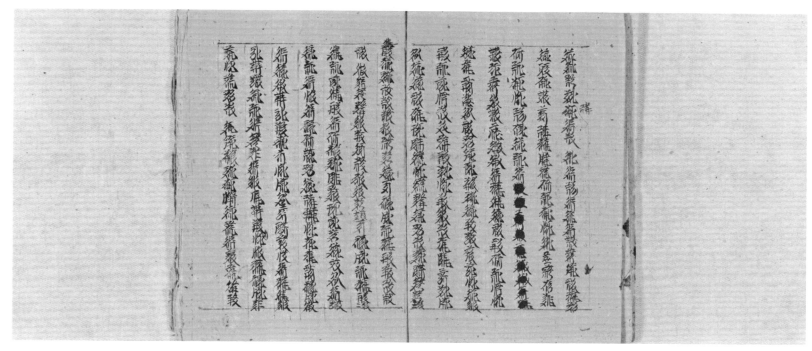

俄 **И**нв.No.818　大鳳凰空明注　　　(32-8)

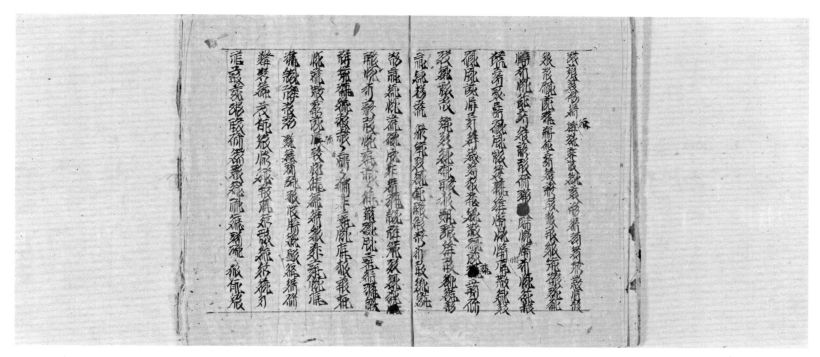

俄 **И**нв.No.818　大鳳凰空明注　　　(32-9)

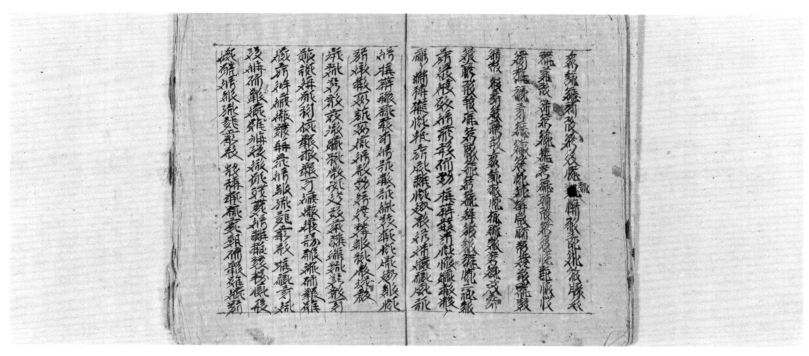

俄 **И**нв.No.818　大鳳凰空明注　　　(32-10)

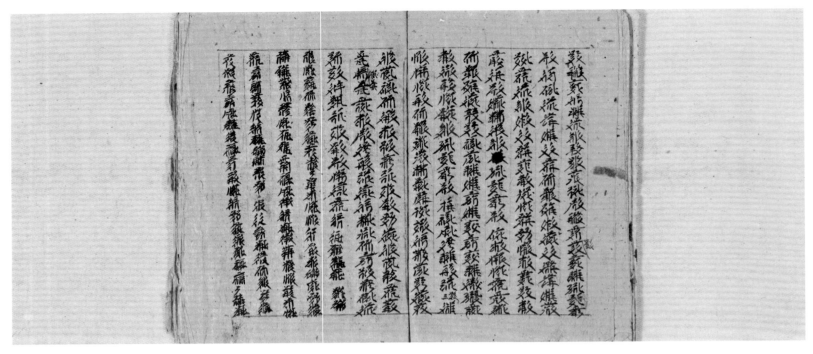

俄 **И**нв.No.818　大鳳凰空明注　　(32-11)

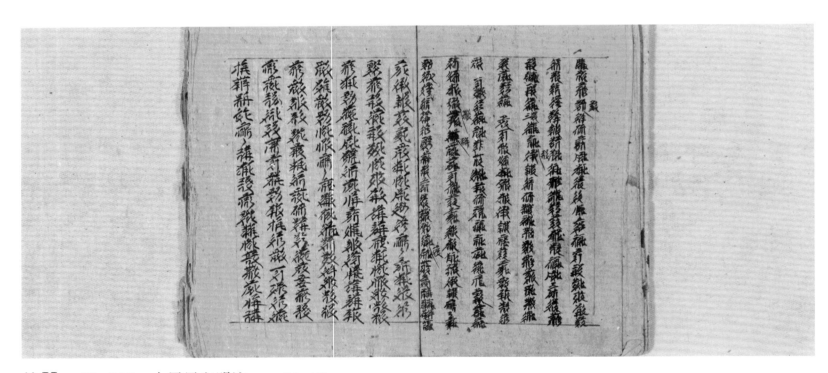

俄 **И**нв.No.818　大鳳凰空明注　　(32-12)

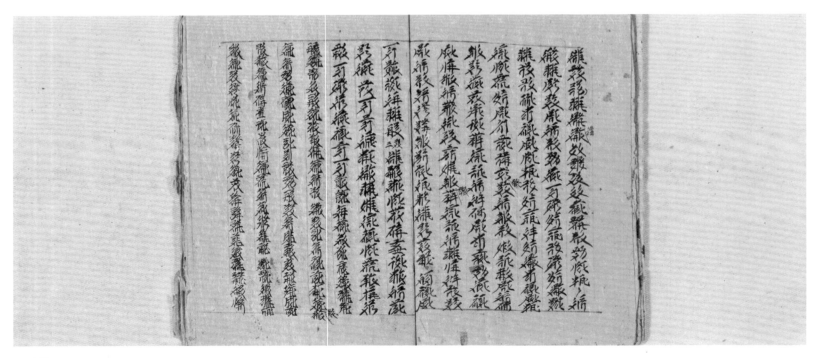

俄 **И**нв.No.818　大鳳凰空明注　　(32-13)

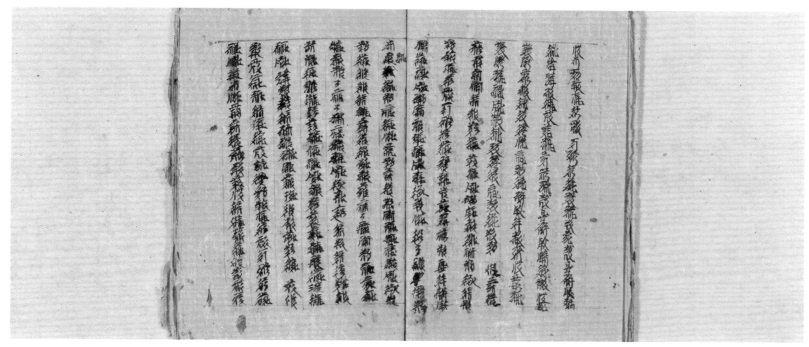

俄Инв.No.818　大鳳凰空明注　　　(32-14)

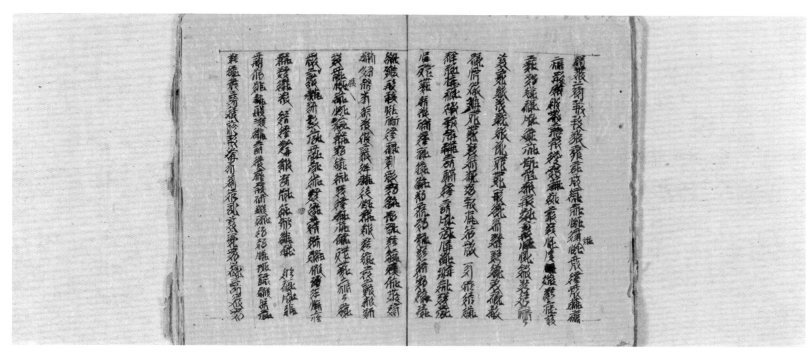

俄Инв.No.818　大鳳凰空明注　　　(32-15)

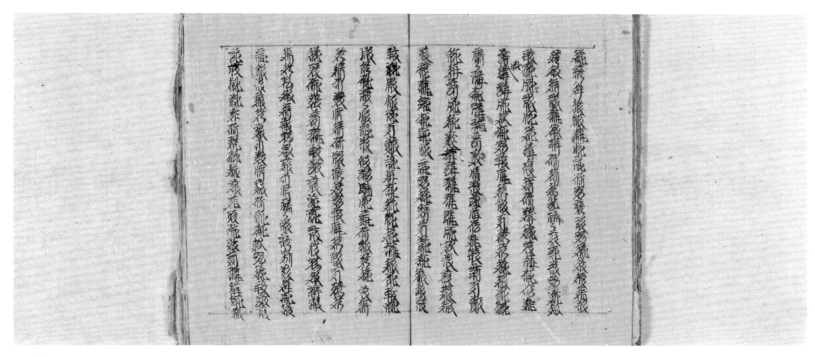

俄Инв.No.818　大鳳凰空明注　　　(32-16)

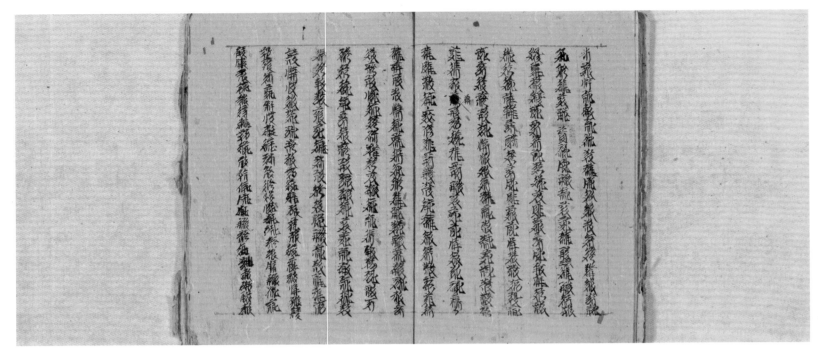

俄 Инв.No.818　大鳳凰空明注　　　(32-17)

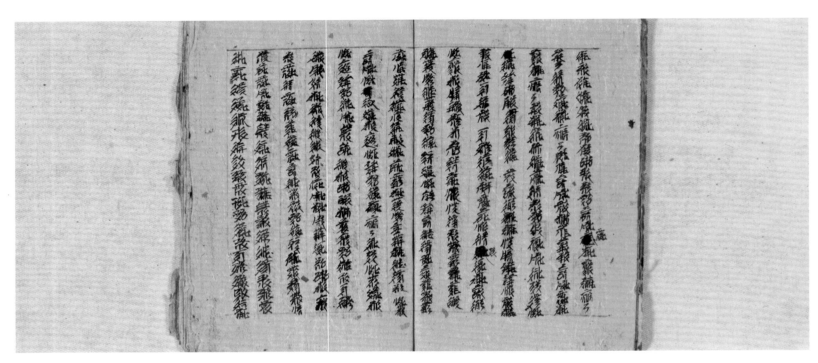

俄 Инв.No.818　大鳳凰空明注　　　(32-18)

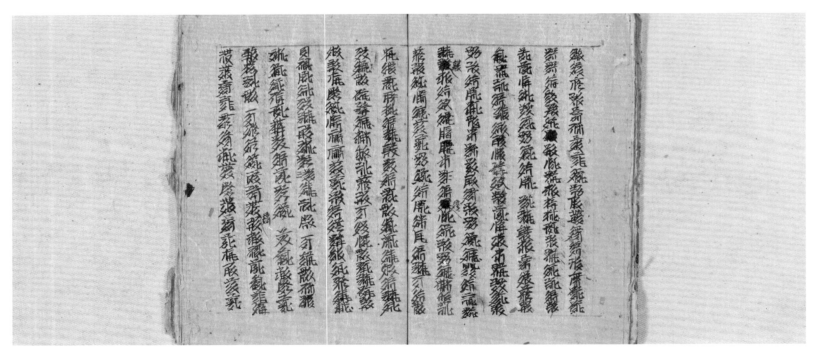

俄 Инв.No.818　大鳳凰空明注　　　(32-19)

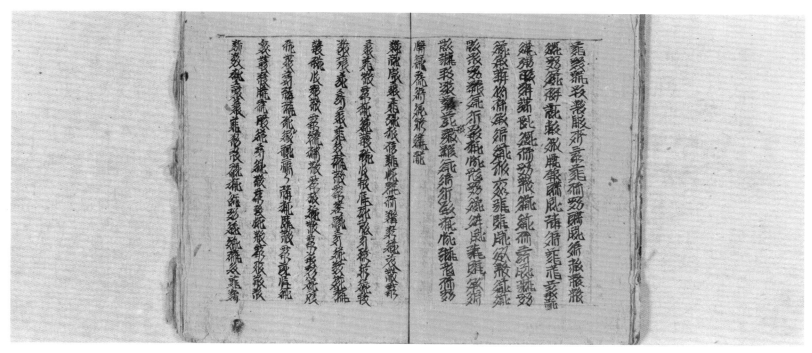

俄 **И**нв.No.818　大鳳凰空明注　　　(32-20)

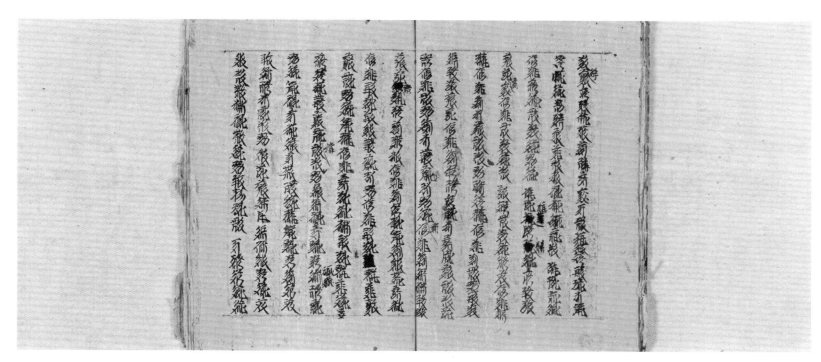

俄 **И**нв.No.818　大鳳凰空明注　　　(32-21)

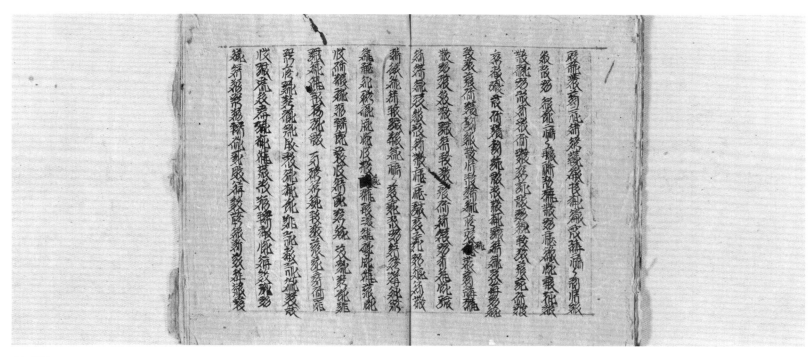

俄 **И**нв.No.818　大鳳凰空明注　　　(32-22)

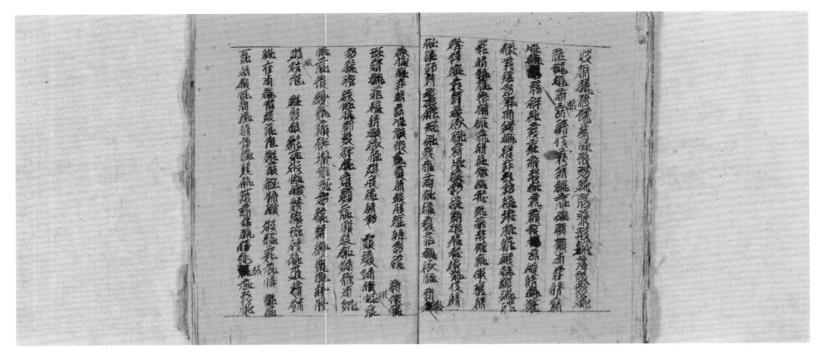

俄 Инв.No.818　　大鳳凰空明注　　　　(32-23)

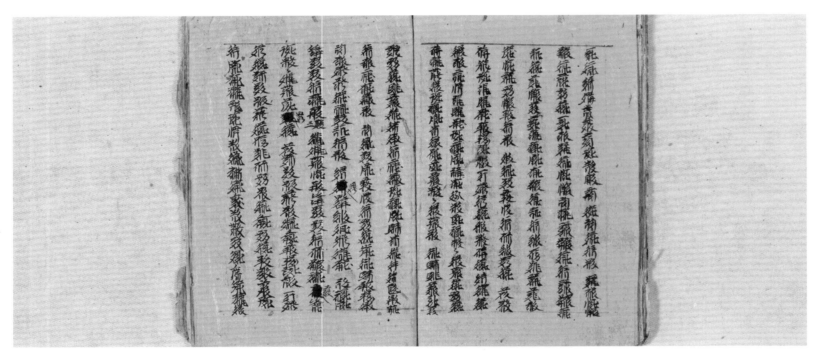

俄 Инв.No.818　　大鳳凰空明注　　　　(32-24)

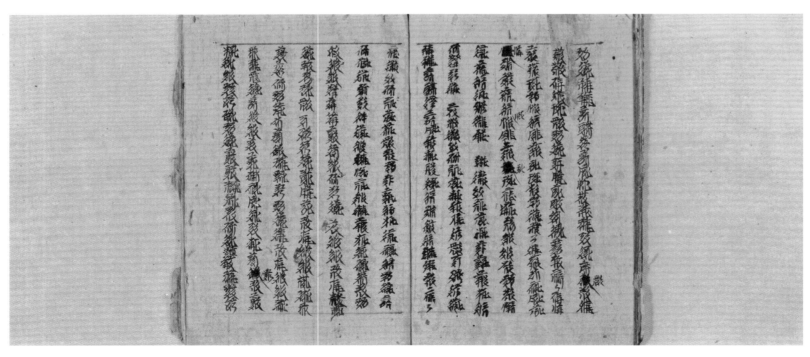

俄 Инв.No.818　　大鳳凰空明注　　　　(32-25)

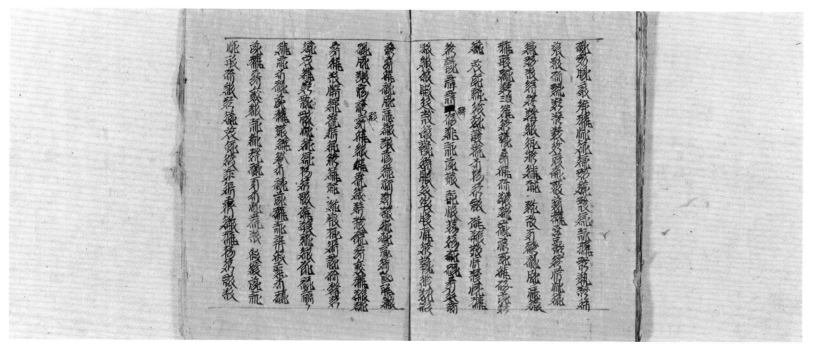

俄 **И**нв.No.818　　大鳳凰空明注　　　(32-26)

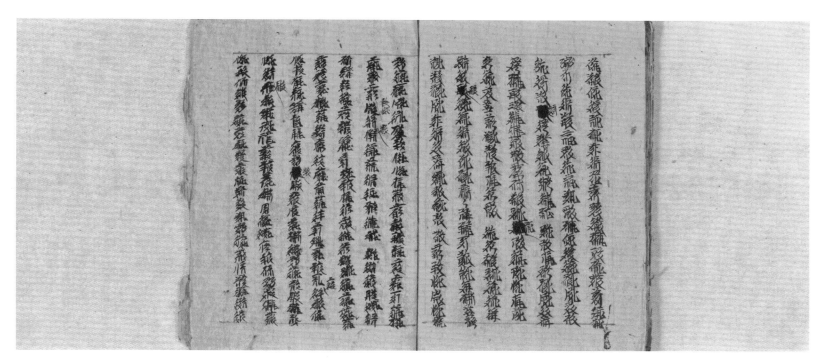

俄 **И**нв.No.818　　大鳳凰空明注　　　(32-27)

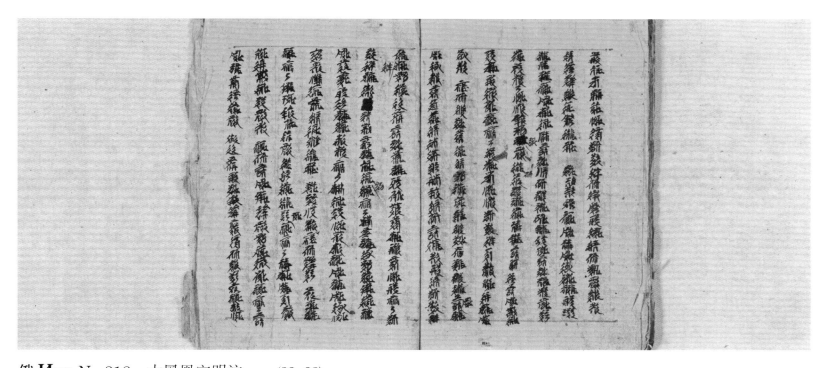

俄 **И**нв.No.818　　大鳳凰空明注　　　(32-28)

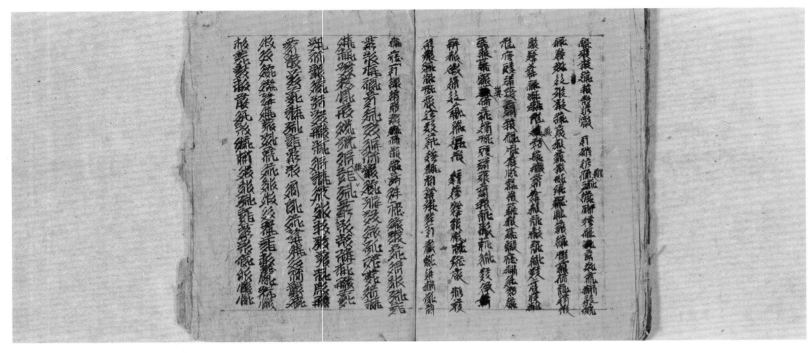

俄 ИHB.No.818　大鳳凰空明注　　　(32-29)

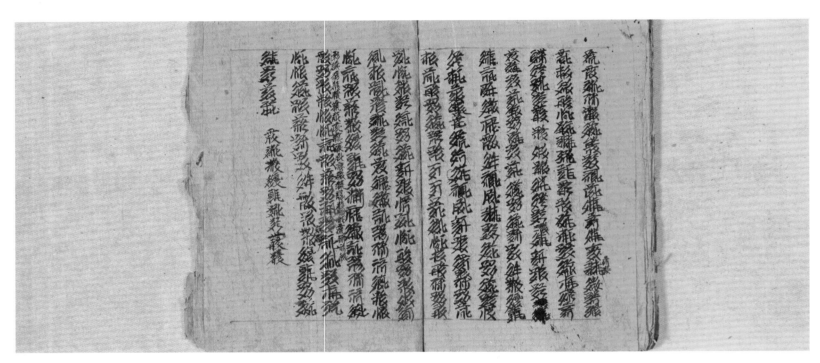

俄 ИHB.No.818　大鳳凰空明注　　　(32-30)

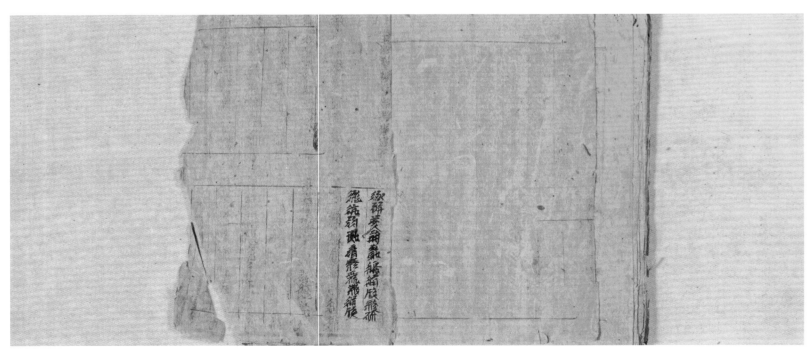

俄 ИHB.No.818　大鳳凰空明注　　　(32-31)

俄Инв.No.818　大鳳凰空明注　　　(32-32)

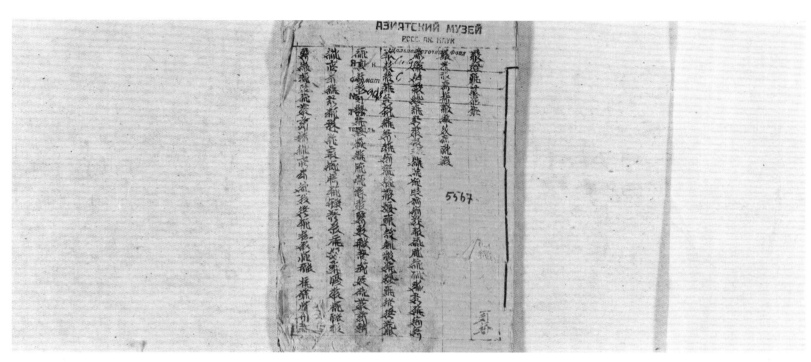

俄Инв.No.5567　大鳳凰空明注　　　(25-1)

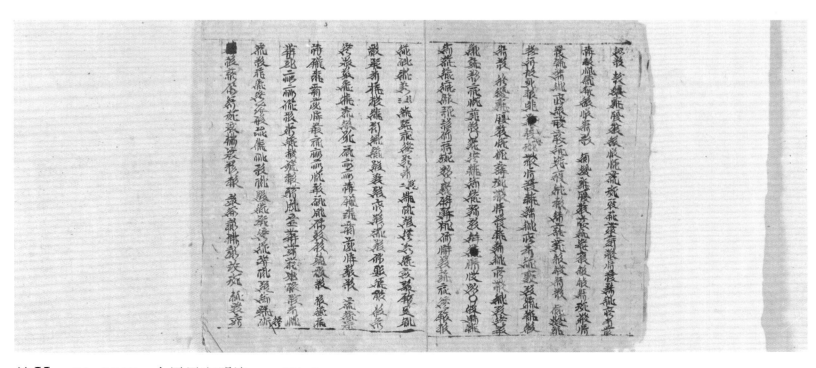

俄Инв.No.5567　大鳳凰空明注　　　(25-2)

俄 **И**нв.No.5567 　大鳳凰空明注　　　(25-3)

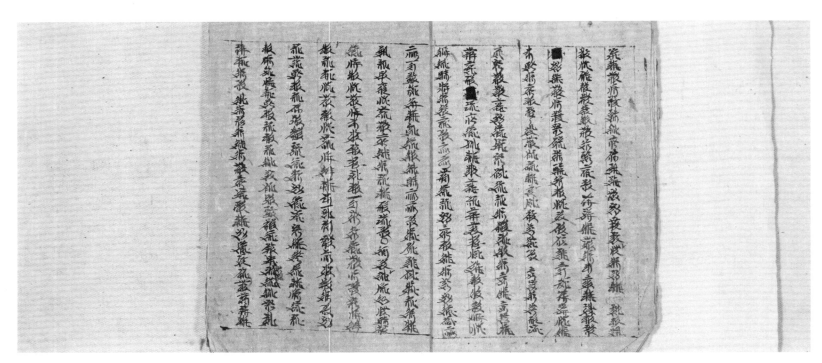

俄 **И**нв.No.5567 　大鳳凰空明注　　　(25-4)

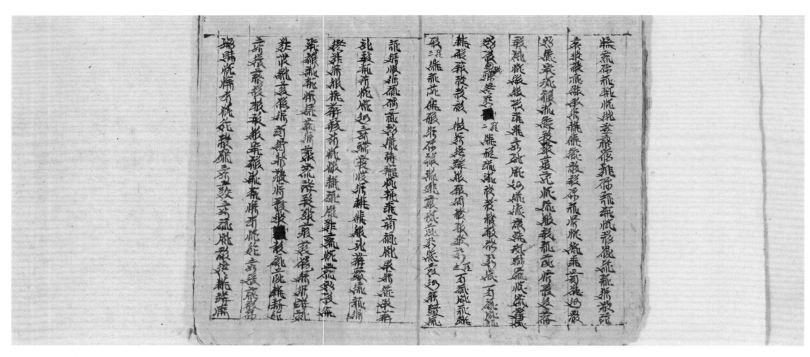

俄 **И**нв.No.5567 　大鳳凰空明注　　　(25-5)

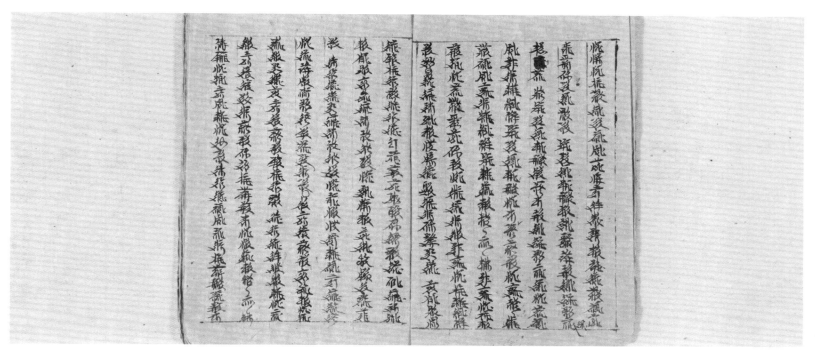

俄Инв.No.5567　大鳳凰空明注　　　(25-6)

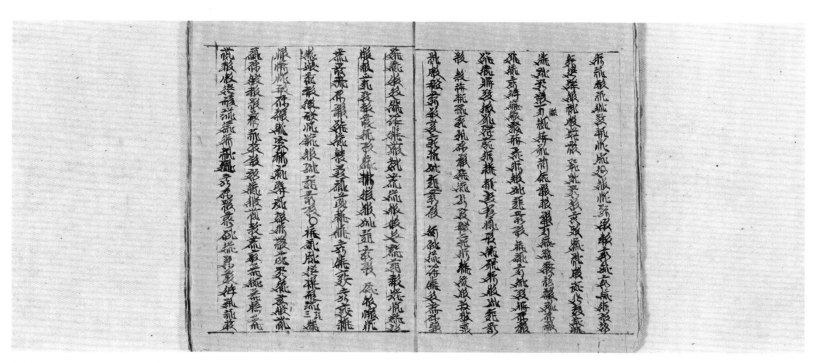

俄Инв.No.5567　大鳳凰空明注　　　(25-7)

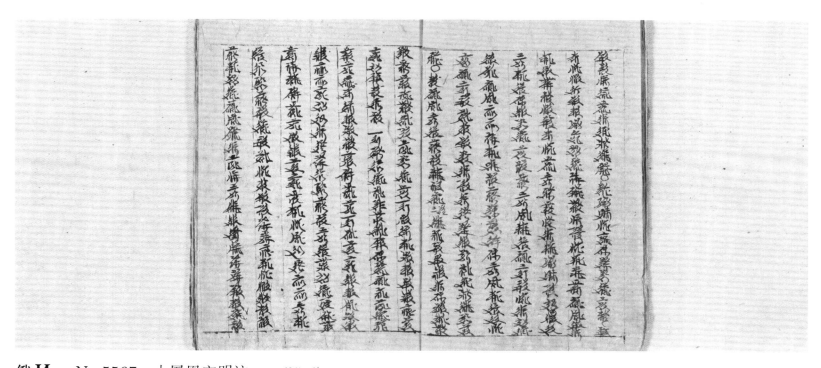

俄Инв.No.5567　大鳳凰空明注　　　(25-8)

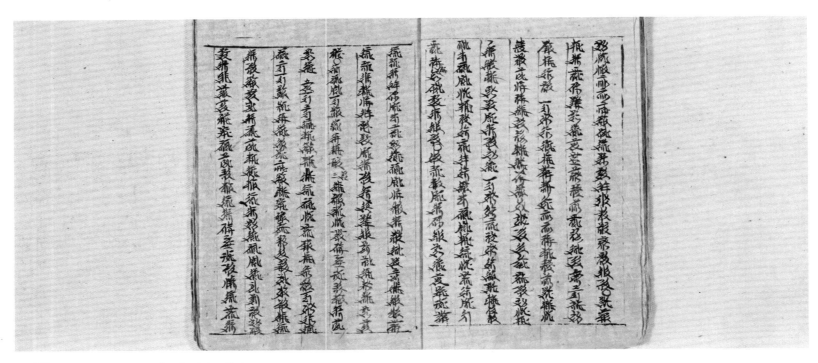

俄 **И**нв.No.5567　大鳳凰空明注　　(25-9)

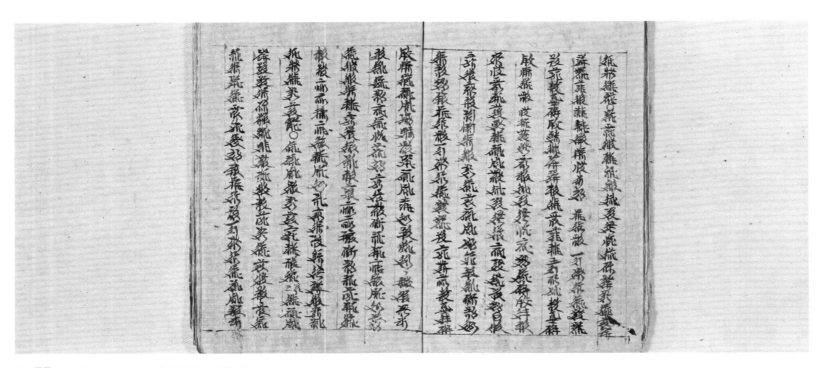

俄 **И**нв.No.5567　大鳳凰空明注　　(25-10)

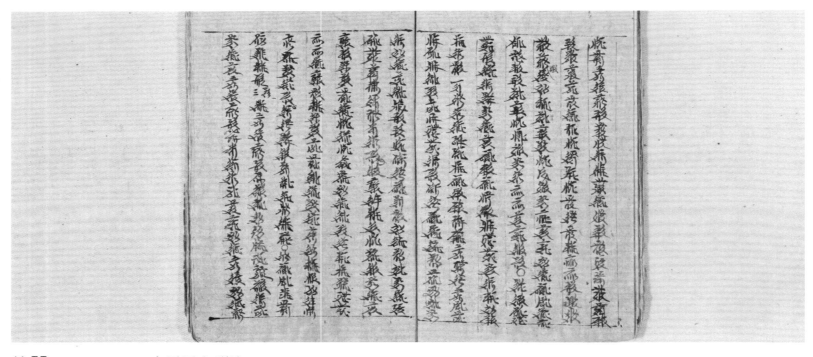

俄 **И**нв.No.5567　大鳳凰空明注　　(25-11)

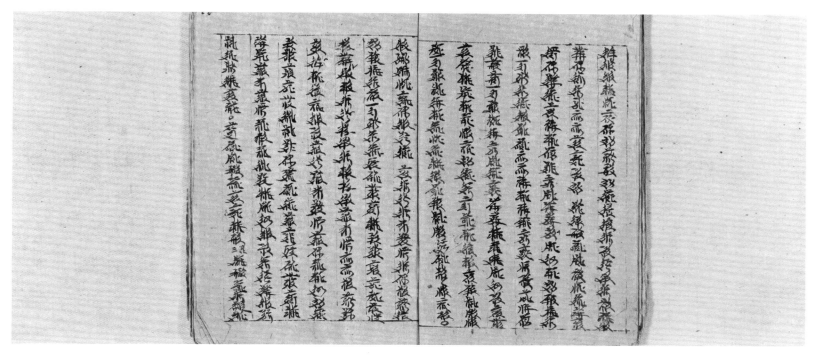

俄Инв.No.5567 大鳳凰空明注 (25-12)

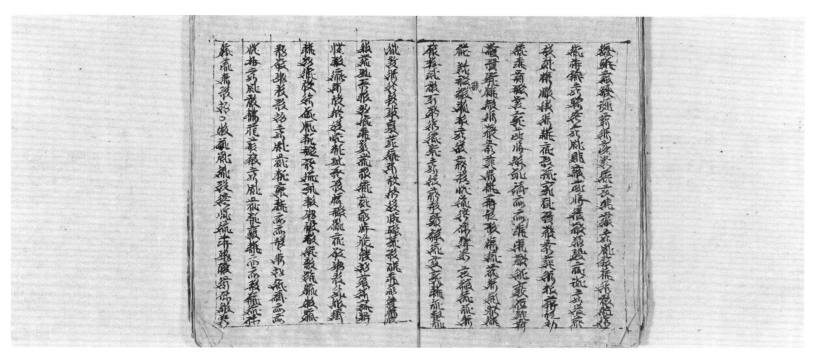

俄Инв.No.5567 大鳳凰空明注 (25-13)

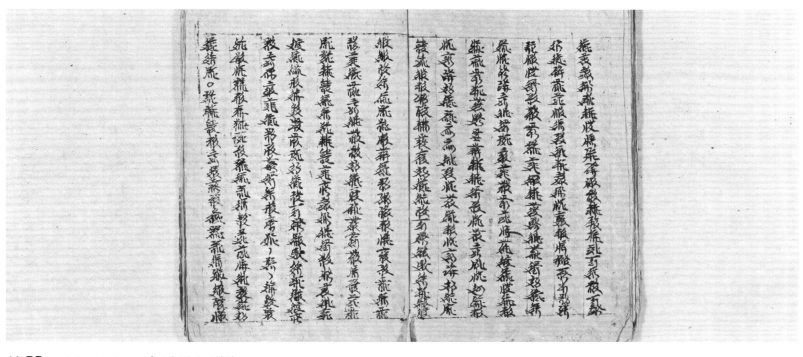

俄Инв.No.5567 大鳳凰空明注 (25-14)

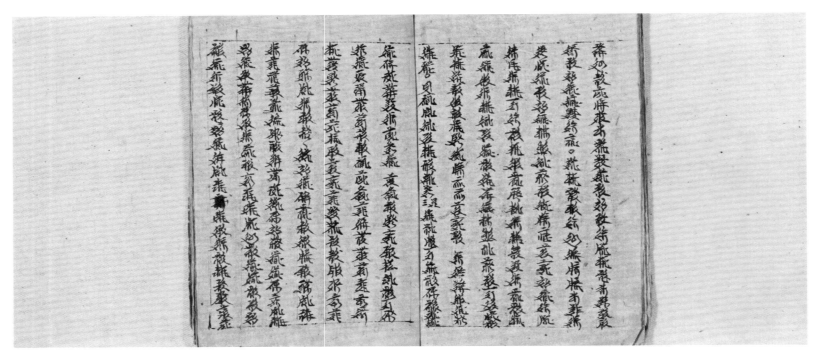

俄 Инв.No.5567　大鳳凰空明注　　(25-15)

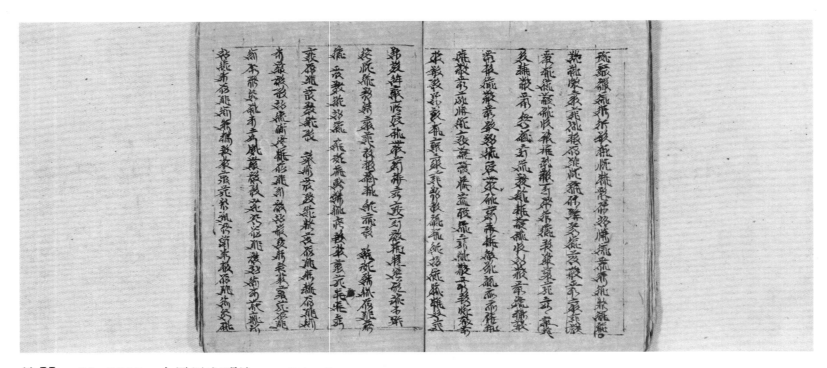

俄 Инв.No.5567　大鳳凰空明注　　(25-16)

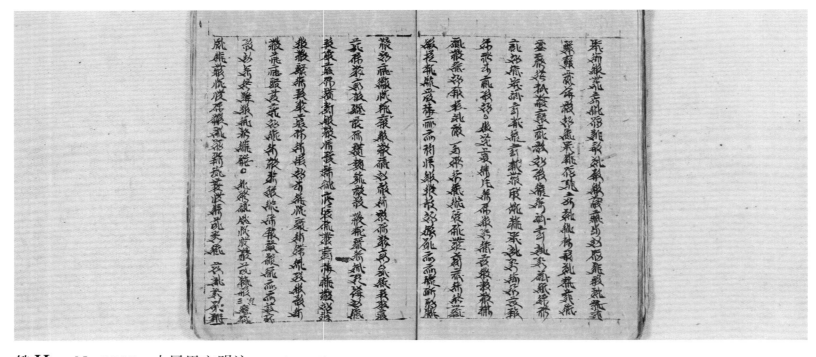

俄 Инв.No.5567　大鳳凰空明注　　(25-17)

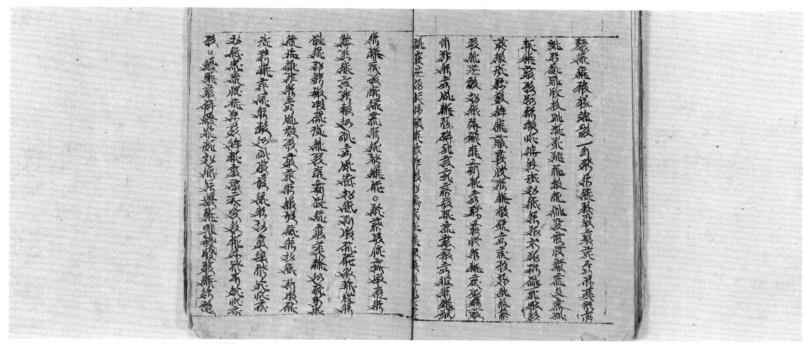

俄 **И**нв.No.5567　大鳳凰空明注　　　(25-18)

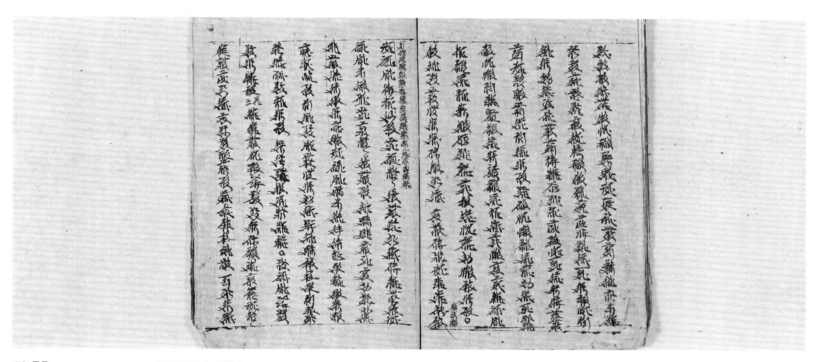

俄 **И**нв.No.5567　大鳳凰空明注　　　(25-19)

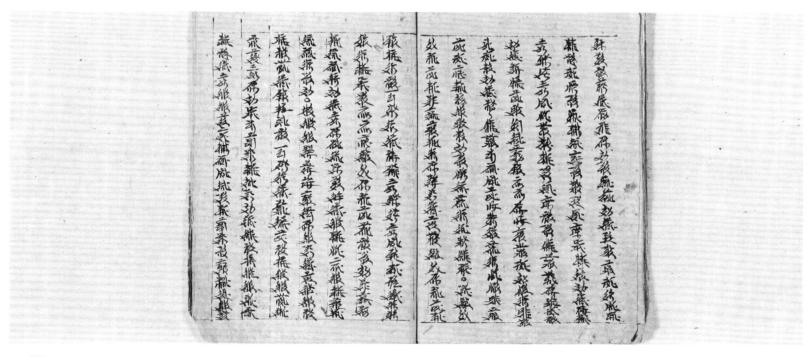

俄 **И**нв.No.5567　大鳳凰空明注　　　(25-20)

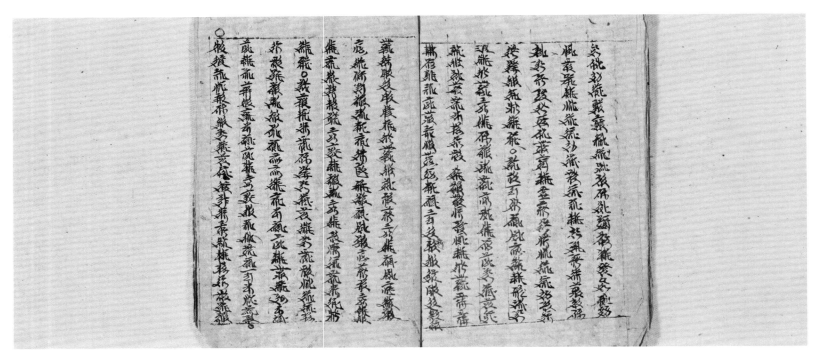

俄Инв.No.5567　大鳳凰空明注　　　(25-21)

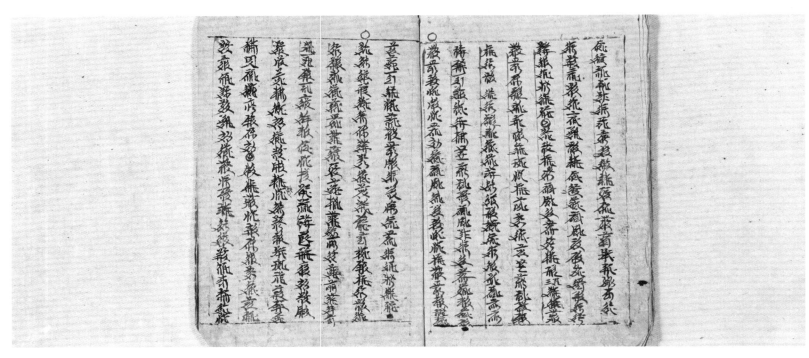

俄Инв.No.5567　大鳳凰空明注　　　(25-22)

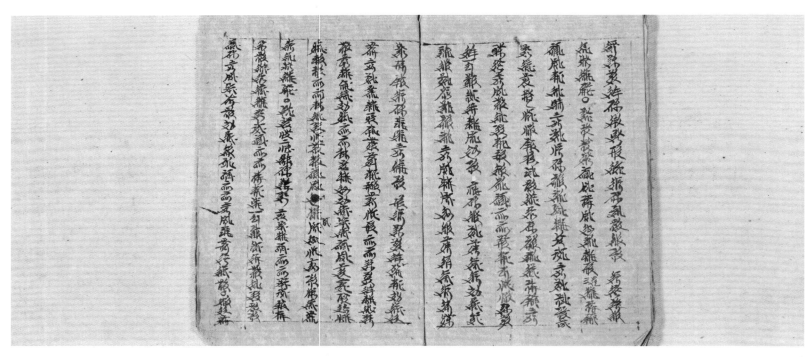

俄Инв.No.5567　大鳳凰空明注　　　(25-23)

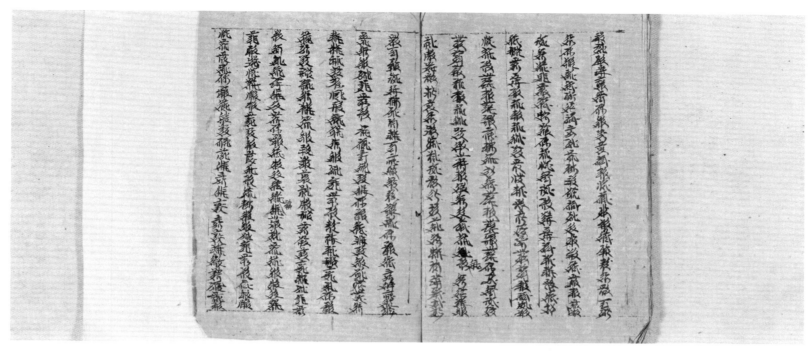

俄 **И**нв.No.5567　大鳳凰空明注　　　(25-24)

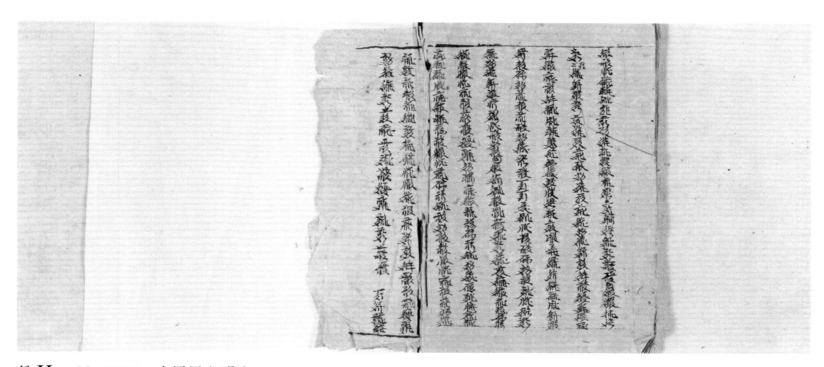

俄 **И**нв.No.5567　大鳳凰空明注　　　(25-25)

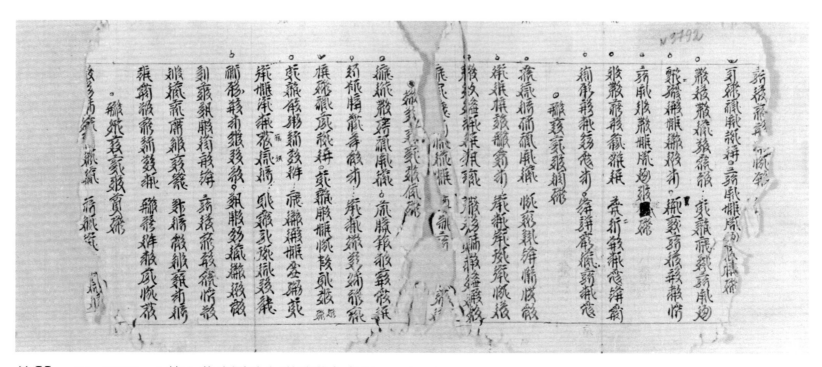

俄 **И**нв.No.3792　1.第六昔成圓點金剛勇識大虛空　　(7-1)

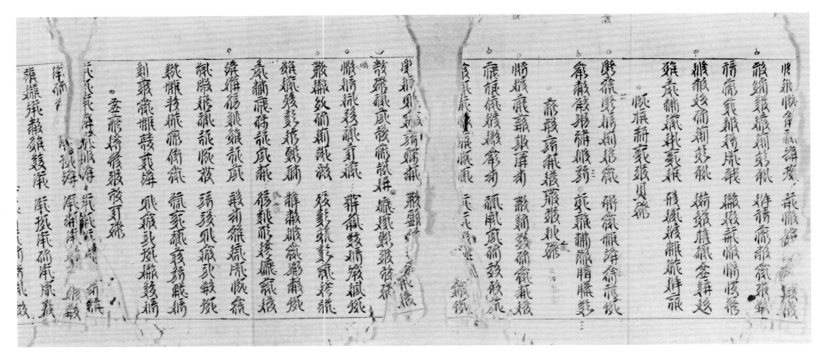

俄 Инв.No.3792　1.第六昔成圓點金剛勇識大虛空　　　(7-2)

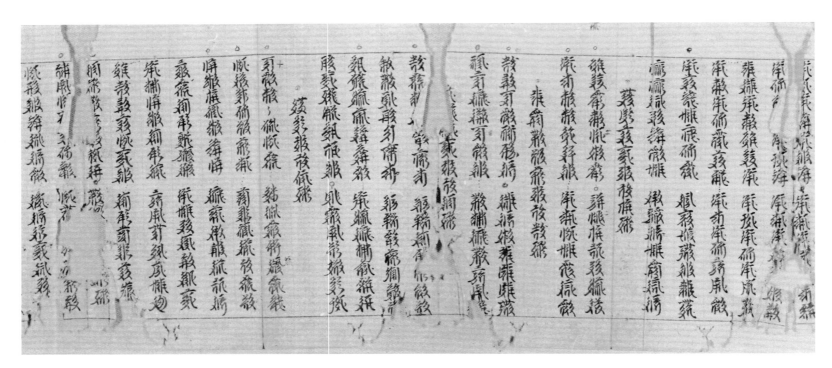

俄 Инв.No.3792　1.第六昔成圓點金剛勇識大虛空　　　(7-3)

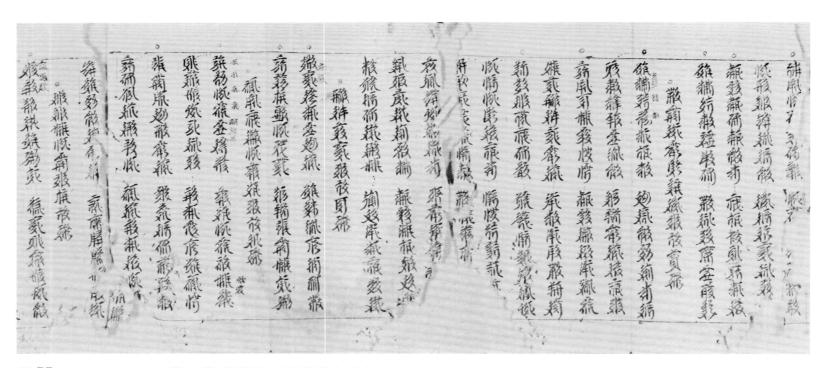

俄 Инв.No.3792　1.第六昔成圓點金剛勇識大虛空　　　(7-4)

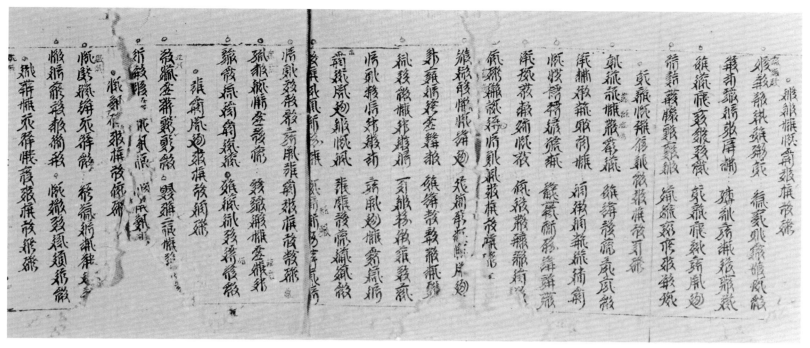

俄 Инв.No.3792　1.第六昔成圓點金剛勇識大虛空　　(7-5)

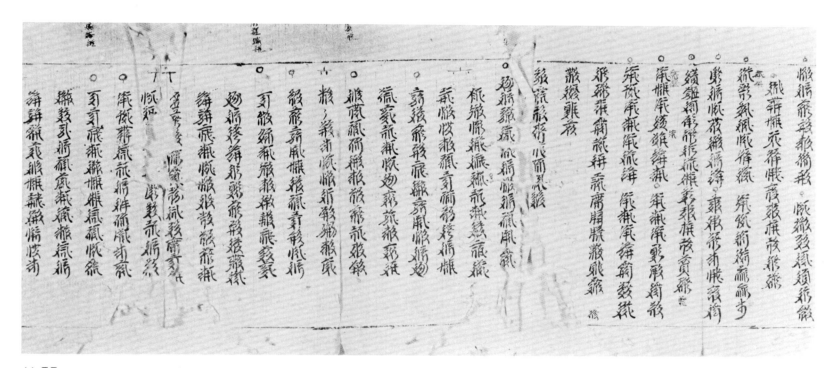

俄 Инв.No.3792　2.大鳳凰文　　(7-6)

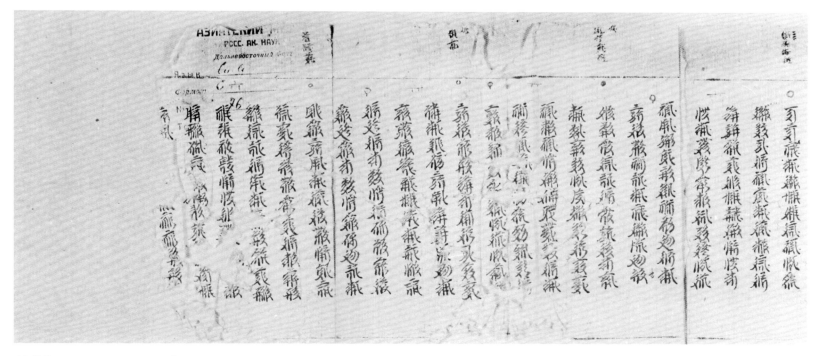

俄 Инв.No.3792　2.大鳳凰文　　(7-7)

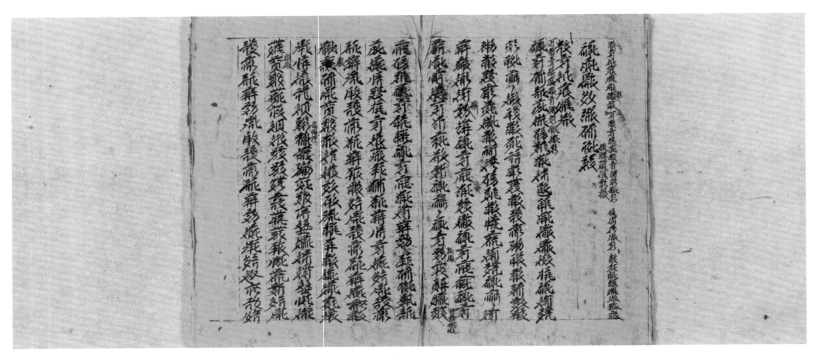

俄 **И**нв.No.2860 三身九乘顯釋 (22-1)

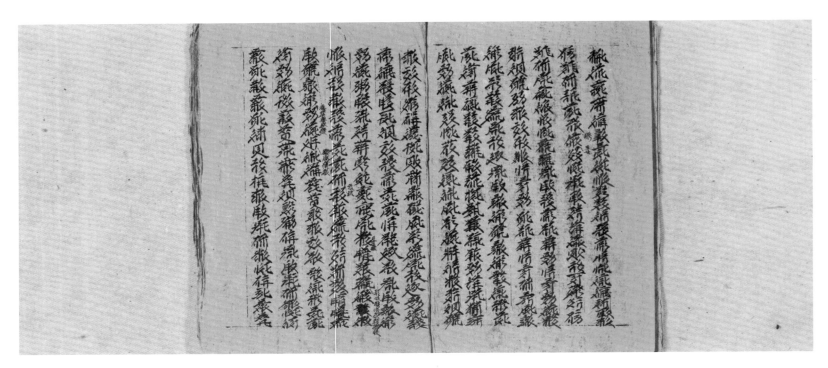

俄 **И**нв.No.2860 三身九乘顯釋 (22-2)

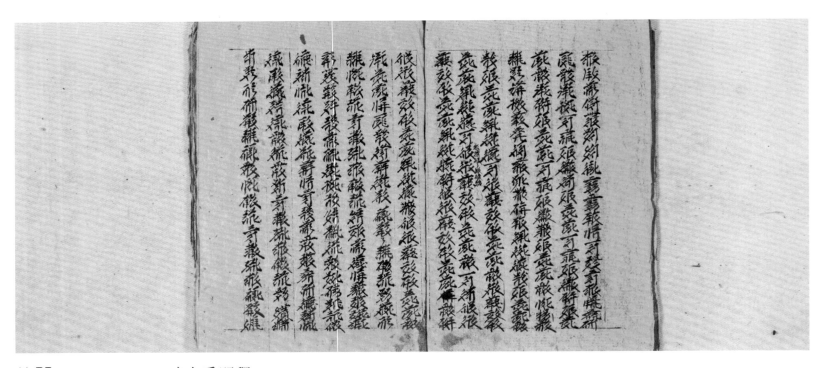

俄 **И**нв.No.2860 三身九乘顯釋 (22-3)

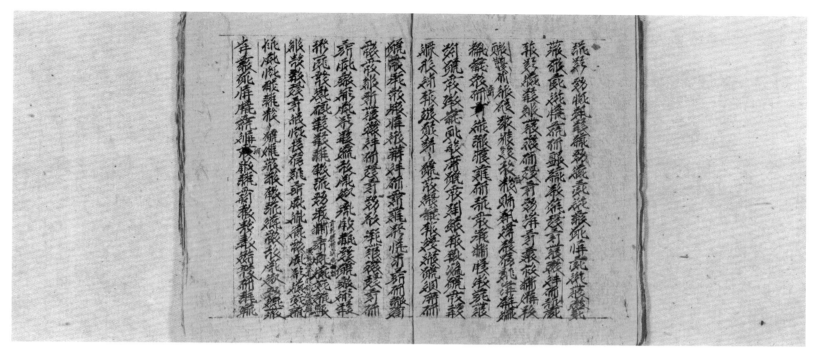

俄 **И**нв.No.2860　三身九乘顯釋　　(22-4)

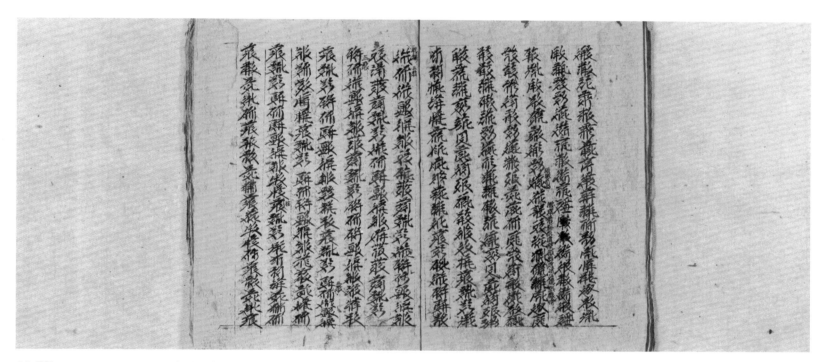

俄 **И**нв.No.2860　三身九乘顯釋　　(22-5)

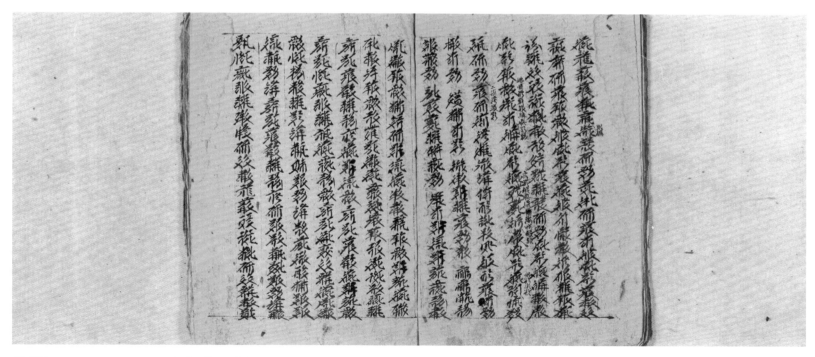

俄 **И**нв.No.2860　三身九乘顯釋　　(22-6)

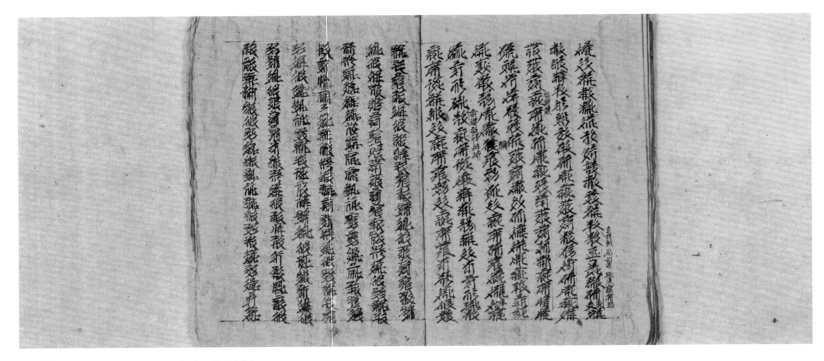

俄 Инв.No.2860 三身九乘顯釋 (22-7)

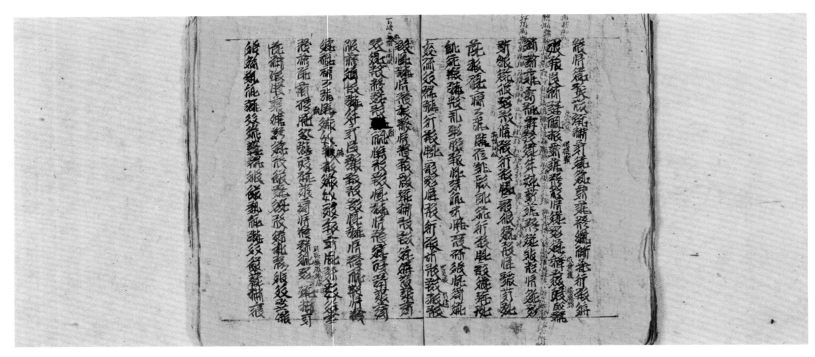

俄 Инв.No.2860 三身九乘顯釋 (22-8)

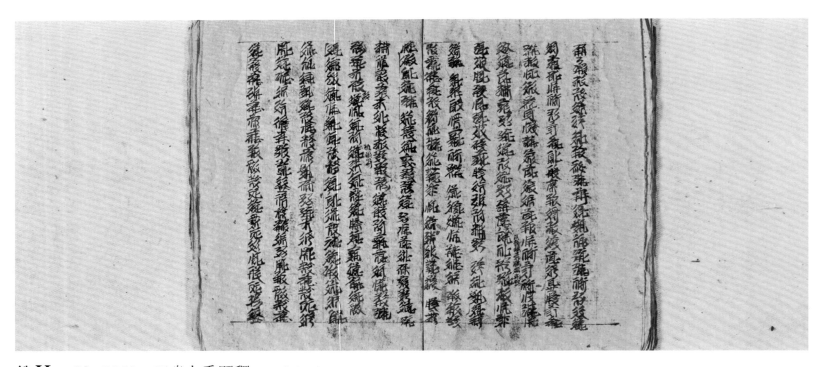

俄 Инв.No.2860 三身九乘顯釋 (22-9)

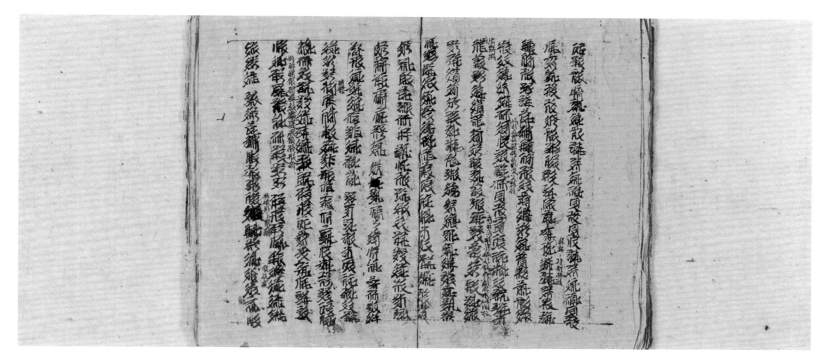

俄 Инв.No.2860　三身九乘顯釋　　　(22-10)

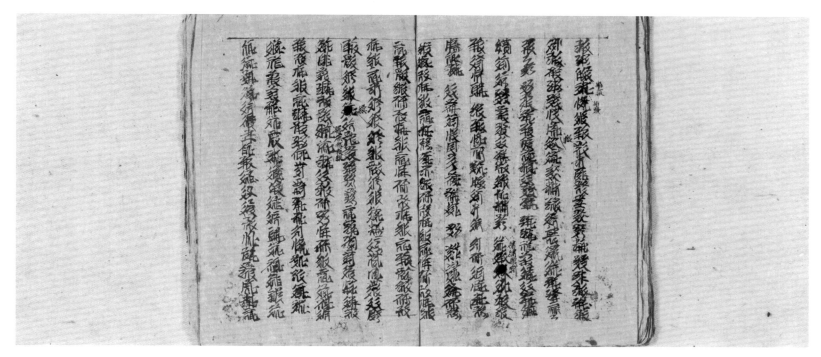

俄 Инв.No.2860　三身九乘顯釋　　　(22-11)

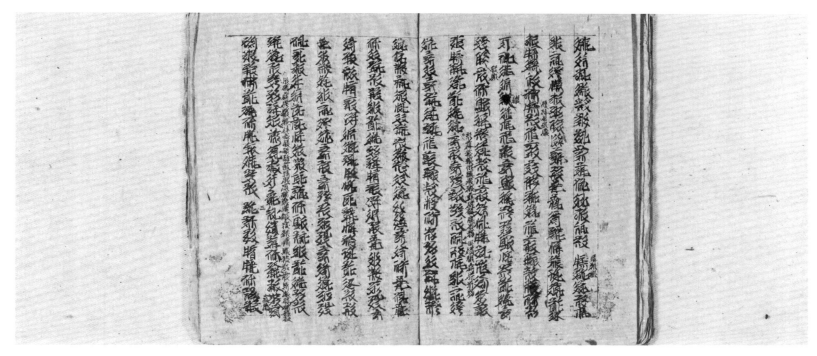

俄 Инв.No.2860　三身九乘顯釋　　　(22-12)

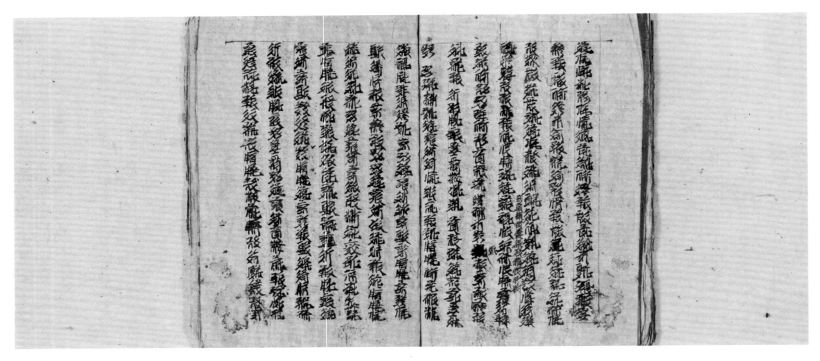

俄 Инв.No.2860　三身九乘顯釋　　(22-13)

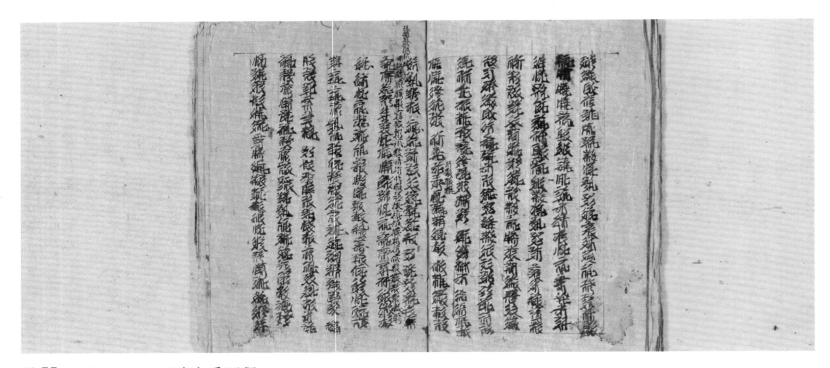

俄 Инв.No.2860　三身九乘顯釋　　(22-14)

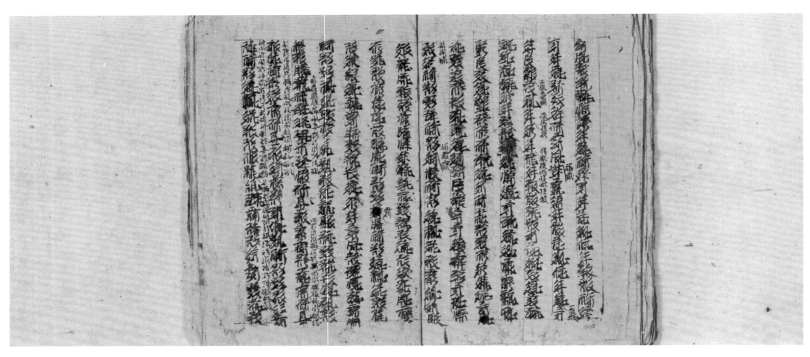

俄 Инв.No.2860　三身九乘顯釋　　(22-15)

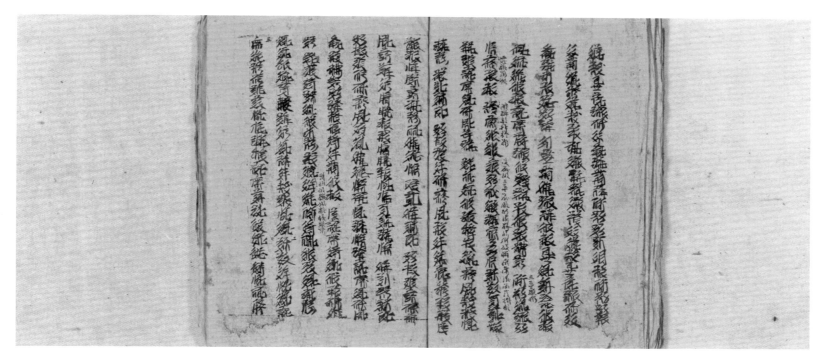

俄ИНВ.No.2860　三身九乘顯釋　　（22-16）

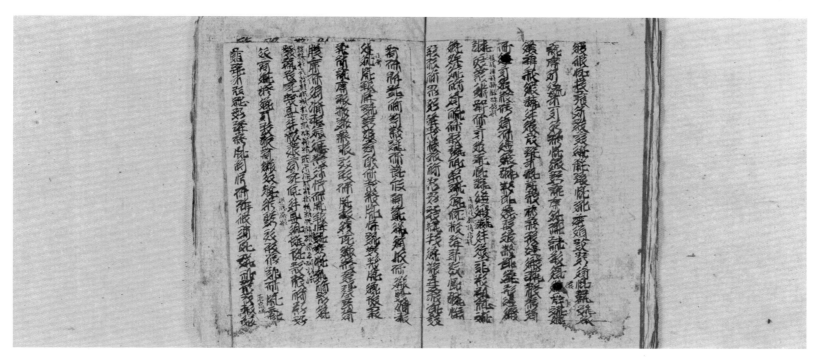

俄ИНВ.No.2860　三身九乘顯釋　　（22-17）

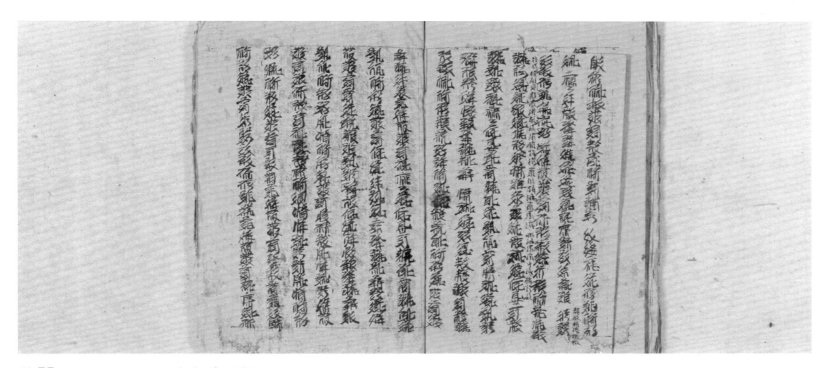

俄ИНВ.No.2860　三身九乘顯釋　　（22-18）

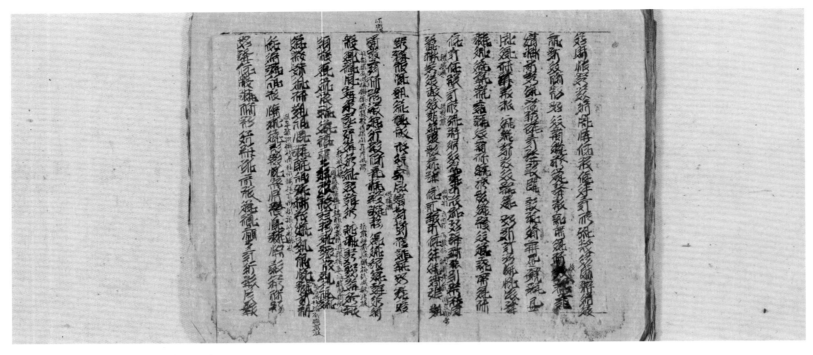

俄 Инв.No.2860　三身九乘顯釋　　(22-19)

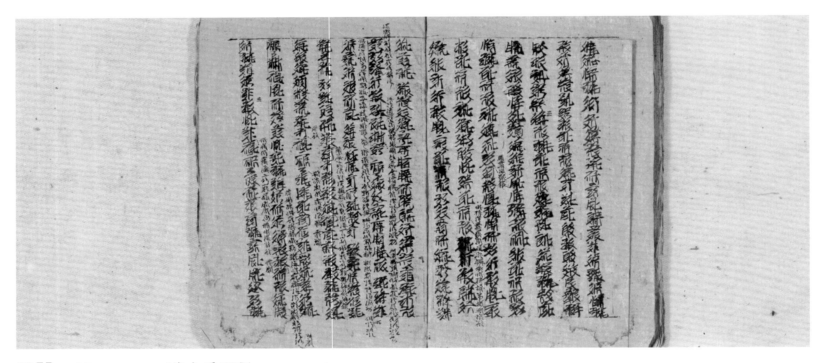

俄 Инв.No.2860　三身九乘顯釋　　(22-20)

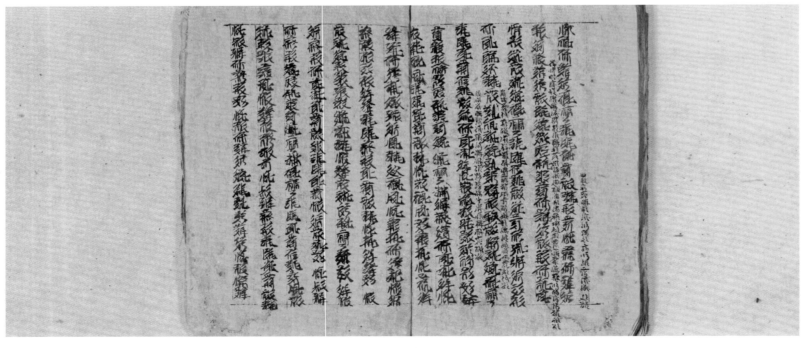

俄 Инв.No.2860　三身九乘顯釋　　(22-21)

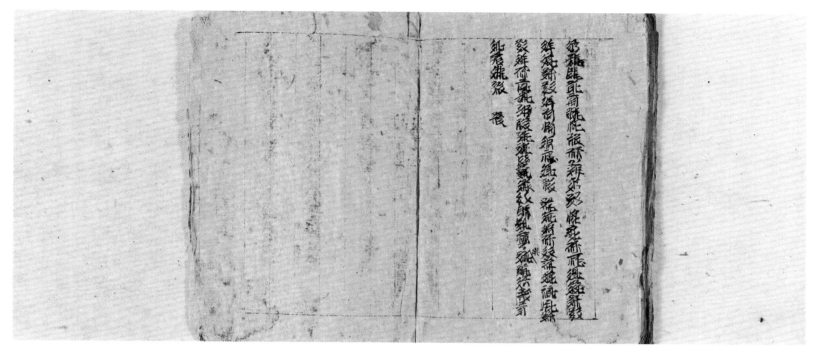

俄Инв.No.2860　三身九乘顯釋　　(22-22)

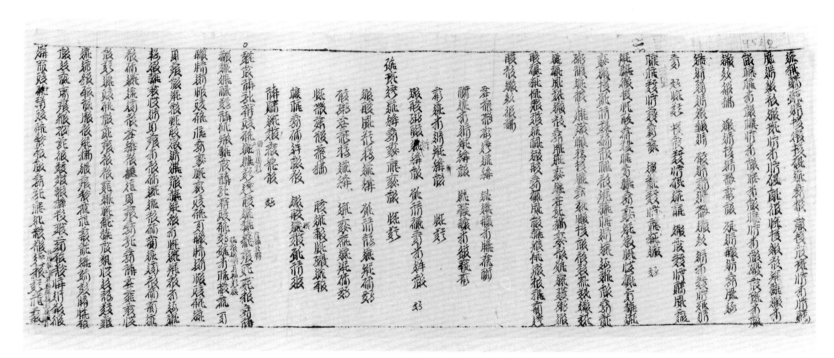

俄Инв.No.4522　見未分上卷　　(9-1)

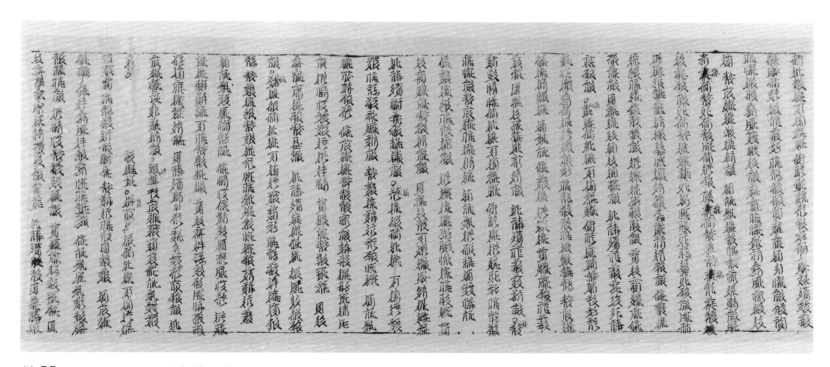

俄Инв.No.4522　見未分上卷　　(9-2)

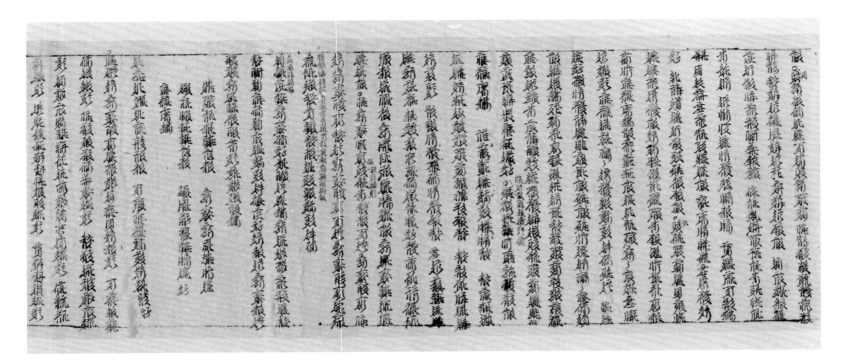

俄 Инв.No.4522　見未分上卷　　　（9-3）

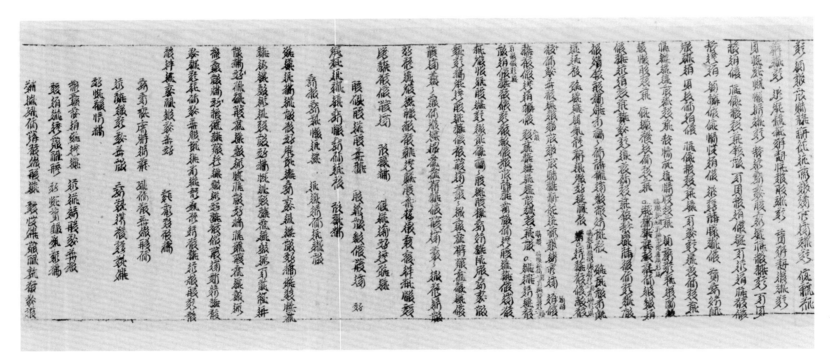

俄 Инв.No.4522　見未分上卷　　　（9-4）

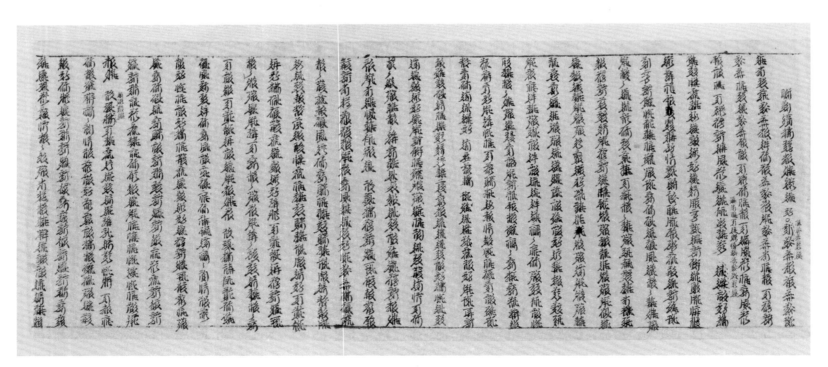

俄 Инв.No.4522　見未分上卷　　　（9-5）

俄 Инв.No.4522　見未分上卷　(9-6)

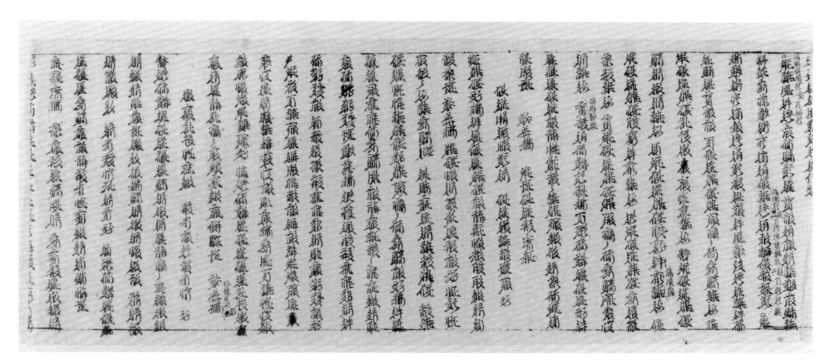

俄 Инв.No.4522　見未分上卷　(9-7)

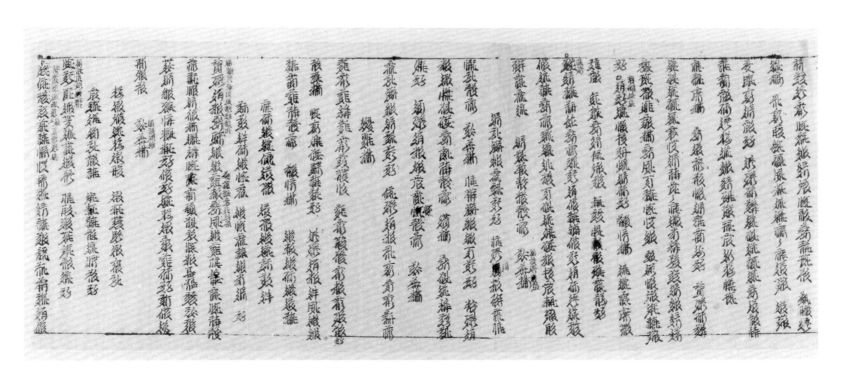

俄 Инв.No.4522　見未分上卷　(9-8)

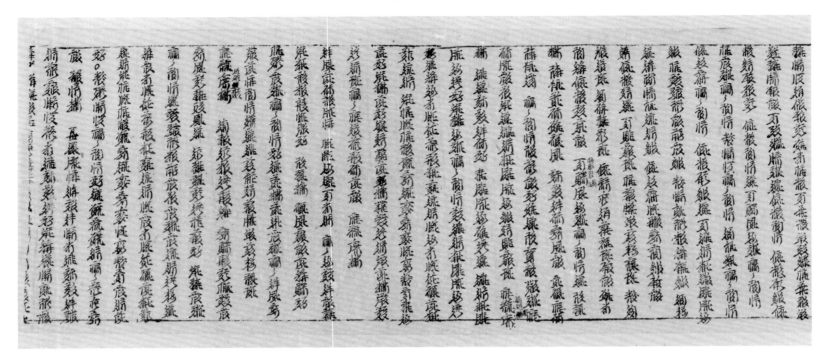

俄 Инв.No.4522　見未分上卷　　　(9-9)

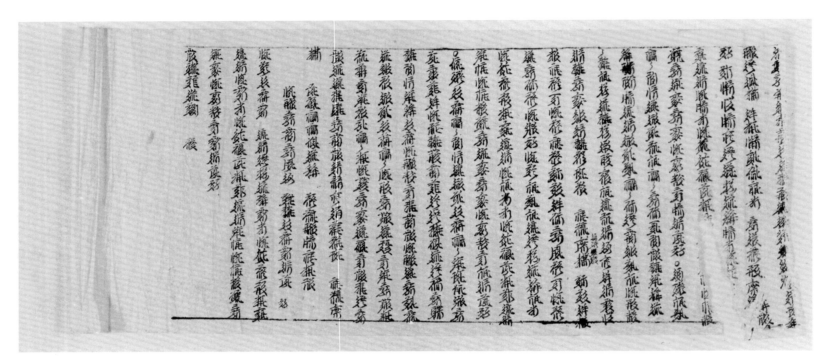

俄 Инв.No.4522　見未分

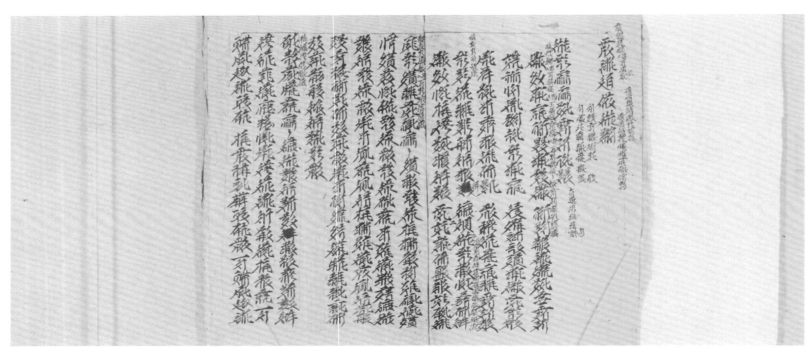

俄 Инв.No.2544　見隱障上卷　　　(28-1)

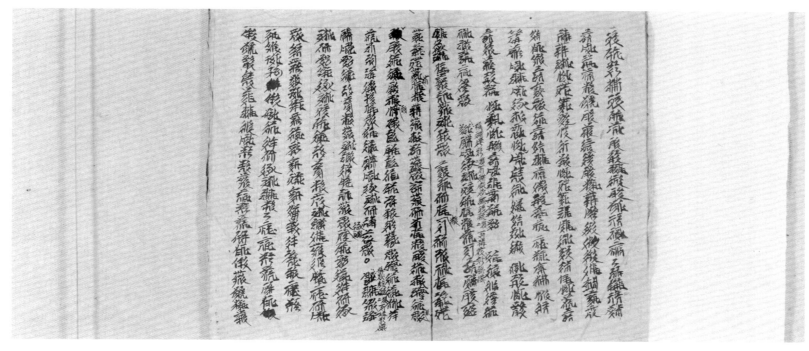

俄Инв.No.2544　見隱障上卷　　　(28-2)

俄Инв.No.2544　見隱障上卷　　　(28-3)

俄Инв.No.2544　見隱障上卷　　　(28-4)

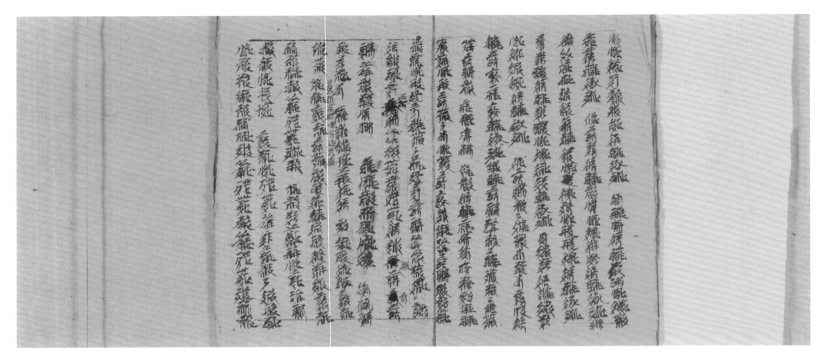

俄 **И**нв.No.2544　見隱障上卷　　　(28-5)

俄 **И**нв.No.2544　見隱障上卷　　　(28-6)

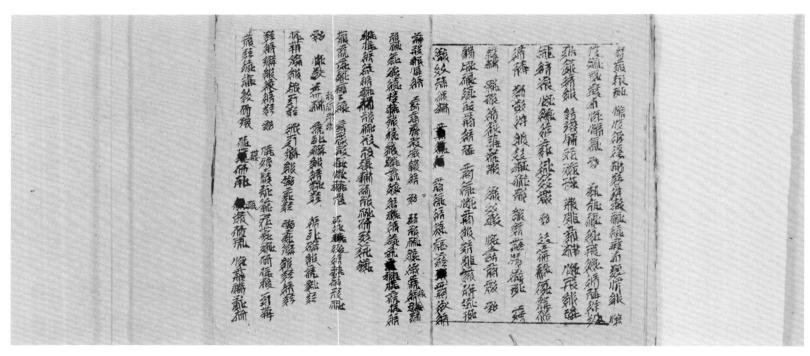

俄 **И**нв.No.2544　見隱障上卷　　　(28-7)

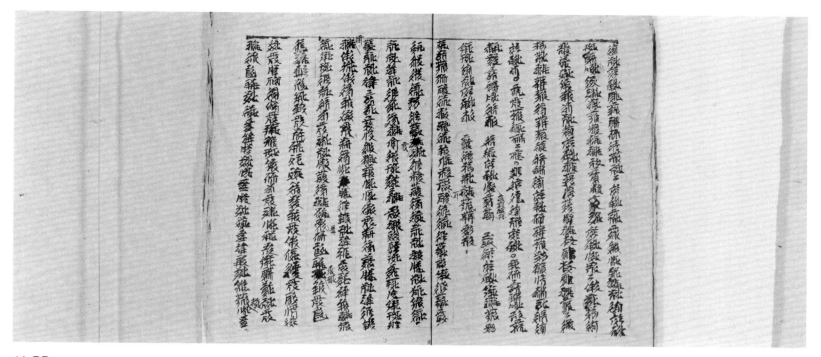

俄Инв.No.2544　見隱障上卷　　　　(28-8)

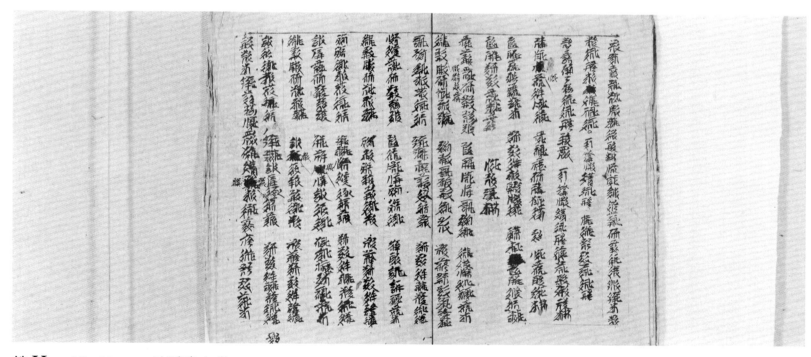

俄Инв.No.2544　見隱障上卷　　　　(28-9)

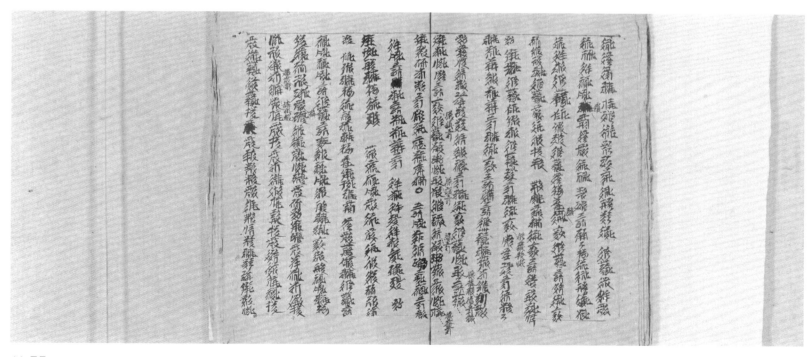

俄Инв.No.2544　見隱障上卷　　　　(28-10)

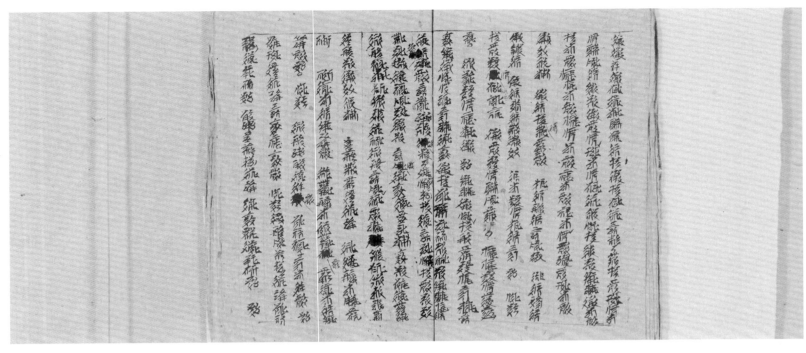

俄Инв.No.2544　見隠障上卷　　　　(28-11)

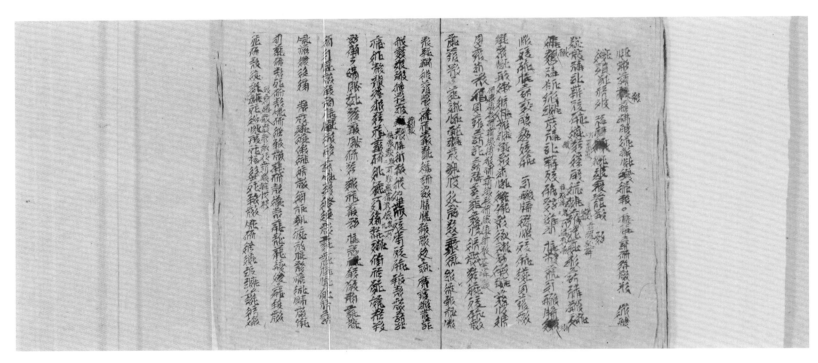

俄Инв.No.2544　見隠障上卷　　　　(28-12)

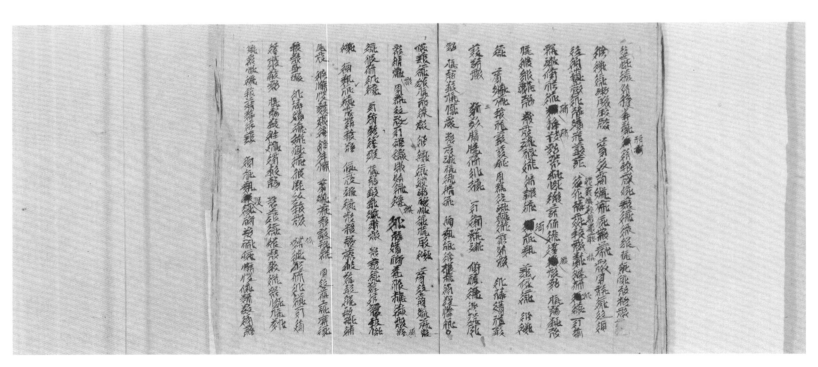

俄Инв.No.2544　見隠障上卷　　　　(28-13)

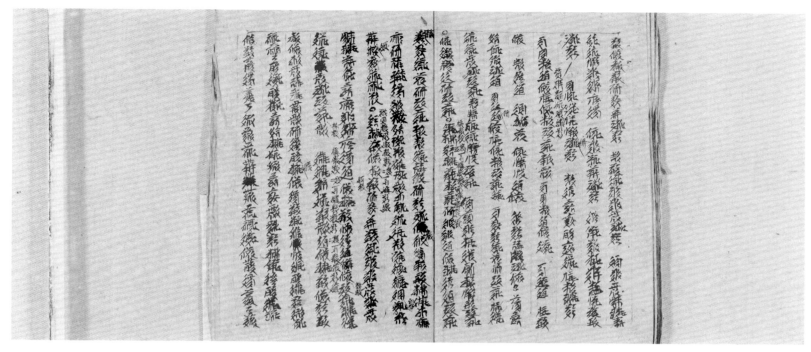

俄 **Инв**.No.2544　見隱障上卷　　　(28-14)

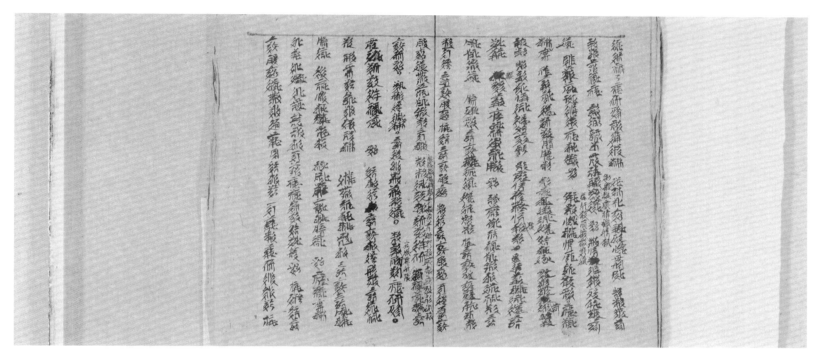

俄 **Инв**.No.2544　見隱障上卷　　　(28-15)

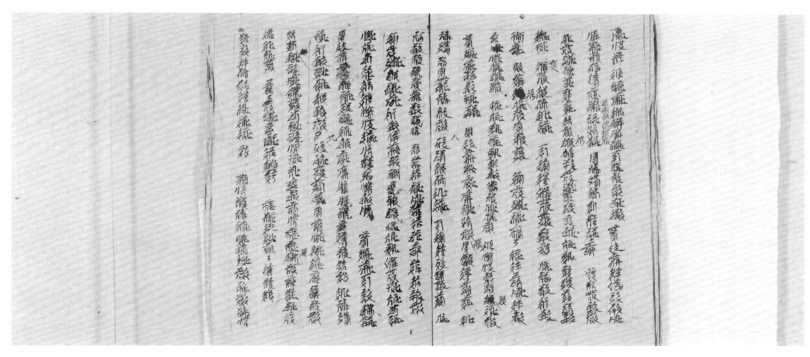

俄 **Инв**.No.2544　見隱障上卷　　　(28-16)

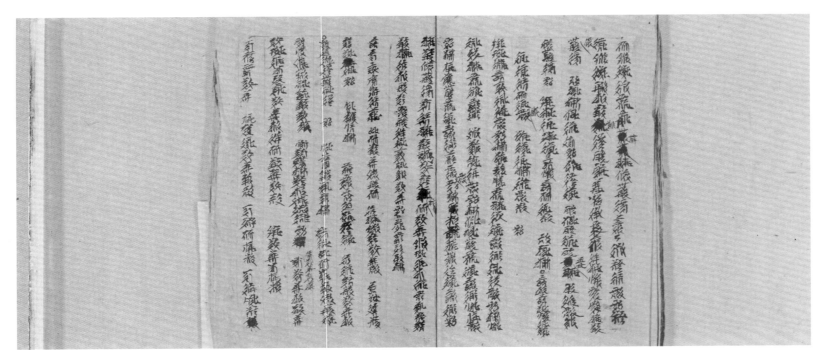

俄Инв.No.2544　見隱障上卷　　　（28-17）

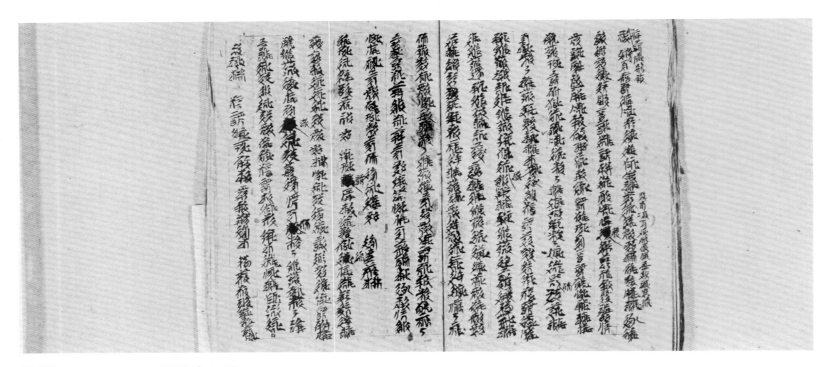

俄Инв.No.2544　見隱障上卷　　　（28-18）

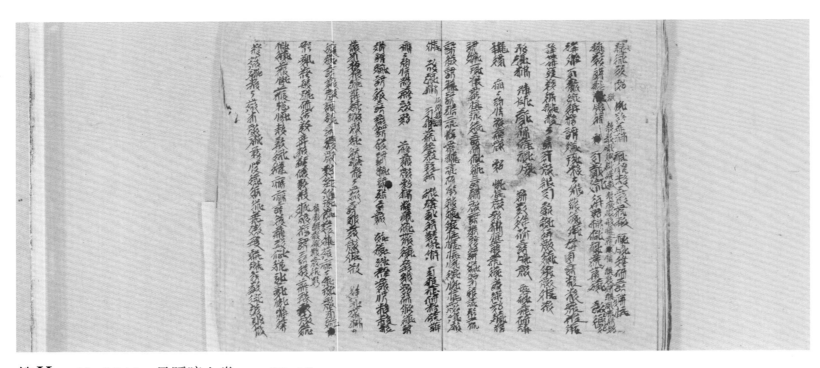

俄Инв.No.2544　見隱障上卷　　　（28-19）

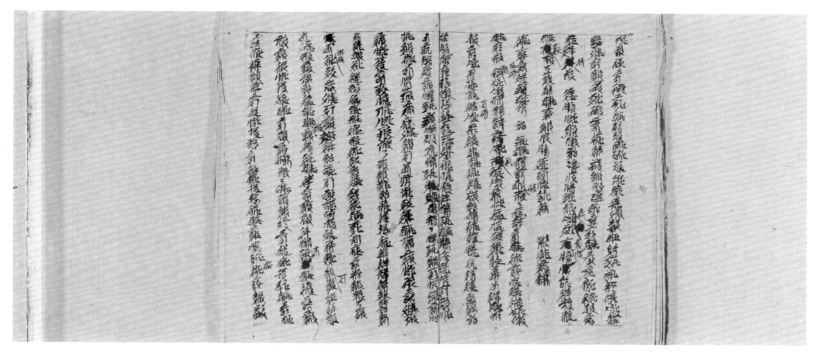

俄 Инв.No.2544　見隱障上卷　　　(28-20)

俄 Инв.No.2544　見隱障上卷　　　(28-21)

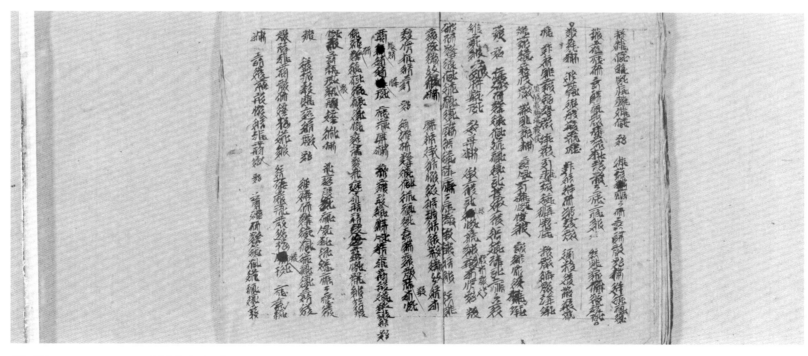

俄 Инв.No.2544　見隱障上卷　　　(28-22)

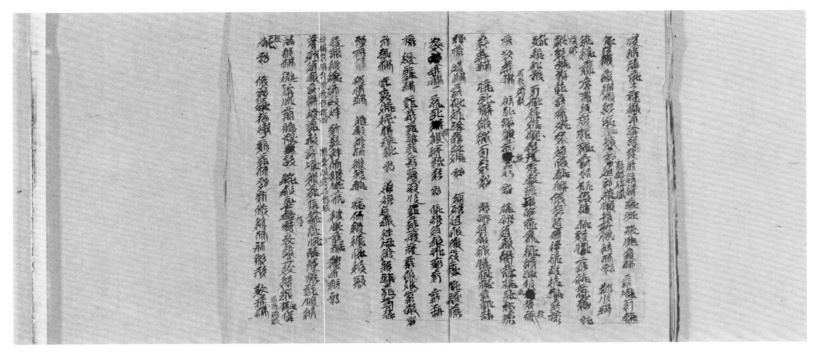

俄 Инв.No.2544　見隱障上卷　　　(28-23)

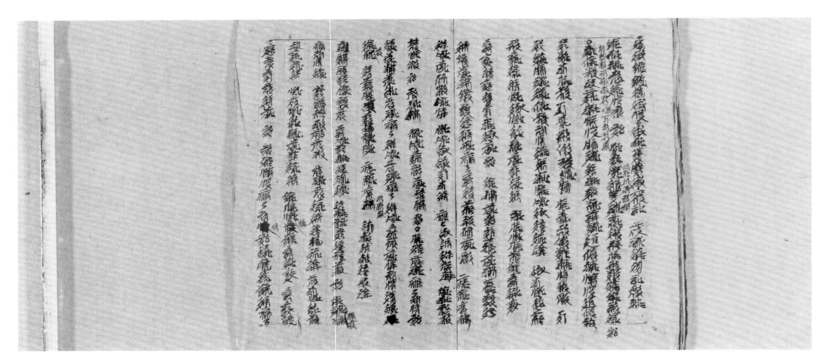

俄 Инв.No.2544　見隱障上卷　　　(28-24)

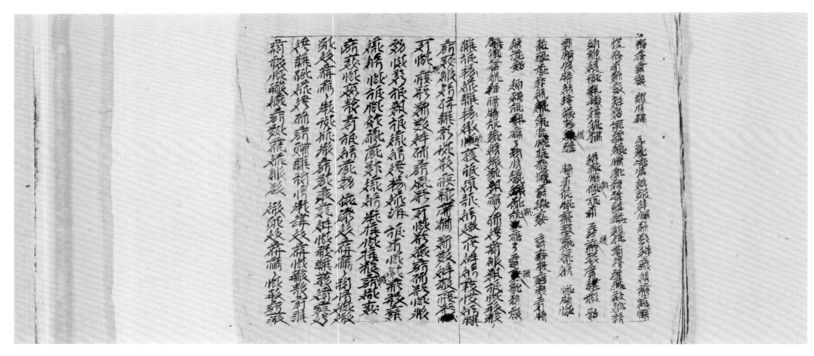

俄 Инв.No.2544　見隱障上卷　　　(28-25)

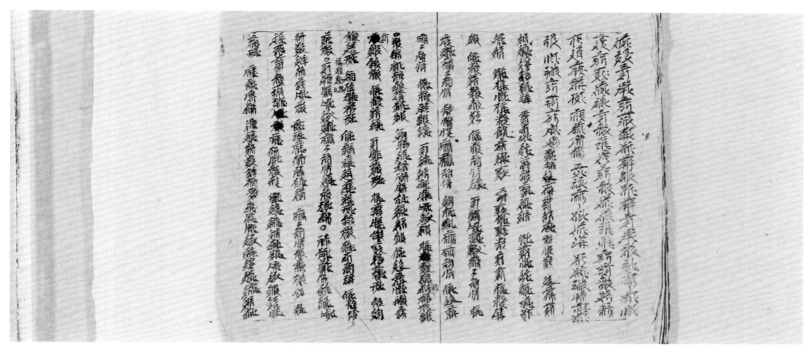

俄 **Инв**.No.2544　見隱障上卷　　(28-26)

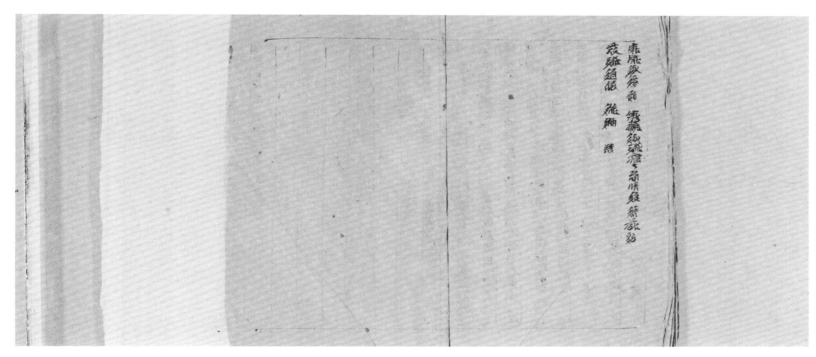

俄 **Инв**.No.2544　見隱障上卷　　(28-27)

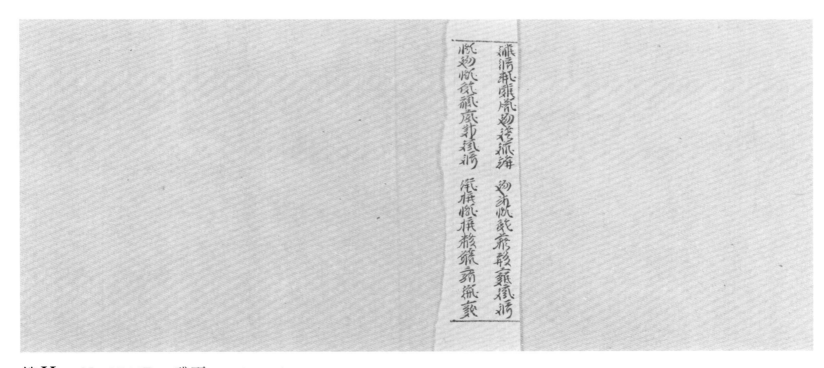

俄 **Инв**.No.2544P.　殘頁　　(28-28)

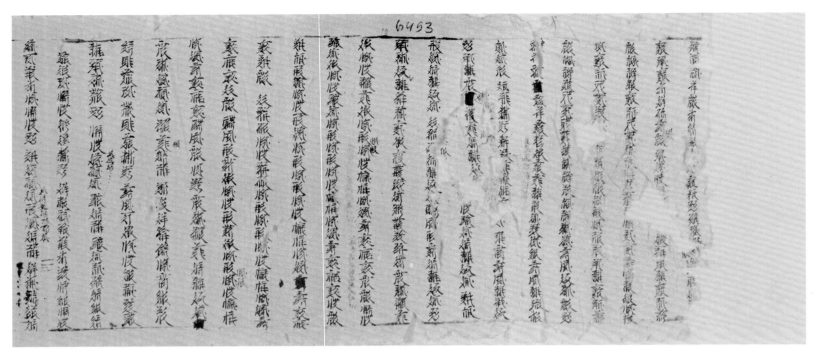

俄 Инв.No.4693　見本集　　(17-1)

俄 Инв.No.4693　見本集　　(17-2)

俄 Инв.No.4693　見本集　　(17-3)

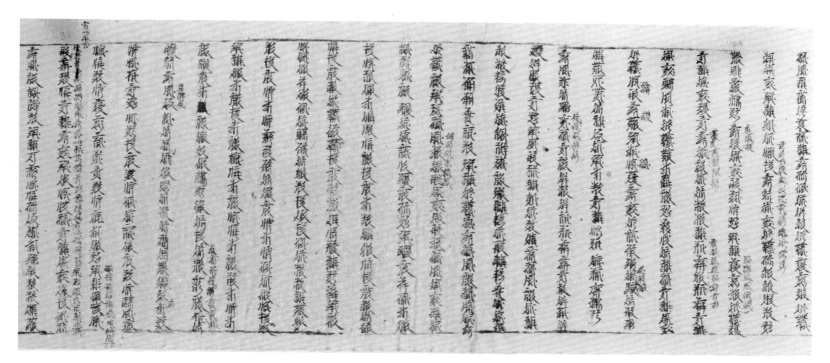

俄 Инв.No.4693　見本集　　(17-4)

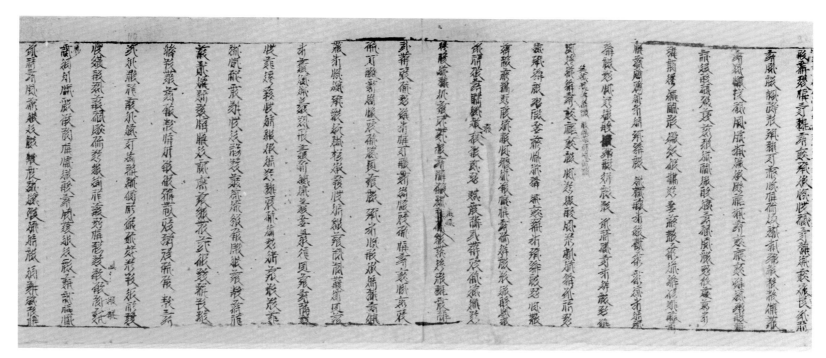

俄 Инв.No.4693　見本集　　(17-5)

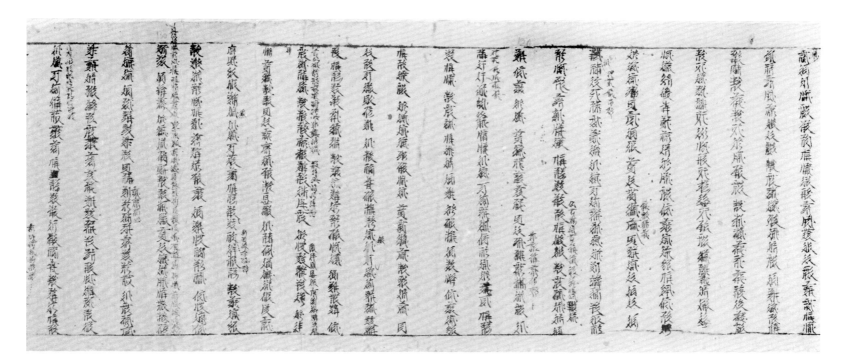

俄 Инв.No.4693　見本集　　(17-6)

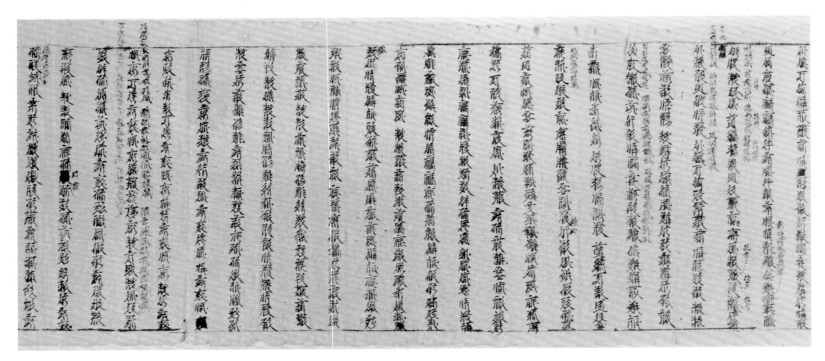

俄 Инв.No.4693　　見本集　　　(17-7)

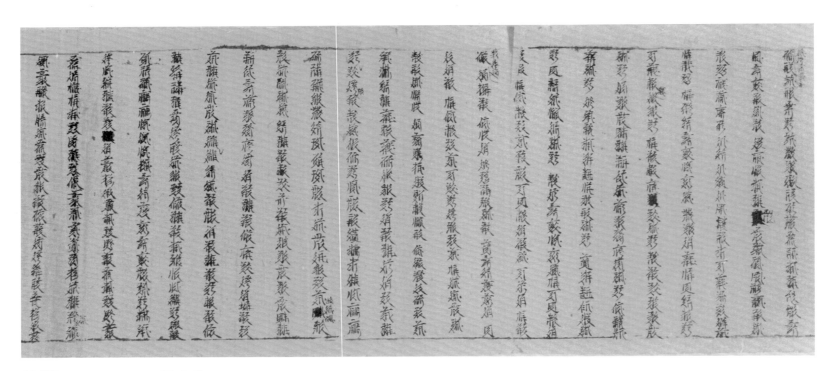

俄 Инв.No.4693　　見本集　　　(17-8)

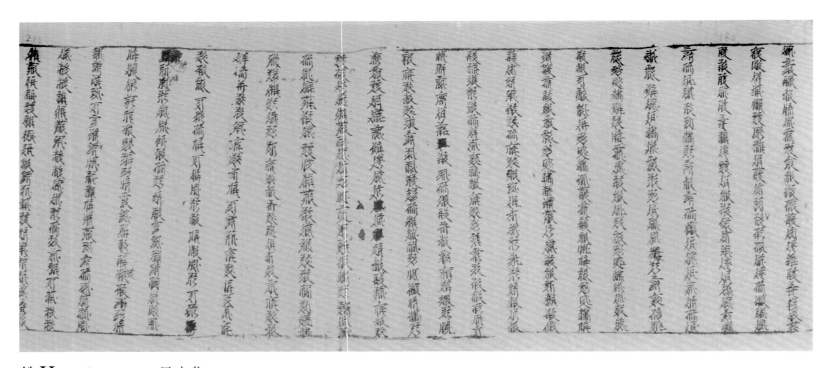

俄 Инв.No.4693　　見本集　　　(17-9)

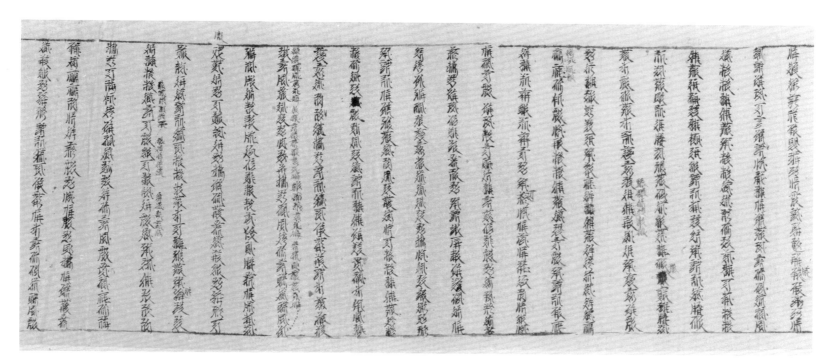

俄 Инв.No.4693　見本集　　(17-10)

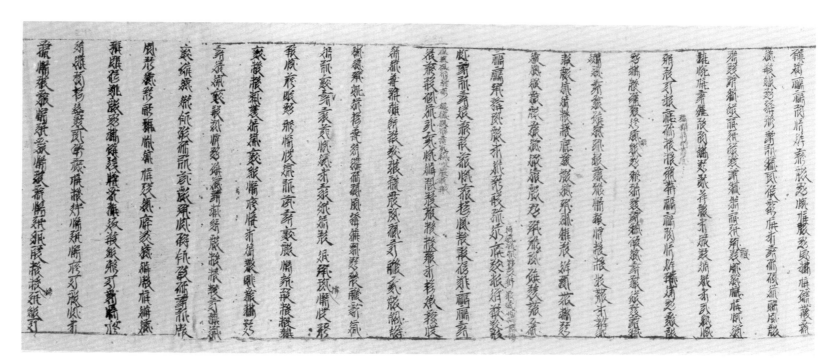

俄 Инв.No.4693　見本集　　(17-11)

俄 Инв.No.4693　見本集　　(17-12)

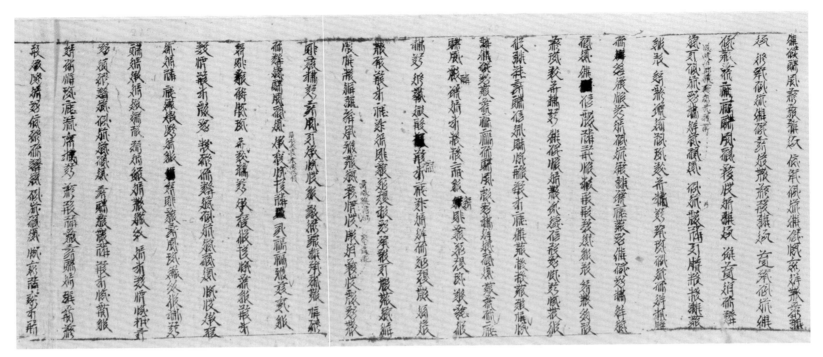

俄 Инв.No.4693　見本集　　(17-13)

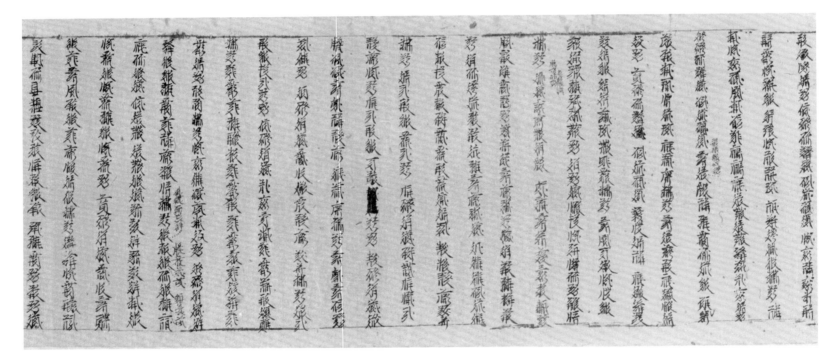

俄 Инв.No.4693　見本集　　(17-14)

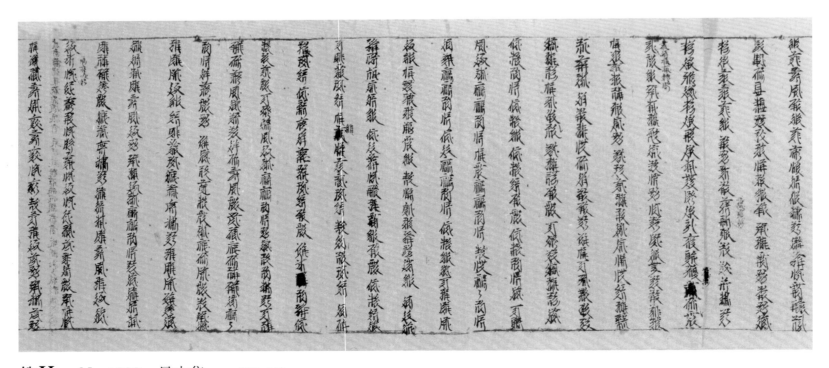

俄 Инв.No.4693　見本集　　(17-15)

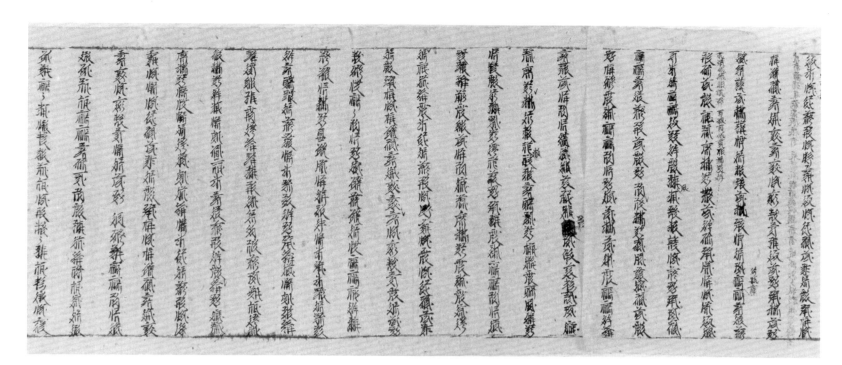

俄 **И**нв.No.4693　見本集　　(17-16)

俄 **И**нв.No.4693　見本集　　(17-17)

俄 **И**нв.No.7170　見大虛空遮顯疏上卷（封面）

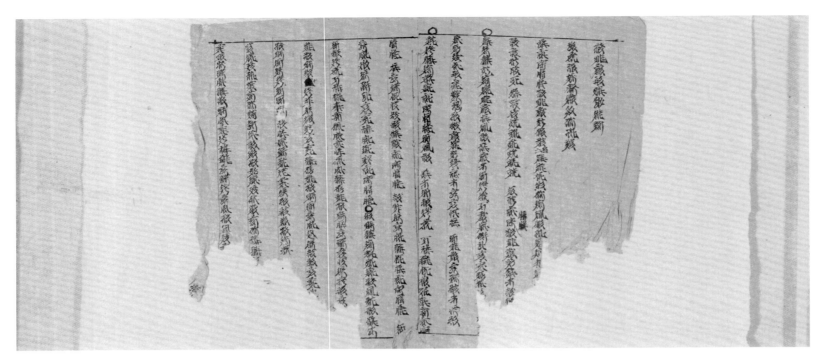

俄 **И**нв.No.7170　　見大虛空遮顯疏上卷　　　(28-1)

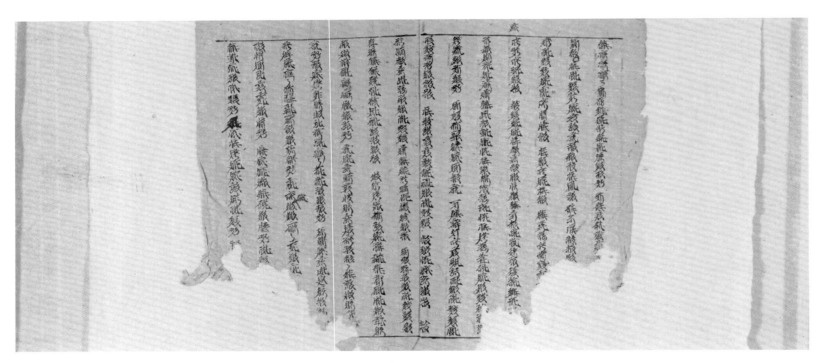

俄 **И**нв.No.7170　　見大虛空遮顯疏上卷　　　(28-2)

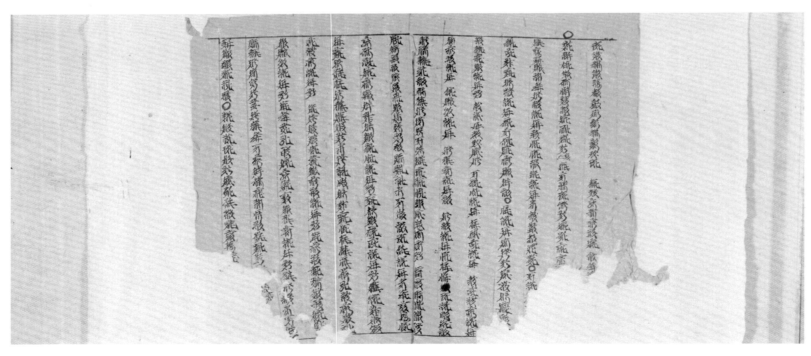

俄 **И**нв.No.7170　　見大虛空遮顯疏上卷　　　(28-3)

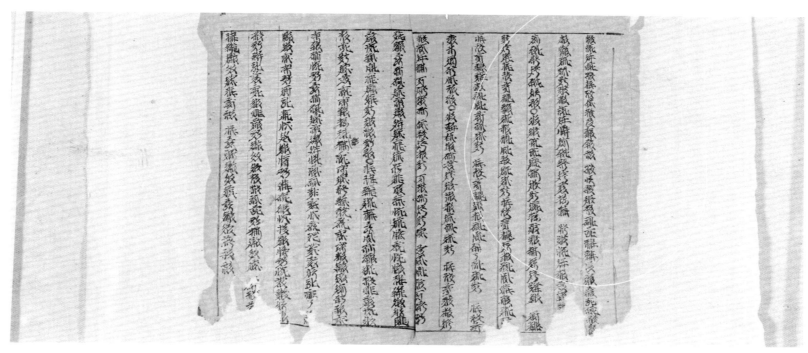

俄 **И**нв.No.7170　　見大虛空遮顯疏上卷　　　(28-4)

俄 **И**нв.No.7170　　見大虛空遮顯疏上卷　　　(28-5)

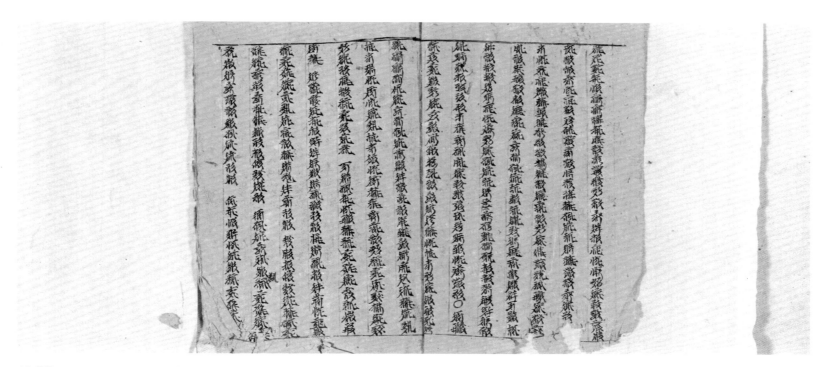

俄 **И**нв.No.7170　　見大虛空遮顯疏上卷　　　(28-6)

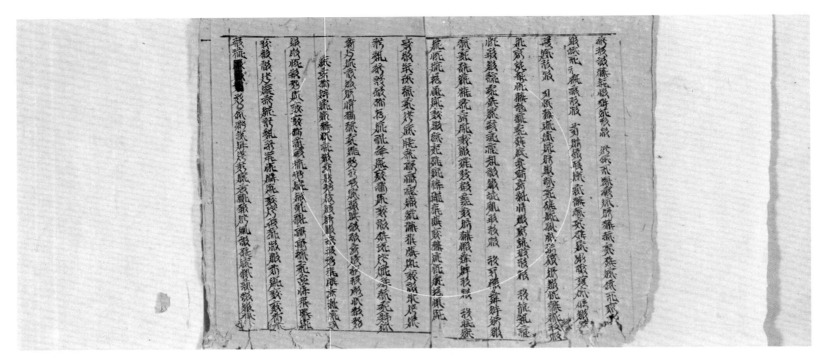

俄 Инв.No.7170　見大虛空遮顯疏上卷　　　(28-7)

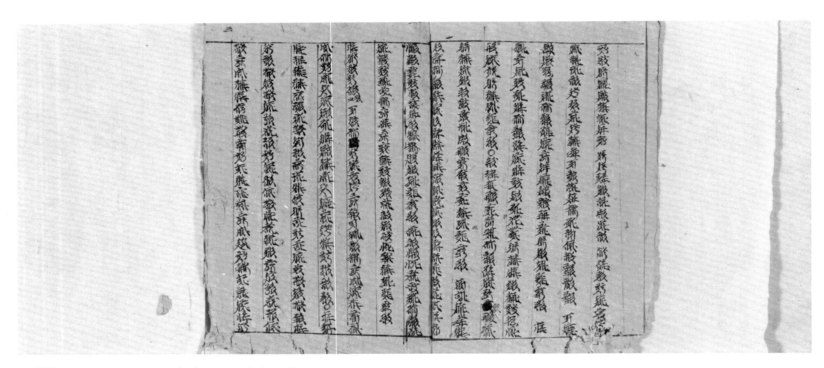

俄 Инв.No.7170　見大虛空遮顯疏上卷　　　(28-8)

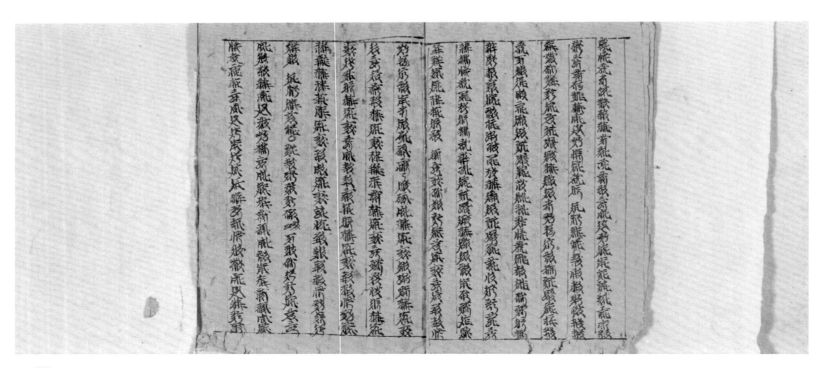

俄 Инв.No.7170　見大虛空遮顯疏上卷　　　(28-9)

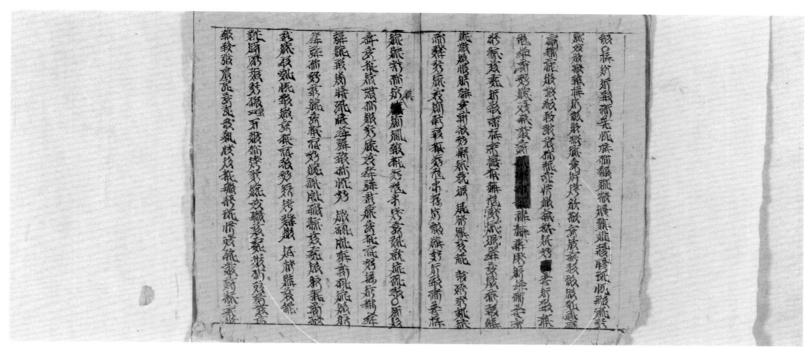

俄 ИнВ.No.7170　　見大虛空遮顯疏上卷　　(28-10)

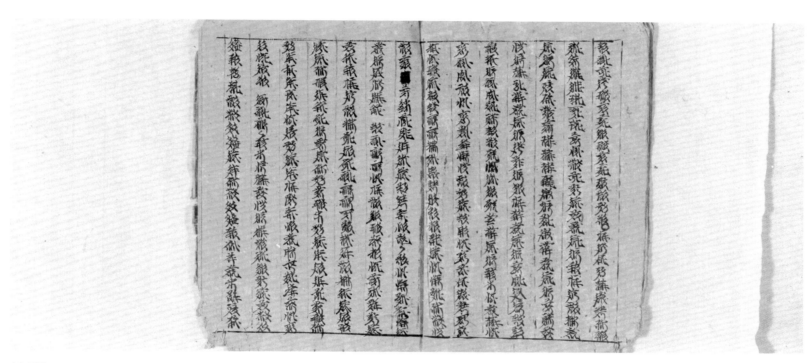

俄 ИнВ.No.7170　　見大虛空遮顯疏上卷　　(28-11)

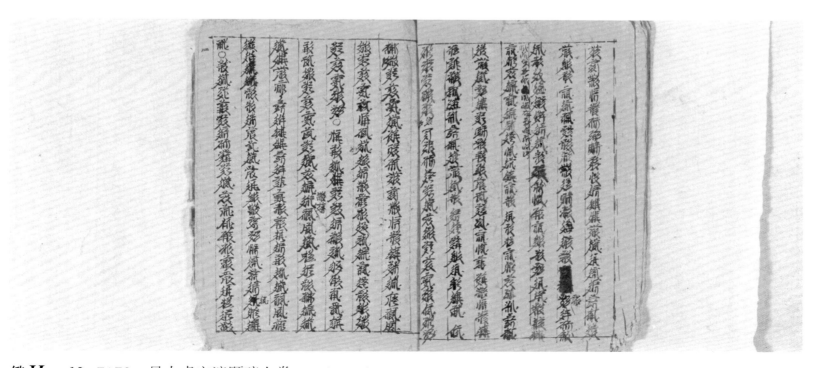

俄 ИнВ.No.7170　　見大虛空遮顯疏上卷　　(28-12)

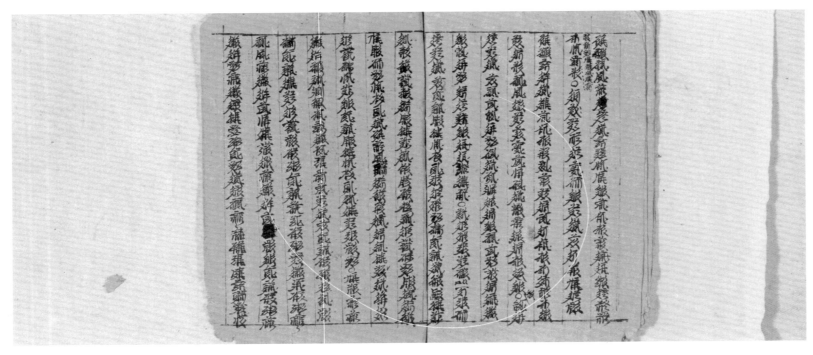

俄 **И**нв.No.7170　見大虛空遮顯疏上卷　　　(28-13)

俄 **И**нв.No.7170　見大虛空遮顯疏上卷　　　(28-14)

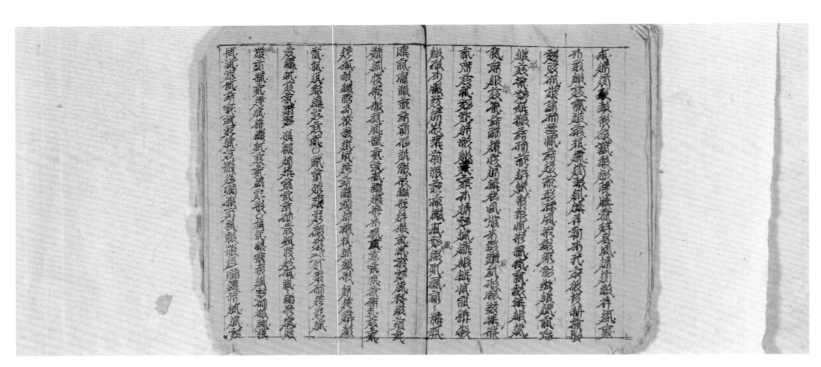

俄 **И**нв.No.7170　見大虛空遮顯疏上卷　　　(28-15)

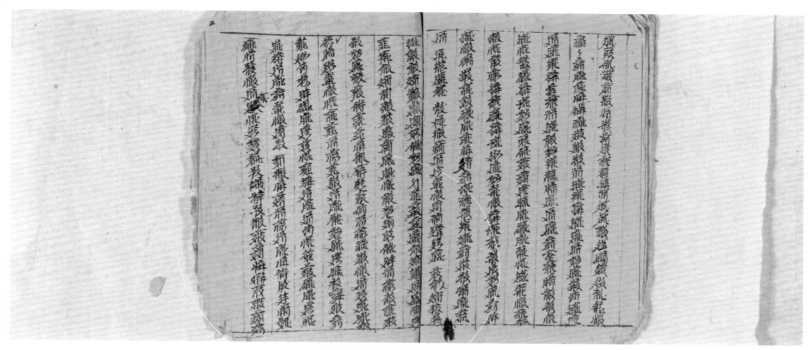

俄 Инв.No.7170　見大虛空遮顯疏上卷　　(28-16)

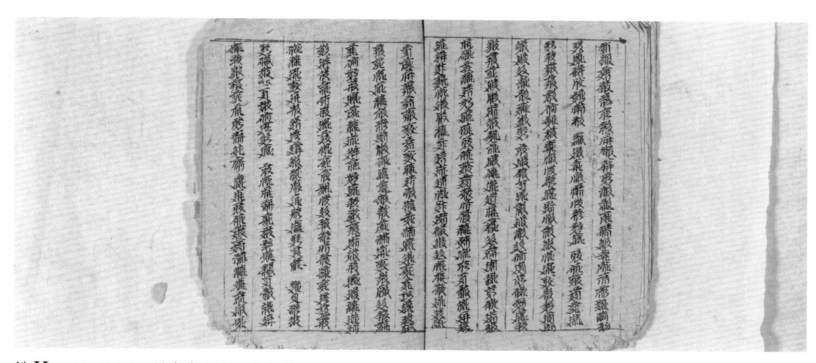

俄 Инв.No.7170　見大虛空遮顯疏上卷　　(28-17)

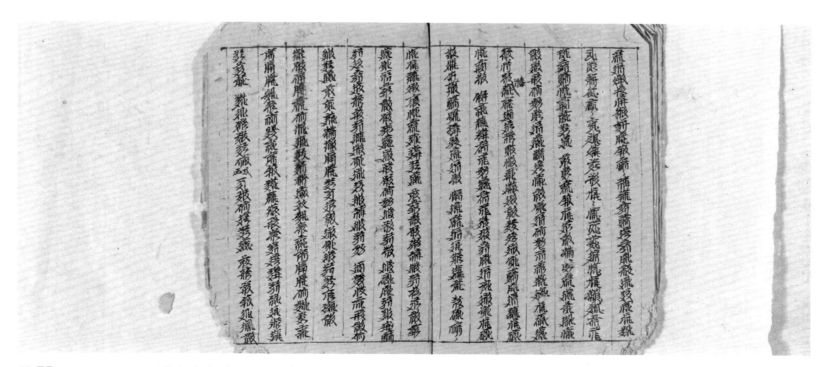

俄 Инв.No.7170　見大虛空遮顯疏上卷　　(28-18)

347

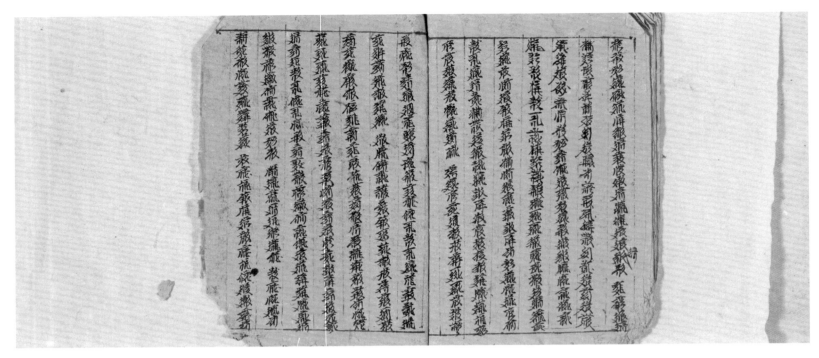

俄 Инв.No.7170　見大虛空遮顯疏上卷　　　　(28-19)

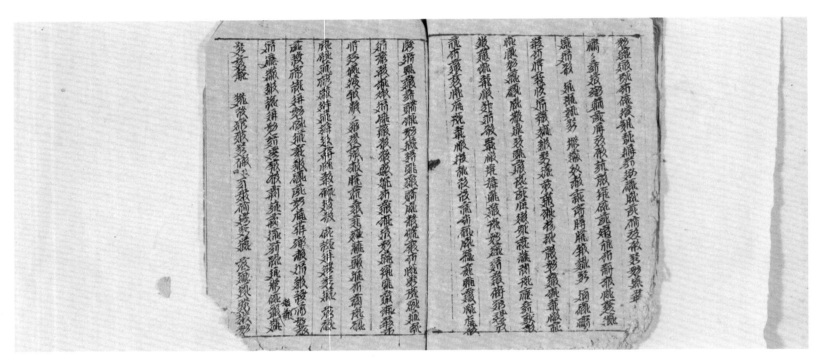

俄 Инв.No.7170　見大虛空遮顯疏上卷　　　　(28-20)

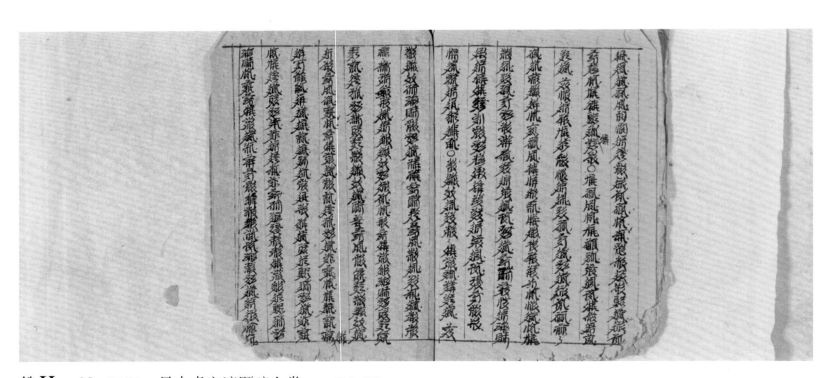

俄 Инв.No.7170　見大虛空遮顯疏上卷　　　　(28-21)

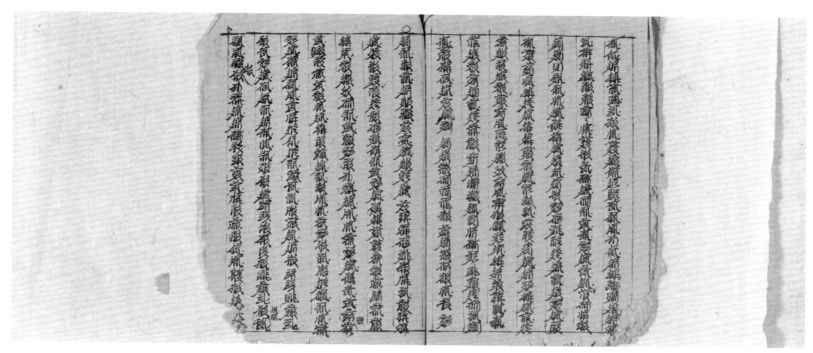

俄 **И**нв.No.7170　見大虛空遮顯疏上卷　　(28-22)

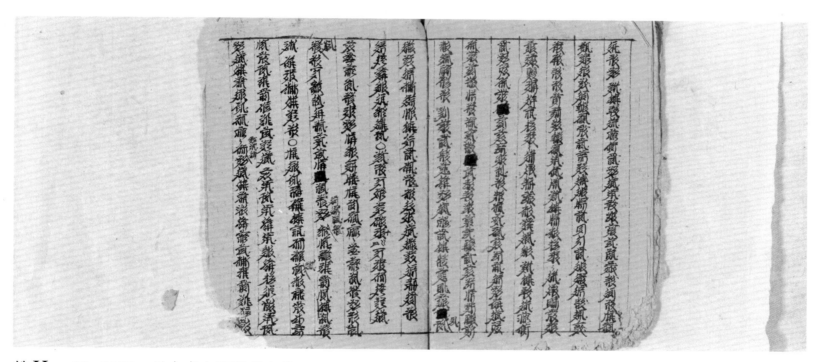

俄 **И**нв.No.7170　見大虛空遮顯疏上卷　　(28-23)

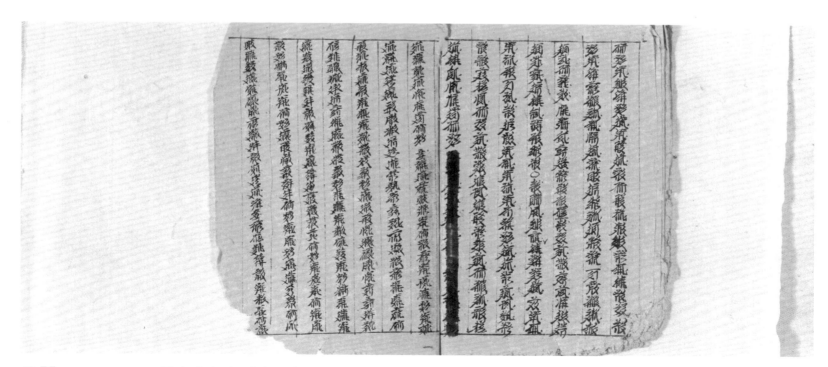

俄 **И**нв.No.7170　見大虛空遮顯疏上卷　　(28-24)

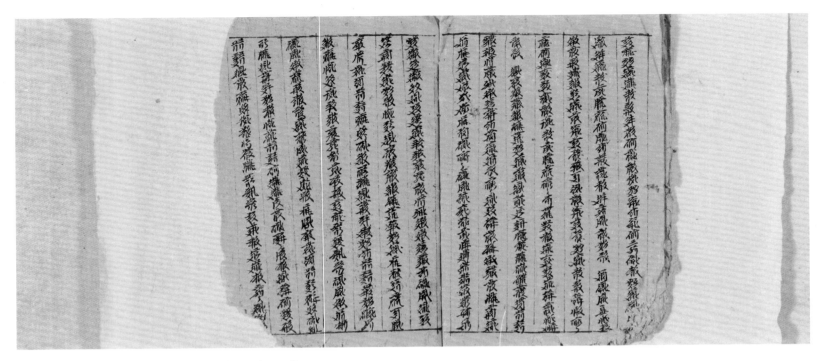

俄 Инв.No.7170　見大虛空遮顯疏上卷　　　(28-25)

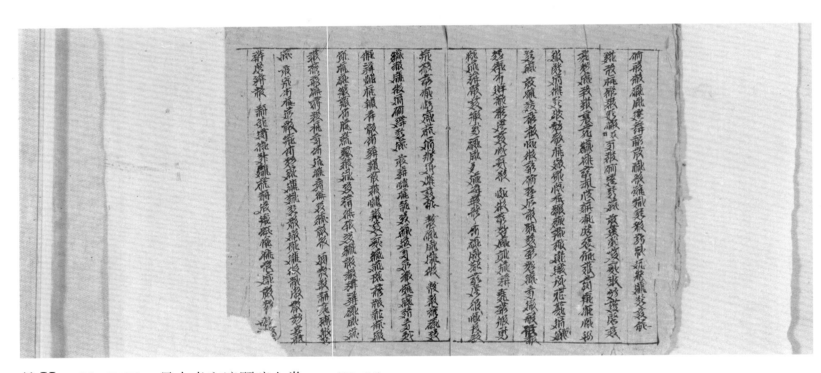

俄 Инв.No.7170　見大虛空遮顯疏上卷　　　(28-26)

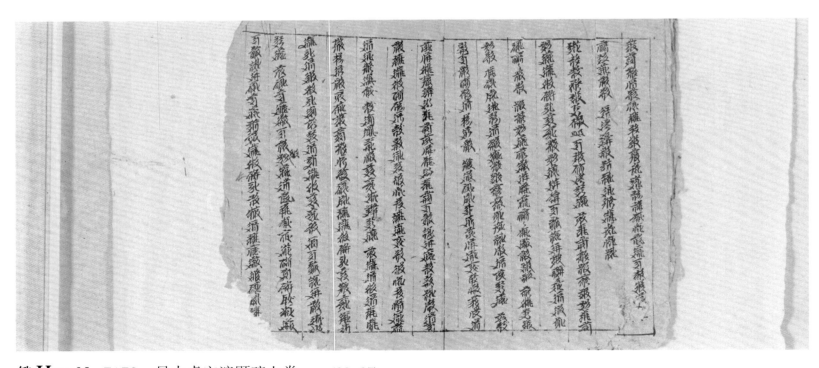

俄 Инв.No.7170　見大虛空遮顯疏上卷　　　(28-27)

俄ИнВ.No.7170　見大虛空遮顯疏上卷　　　(28-28)

俄ИнВ.No.7157　見大虛空遮顯疏下卷　　　(24-1)

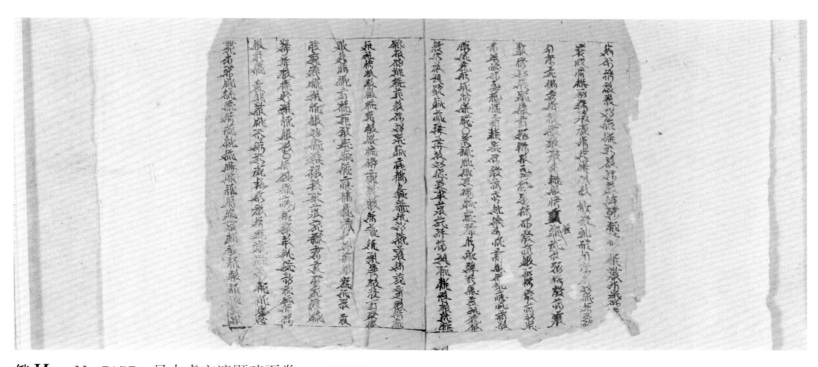

俄ИнВ.No.7157　見大虛空遮顯疏下卷　　　(24-2)

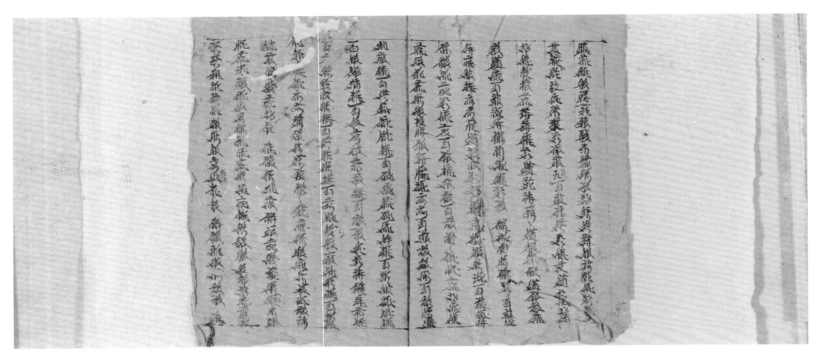

俄 Инв.No.7157　見大虛空遮顯疏下卷　　(24-3)

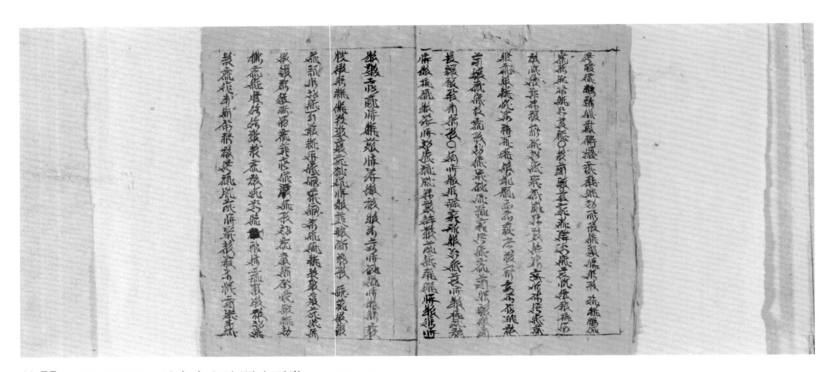

俄 Инв.No.7157　見大虛空遮顯疏下卷　　(24-4)

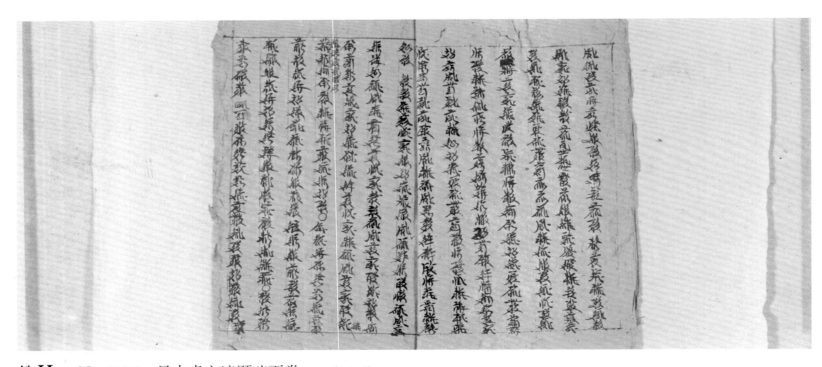

俄 Инв.No.7157　見大虛空遮顯疏下卷　　(24-5)

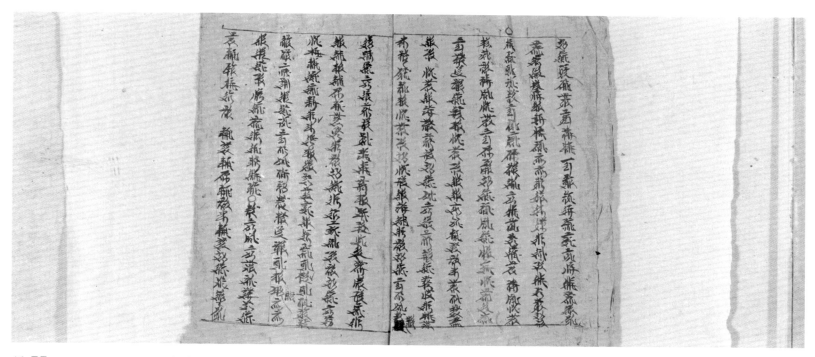

俄 Инв.No.7157　見大虛空遮顯疏下卷　　　(24-6)

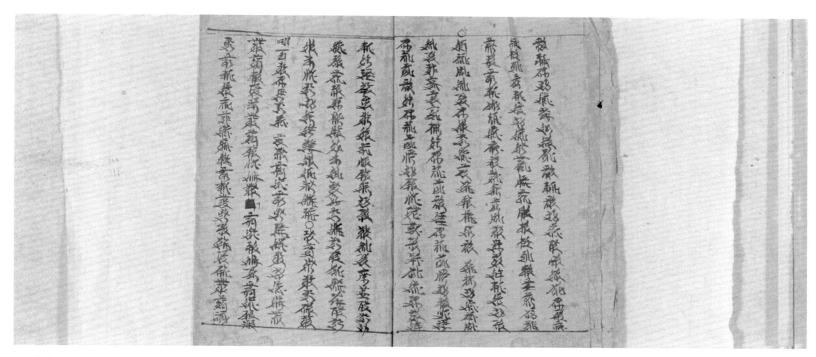

俄 Инв.No.7157　見大虛空遮顯疏下卷　　　(24-7)

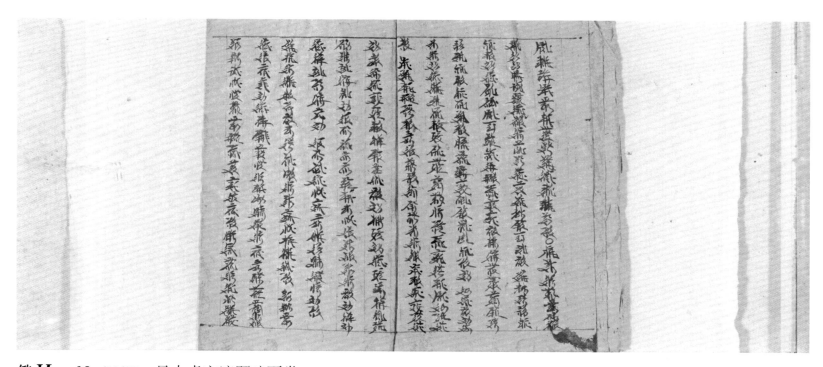

俄 Инв.No.7157　見大虛空遮顯疏下卷　　　(24-8)

353

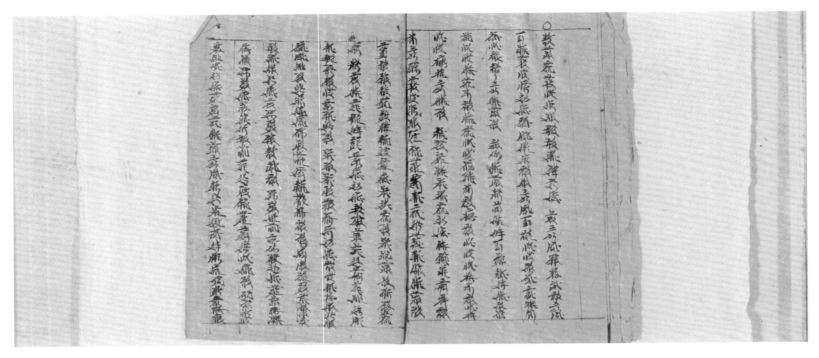

俄ИнB.No.7157　見大虛空遮顯疏下卷　　　(24-9)

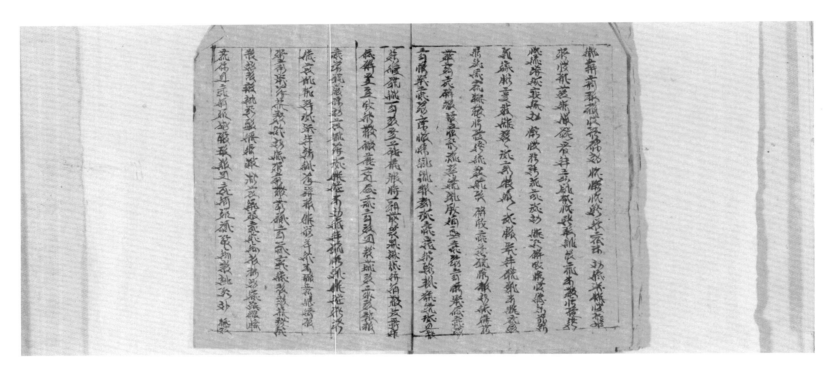

俄ИнB.No.7157　見大虛空遮顯疏下卷　　　(24-10)

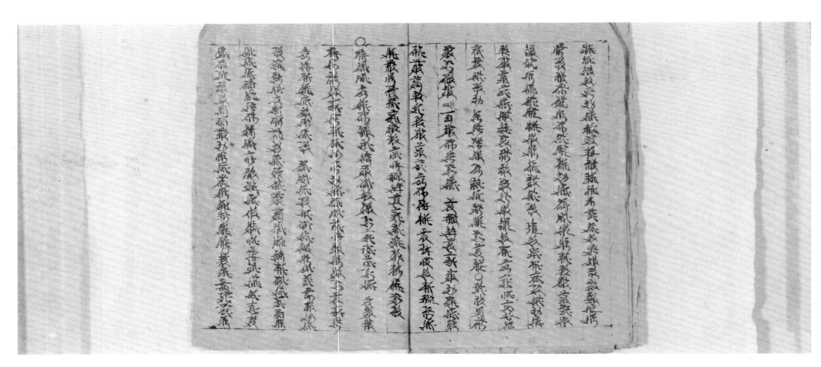

俄ИнB.No.7157　見大虛空遮顯疏下卷　　　(24-11)

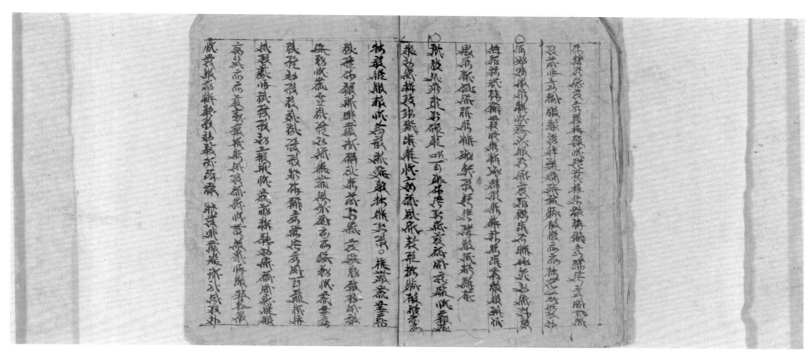

俄 Инв.No.7157　　見大虛空遮顯疏下卷　　　(24-12)

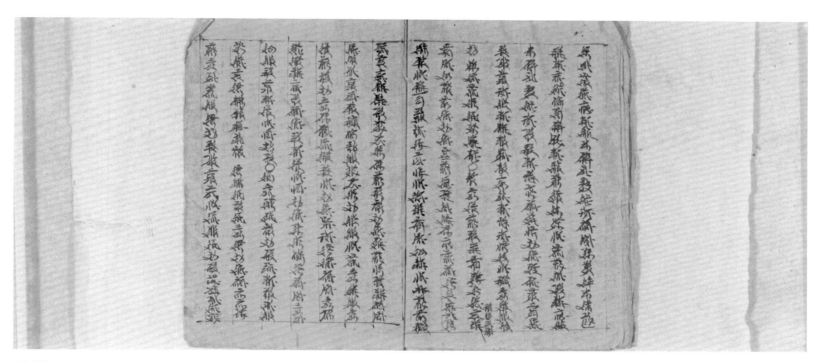

俄 Инв.No.7157　　見大虛空遮顯疏下卷　　　(24-13)

俄 Инв.No.7157　　見大虛空遮顯疏下卷　　　(24-14)

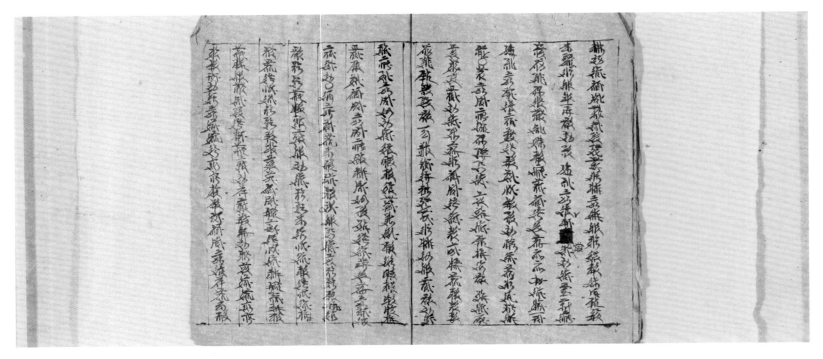

俄 Инв.No.7157　見大虛空遮顯疏下卷　　(24-15)

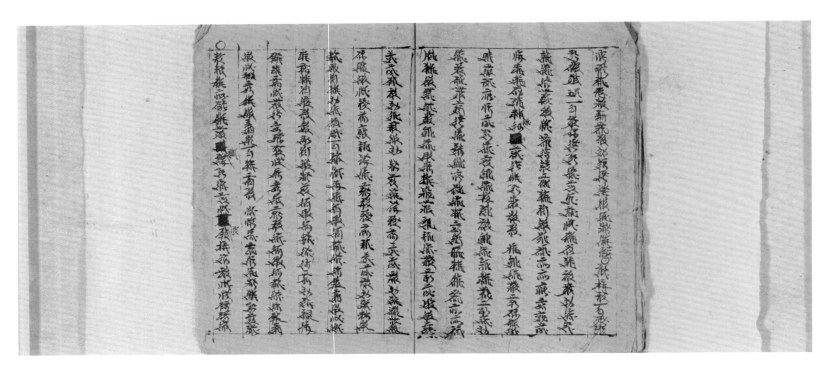

俄 Инв.No.7157　見大虛空遮顯疏下卷　　(24-16)

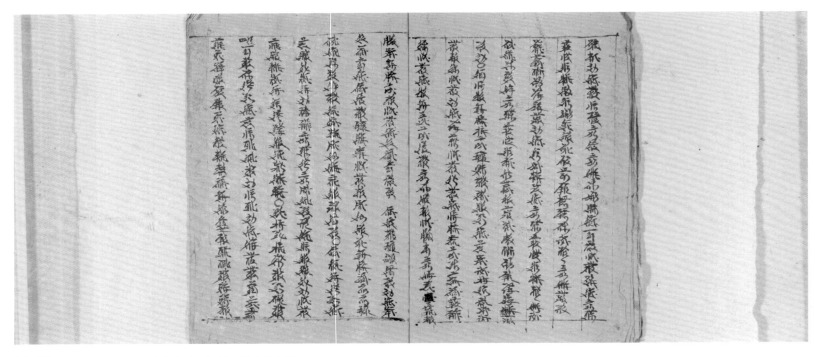

俄 Инв.No.7157　見大虛空遮顯疏下卷　　(24-17)

俄 Инв.No.7157　見大虛空遮顯疏下卷　　　(24-18)

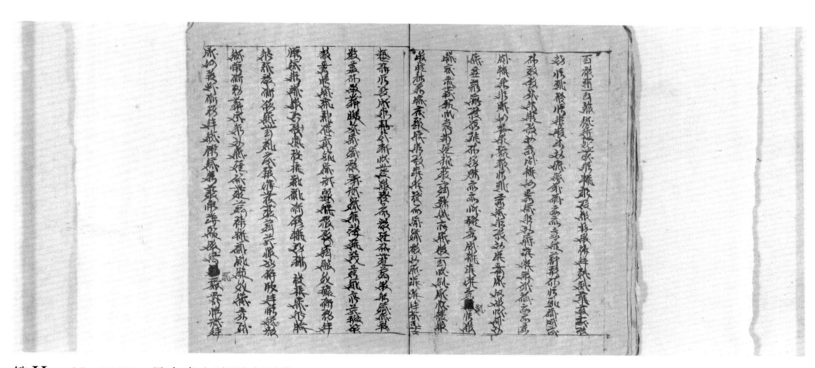

俄 Инв.No.7157　見大虛空遮顯疏下卷　　　(24-19)

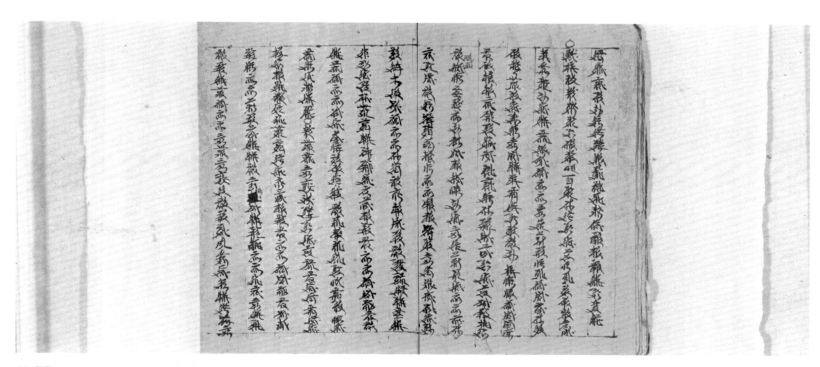

俄 Инв.No.7157　見大虛空遮顯疏下卷　　　(24-20)

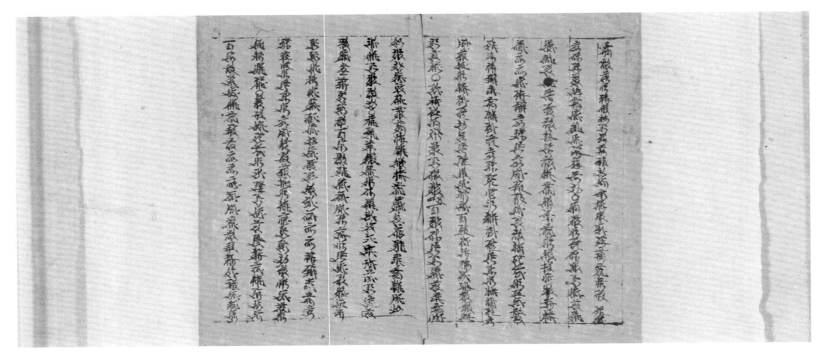

俄 Инв.No.7157　見大虛空遮顯疏下卷　　(24-21)

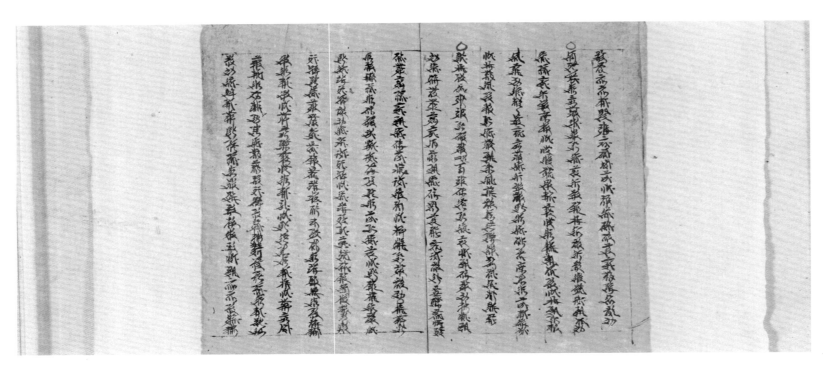

俄 Инв.No.7157　見大虛空遮顯疏下卷　　(24-22)

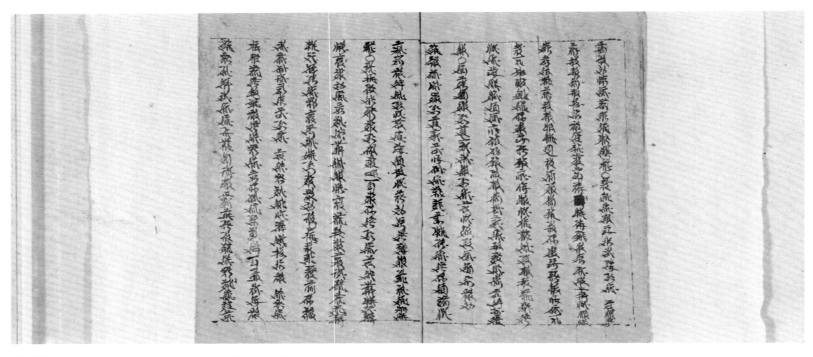

俄 Инв.No.7157　見大虛空遮顯疏下卷　　(24-23)

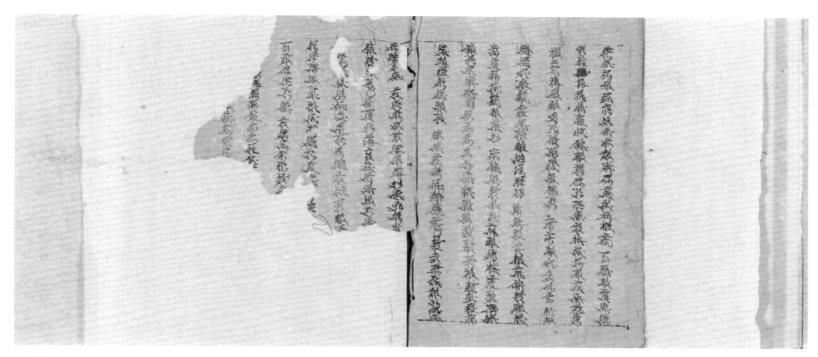

俄 Инв.No.7157　見大虛空遮顯疏下卷　　　(24-24)